소플의

처음 만난 리액트

3판

소플의 처음 만난 리액트 3판

리액트 기초와 핵심 개념을 가장 쉽게 알려 주는 입문자 가이드

초판 1쇄 발행 2022년 5월 31일
3판 1쇄 발행 2026년 1월 5일

지은이 이인제 / **펴낸이** 임백준
펴낸곳 한빛미디어 / **주소** 서울시 서대문구 연희로2길 62 콘텐츠2부
전화 02-325-5544 / **팩스** 02-336-7124
등록 1999년 6월 24일 제2017-000058호 / **ISBN** 979-11-7579-006-3 93000

총괄 이복연 / **책임편집** 홍성신 / **기획 · 편집** 김대현
디자인 박정우 / **전산편집** 다인 / **일러스트** 이진숙
영업마케팅 송경석, 김형진, 장경환, 조유미, 한종진, 이행은, 고광일, 성화정, 김한솔, 전차은 / **제작** 박성우, 김정우

한빛미디어는 한빛앤(주)의 IT 출판 브랜드입니다.

이 책에 대한 의견이나 오탈자 및 잘못된 내용은 출판사 홈페이지나 아래 이메일로 알려주십시오.
파본은 구매처에서 교환하실 수 있습니다. 책값은 뒤표지에 표시되어 있습니다.

홈페이지 www.hanbit.co.kr / 이메일 ask@hanbit.co.kr

Published by HanbitN, Inc. Printed in Korea

지금 하지 않으면 할 수 없는 일이 있습니다.
책으로 펴내고 싶은 아이디어나 원고를 메일(writer@hanbit.co.kr)로 보내주세요.
한빛앤(주)는 여러분의 소중한 경험과 지식을 기다리고 있습니다.

소문난 명강의

소플의 처음 만난 리액트

3판

이인제 지음

★★★★★★

소문난 명강의 시리즈 소개

검증된 인기 강의를 체계적으로 정리한 책입니다. 기초부터 탄탄하게 배울 수 있도록 입문자 눈높이에 맞춰 설명하고, 실전 능력을 키울 수 있는 실용적인 예제를 제공합니다.

한빛미디어

추천의 말

리액트가 웹 프론트엔드 분야에서 사실상 하나의 표준으로 자리 잡으면서 배우고자 하는 사람들이 크게 늘어나고 있습니다. 이 책은 처음 리액트를 배우려는 독자에게 매우 적합합니다. 코딩에 뛰어난 사람이 아니더라도 처음부터 단계별로 따라 하다 보면 어느새 리액트를 자유자재로 활용할 수 있는 단계에 도달하게 될 것입니다. 리액트 세계에 입문하는 것을 주저하고 있다면 이 책을 통해 리액트를 시작해 보기 바랍니다.

이민규 StarUML 개발자 / (주)엠케이랩스 대표

리액트 개발을 시작하거나 다시 도전하는 독자에게 추천합니다. 개발 환경 설정부터 현업에서 쓸 수 있는 개발 팁 그리고 최신 트렌드까지 배울 수 있습니다. 리액트의 중요한 개념을 모두 다루고 있고 장별로 요점 정리가 잘 되어 있어서 코딩 인터뷰를 보러 가기 전에 빠르게 복습하기에도 좋을 것 같습니다. 다년간 현업에서의 경험을 기반으로 한 저자의 현실적인 조언과 내공이 돋보입니다.

김유민 전 페이스북 엔지니어링 매니저 / Take App 창업자

어떤 기술을 잘 가르치면서 개발에도 능숙한 저자가 쓴 책을 찾기란 생각보다 쉽지 않습니다. 상용 서비스 개발, 오픈소스 프로젝트 활동, 강의, 멘토링 등 다양한 분야에서 활발하게 활동하고 있는 저자의 책이므로 리액트를 처음 시작하는 독자에게 좋은 지침이 될 것이라 믿어 의심치 않습니다. 읽어 보니 실제로 그랬습니다!

장래영 비햅틱스 소프트웨어 엔지니어

리액트를 이용해 프론트엔드 개발자로서 첫발을 내딛고자 하는 독자에게 추천하고 싶은 훌륭한 안내서입니다. 빠르게 리액트 개발을 시작할 수 있도록 많이 쓰지 않는 내용은 과감히 제외하고 컴포넌트와 State, 훅, 이벤트 핸들링 등 필수적으로 알아야 할 내용을 압축해서 설명합

니다. 중간중간 독자가 궁금해할 부분도 따로 친절하게 알려줍니다. 또한 장마다 다양한 실습 예제와 깔끔하게 정리된 요약을 제공하여 앞서 배운 내용을 제대로 이해하고 있는지 확인할 수 있습니다. 리액트 개발의 문턱이 높게 느껴져 망설이고 있다면 이 책으로 도전해 보세요.

장영재 비바리퍼블리카 프론트엔드 엔지니어

리액트를 처음 배우는 독자에게 잘 맞는 책입니다. 전반부에는 프론트엔드 개발에 필요한 방대한 지식 중 리액트 개발에 필요한 핵심 개념을 전달하고 있습니다. HTML, CSS, 자바스크립트와 같은 필수 지식을 거쳐 리액트가 무엇이고 어떻게 동작하는지, 왜 사용하는지를 쉽게 풀어 썼습니다. 또한 입문자에게는 다소 어렵게 느껴질 수 있는 조건부 렌더링이나 리스트 렌더링, 리액트 훅에 대한 부분도 매우 쉽게 설명하고 있습니다. 각 장은 개념을 익히는 부분과 실습으로 나누어져 있는데 앞에서 배운 내용이 잘 이해되지 않는다면 실습을 먼저 해 보면 감을 잡을 수 있을 것입니다. 전반적으로 부담 없이 따라갈 수 있어 리액트 개발을 처음 시작하는 독자에게 강력히 추천합니다.

강지현 (주)맘편한세상 공동 창업자 / 백엔드 엔지니어

비 개발자가 읽어도 쉽게 이해할 수 있는 예제와 친절한 설명이 돋보입니다. 특히 비 개발자에게 익숙하지 않은 개발 환경 구축 방법도 자세히 알려 줍니다. HTML과 CSS에 대한 배경지식을 어느 정도 가지고 있는 독자라면 이 책을 통해 리액트의 매력에 흠뻑 빠질 수 있을 것입니다. 또한 지금과는 다른 제품을 구상할 수 있는 기회도 얻을 수 있다고 생각합니다. 개발자와 함께 협업하는 디자이너 또는 기획자도 이 책을 보면 많은 도움을 얻을 수 있을 것입니다.

이유번 (주)딥네츄럴 디자인 디렉터

추천의 말

이 책은 간단하지만 실용적인 예제로 리액트를 쉽게 알려 줍니다. 친절한 기본 개념 설명에 더해 다양한 실습과 알찬 프로젝트도 담고 있어 재미있게 리액트 공부를 할 수 있었습니다. 웹 개발 지식이 없더라도 차근차근 실습을 따라 하다 보면 자연스럽게 리액트의 역할을 이해할 수 있을 것입니다. 리액트를 처음 시작하는 개발자에게 단연 최고의 책이라고 생각합니다.

강경완 (주)우아한형제들 안드로이드 개발자

이제 리액트는 웹은 물론 데스크톱과 모바일 앱 제작에도 쓰이는 강력한 라이브러리로 자리 잡았습니다. 하지만 빠르게 발전을 거듭해 온 만큼 리액트 관련 자료는 방대하고 파편화되어 있어 처음 접할 때 큰 어려움을 겪기 마련입니다. 이 책에는 긴 시간 리액트 프로젝트를 진행한 저자의 경험이 녹아 있으며, 리액트를 소화하기 위해 반드시 알아야 하는 기본 개념부터 실습 프로젝트까지 차곡차곡 담겨 있습니다. 물 흐르듯 이어지는 설명을 따라가다 보면 어느새 리액트를 소화하고, 그 매력에 빠진 자신을 발견할 수 있을 것입니다.

전웅 (주)아씨오 소프트웨어 엔지니어

저자의 말

제가 초등학생이던 시절 프로그래밍을 너무나 배우고 싶었지만 주변에 아무도 가르쳐 줄 사람이 없었습니다. 너무 배우고 싶은 마음에 세뱃돈을 모아 서점에서 3만 원을 주고 엄청나게 두꺼운 『Visual C++ 완벽 가이드』라는 책을 구입했습니다. 낑낑대며 그 무거운 책을 들고 집에 돌아와 기쁜 마음으로 펼쳤는데 초등학생에게는 너무나 어려운 내용들로 가득했습니다. 혼자서 책을 조금씩 읽어 나갔지만 이해가 잘되지 않아 좌절하던 나날이 계속됐습니다.

제가 소프트웨어 교육과 관련된 꿈을 가지게 된 것이 그때부터였던 것 같습니다. 나중에 커서 훌륭한 프로그래머가 되어 내가 알고 있는 것을 다른 사람들에게 이해하기 쉽게 가르쳐 주고자 하는 목표가 생겼습니다. 그러기 위해서 무엇보다 먼저 뛰어난 프로그래머가 되어야 한다고 생각했습니다. 이후 대학교와 대학원에서 컴퓨터를 전공하게 되었는데 정말 포기하고 싶은 순간들이 많았습니다. 여기에 글로 다 표현하지 못할 만큼 정말 힘들었습니다. 그럴 때마다 어릴 적 꿈을 생각하며 힘든 시간을 버텨 왔습니다.

학부생 때 도서관에서 IT 관련 기술 서적들을 빌려서 본 적이 있습니다. 책의 맨 앞에 나오는 저자 소개를 보면서 '언젠가는 나도 꼭 내 이름으로 된 책을 쓰고 싶다'는 생각을 하게 되었습니다. 힘든 순간들이 지나고 이제 어느덧 개발자로 일한 지 10년이 넘었습니다. 본업과 별개로 틈틈이 오프라인과 온라인 강의를 병행하면서 어릴 적 제가 품었던 꿈을 하나씩 이뤄 나가고 있습니다. 그러던 중에 한빛미디어와 좋은 인연이 되어 이렇게 제 버킷리스트 가운데 하나를 현실로 이룰 수 있게 되었습니다.

여러분도 각자 나름대로의 꿈이 있을 거라고 생각합니다. 이미 현업에서 개발자로 일하고 있는 분도 있을 테고 개발자가 되기 위해 열심히 공부 중인 독자도 있겠죠. 그리고 비 개발 직군으로 일하고 있는 분도 있을 거라 생각합니다. 여러분의 꿈에 이 책이 그리고 제 열정이 조금이나마 도움이 되었으면 좋겠습니다. 새로운 것을 배우는 과정이 마냥 쉽지만은 않겠지만 끈기를 가지고 열심히 하다 보면 언젠가는 눈에 띄게 성장해 있는 자신의 모습을 볼 수 있을 것입니다.

제가 이 자리에 오기까지 항상 옆에서 응원해 주신 할아버지, 할머니, 아버지, 어머니 그 외 모든 가족들에게 감사의 마음을 전합니다. 그리고 책이 출판되기까지 하나하나 섬세하게 신경 써 주신 한빛미디어 김대현 편집자에게도 감사 말씀을 드립니다. 마지막으로 그동안 저와 함

저자의 말

께 개발에 대해 폭넓고 다양한 대화를 나눴던 주변에 계신 훌륭한 개발자분들에게도 감사 인사 드립니다.

항상 제 마음속에 새기고 있는 스티브 잡스의 명언으로 글을 마무리 짓겠습니다.

"Stay hungry, stay foolish"

여러분도 항상 꿈을 갈망하고 꿈에 굶주린 사람이 되길 바랍니다.

이인제(소플)

저자 Q&A

Q 리액트를 왜 배워야 하나요?

A 리액트[React]는 현존하는 자바스크립트[JavaScript] UI 라이브러리 중에서 가장 많이 사용되고 있습니다. 이미 현업에서 리액트는 중요한 기술 스택 중 하나로 자리 잡았고 프론트엔드 개발자를 채용하는 대부분의 회사에서는 리액트로 개발을 할 수 있는 사람을 원하고 있습니다. 이처럼 리액트를 익히게 되면 개발자로서의 역량을 높일 수 있을 뿐 아니라 취업이나 이직을 할 경우에도 더 많은 기회를 얻을 수 있습니다. 또한 리액트는 온라인상에 관련 자료가 풍부하고 매우 큰 규모의 커뮤니티가 존재하여 리액트 학습에 도움 되는 많은 자료와 예제 코드, 질문과 답변을 쉽게 찾아볼 수 있습니다. 나아가 리액트를 공부한 이후에 리액트 네이티브[React Native]를 배워서 모바일 앱도 개발할 수 있습니다. 현재 모바일 앱 개발 영역은 코틀린[Kotlin]이나 스위프트[Swift]를 사용하는 네이티브 개발에서 리액트 네이티브나 플러터[Flutter]를 사용한 크로스 플랫폼 앱 개발로 많이 전환되고 있습니다. 이러한 추세로 볼 때 리액트와 리액트 네이티브를 학습하여 모바일 앱 개발 역량을 갖추는 것도 장기적으로 좋은 기회를 가져다 줄 것입니다.

Q 이 책의 대상 독자는 누구인가요?

A 입문자 또는 초급자를 대상으로 이 책을 썼습니다. 기존에 프로그래밍을 조금이라도 배워 본 경험이 있거나 웹사이트를 개발해 본 독자라면 어렵지 않게 이 책을 통해 리액트를 배울 수 있습니다. 하지만 HTML, CSS, 자바스크립트 같은 웹 개발 기초를 전혀 경험해 보지 못한 독자도 부담 없이 학습할 수 있도록 웹 개발과 관련한 기본적인 내용도 함께 담았습니다.

Q 이 책을 읽기 전에 알아야 할 선수 지식이 있나요?

A 자바스크립트나 HTML, CSS를 사용해 본 경험이 있다면 좋습니다. 하지만 웹 개발 기초에 대해서 경험이 전혀 없는 독자도 학습할 수 있도록 관련된 기초 내용도 함께 다루기 때문에 부담 없이 학습할 수 있을 것입니다.

저자 Q&A

Q 이 책의 특징은 무엇인가요?

A 리액트를 처음 배우려고 여기저기에서 강의나 책을 찾다 보면 리액트뿐만 아니라 리덕스Redux 같은 상태 관리 라이브러리와 데이터베이스까지 함께 다루는 경우가 많습니다. 다양한 기술을 한 번에 배우는 것도 좋은 방법이지만 초급자에게는 큰 부담으로 다가올 수 있습니다. 따라서 이 책에서는 어려운 내용은 다 덜어내고 최대한 리액트에 초점을 맞춰서 설명하고자 했습니다. 이미 리액트를 사용해서 개발하고 있는 경우에는 굉장히 쉬운 내용일 수도 있지만 기초를 탄탄하게 다지고자 하는 독자에게는 분명 도움 될 것이라고 생각합니다. 또한 무료로 제공되는 동영상 강의를 통해 책으로 이해가 되지 않는 부분을 보충해서 학습할 수 있습니다. 그리고 마지막 장에 나오는 미니 프로젝트를 진행하면서 직접 프로젝트 기획부터 개발까지 경험해 볼 수 있습니다. 아주 간단한 프로젝트이지만 리액트 웹 애플리케이션 개발의 전체 흐름을 익힐 수 있기 때문에 앞으로 다양한 웹 애플리케이션을 개발하는 데 좋은 밑거름이 될 것입니다.

Q 독자에게 하고 싶은 말이 있다면?

A 평소에 개발과 관련된 책이나 강의를 보면 너무 어렵게 설명하거나 부가적인 내용까지 한 번에 다루는 경우가 많습니다. 저는 강의 분량이 길거나 책이 너무 두껍다면 초심자에게는 큰 부담이 될 것이라고 생각합니다. 그래서 항상 강의를 제작하거나 책을 쓸 때 최대한 핵심을 쉽게 설명하는 것에 초점을 맞추고 있습니다. 중간중간에 새로운 용어나 기술이 등장하면 그 부분에 대해서도 최대한 설명하려고 했습니다. 이 책도 이러한 제 가치관을 바탕으로 만들어졌습니다. 독자가 최대한 부담 없이 리액트를 배울 수 있게 구성하고자 노력한 만큼 이 책으로 즐거운 리액트 여정을 시작해 보길 바랍니다.

저자 소개

이인제

어릴 적부터 컴퓨터와 프로그래밍에 관심이 많아 멋진 개발자가 되는 게 꿈이었습니다. 숭실대학교 컴퓨터학부를 조기 졸업하고 카이스트에서 전산학 석사 학위를 취득한 뒤 다양한 회사와 스타트업에서 경험을 쌓았으며 프리랜서 개발자로도 활동했습니다. 분야를 가리지 않고 항상 즐겁게 개발하려 노력하고 있으며 소프트웨어 교육에도 꾸준히 참여하고 있습니다. 이러한 활동의 연장선으로 프론트엔드 지식 포털을 운영하고 있으며 현재는 1인 스타트업을 창업해 제품 개발과 회사를 운영하는 데 힘쓰고 있습니다.

이메일

inje@soaple.io

홈페이지

https://www.soaple.io

슬라이드 모음

https://www.markslides.ai/@soaple

소플이 만든 프론트엔드 지식 포털

https://www.frontoverflow.com/

이 책에 대하여

리액트는 자바스크립트 UI 라이브러리입니다. 최근 웹사이트(또는 웹 애플리케이션)의 규모가 커짐에 따라 수많은 페이지를 만들어 관리하는 것이 어려워졌습니다. 리액트는 복잡한 웹사이트를 쉽고 빠르게 구현 및 관리할 수 있도록 도와줍니다. 이 책은 리액트의 주요 개념을 익히고 간단한 실습을 통해 실제 웹사이트에 리액트를 적용해 보며 학습할 수 있도록 구성되어 있습니다.

대상 독자 & 필요한 선수 지식

이 책은 리액트를 처음 접하는 입문자를 대상으로 합니다.

HTML과 자바스크립트를 다뤄 본 경험이 있다면 수월하게 이 책의 과정을 따라갈 수 있습니다. 웹 애플리케이션을 개발해 본 적이 없더라도 이 책의 학습 과정을 따라갈 수 있도록 HTML과 자바스크립트, CSS의 기초 내용을 설명하고 있습니다.

이 책에서 다루는 내용

이 책은 아래와 같이 크게 네 부분으로 나누어 설명하고 있습니다. 0장은 리액트를 배우기 전에 알아야 할 기초 지식과 실습을 진행할 개발 환경 설정에 대해 설명합니다. 1~2장은 리액트의 기본 개념과 장단점에 대해 배우고 간단한 실습을 통해 리액트를 적용해 봅니다.

3장부터 14장까지는 리액트의 각 요소별 기능에 대해 설명합니다. 각 장의 전반부는 배우고자 하는 리액트 요소의 역할과 기본 개념에 대해 설명합니다. 후반부에서는 앞서 배운 내용을 바탕으로 실습을 진행하면서 리액트 사용법을 익힐 수 있도록 구성되어 있습니다.

15장에서는 웹 애플리케이션을 스타일링하기 위한 CSS 기본 문법과 선택자에 대해 알아보고 styled-components를 다루는 법을 간단하게 배웁니다.

16장에서는 앞에서 배운 내용을 토대로 미니 블로그를 직접 만들어 봅니다. 프로젝트 생성부터 시작하여 직접 여러 컴포넌트까지 구현해 봅니다.

리액트를 배우기 전에 WARM UP

Ch.0 준비하기 (필요한 기초 지식, 개발 환경 설정)
Ch.1 리액트 소개
Ch.2 리액트 시작하기

리액트의 기본 요소 TUTORIAL

Ch.3 JSX 소개
Ch.4 엘리먼트 렌더링
Ch.5 컴포넌트와 Props
Ch.6 State와 생명주기
Ch.7 훅
Ch.8 이벤트 핸들링
Ch.9 조건부 렌더링
Ch.10 리스트와 키
Ch.11 폼
Ch.12 State 끌어올리기
Ch.13 합성 vs. 상속
Ch.14 컨텍스트

스타일링하기 STYLING

Ch.15 스타일링

프로젝트 PRACTICAL EXERCISE

Ch.16 미니 프로젝트_미니 블로그 만들기

이 책에 대하여

이 책의 구성

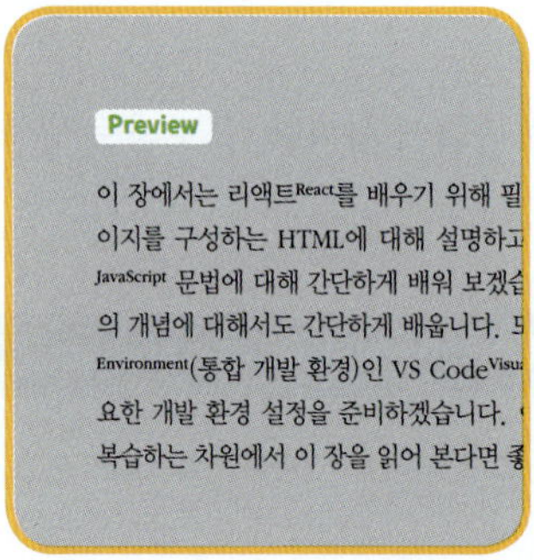

Preview

이 장에서는 리액트React를 배우기 위해 필
이지를 구성하는 HTML에 대해 설명하고
JavaScript 문법에 대해 간단하게 배워 보겠습
의 개념에 대해서도 간단하게 배웁니다. 도
Environment(통합 개발 환경)인 VS CodeVisua
요한 개발 환경 설정을 준비하겠습니다.
복습하는 차원에서 이 장을 읽어 본다면 좋

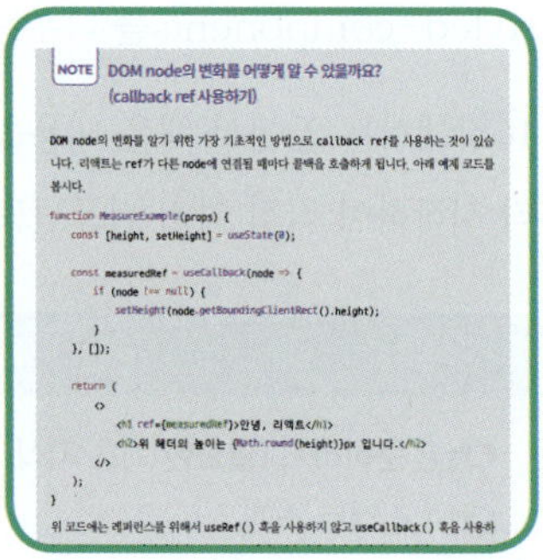

NOTE DOM node의 변화를 어떻게 알 수 있을까요? (callback ref 사용하기)

DOM node의 변화를 알기 위한 가장 기초적인 방법으로 callback ref를 사용하는 것이 있습니다. 리액트는 ref가 다른 node에 연결될 때마다 콜백을 호출하게 됩니다. 아래 예제 코드를 봅시다.

```
function MeasureExample(props) {
    const [height, setHeight] = useState(0);

    const measuredRef = useCallback(node => {
        if (node !== null) {
            setHeight(node.getBoundingClientRect().height);
        }
    }, []);

    return (
        <>
            <h1 ref={measuredRef}>안녕, 리액트</h1>
            <h2>위 헤더의 높이는 {Math.round(height)}px 입니다.</h2>
        </>
    );
}
```

위 코드에는 레퍼런스를 위해서 useRef() 훅을 사용하지 않고 useCallback() 훅을 사용하

1 PREVIEW

각 장에서 배우게 될 내용을 간략하게 정리합니다.

2 로드맵

각 장에서 배울 주제 및 주요 개념을 큰 맥락에서 볼 수 있도록 그림으로 제시합니다.

3 NOTE

본문과 관련된 도움말이나 참고로 알아 두면 좋은 내용을 담았습니다.

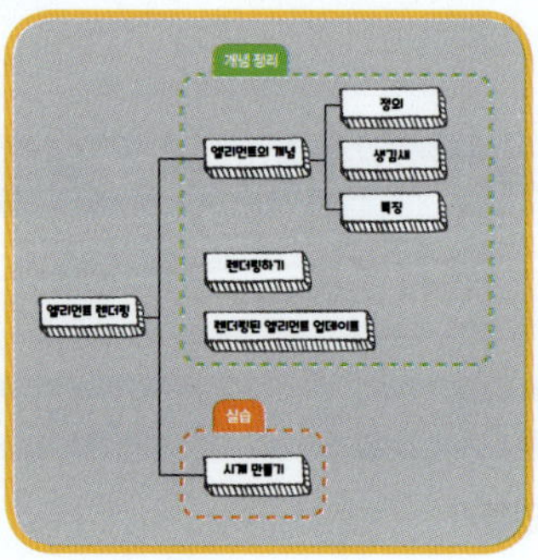

PRACTICE

앞에서 배운 주요 개념을 바탕으로 간단한 실습을 진행해 보며 리액트의 유용한 기능을 익힙니다.

4

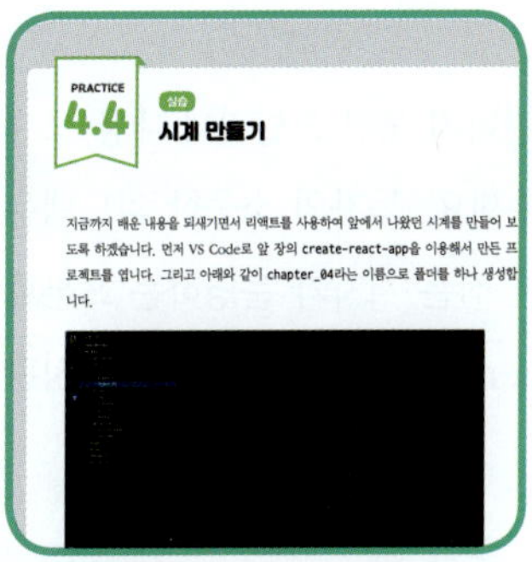

5

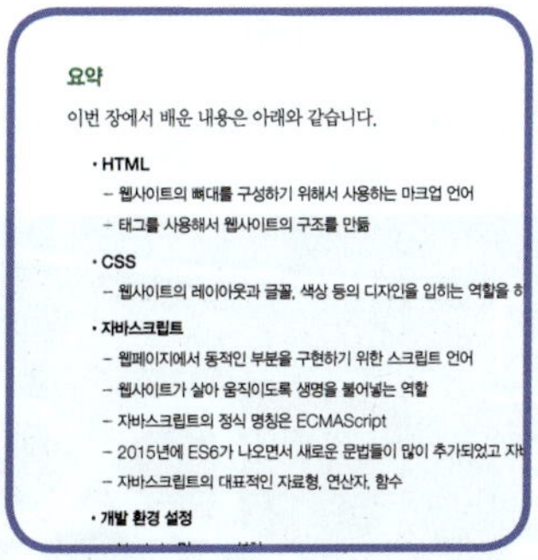

요약

각 장의 핵심 내용을 요약 정리하여 배운 내용을 복습합니다.

미니 프로젝트

0~15장까지 배운 내용을 토대로 미니 블로그를 만들어 보는 프로젝트를 진행합니다. 프로젝트 생성부터 시작하여 각종 컴포넌트를 모두 직접 코드로 작성하며 개발해 봅니다.

6

이 책에 대하여

동영상 강의

이 책은 저자의 동영상 강의인 <처음 만난 리액트>와 연계하여 학습할 수 있도록 구성되어 있습니다. 무료로 제공하는 동영상 강의와 함께 더 빠르고 정확하게 리액트를 익혀 보세요.

🔗 https://frontoverflow.com/courses/react

실습 예제 다운로드

실습 예제 코드를 아래 링크에서 다운로드할 수 있습니다.

🔗 https://github.com/soaple/first-met-react-practice-v19

정오표와 피드백

편집 과정에서 오탈자를 확인하는 절차를 거쳤음에도 미처 발견하지 못한 오탈자나 내용 오류는 출판사 도서 정보 페이지에 등록하거나 저자 메일로 보내주세요. 독자의 소중한 피드백은 모두 정리하여 다음 쇄에 반영하겠습니다. 책과 관련한 궁금한 점은 저자가 운영하는 프론트엔드 지식 포털인 프론트오버플로우(https://www.frontoverflow.com)의 Q&A 게시판에 문의해 주세요.

목차

목차

목차

CHAPTER 07 훅

CHAPTER 08 이벤트 핸들링

목차

CHAPTER 14 컨텍스트

CHAPTER 15 스타일링

목차

CHAPTER 16 미니 프로젝트_미니 블로그 만들기

APPENDIX A 리액트 18 소개

APPENDIX B 리액트 19 소개

Chapter 0

준비하기

Preview

이 장에서는 리액트React를 배우기 위해 필요한 기초 지식에 대해서 학습해 보겠습니다. 먼저 웹페이지를 구성하는 HTML에 대해 설명하고, 웹페이지에서 동적인 부분을 구현하는 자바스크립트JavaScript 문법에 대해 간단하게 배워 보겠습니다. 그리고 웹페이지에 스타일을 입힐 때 필요한 CSS의 개념에 대해서도 간단하게 배웁니다. 또한 이 책에서 실습을 진행하게 될 IDEIntegrated Development Environment(통합 개발 환경)인 VS CodeVisual Studio Code(비주얼 스튜디오 코드)를 설치하여 실습에 필요한 개발 환경 설정을 준비하겠습니다. 이미 아는 내용이라면 건너뛰어도 무방하지만, 한 번 더 복습하는 차원에서 이 장을 읽어 본다면 좋을 것 같습니다. 그럼 시작해 볼까요?

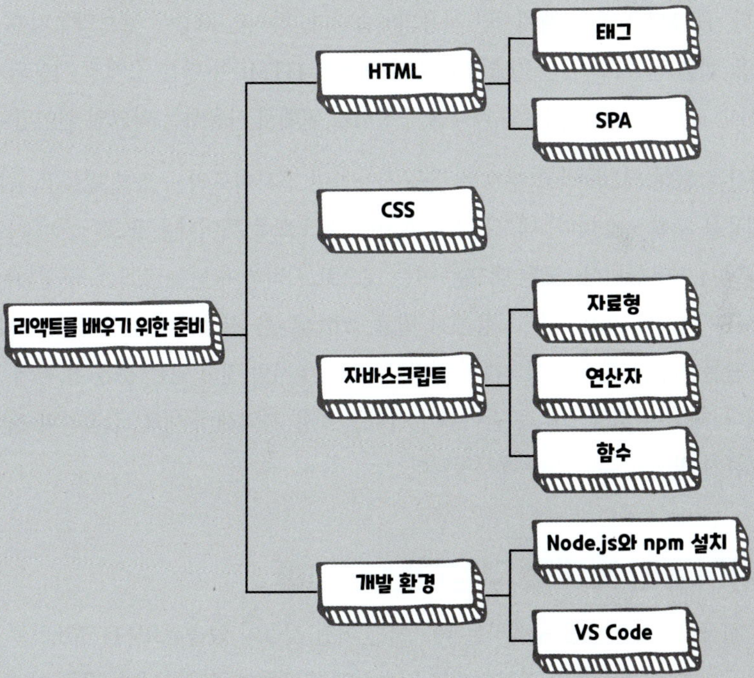

0.1 HTML 살펴보기

1 HTML이란 무엇인가?

먼저 웹사이트를 구성하는 가장 기본 요소 중 하나인 HTML에 대해서 알아보겠습니다. HTML은 Hyper Text Markup Language의 약자로 마크업 언어의 한 종류입니다. 여기에서 마크업이라는 것은 문서나 데이터를 처리하기 위해 문서에 추가되는 정보를 의미합니다. 그리고 마크업 정보를 표현하기 위한 언어를 마크업 언어라고 합니다. HTML은 이러한 마크업 언어의 한 종류입니다. HTML은 주로 웹에서만 사용되었습니다. 하지만 요즘은 웹브라우저를 이용해서 데스크톱용 앱을 만들 수 있는 기술들도 있기 때문에 HTML이 다른 곳에서 사용되기도 합니다. 정리하면 HTML은 웹사이트의 뼈대를 구성하기 위해서 사용하는 마크업 언어입니다.

HTML에서는 흔히 태그tag라고 부르는 것을 사용하여 웹사이트의 구조를 만들고, 웹사이트에 들어갈 내용을 채워 넣습니다. 태그는 부등호처럼 생긴 뾰족 튀어나온 괄호(<, >) 사이에 태그 이름을 넣어서 사용합니다. 모든 태그는 여는 것으로 시작하여 닫는 것으로 구성되는데, 예를 들어 `<html>` 태그는 `<html>`을 사용해서 열고 `</html>`을 사용해서 닫습니다. 슬래시(/)가 들어가면 닫는 역할을 한다고 생각하면 됩니다. `<br />`처럼 열고 닫는 것을 한 번에 쓰는 경우도 있습니다. 태그는 열었으면 꼭 닫아줘야 한다는 것을 기억해 주세요. 간혹가다 제대로 닫지 않아서 오류가 발생할 수도 있기 때문입니다.

2 웹사이트의 뼈대를 구성하는 태그들

그렇다면 웹사이트의 뼈대를 구성하는 태그에는 어떤 것들이 있을까요? HTML에는 웹사이트의 뼈대를 구성하기 위한 가장 기본적이고 필수적인 태그들이 존재합니다. 바로 아래에 나오는 태그들입니다.

```
<html>
    <head>
    </head>
    <body>
    </body>
</html>
```

<html> 태그는 말 그대로 HTML의 시작과 끝을 알리는 태그입니다. 모든 웹사이트의 HTML 소스 파일을 열어 보면 <html>로 시작하고 </html>로 끝나는 것을 볼 수 있습니다. 아래 그림은 우리가 자주 방문하는 구글Google 웹사이트의 HTML 소스를 개발자 도구로 열어 본 것입니다. 그림에 표시된 것처럼 시작과 끝에 <html> 태그가 존재하는 것을 볼 수 있습니다.

▶ **구글의 HTML 소스**

<html> 태그 안에는 <head>와 <body> 태그가 존재합니다. <head>와 <body> 태그는 단어의 의미 그대로 머리와 몸통을 의미합니다. 아까 HTML이 웹사이트의 뼈대를 구성한다고 말씀드렸죠? 사람의 몸에도 머리 쪽에 있는 뼈와 몸통에 있는 뼈가 나누어져 있는 것처럼 HTML도 머리와 몸통으로 구분됩니다. 그중에서 머리를 담당하는 것이 <head> 태그이고, 몸통을 담당하는 것이 <body> 태그입니다. 아래 그림은 사람의 몸과 각 부위에 매칭되는 HTML 태그를 나타낸 것입니다.

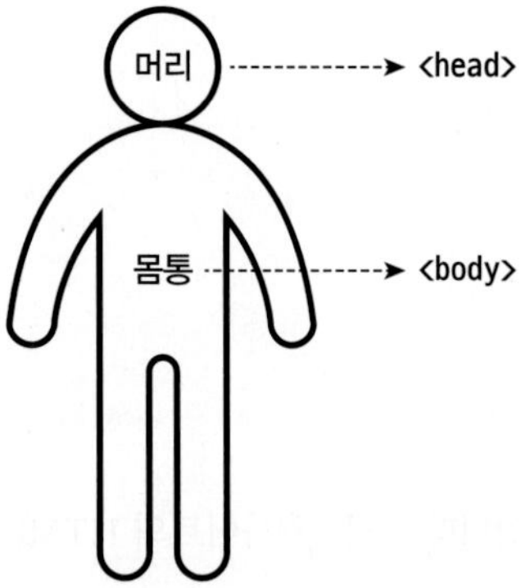

▶ 사람 몸의 이미지로 표현한 태그

그럼 웹사이트에서 머리head는 무엇을 의미할까요? 우리가 사람을 볼 때 얼굴이 있는 머리를 보면 그 사람이 누군지 알 수 있는 것처럼, 웹사이트의 head는 이 웹사이트가 어떤 웹사이트인지 알 수 있는 여러 가지 속성(제목, 설명 등)을 담고 있는 곳입니다. 이러한 속성들을 메타데이터metadata라고 부릅니다. 따라서 <head> 태그 안에 있는 내용들만 살펴봐도 해당 웹사이트가 대략 어떤 사이트인지 알 수 있습니다. 참고로 웹사이트의 제목을 넣기 위해 <head> 태그 안에 사용하는 태그가 <title> 태그입니다. 아래 그림은 <head> 태그와 그 안에 있는 <title> 태그를 나타낸 것입니다.

```
<!DOCTYPE html>
<html lang="ko">
▼<head>
    <title>소플의 블로그</title>
    <meta name="title" content="소플의 블로그">
    <meta name="description" content>
    <meta charset="utf-8">
    <meta name="viewport" content="width=device-width,
```

▶〈head〉와 〈title〉 태그 소스

또한 사람 머리 밑에 몸통이 있듯이 <body> 태그는 <head> 태그 다음에 나오며 실제로 웹사이트에서 보이는 콘텐츠가 들어가게 됩니다. 그래서 <body> 태그 안에 들어 있는 내용이 바로 우리가 실제로 웹브라우저에서 보게 되는 내용입니다.

3 SPA

지금까지 <html>, <head>, <body> 태그에 대해서 간략하게 알아보았습니다. 자, 지금부터 우리가 웹사이트를 탐색할 때를 한번 떠올려 봅시다. 어떤 복잡한 사이트에 접속하면 여러 가지 버튼이나 탭을 누르면서 여러 페이지를 이동하게 되는데 그때마다 브라우저에 나오는 내용이 달라지는 것을 볼 수 있었을 겁니다. 그렇다면 브라우저에 나오는 내용이 바뀐다는 것은 <body> 태그로 둘러싸인 부분의 내용이 바뀐다는 것일까요? 네, 맞습니다. 실제로 **각 페이지별로 HTML 파일이 따로 존재하며, 페이지를 이동하게 될 경우 브라우저에서는 해당 페이지의 HTML 파일을 받아와서 화면에 표시**해 줍니다. 그렇다면 수많은 페이지가 존재하는 복잡한 사이트의 경우 HTML 파일이 수십에서 수백 개가 될 텐데 어떻게 다 관리할까요? 이러한 문제를 해결하기 위해 나오게 된 것이 바로 SPA(Single Page Application)입니다. SPA는 말 그대로 하나의 페이지만 존재하는 웹사이트(또는 웹 애플리케이션)입니다. 어떻게 하나의 페이지로 복잡한 웹사이트를 모두 표현할 수 있을까요? 그 비밀은 바로 이 책에서 배우려고 하는 리액트와 관련이 있습니다. 아래 그림을 한번 보도록 하겠습니다.

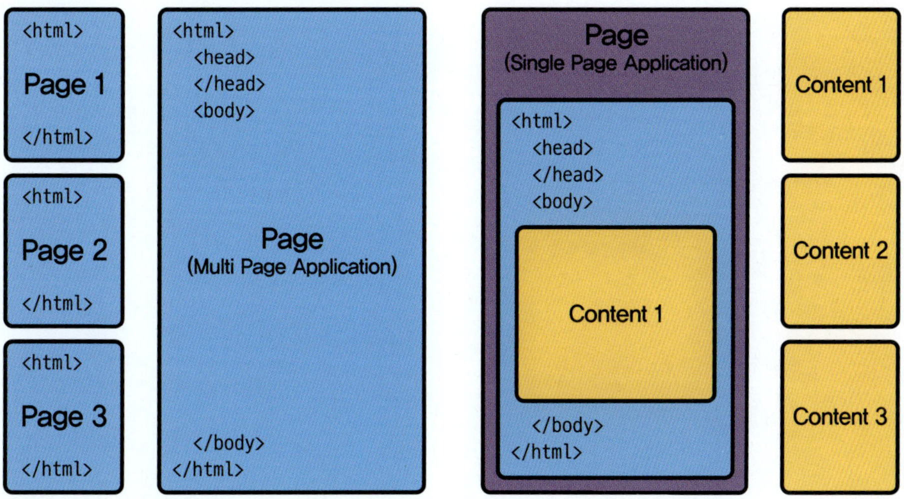

▶ MPA vs. SPA

위 그림의 왼쪽은 전통적인 방식의 웹 애플리케이션입니다. 이 방식의 경우 여러 개의 페이지가 존재하는 형태이기 때문에 Multi Page Application이라고 부르기도 합니다. 사용자가 페이지를 요청할 때마다 새로운 페이지가 로딩되어 화면에 나타나는 것이죠. 그리고 각 페이지는 각각의 HTML 파일을 갖고 있습니다. 반대로 오른쪽은 Single Page Application을 나타낸 것이며 단 하나의 페이지만 존재합니다. 여기에서 페이지가 하나라는 것은 HTML 파일이 하나라는 뜻입니다. 처음에는 이 HTML 파일의 <body> 태그의 내부가 텅 비어 있다가 해당 페이지에 접속할 때, 그 페이지에 해당하는 콘텐츠를 가져와서 동적으로 <body> 태그 내부를 채워 넣게 됩니다. 참고로 리액트가 이러한 역할(이곳에 채워 넣는)을 한다고 생각하면 됩니다. 자세한 내용은 뒤에서 리액트를 배울 때 설명할 테니 여기에서는 SPA의 개념만 간단하게 이해하고 넘어갑시다.

0.2 CSS란 무엇인가?

CSS는 Cascading Style Sheets의 약자로 웹사이트의 레이아웃과 글꼴, 색상 등의 디자인을 입히는 역할을 하는 언어입니다. HTML로 웹사이트의 구조를 만들었다면, 그 위에 CSS를 사용해서 디자인을 입혀야 아름다운 웹사이트가 완성됩니다. 아래 그림처럼 HTML 소스코드는 동일한데 CSS만 변경해도 전혀 다른 형태와 디자인의 웹사이트가 될 수 있습니다.

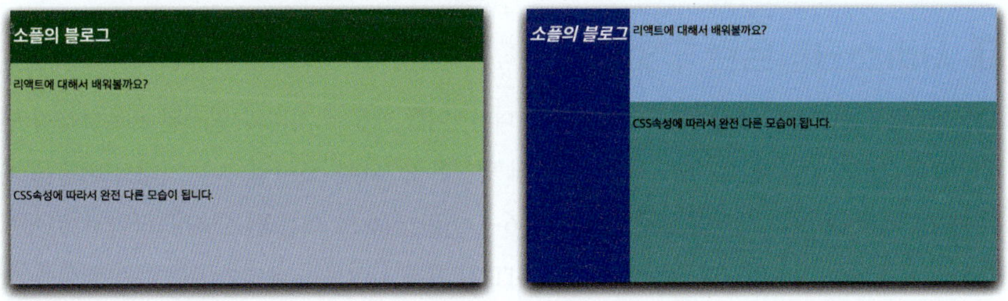

▶ **동일한 HTML 코드이나 CSS를 일부 변경했을 때의 차이**

CSS를 잘 다루면 다양한 디자인으로 나만의 웹사이트를 구축할 수 있습니다. CSS는 여러 속성들이 상당히 많고 복잡해서 일일이 다 외워서 사용하려면 시간이 꽤 오래 걸립니다. CSS에 대해서만 설명해도 한 권의 책 분량이 될 정도입니다. 그래서 이 책에서는 아주 간단한 수준의 CSS만을 사용합니다. 이 책에서 사용하거나 실제로 많이 사용되는 주요 CSS 속성들은 요약해서 15장에서 자세히 다루고 있으니 나중에 참고하기 바랍니다. 15장에 나오는 속성들만 잘 숙지해도 간단한 웹사이트는 구축할 수 있을 것입니다.

0.3 자바스크립트

만약 웹사이트가 HTML으로만 구성되어 있다면, 사용자는 버튼을 누르거나 정보를 입력하는 등의 동적인 작업들을 처리할 수 없습니다. 그래서 이러한 동적인 작업을 처리하기 위해서 자바스크립트JavaScript를 사용하게 됩니다. 지금부터 웹사이트에 생명을 불어 넣어 주는 자바스크립트에 대해서 알아보도록 하겠습니다.

1 자바스크립트란 무엇인가?

자바스크립트는 프로그래밍 언어의 한 종류입니다. 이름 때문에 자바와 연관된 프로그래밍 언어라고 착각하기 쉬운데, 자바스크립트의 정식 명칭은 ECMAScript입니다. 그래서 버전을 매길 때 ECMAScript의 글자를 따서 ES5, ES6… 이런 식으로 이름을 짓습니다(바로 뒤에서 ES6에 대해 배울 예정입니다). 앞에서 배운 HTML이 웹사이트의 뼈대를 구성하는 역할을 한다면, 자바스크립트는 웹사이트가 살아 움직이도록 생명을 불어넣는 역할을 합니다. 우리가 흔히 스크립트 언어scripting language 또는 script language라고 부르는 언어들이 있는데 자바스크립트도 이름에서도 알 수 있듯이 스크립트 언어의 한 종류입니다. 그렇다면 스크립트 언어의 특징으로 무엇이 있을까요? 다른 프로그래밍 언어와 가장 큰 차이점은 프로그램이 실행되는 런타임runtime에 코드가 해석된다는 점입니다. C언어나 자바 같은 컴파일 언어는 컴파일compile이라는 과정을 통해서 소스코드가 해석되고 실행 가능한 형태로 변환됩니다. 하지만 자바스크립트와 같은 스크립트 언어는 런타임에 코드가 해석되고 실행됩니다. 오랫동안 자바스크립트는 웹사이트 개발에만 사용되었는데, 최근에는 모바일 앱 개발을 위한 리액트 네이티브ReactNative[1]나 데스크톱용 앱 개발을 위한 일렉트론Electron[2] 등에서도 자바스크립트를 사용하고 있습니다. 이처

1 Meta(전 페이스북)가 만든 오픈소스 모바일 애플리케이션 프레임워크이다. 자바스크립트로 iOS와 안드로이드 앱을 동시에 개발할 수 있다.

2 노드JS(Node.js)를 기반으로 자바스크립트, HTML, CSS를 사용하여 데스크톱 애플리케이션을 만드는 오픈소스 프레임워크이다.

럼 자바스크립트의 사용 범위가 점점 넓어지면서 전 세계에서 가장 많이 쓰이는 프로그래밍 언어 중 하나로 자리 잡고 있습니다.

2 ES6

자바스크립트는 수없이 많은 변천사를 겪었습니다. 우리말에도 여러 사투리가 존재하듯 자바스크립트에도 각 브라우저 벤더마다 고유의 기능을 추가한 방언들이 난무하여 수많은 개발자가 고통받아 왔습니다. 그래서 나온 표준 버전이 ES5, ES6입니다. 앞에서 설명한 것처럼 ES는 자바스크립트의 정식 명칭인 ECMAScript를 의미하고, 뒤에 나오는 숫자는 버전을 의미합니다. ES6는 2015년에 발표되었기 때문에 ECMAScript 2015 또는 ES2015라고 부르기도 합니다. 이름부터 참 복잡하죠? 이 책에서는 ES6로 통일해서 부르도록 하겠습니다. 현재 시점의 가장 최신 버전은 ES16[ECMAScript 2025]이지만 2015년에 ES6가 릴리스되면서 새로운 문법이 많이 추가되었고 자바스크립트 표준화의 발판이 마련되었기 때문에 그 의미가 깊다고 할 수 있습니다.

3 자바스크립트의 자료형

이제 이 책에서 사용하게 될 자바스크립트 문법을 간단하게 알아보겠습니다. 다른 프로그래밍 언어는 배운 경험이 있지만 자바스크립트를 사용해 본 적이 없거나, 자바스크립트에 익숙하지 않은 분도 쉽게 따라올 수 있도록 굉장히 간단한 수준의 문법만을 사용할 예정입니다. 이 책의 목적은 리액트를 배우는 것이니 자바스크립트에 대해서는 크게 부담 가지지 말고 따라오면 됩니다. 모든 문법에 대해서 설명하지는 않으며 어렵거나 자주 사용하지 않는 부분도 제외하였습니다. 이 책에서는 자바스크립트 ES6의 문법을 기준으로 설명하겠습니다.

먼저 자바스크립트의 자료형[data type]에 대해 알아봅시다. 자료형은 프로그래밍 언어에서 데이터를 다루기 위해 미리 정해 놓은 데이터의 유형입니다. 흔히 정수[integer], 배열[array] 등으로 부르는 것들이죠. 모든 변수들은 하나의 자료형을 갖게 되는데, 일반적인 프로그래밍 언어에서는 변수를 선언하는 시점에 해당 변수의 자료형이 결정됩니다. 그런데 자바스크립트에서는 변수를 선언할 때가 아닌 변수에 데이터가 대입되는 시점에 해당 변수의 자료형이 결정됩니다. 이처럼 동적으로 자료형이 결정되는 것을 동적 타이핑[dynamic typing]이라고 부르며, 자바스크립트는 이 동적 타이핑 방식을 사용합니다. 따라서 자바스크립트에서는 변수를 선언할 때 다른 프로그래밍 언어처럼 `int i = 100;` 이런 식으로 하지 않고, `var i = 100;`과 같은 형태로 사용합니다. 여기서 var은 변수를 의미하는 영단어인 variable을 말합니다. 변수를 선언할 때 var 말고 let도 사용하는데 두 가지 방식에는 차이점이 있습니다. 다만, 그 차이점에 대해 설명하면 내용이 어려워질 수 있기 때문에 따로 다루지는 않겠습니다. 이 책에서는 변수를 선언할 때 되도록이면 let을 사용하도록 하겠습니다.

자, 그럼 실제로 자바스크립트에서 제공하는 자료형을 살펴볼까요? 아래는 자바스크립트의 대표적인 자료형들을 나타낸 것입니다.

```
// Number type
let n1 = 1234;
let n2 = 5.678;

// String type
let s1 = "hello";
let s2 = 'world';

// Boolean type
let b1 = true;
let b2 = false;

// Null type
let n = null;

// Undefined type
let u1;
let u2 = undefined;

// Array type
let arr = [1, 2, 3, 4];

// Object type
let obj = { a: "apple", b: "banana", c: "carrot" };
```

먼저 Number 타입은 말 그대로 숫자를 다루기 위한 자료형입니다. 정수나 소수를 저장할 수 있습니다. 그리고 String 타입은 문자열을 다루기 위한 자료형입니다. 문자열을 선언할 때에는 큰따옴표(")로 묶어 주거나 작은따옴표(')로 묶어 주면 됩니다. 한 가지 유의할 점은 문장을 큰따옴표로 열고 작은따옴표로 닫는 식으로 두 종류의 따옴표를 한 번에 섞어서 사용하면 안 된다는 것입니다. Number 타입과 String 타입은 자바스크립트에서 가장 많이 사용되는 자료형입니다.

다음 자료형은 Boolean 타입입니다. Boolean 타입은 값이 `true` 아니면 `false` 두 가지로만 정해져 있는 자료형입니다. Null 타입은 값이 `null`인 것을 의미하는 자료형입니다. 바로 뒤에 나오는 Undefined 타입과는 다른 의미를 갖고 있습니다. Undefined 타입은 영단어 뜻 그대로 정의가 되지 않은 것을 의미합니다. `let u1;`처럼 변수를 선언만 하고 값을 대입하지 않으면 변수의 자료형은 undefined가 됩니다. 그리고 위에서 설명한 것처럼 변수에 값이 대입되는 순간 동적 타이핑 방식으로 해당 변수의 자료형이 결정됩니다. 그래서 Undefined 타입은 **값이 아직 정의되지 않은 상태**를 의미하고, Null 타입은 **값이 정의되긴 했는데 정의된 그 값이 null인 것**을 의미합니다. 이런 개념이 조금은 어렵게 느껴질 수 있으나 이 책은 자바스크립트 책이 아니기 때문에 여기서 꼭 완벽하게 이해하지 못해도 상관없습니다. 그냥 이런 개념이 있다 정도로만 알고 넘어갑시다.

그다음으로 나오는 자료형은 Array 타입입니다. Array 타입은 배열을 나타내는 자료형입니다. 배열은 여러 가지 변수들을 순서대로 모아 놓은 것입니다. 위의 예제처럼 숫자가 모여 있을 수도 있고 문자열이 모여 있을 수도 있습니다. 또한 일반적인 프로그래밍 언어와 달리, 자바스크립트에서는 배열에 다양한 자료형의 변수가 함께 들어갈 수 있습니다. 배열은 변수들을 **순서대로** 모아 놓은 것이기 때문에 배열에 있는 각 변수는 자신의 순서를 나타내는 `index` 값을 가집니다. 참고로 `index`는 0부터 시작하며 이것을 사용해서 배열의 변수에 접근할 수 있습니다. 아래 코드는 자바스크립트에서 배열을 사용하는 다양한 예제와 `index`를 이용해서 배열의 변수에 접근하는 예제를 나타낸 것입니다.

```
// Number 타입으로만 이루어진 배열
let arr1 = [1, 2, 3, 4, 5];

// String 타입으로만 이루어진 배열
let arr2 = ["h", "e", "l", "l", "o"];

```

```
// Number 타입과 String 타입을 함께 사용한 배열
let arr3 = [1, "h", 2, "i"];

// 다양한 자료형들을 함께 사용한 배열
let arr4 = [true, 1, undefined, false, "h", 2, null, "i"];

console.log(arr1[0]);
// 출력 결과: 1

console.log(arr2[1]);
// 출력 결과: e

console.log(arr3[2]);
// 출력 결과: 2

console.log(arr4[3]);
// 출력 결과: false
```

마지막으로 나오는 자료형은 Object 타입입니다. Object 타입은 말 그대로 객체를 다루기 위한 자료형입니다. 여기에서의 객체는 다른 객체 지향 프로그래밍 언어의 객체와는 의미가 조금 다릅니다. 자바스크립트에서의 객체는 이름[key 또는 name]과 값[value]으로 이루어진 쌍의 집합을 의미합니다. 다른 프로그래밍 언어를 공부해 봤다면 Dictionary나 Map, HashMap 같은 것을 들어봤을 텐데 이것과 유사한 자료형이라고 보면 됩니다. 객체에 들어가는 키-값 쌍에서 키는 문자열이어야 하며 값으로는 어떤 자료형이든 다 들어갈 수 있습니다. 객체의 값에 접근하기 위해서는 `obj[key]`처럼 대괄호 안에 키를 넣어 주거나 `obj.key`처럼 점을 찍고 키의 이름을 써 주면 됩니다. 아래 코드는 자바스크립트에서 객체를 사용하는 다양한 예제를 나타낸 것입니다.

```
// 값으로 String 타입만을 사용한 객체
let obj1 = { a: "apple", b: "banana", c: "carrot" };

// 값으로 Number 타입만을 사용한 객체
let obj2 = { a: 1, b: 2, c: 2 };

```

```
// 값으로 다양한 자료형들을 함께 사용한 객체
let obj3 = { a: "hello", b: 100, c: [1, 2, 3, 4] };

// 값으로 객체를 사용한 객체
let obj4 = {
    a: { a1: 1, a2: 2 },
    b: { b1: 3, b2: 4 },
    c: { c1: 5, c2: 6 },
};

console.log(obj1['a']);
// 출력 결과: apple

console.log(obj2.a);
// 출력 결과: 1

console.log(obj3['c']);
// 출력 결과: [1, 2, 3, 4]

console.log(obj4.c.c2);
// 출력 결과: 6
```

지금까지 자바스크립트의 대표적인 자료형에 대해서 알아보았습니다. 여기에서 다루지 않은 자료형들도 있지만 위에서 언급한 자료형들만 익혀도 이 책을 통해 리액트를 학습하는 데에는 충분합니다. 자바스크립트의 자료형에 대해 좀 더 알고 싶다면 아래 링크에서 자세한 내용을 확인하기 바랍니다.

https://developer.mozilla.org/en-US/docs/Web/JavaScript/Data_structures

4 자바스크립트의 연산자

앞에서 자바스크립트의 자료형에 대해서 배웠습니다. 자료형은 데이터를 정해진 유형으로 변수에 저장하기 위해서 사용하는데, 이렇게 선언된 변수를 이용해서 다양한 연산을 할 수 있습니다. 이때 연산을 하기 위해서 사용하는 것을 **연산자**operator라고 부릅니다. 이 절에서는 자바스크립트의 연산자에 대해서 배워 보도록 하겠습니다.

먼저 가장 기본적인 연산자로 **대입 연산자**assignment operator가 있습니다. 대입 연산자는 말 그대로 변수에 값을 대입하기 위해 사용하는 연산자입니다. 기호로 우리가 흔히 equal이라고 부르는 =을 사용합니다. 수학만 공부하다가 프로그래밍을 처음 접하는 경우, 이 대입 연산자의 작동 방식에 대해 약간 혼란을 겪기도 합니다. **대입 연산자는 항상 오른쪽에서 왼쪽 방향으로 흐름이 흘러갑니다.** 따라서 수학에서의 equal과는 그 의미가 다르다고 볼 수 있습니다. **equal의 오른쪽에 있는 값을 equal의 왼쪽에 대입시킨다**고 해석하면 됩니다. 아래 예제 코드를 봅시다.

```
let a = 10;
let b = 20;

console.log(a);
// 출력 결과: 10

console.log(b);
// 출력 결과: 20
```

다음은 또 다른 기본적인 연산자인 사칙 연산자가 있습니다. 사칙 연산은 우리가 흔히 알고 있는 덧셈, 뺄셈, 곱셈, 나눗셈을 의미합니다. 추가적으로 나눗셈의 나머지를 구하는 나머지 연산자(%)와 첫 번째 피연산자를 두 번째 피연산자의 거듭제곱으로 나타내는 지수 연산자(**)가 있습니다. 이러한 연산자를 통칭해서 **산술 연산자**arithmetic operator라고 부릅니다. 아래 코드는 자바스크립트에서 산술 연산자를 사용한 예제입니다.

```
let a = 2;
let b = 4;

console.log(a + b);
// 출력 결과: 6

console.log(a - b);
// 출력 결과: -2

```

```
console.log(a * b);
// 출력 결과: 8

console.log(a / b);
// 출력 결과: 0.5

console.log(a % b);
// 출력 결과: 2

console.log(a ** b);
// 출력 결과: 16
```

산술 연산자는 대입 연산자와 함께 사용되는 경우가 많습니다. 따라서 이 둘을 합쳐서 간편하게 쓸 수 있도록 만든 대입 연산자들이 있는데 이것을 **복합 대입 연산자**로 부릅니다. 아래 예제 코드를 봅시다.

```
let a = 2;
let b = 4;

a += b; // a = a + b
console.log(a);
// 출력 결과: 6

a -= b; // a = a - b
console.log(a);
// 출력 결과: 2

a *= b; // a = a * b
console.log(a);
// 출력 결과: 8

a /= b; // a = a / b
console.log(a);
// 출력 결과: 2
```

산술 연산자만으로도 기본적인 연산은 대부분 가능합니다. 하지만 자바스크립트는 편의를 위해서 변수의 값을 증가, 감소시키기 위한 연산자들도 제공합니다. 증가 연산자increment operators와 감소 연산자decrement operators가 바로 그것인데, 기호로 ++와 --를 사용합니다. 증감 연산자는 사용하는 순서가 굉장히 중요합니다. 증감 연산자를 변수의 뒤에 붙이는 방식을 **postfix 방식**이라고 하고, 변수의 앞에 붙이는 방식을 **prefix 방식**이라고 합니다. 영어에서 post는 뒤를 의미하고, pre는 앞을 의미하기 때문에 앞에 붙은 영단어의 의미를 바탕으로 기억하면 쉽습니다. postfix 방식으로 변수의 뒤에 증감 연산자를 붙이게 되면 먼저 증감 전의 값을 반환하고 이후에 변수의 값이 증감됩니다. 반대로 prefix 방식으로 변수의 앞에 증감 연산자를 붙이게 되면, 먼저 변수의 값을 증감시키고 이후에 증감된 변수의 값을 반환합니다. 아래 예제 코드를 봅시다.

```
let a = 1;
let b = a++;

console.log(a, b);
// 출력 결과: 2, 1

let c = 1;
let d = ++c;

console.log(c, d);
// 출력 결과: 2, 2
```

증감 연산자는 아주 많이 사용하지는 않지만, 사용할 경우에는 변수에 연산자를 붙이는 위치에 따라 결과가 달라질 수 있으니 꼭 연산자를 변수에 붙이는 위치에 대해 유의하기 바랍니다.

다음으로 많이 사용되는 연산자는 **관계 연산자**relational operator입니다. 관계 연산자는 변수들 사이의 관계를 비교하기 위해서 사용하기 때문에 **비교 연산자**comparison operator라고도 부릅니다. 비교 연산자는 말 그대로 변수들의 값을 비교하기 위해서 사용하는 연산자 입니다. 우리가 수학에서 부등호라고 부르는 것으로 <, >, <=, >= 와 같은 것들이 있습니다. 비교 연산자는 항상 왼쪽에 나온 변수를 기준으로 생각하면 쉽습니다. 예를 들어 `a < b`라는 코드가 있을 경우, a가 b보다 작다라고 해석하면 됩니다. 아래 예제 코드를 봅시다.

```
let a = 1;
let b = 2;

console.log(a < b);
// 출력 결과: true

console.log(a > b);
// 출력 결과: false

console.log(a <= b);
// 출력 결과: true

console.log(a >= b);
// 출력 결과: false
```

관계 연산자는 변수 사이의 크고 작음을 비교하는 데 사용합니다. 그런데 변수의 값이 같은지 다른지를 비교하고 싶을 때에는 어떻게 해야 할까요? 이때 사용하는 것이 바로 **동등 연산자** equality operator입니다. 동등 연산자는 두 개의 변수의 값이 같은지 다른지를 판단할 수 있게 해줍니다. 같은지 다른지를 나타내기 위해서 기호로 각각 ==, !=를 사용합니다. 그런데 자바스크립트에서는 단순히 동등한지 아닌지를 비교하는 것 이외에 변수의 자료형까지 같은지 엄격하게 비교할 수 있는 **일치 연산자** strict equality operator를 제공합니다. 아래 예제 코드를 봅시다.

```
let a = 1;
let b = '1';

console.log(a == b);
// 출력 결과: true

console.log(a != b);
// 출력 결과: false

console.log(a === b);
```

```
// 출력 결과: false

console.log(a !== b);
// 출력 결과: true
```

위의 예제 코드에서 변수 a의 자료형은 number이고 b의 자료형은 string입니다. 두 변수의 값은 1로 동일하지만 자료형은 다릅니다. 따라서 동등 연산자를 사용한 경우에는 값이 같은 것으로 나오지만, 일치 연산자를 사용한 경우에는 자료형이 다르기 때문에 두 변수가 다르다고 판단하게 됩니다. 동등 연산자나 일치 연산자를 사용할 경우에는 이러한 차이를 잘 인지하고 사용하는 것이 중요합니다. 사용할 변수의 자료형이 확실치 않을 때는 일치 연산자를 사용하여 자료형까지 완전히 일치하는지 확인하는 것이 좋습니다.

다음으로 중요한 연산자인 **이진 논리 연산자**binary logical operator가 있습니다. 이진 논리 연산이란 true와 false 값만을 가지는 boolean 값을 비교할 때 사용하는 연산자입니다. 그렇기 때문에 이진 논리 연산자의 결과 또한 boolean 값이 됩니다. Logical AND 연산과 Logical OR 연산을 제공하며, 기호로는 각각 &&와 ||를 사용합니다. 논리 연산에 대해서 간단하게 설명하면 AND 연산은 양쪽 모두가 true일 경우에만 true를 반환하며, OR 연산은 하나라도 true일 경우에 true를 반환합니다. 아래 예제 코드를 봅시다.

```
let a = true;
let b = false;

console.log(a && b);
// 출력 결과: false

console.log(a || b);
// 출력 결과: true
```

마지막으로 배울 연산자는 **조건부 연산자**conditional operator입니다. 조건부 연산자는 조건에 따라서 결과가 두 개로 나눠지게 되는데 **삼항 연산자**ternary operator라고도 부릅니다. 기호로는 ?를 사용하며 **조건식 ? true일 경우 : false일 경우** 형태로 사용합니다. 아래 예제 코드를 한번 보도록 하겠습니다.

```
let a = true;
let b = false;

console.log(a ? 1 : 2);
// 출력 결과: 1

console.log(b ? 3 : 2);
// 출력 결과: 2
```

지금까지 자바스크립트에서 가장 많이 사용하는 기본적인 연산자에 대해서 배워 보았습니다. 우리가 배운 내용 이외에도 다양한 연산자들이 있지만, 앞에서 언급한 것처럼 이 책은 자바스크립트를 배우는 기본서가 아니기 때문에 여기에서는 다루지 않고 넘어가도록 하겠습니다. 자바스크립트의 연산자에 대해 더 자세한 내용이 궁금한 경우 아래의 링크를 참고하기 바랍니다.

https://developer.mozilla.org/en-US/docs/Web/JavaScript/Reference/Operators

5 자바스크립트의 함수

지금까지 자바스크립트의 자료형과 연산자에 대해 배웠습니다. 이번에는 마지막으로 자바스크립트의 함수에 대해서 배워 보도록 하겠습니다. 프로그래밍에서 함수는 **입력을 받아서 정해진 출력을 하는 것**을 의미합니다. 여기에서 함수의 입력을 파라미터parameters 또는 인자arguments라고 부릅니다. 자바스크립트에서 함수를 정의하는 방법은 크게 두 가지로 나뉩니다. 첫 번째는 `function statement`를 사용하는 것이고, 두 번째는 `arrow function expression`을 사용하는 방법입니다. 아래 예제 코드를 봅시다.

```
// function statement를 사용
function sum(a, b) {
    return a + b;
}

console.log(sum(10, 20));
// 출력 결과: 30

// arrow function expression을 사용
const multiply = (a, b) => {
    return a * b;
}

console.log(multiply(10, 20));
// 출력 결과: 200
```

이처럼 두 가지 다른 방식으로 함수를 정의할 수 있으며, 함수를 호출할 때는 함수 이름 뒤에 괄호를 붙이고 그 안에 파라미터들을 넣어 주면 됩니다. 이 책에서 자바스크립트 함수를 직접 만들어서 사용하는 경우는 별로 없지만 리액트의 컴포넌트 중에서 함수 컴포넌트function component가 하나의 자바스크립트 함수라는 사실을 기억하고 넘어가기 바랍니다. 그리고 자바스크립트의 함수에 대해 더 자세한 내용이 궁금한 경우 아래 링크를 참고하기 바랍니다.

https://developer.mozilla.org/en-US/docs/Web/JavaScript/Reference/Functions

0.4 개발 환경 설정하기

본격적으로 리액트를 배우기 전에 먼저 개발 환경을 구성해 보도록 하겠습니다. 개발 환경이 제대로 구축되어 있지 않으면 실습을 따라올 수 없기 때문에, 꼭 아래 프로그램들이 제대로 설치되어 있는지 확인하고 다음 장으로 넘어가기 바랍니다.

1 macOS와 Windows 환경 설정

이 책에서는 모든 실습이 macOS 기반으로 진행되지만 Windows에서도 동일하게 모든 과정을 다 따라갈 수 있습니다. macOS에서는 터미널Terminal이라고 부르는 명령 줄 기반 인터페이스를 사용하게 되는데, Windows를 사용할 경우 PowerShell이라는 프로그램을 사용하면 됩니다. 그리고 이 장의 마지막에 설치하게 될 VS Code에는 터미널이 내장되어 있기 때문에 VS Code를 설치한 이후에는 별도로 외부의 터미널이나 PowerShell을 사용할 일이 거의 없습니다.

2 Node.js와 npm 설치하기

먼저 Node.js와 npm을 설치하도록 하겠습니다. Node.js는 쉽게 말해서 자바스크립트로 네트워크 애플리케이션을 개발할 수 있게 해 주는 환경이라고 생각하면 됩니다. 그리고 npm은 node package manager의 약자로 Node.js를 위한 패키지 매니저입니다. 패키지 매니저는 프로젝트에서 필요로 하는 다양한 외부 패키지들의 버전과 의존성을 관리하고 편하게 설치 및 삭제를 할 수 있게 도와주는 역할을 합니다. 참고로 npm은 Node.js를 설치하면 자동으로 함께 설치가 됩니다. 그럼 이제 Node.js를 설치해 볼까요? 설치를 위해 아래 주소에 접속합니다.

🔗 https://nodejs.org/en/

그리고 나면 아래와 같은 화면이 나올 것입니다. 여기에서 왼쪽에 있는 'Get Node.js' 버튼을 눌러 나오는 페이지에서 설치 파일을 다운로드하고 실행하기 바랍니다. 현재 22번대 버전이 안정화된 버전이고 24번대 버전이 최신 버전입니다. 저희는 이번 실습에서 22번대 버전을 사용하도록 하겠습니다. 꼭 22번대 버전을 사용해야 하는 것은 아니지만 원활한 실습 진행을 위해서 Node.js의 버전은 최소 22.18.0 이상이어야 하고 npm의 버전은 10.9.3 이상이어야 합니다.

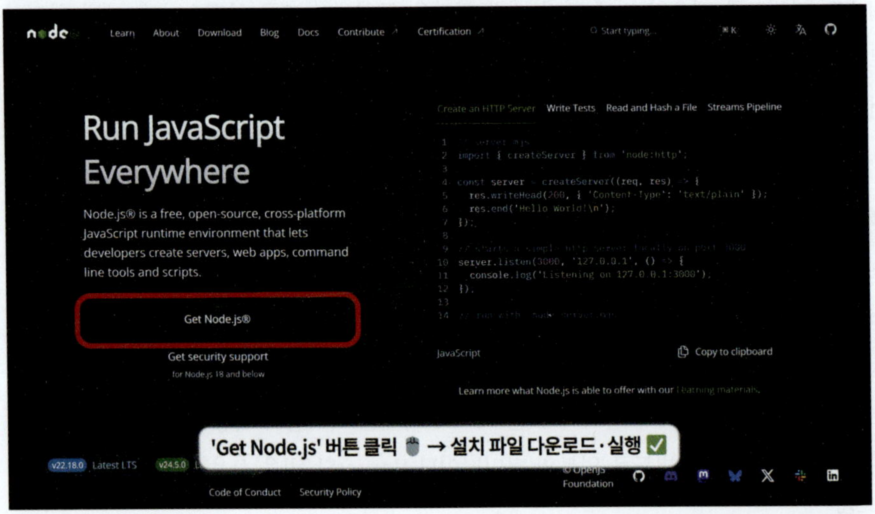

▶ Node.js 웹사이트

Node.js가 모두 다 설치되었다면 macOS의 터미널 또는 Windows의 PowerShell을 열어서 아래 명령어를 입력하고 엔터키를 누릅니다. 그러면 아래와 같이 설치된 Node.js의 버전이 출력되는 것을 볼 수 있습니다.

```
$ node --version
v22.18.0
```

앞에서 Node.js를 설치하면 npm이 함께 설치된다고 설명했었죠? 위와 동일하게 설치된 npm의 버전을 확인하기 위해서 아래 명령어를 입력하고 엔터키를 누르면 설치된 npm의 버전이 출력됩니다.

```
$ npm --version
10.9.3
```

Node.js와 npm이 모두 설치된 것을 확인했다면 다음으로 넘어갑시다.

3 VS Code 설치하기

메모장 같은 텍스트 편집 프로그램을 사용해도 코딩을 할 수 있습니다. 하지만 코드 자동 정렬, 함수 참조 찾기 등의 부가적인 기능을 제공하는 프로그램을 사용하면 더 수월하게 코딩할 수 있습니다. 이러한 기능을 제공하는 프로그램을 IDE[Integrated Development Environment](통합 개발 환경)라고 부릅니다.

이 책에서는 IDE로 VS Code[Visual Studio Code](비주얼 스튜디오 코드)를 사용하게 됩니다. VS Code는 마이크로소프트[Microsoft]에서 개발했고 무료로 사용이 가능한 IDE입니다. VS Code에는 쉽게 설치하고 사용할 수 있는 수많은 플러그인이 있기 때문에 단순히 자바스크립트나 리액트 개발뿐만 아니라 다양한 프로그래밍 언어로 코딩할 때도 사용 가능합니다. 이제 VS Code를 설치하고 리액트 개발을 위한 환경을 설정하는 방법에 대해서 알아보도록 하겠습니다.

VS Code를 다운로드하기 위해서 아래 주소에 접속합니다.

https://code.visualstudio.com/

접속하면 다음과 같은 화면이 나옵니다. 여기에서 화면에 보이는 파란색의 다운로드 버튼을 눌러 설치 파일을 다운로드합니다. Windows에서는 사용자의 운영체제에 맞는 설치 파일이 자동으로 표시되므로 다운로드 버튼을 눌러 설치 파일을 그대로 다운로드하면 됩니다. 다운로드가 완료되면 설치 파일을 실행시켜서 VS Code를 설치하기 바랍니다.

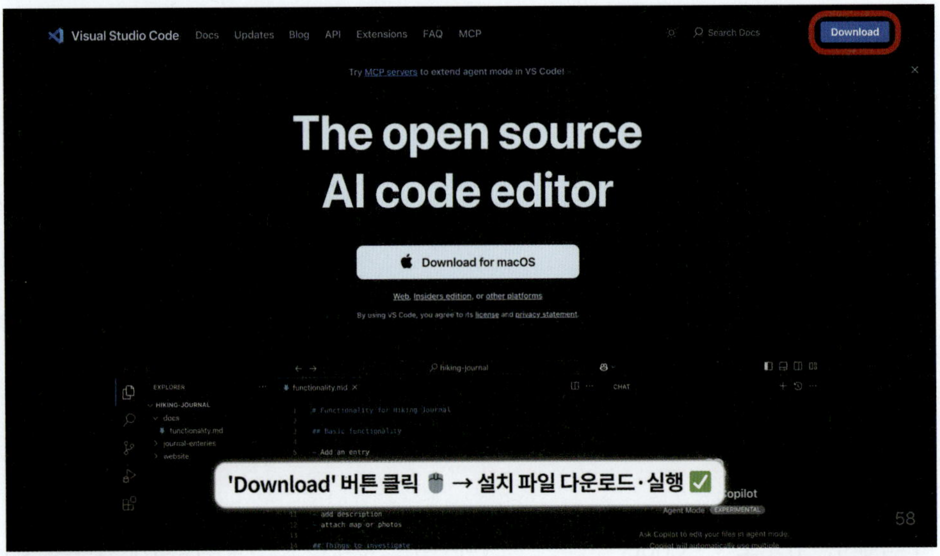

▶ VS Code 웹사이트

VS Code가 정상적으로 설치되었다면, 한번 실행해 보도록 하겠습니다. 실행하면 아래와 같은 화면이 나오게 됩니다. 지금은 아무것도 없는 빈 화면이 보일 것입니다.

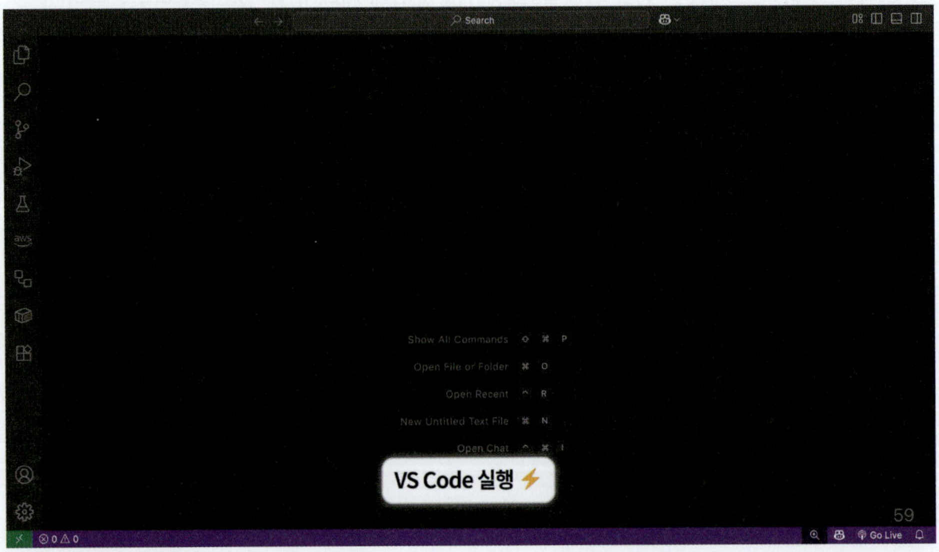

▶ VS Code 실행 화면

상단 메뉴에서 `Terminal > New Terminal`을 선택하면 하단에 VS Code에 내장되어 있는 터미널이 나오게 됩니다. 이제부터는 이 터미널을 이용해서 커맨드 라인 명령어들을 실행하면 됩니다.

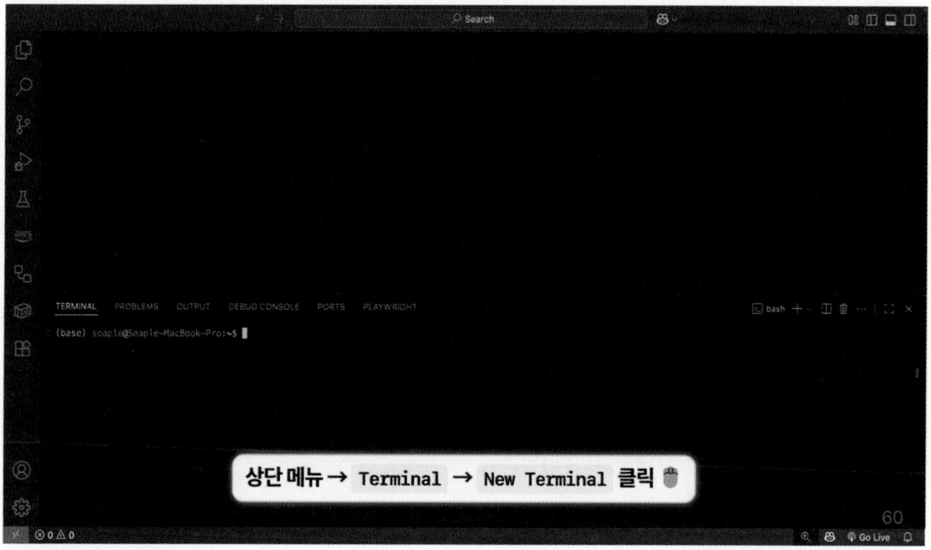

▶ VS Code 터미널

0.5 마치며

지금까지 리액트를 배우기 위해 필요한 기초 지식으로 웹페이지를 구성하는 HTML과 웹페이지에 스타일을 입히는 CSS의 개념, 웹페이지에서 동적인 부분을 구현하는 자바스크립트 문법에 대해서 간단히 알아보았습니다. 또한 이 책에서 실습을 진행할 IDE인 VS Code를 설치해 모든 준비를 마쳤습니다. 이제 다음 장에서 본격적으로 리액트의 개념부터 알아보도록 합시다.

요약

이번 장에서 배운 내용은 아래와 같습니다.

- **HTML**
  - 웹사이트의 뼈대를 구성하기 위해서 사용하는 마크업 언어
  - 태그를 사용해서 웹사이트의 구조를 만듦
- **CSS**
  - 웹사이트의 레이아웃과 글꼴, 색상 등의 디자인을 입히는 역할을 하는 언어
- **자바스크립트**
  - 웹페이지에서 동적인 부분을 구현하기 위한 스크립트 언어
  - 웹사이트가 살아 움직이도록 생명을 불어넣는 역할
  - 자바스크립트의 정식 명칭은 ECMAScript
  - 2015년에 ES6가 나오면서 새로운 문법들이 많이 추가되었고 자바스크립트 표준화의 발판이 마련
  - 자바스크립트의 대표적인 자료형, 연산자, 함수
- **개발 환경 설정**
  - Node.js 및 npm 설치
  - VS Code 설치

Chapter

1

리액트 소개

Preview

이 장에서는 앞으로 배우게 될 리액트에 대해서 간단히 알아보도록 하겠습니다. 어떤 새로운 라이브러리나 기술에 대해서 배울 때는 먼저 그것의 정의에 대해서 잘 알고 배우는 것이 좋습니다. 내가 배우고 있는 것이 무엇인지도 제대로 이해하지 못한다면 마치 바닷가의 모래 위에 성을 쌓는 것과 같겠죠? 그런 의미에서 이번 장에서 배우게 될 리액트의 정의와 개념에 대해서 잘 기억하기 바랍니다.

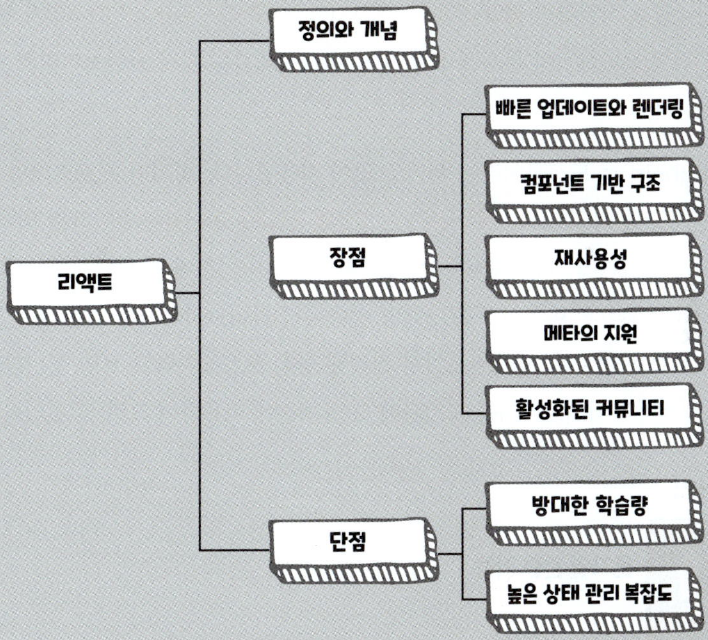

1.1 리액트는 무엇인가?

1 리액트의 정의

이 책에서 배우려고 하는 리액트는 도대체 무엇일까요? 리액트 공식 웹사이트에서는 다음과 같이 정의하고 있습니다.

The library for web and native user interfaces.

이 문장을 한국말로 직역하면 **웹과 네이티브 사용자 인터페이스를 위한 라이브러리**가 됩니다. 어떤 뜻인지 조금 감이 오나요? 이 문장을 모두 이해하기 위해서는 먼저 라이브러리의 개념에 대해서 알아야 합니다.

보통 영단어 library는 도서관이라는 의미로 많이 사용됩니다. 하지만 프로그래밍 언어에서의 라이브러리는 도서관이 아니라 **자주 사용되는 기능을 정리해 모아 놓은 것**이라는 의미를 갖고 있습니다. 우리가 도서관에 가면 책장에 수많은 책이 정해진 기준에 따라서 잘 정리되어 꽂혀 있는 것을 볼 수 있습니다. 이처럼 프로그래밍 언어에서 라이브러리라는 것은 특정 프로그래밍 언어에서 자주 사용되는 기능을 잘 모아서 정리해 놓은 모음집이라고 보면 됩니다. 아래 그림은 프로그래밍에서의 라이브러리를 도서관에 있는 책장에 비유하여 그려 본 것입니다.

▶ 프로그래밍 언어에서의 라이브러리를 책장으로 표현한 그림

그렇다면 이제 리액트가 라이브러리라는 것은 알았는데 사용자 인터페이스를 위한다는 것은 어떤 의미일까요? 사용자 인터페이스는 영어로 User Interface라고 쓰고, 보통은 UI로 줄여서 부릅니다. 사용자와 컴퓨터 프로그램이 서로 상호작용을 하기 위해 중간에서 서로 간에 입력과 출력을 제어해 주는 것이 바로 유저 인터페이스입니다. 웹사이트의 경우를 예로 들어 보면, 우리가 흔히 보는 버튼이나 텍스트 입력창 등이 모두 사용자 인터페이스라고 생각하면 됩니다. 버튼을 누름으로써 웹사이트에서 반응을 하고 웹사이트에서 특정 페이지를 보여줌으로써 사용자들이 반응을 하는 것이죠. 이처럼 사용자 인터페이스를 만들기 위한 기능 모음집(라이브러리)을 **UI 라이브러리**라고 부르고, 리액트는 대표적인 자바스크립트 UI 라이브러리라고 할 수 있습니다.

2 다양한 자바스크립트 UI 프레임워크

그렇다면 웹사이트를 구축할 때 사용하는 대표적인 자바스크립트 UI 라이브러리에는 어떤 것이 있을까요? 바로 아래 그림에 나타난 것들이 있습니다.

▶ 대표적인 자바스크립트 UI 라이브러리

가장 왼쪽에 표시된 것은 앵귤러JS[AngularJS]입니다. 앵귤러JS는 구글에서 만든 오픈소스 프로젝트로 자바스크립트 기반의 웹 개발 프레임워크입니다. 앵귤러JS는 리액트보다 훨씬 앞선 2010년에 처음 출시되었고, 불과 8~9년 전까지만 해도 굉장히 많은 곳에서 사용되었습니다. 하지만 2018년에 LTS[Long Term Support](단기간에 버전 업데이트를 하지 않고 안정적인 버전을 장기간 유지하는 방식) 모드에 돌입하였습니다. 그러다가 2022년 1월 LTS마저 중단을 선언하고 사실상 공식적인 지원이 종료되었습니다.

가운데는 우리가 배우게 될 리액트입니다. 리액트의 정식 명칭은 리액트JS인데 보통 줄여서 리액트라고 부릅니다(참고로 자바스크립트 관련 라이브러리는 이름 뒤에 JS를 붙이는 경우가 굉장히 많습니다). 리액트는 메타(구 페이스북)에서 만든 오픈소스 자바스크립트 UI 라이브러리입니다. 리액트는 2013년에 처음으로 출시되었으며, 출시된 이후 사용률이 점점 증가하다가 현재는 다른 라이브러리를 모두 따돌리고 가장 많이 사용되는 자바스크립트 UI 라이브러리가 되었습니다.

마지막으로 오른쪽에 나오는 것은 뷰JS[Vue.js]입니다. 큰 IT기업의 주도로 시작된 앵귤러JS나 리액트와는 다르게 뷰JS는 Evan You라는 중국인 개발자 한 명이 시작한 오픈소스 프로젝트입니다. 뷰JS는 2014년에 처음 출시되었고, 이후 점점 영향력이 커져서 현재는 리액트와 항상 함께 언급되는 자바스크립트 대표 프레임워크가 되었습니다. 뷰JS는 지금도 많은 곳에서 사용하고 있으나 앞으로의 입지가 어떻게 될지는 아무도 예측할 수 없을 것 같습니다.

앞에서 본 것처럼 모든 기술에도 트렌드가 있습니다. 웹 개발과 관련한 기술도 마찬가지죠. 한때는 앵귤러JS가 웹 개발의 정답인 것처럼 여겨지는 시기도 있었고, 리액트보다는 다른게 훨씬 더 좋다고 평가되던 시기도 있었습니다. 그래서 한 가지 기술이 무조건 대세가 될 것이라고 생각하지 말고, 기술의 큰 흐름을 읽는 것이 필요합니다. 지금은 리액트의 입지가 굉장히 우세하고 웹 개발에 있어 거의 표준처럼 여겨지고 있지만 앞으로 5년 뒤, 10년 뒤에는 다른 새로운 기술이 그 자리를 차지하고 있을 수도 있습니다. 이 책에서는 리액트를 배우는 것에 초점을 맞추고 있지만, 리액트를 공부하면서 동시에 그 밑바탕에 깔려있는 웹사이트의 작동 원리와 흐름을 함께 이해할 수 있도록 노력해 보길 바랍니다.

NOTE **프레임워크와 라이브러리**

위에서 앵귤러JS와 뷰JS는 프레임워크라고 부르고 리액트는 라이브러리라고 불렀습니다. 그렇다면 프레임워크와 라이브러리의 차이점은 무엇일까요? 가장 큰 차이점은 프로그램의 흐름에 대한 제어 권한입니다. 프레임워크는 흐름의 제어 권한을 개발자가 아닌 프레임워크가 갖고 있는 반면에, 라이브러리는 흐름에 대한 제어를 하지 않고 개발자가 필요한 부분만 필요할 때 가져다 사용하는 형태입니다. 결국 라이브러리는 제어 권한이 개발자에게 있으며 프레임워크는 제어 권한이 프레임워크 자신에게 있다고 이해하면 됩니다.

3 리액트 개념 정리

자, 지금까지의 내용을 정리하면 리액트는 **사용자와 웹사이트의 상호작용을 돕는 인터페이스를 만들기 위한 자바스크립트 기능 모음집**이 됩니다. 웹사이트를 개발하기 위해서는 HTML, CSS, 자바스크립트를 모두 잘 다뤄야 하는데, 사이트의 규모가 커지면 커질수록 필요한 수많은 페이지를 잘 만들어 관리한다는 것은 쉬운 일이 아닙니다. 따라서 이러한 복잡한 사이트를 쉽고 빠르게 만들고 관리하기 위해 만들어진 것이 바로 리액트입니다.

앞에서 잠깐 언급했던 SPA에 대해서 다시 살펴보겠습니다. **SPA**란 **Single Page Application**의 약자로 하나의 페이지만 존재하는 웹사이트(또는 웹 애플리케이션)를 의미합니다. 규모가 큰 웹사이트의 경우 수백 개의 페이지가 존재하는데, 이것을 각각 페이지마다 HTML로 만드는 것은 굉장히 비효율적이고 관리하기도 힘듭니다. 그래서 하나의 HTML 틀을 만들어 놓고, 사용자가 특정 페이지를 요청할 때 그 안에 해당 페이지의 내용을 채워서 보내주는 것이 SPA입니다. 정리하면 우리가 배울 리액트는 SPA를 쉽고 빠르게 만들수 있도록 해 주는 도구라고 생각하면 됩니다.

1.2 리액트의 장점

그렇다면 리액트의 장점은 어떤 것이 있을까요? 리액트의 대표적인 장점을 알아봅시다.

1 빠른 업데이트와 렌더링 속도

가장 먼저 리액트의 장점으로 빠른 업데이트와 렌더링 속도를 들 수 있습니다. 여기에서 말하는 업데이트라는 것은 웹사이트를 탐색할 때 화면에 나타나는 내용이 바뀌는 것이라고 생각하면 됩니다. 예를 들어, 아래 그림처럼 리액트 공식 웹사이트에는 상단에 사이트 탐색을 위한 내비게이션 메뉴navigation menu가 있습니다. 여기에서 Learn, Reference 등의 메뉴를 누르면 화면에 나오는 내용들이 바뀌어야 하겠죠? 그런데 만약 메뉴를 누르고 새로운 내용이 뜨기까지의 시간이 오래 걸리면 사용자가 기다리지 못하고 나가버릴 것입니다. 그래서 빠른 업데이트는 웹사이트에서 굉장히 중요한 부분 중 하나입니다.

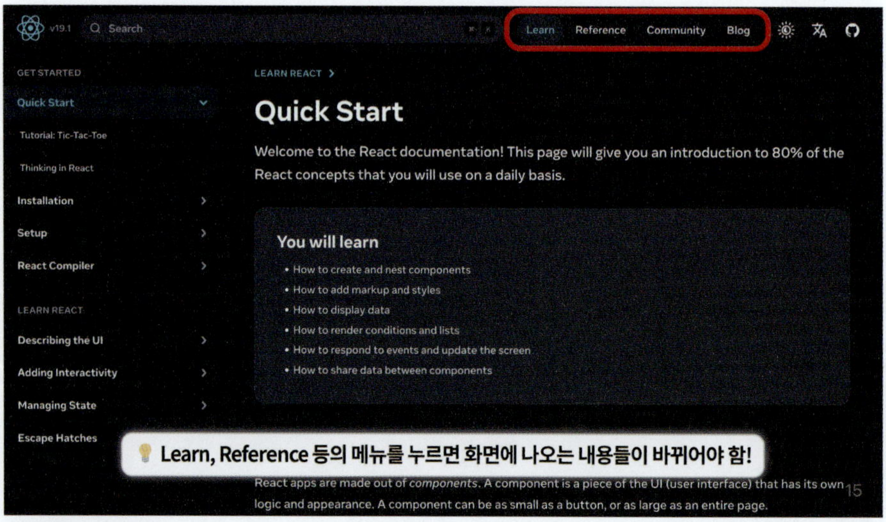

▶ 네비게이션 메뉴

리액트에서는 이러한 빠른 업데이트를 위해 내부적으로 Virtual DOM이라는 것을 사용합니다. 갑자기 등장한 Virtual DOM이라는 용어 때문에 어렵게 느껴지나요? 쉽게 설명을 해 보겠습니다. 먼저 Virtual DOM은 말 그대로 **가상의 DOM**입니다. Virtual DOM을 이해하기 위해서 DOM이 무엇인지 먼저 알아야 되겠죠? DOM은 Document Object Model의 약자로 웹페이지를 정의하는 하나의 객체라고 생각하면 됩니다. 쉽게 말해 하나의 웹사이트에 대한 정보를 모두 담고 있는 큰 그릇이라고 보면 됩니다. 아래 그림처럼 크롬 브라우저의 개발자 도구를 열어 콘솔 탭Console에서 document라고 입력하면 아래와 같은 내용이 나오게 됩니다. 이 내용이 리액트 공식 웹사이트의 정보가 모두 담겨 있는 Document Object Model입니다.

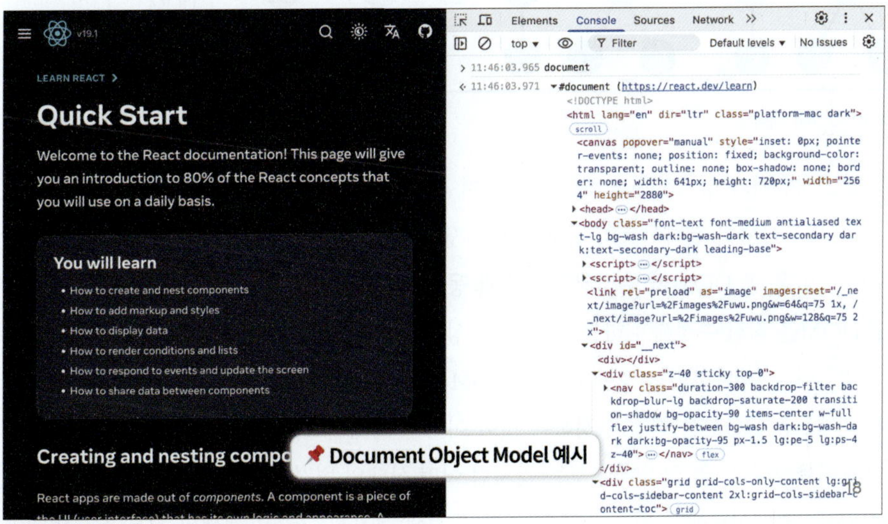

▶ DOM

리액트에서 사용하는 Virtual DOM은 그 이름이 가진 의미처럼 가상의 DOM입니다. Virtual DOM은 웹페이지와 실제 DOM 사이에서 중간 매개체 역할을 하는 것이라고 보면 됩니다. 아까 앞에서 리액트가 Virtual DOM을 사용하는 이유가 빠른 업데이트 때문이라고 말했었죠? Virtual DOM이 어떻게 업데이트를 빠르게 하는지에 대해 아래 그림을 보면서 설명하도록 하겠습니다.

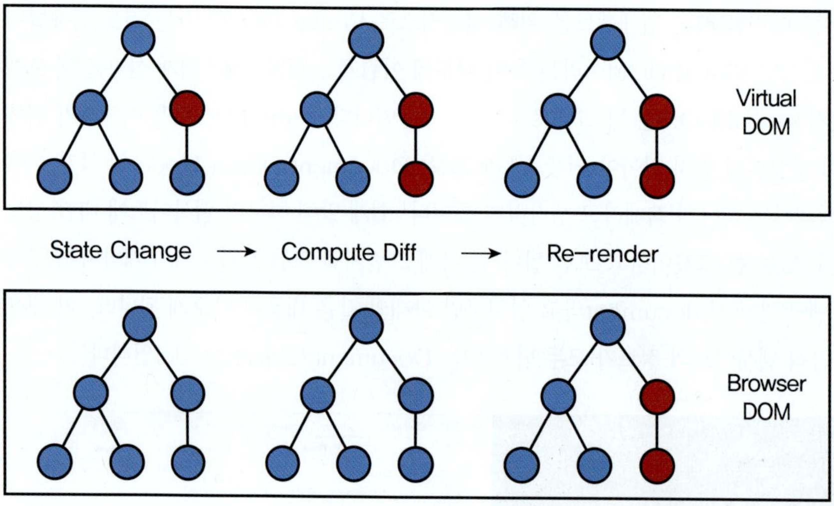

▶ Virtual DOM 개념도

일반적으로 사용자와 상호작용을 하는 웹페이지 같은 경우, 화면의 업데이트가 수시로 이뤄집니다. 앞에서 DOM이 웹사이트의 정보를 모두 담고 있다고 설명했었죠? 그래서 화면이 업데이트된다는 말은 곧 DOM이 수정된다는 말과 동일합니다. 기존의 방식으로 화면을 업데이트하려면 DOM을 직접 수정해야 하는데, 이것은 성능에 영향을 크게 미치고 비용도 굉장히 많이 드는 작업입니다. 왜냐하면 수정할 부분을 DOM의 데이터에서 모두 찾아야 하기 때문입니다. 반면에 리액트는 DOM을 직접 수정하는 것이 아니라 업데이트해야 할 최소한의 부분만을 찾아서 업데이트합니다. 위 그림에서 보는 것처럼 어떤 상태의 변경State Change이 일어나면 Virtual DOM에서는 업데이트해야 될 최소한의 부분을 검색합니다. 그리고 검색된 부분만을 업데이트하고 다시 렌더링하면서 변경된 내용을 빠르게 사용자에게 보여줄 수 있는 것이죠.

2 컴포넌트 기반 구조

리액트의 두 번째 장점으로는 컴포넌트 기반Component-Based의 구조를 들 수 있습니다. 리액트에는 **컴포넌트**라는 굉장히 중요한 개념이 나옵니다. 컴포넌트는 구성요소라는 뜻을 갖고 있는데 리액트에서는 모든 페이지가 컴포넌트로 구성되어 있고, 하나의 컴포넌트는 또 다른 여러 개의 컴포넌트의 조합으로 구성될 수 있습니다. 마치 작은 레고 블록들이 모여서 하나의 완성된 모형이 되는 것과 비슷하다고 생각하면 됩니다. 그래서 리액트로 개발을 하다 보면 레고 블록을 조립하는 것처럼 컴포넌트를 조합해서 웹사이트를 개발하게 됩니다. 아래 그림을 봅시다.

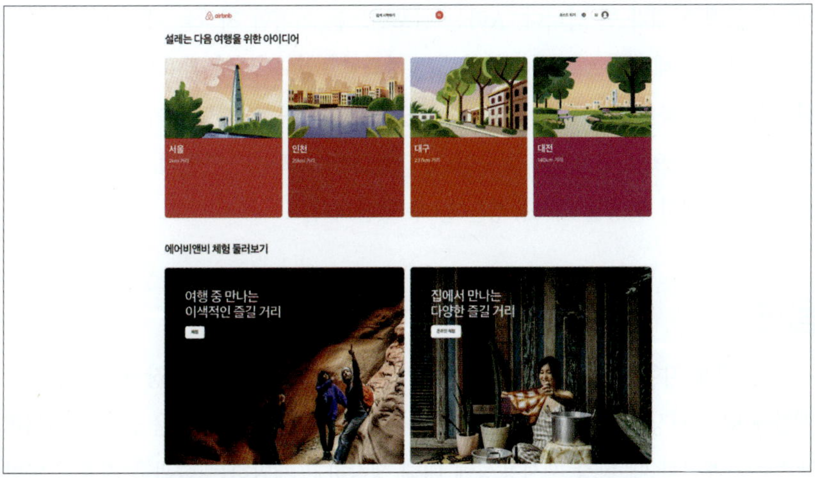

▶ 에어비앤비 웹사이트 화면

위 그림은 대표적인 숙박 공유 서비스인 에어비앤비Airbnb의 웹사이트 화면을 캡처한 것입니다. 에어비앤비 웹사이트도 리액트를 사용해서 개발되었습니다. 화면을 보면 '설레는 다음 여행을 위한 아이디어' 영역과 '에어비앤비 체험 둘러보기' 영역에 있는 아이템들의 그림과 글자 배치나 구조가 동일한 것을 알 수 있습니다. 이 부분이 바로 리액트의 컴포넌트입니다. 이 아이템을 나타내는 컴포넌트 또한 내부적으로는 다른 컴포넌트들의 조합으로 구성되어 있고, 이러한 컴포넌트들이 모여서 전체 페이지를 구성하고 있습니다. 전체 페이지 또한 하나의 컴포넌트인 것이죠.

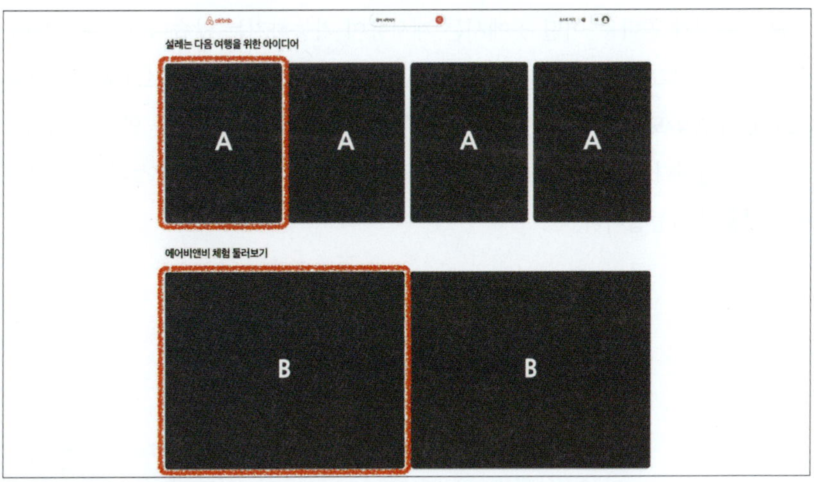

▶ 컴포넌트 기반 구조

이 그림을 보면 더 쉽게 이해가 될 겁니다. A라는 컴포넌트는 여행할 지역을 나타내는 컴포넌트이며 B라는 컴포넌트는 체험 프로그램을 나타내는 컴포넌트입니다. 이 페이지에서는 A와 B 컴포넌트가 반복적으로 사용되고 있는 것을 볼 수 있습니다. 이처럼 리액트로 개발된 웹사이트는 수많은 컴포넌트의 조합으로 구성되어 있습니다. 그렇다면 컴포넌트 기반의 구조는 어떤 장점이 있을까요? 다음 절에서 설명할 재사용성을 들 수 있습니다.

3 재사용성

재사용성Reusability은 객체 지향 프로그래밍Object Oriented Programming을 배울 때 등장하는 개념으로 소프트웨어 개발에 있어 굉장히 중요합니다. 그렇기 때문에 여기에서 배운 다음 곧바로 잊어버리지 말고, 앞으로도 개발할 때 항상 재사용성에 대해 생각하고 개발하는 습관을 기르기 바랍니다.

재사용성이라는 것은 말 그대로 **다시 사용이 가능한 성질**을 의미합니다. 우리가 일상에서 사용하는 비슷한 말로 재활용이라는 것이 있죠. 재활용도 어떻게 보면 자원을 다시 가공해서 사용하는 것이기 때문에 재사용이 아니냐라고 반문할 수도 있지만, 재활용과 재사용은 조금 다른 개념입니다. 재활용은 다시 활용이 가능한 자원을 가공하여 새로운 제품을 만드는 것이고 재사용은 계속해서 다시 사용이 가능한 성질을 말합니다. 물리적인 물질은 쓰면 쓸수록 닳기 때문에 기본적으로 재사용이 불가능합니다. 그래서 재사용이라는 개념은 소프트웨어 분야에서만 주로 쓰입니다.

하지만 모든 소프트웨어가 곧바로 어떤 곳에서든 재사용이 가능하지는 않습니다. 예를 들어, 아래 그림처럼 A라는 프로그램에서 쓰던 CALENDAR라는 모듈을 B라는 프로그램에 적용하려고 했더니 CALENDAR 모듈은 DATE 모듈에 의존성이 있어서 DATE 모듈 없이는 독립적으로 재사용이 불가능합니다. 하지만 STRING 모듈의 경우, 다른 모듈에 의존성이 없기 때문에 독립적으로 재사용이 가능합니다.

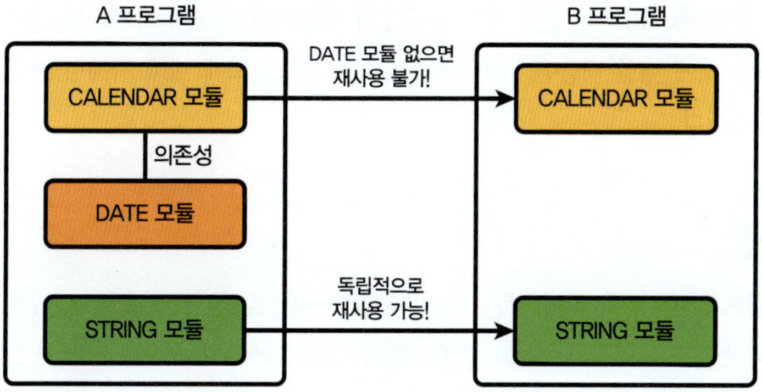

▶ 재사용성

재사용을 하려고 할 때 의존성 문제 말고도 여러 가지 호환성 문제가 발생할 수도 있습니다. 그래서 소프트웨어를 개발할 때 재사용성이 높게 개발해야 한다고 말하는데, 이 말은 해당 소프트웨어 또는 모듈이 다른 곳에도 쉽게 곧바로 쓸 수 있도록 개발하는 것을 의미합니다. 다른 모듈에 의존성dependency을 낮추고 호환성 문제가 발생하지 않도록 개발해야 한다고 표현할 수도 있습니다.

그렇다면 재사용성이 높아지면 어떤 장점이 있을까요? 먼저 전체 소프트웨어의 개발 기간이 단축됩니다. 비슷한 소프트웨어를 개발한다고 할 때, 기존에 개발해둔 모듈을 곧바로 재사용하여 개발하면 되기 때문에 개발 기간을 굉장히 많이 줄일 수 있습니다.

재사용성이 높아지는 것의 두 번째 장점은 유지 보수가 용이하다는 것입니다. 만약 여러 소프트웨어에서 공통으로 사용하는 모듈에 문제가 생기면 해당 모듈만 수정해서 다시 배포하면 되기 때문입니다. 또한 소프트웨어를 개발하다 보면 예상치 못한 버그를 마주치는 상황이 빈번하게 발생합니다. 이런 경우 재사용성이 높은 형태로 개발되어 있다면 좀 더 버그의 원인을 찾기 쉽습니다. 왜냐하면 재사용이 높다는 것은 결국 여러 모듈 간의 의존성이 낮다는 뜻이기 때문입니다. 그래서 각 부분들이 잘 분리되어 있고 쉽게 버그를 찾아서 수정할 수 있습니다. 여기서 언급한 부분 이외에도 재사용성의 장점은 굉장히 많습니다.

그렇다면 리액트와 재사용성은 어떻게 연관이 있을까요? 앞에서 설명한 것처럼 리액트는 컴포넌트 기반의 구조로 되어 있습니다. 이러한 각 컴포넌트들은 웹사이트의 여러 곳에서 반복적으로 사용될 수 있습니다. 이 말은 곧 하나의 컴포넌트가 계속해서 재사용될 수 있다는 말입니다. 그래서 리액트 컴포넌트를 개발할 때 항상 쉽고 재사용 가능한 형태로 개발하는 것이 중요합니다. 그렇게 하면 나중에 다른 웹사이트도 쉽고 빠르게 개발이 가능하기 때문이죠. 재사용성이 높은 컴포넌트를 개발하는 것에 대한 내용은 뒤에 나올 리액트 컴포넌트에 대해 자세히 배울 때 다시 설명하도록 하겠습니다.

4 든든한 지원군

리액트의 또 하나의 장점으로 메타(구 페이스북)라는 든든한 지원군을 들 수 있습니다. 앞에서 리액트는 메타가 만든 오픈소스 프로젝트라고 설명드렸죠? 오픈소스 프로젝트라고 해서 모든 것이 무료로 알아서 돌아가지는 않습니다. 프로젝트가 성장하고 꾸준히 유지되기 위해서는 수많은 개발자의 노력이 필요합니다. 간단한 버그를 수정하는 정도가 아니라 제대로 오픈소스 개발을 하려면 돈을 주고 일을 시킬 수밖에 없습니다. 따라서 인기 있는 오픈소스 프로젝트의 경우 보통 스폰서가 있기 마련입니다. 자본이 투입되어야 오픈소스 프로젝트도 유지가 되는 것이죠. 그런 의미에서 리액트는 굉장히 큰 스폰서를 갖고 있다는 장점이 있습니다. 리액트는 전세계 최대 IT기업 중 하나인 메타에서 시작한 프로젝트로 꾸준히 버전 업데이트가 이뤄지며 발전하고 있습니다. 언젠가 다른 새로운 라이브러리의 영향력이 커져서 리액트를 많이 사용하지 않게 되는 날이 올지도 모르지만, 이 책을 쓰는 현재 시점에서는 분명 가장 인기 있는 라이브러리이며 최소 몇 년 동안은 그 영향력이 지속될 거라고 생각합니다. 메타에서 프로젝트를 종료하지 않는 한 계속 발전해 나갈 것이기 때문에 단도직입적으로 리액트는 믿고 사용해도 된다고 말하고 싶습니다. 메타의 지원은 굉장히 든든하죠!

5 활발한 지식 공유 & 커뮤니티

리액트의 가장 큰 장점이자 현재의 영향력을 가지게 된 이유로 개발 생태계와 커뮤니티를 꼽을 수 있습니다. 어떤 새로운 기술이 등장하는 초창기에는 해당 기술을 처음 사용하다가 어느 순간 모르는 것이 등장하여 진행이 막히거나 더디어지는 경우가 생깁니다. 이런 경우 답을 찾기 위해 여러 가지 방법을 모색할 테지만 궁금한 것에 대해 정확한 답을 줄 사람을 찾는 것은 쉬운 일이 아니며 구글링을 해도 생각보다 원하는 답을 얻기 힘듭니다. 그런 점에서 활발한 지식 공유와 활성화된 커뮤니티는 굉장히 큰 장점이자 중요한 부분입니다. 내가 모르는 것을 바로바로 찾아서 볼 수 있다는 것은 엄청난 장점이 되는 것이죠. 리액트 같은 경우 굉장히 큰 개발자 커뮤니티를 형성하고 있습니다. 아래 그림은 오픈소스 플랫폼인 깃허브GitHub의 리액트 프로젝트

페이지입니다. 보통 오픈소스 프로젝트는 Star 개수를 인기 지표로 여겨 판단하곤 하는데, 리액트의 경우 현재 시점을 기준으로 Star가 238,000개 정도로 모든 오픈소스를 통틀어 최상위급 수치를 보이고 있습니다. 프로젝트를 지켜보는 사람 수를 나타내는 Watch의 수치도 6,700명 가까이 됩니다.

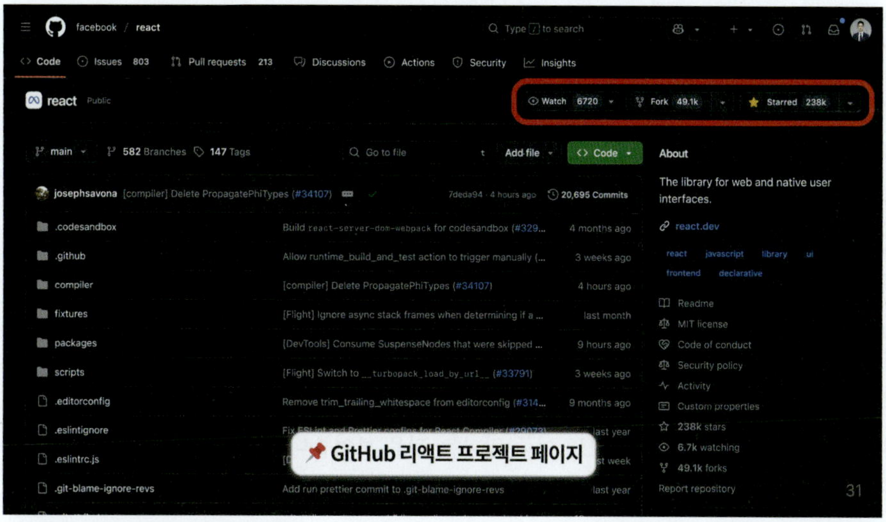

▶ 리액트 깃허브 페이지

또한 특정 기술의 생태계 규모를 판단하는 지표로 스택오버플로StackOverflow 웹사이트에서 해당 기술의 언급 양을 참고하기도 합니다. 스택오버플로는 개발자 간의 개발과 관련된 질문과 답변을 공유하는 커뮤니티입니다. 개발을 하다가 어떤 부분에서 막힐 때, 그에 대한 답을 얻기 위해 이곳을 많이 이용합니다. 다음 그림은 스택오버플로의 reactjs 태그와 관련된 수치를 보여 주고 있습니다. 리액트 관련 질문이 이미 480,800개가량 등록되어 있으며, 리액트 태그를 지켜보는 사람 수가 534,900명 가까이 되는 것으로 나타나고 있는데 이는 실로 어마어마한 수치입니다.

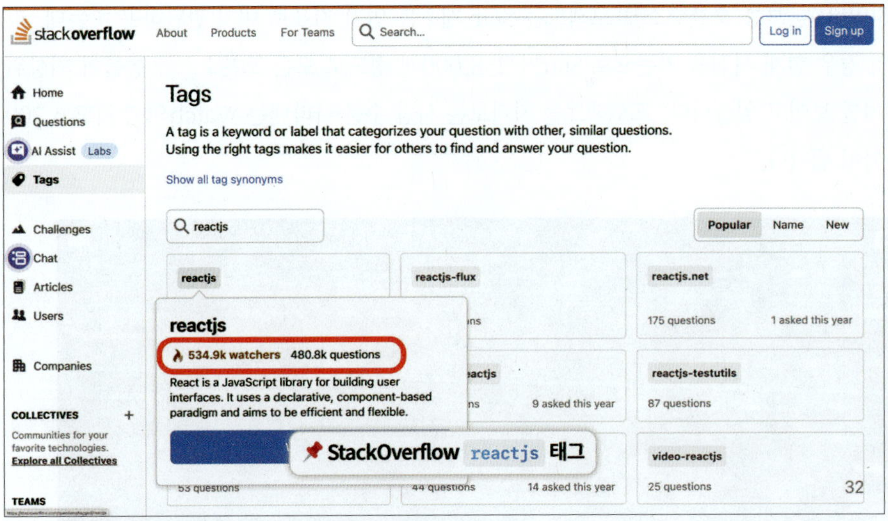

▶ 스택오버플로에서의 reactjs 태그와 관련된 수치

깃허브나 스택오버플로의 수치들은 리액트라는 프로젝트가 개발자로부터 엄청난 관심을 받고 있으며, 실제 사용하고 있는 개발자도 아주 많다는 것을 보여줍니다. 또한 개발을 하다가 특정 부분에서 진행이 되지 않을 때에 도움을 청할 커뮤니티가 아주 잘 구축되어 있다는 말이기도 합니다. 여러분도 리액트로 개발을 하다가 어려움이 생긴다면 구글링을 조금만 해 봐도 답을 쉽게 찾을 수 있을 것입니다.

6 모바일 앱 개발 가능

리액트의 또 하나의 장점으로 리액트를 배운 이후에 리액트 네이티브React Native라는 모바일 환경 UI 프레임워크를 사용하여 모바일 앱도 개발할 수 있다는 것 입니다. 보통 모바일 앱을 개발하기 위해서 안드로이드Android 앱의 경우 코틀린Kotlin이라는 프로그래밍 언어를 배워야 하고, iOS 앱은 스위프트Swift라는 별도의 프로그래밍 언어를 배워야 합니다. 프로그래밍 언어뿐 아니라 각각의 개발 프레임워크에 대해서도 학습을 해야 합니다. 따라서 모바일 앱 개발의 진입장벽이 높게 느껴지지만 리액트 네이티브를 사용하면 자바스크립트 코딩을 통해 안드로이드 앱과 iOS 앱을 동시에 출시할 수 있습니다. 물론 네이티브 앱보다 성능이나 속도 면에서 조금 부족한 부분을 보일 수 있지만 간단한 수준의 앱은 사용자가 차이점을 느끼지 못할 정도로 개발할 수 있습니다. 모바일 앱을 개발해 보고 싶은 분은 이 책을 통해 리액트를 배운 이후에 리액트 네이티브에 대해서도 학습해 보는 것을 추천합니다.

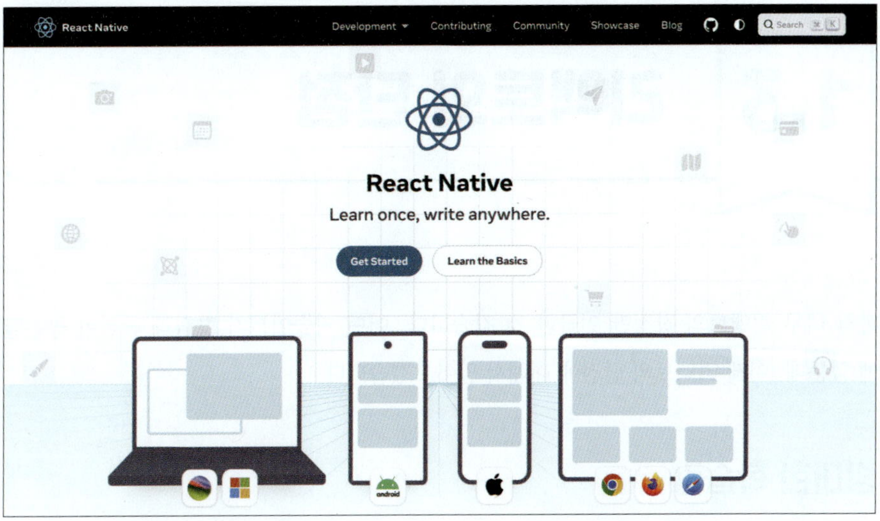
React Native
Development
Contributing
Community
Showcase
Blog
Search
React Native
Learn once, write anywhere.
Get Started
Learn the Basics
android

▶ 리액트 네이티브

1.3 리액트의 단점

지금까지 너무 리액트의 장점만 언급한 것 같습니다. 어떤 기술이든지 장점과 단점이 공존할 수밖에 없는데, 이제 리액트의 단점에 대해서 알아보겠습니다.

1 방대한 학습량

첫 번째 단점으로 방대한 학습량을 꼽을 수 있습니다. 모든 라이브러리가 그렇지만 특히 리액트의 경우, 기존과는 다른 방식의 UI 라이브러리이기 때문에 배워야 할 것들이 많습니다. 이 책에서는 그 방대한 내용 중에서 필수적이고 중요한 부분만을 추려서 배우게 될 것입니다.

특정 기술을 한번 배웠다고 끝나는 게 아니라 바뀌는 부분에 대해 꾸준히 공부해야 합니다. 리액트 같은 경우에도 계속해서 버전 업데이트가 이뤄지고 있어 새로운 내용들이 꾸준히 등장하곤 합니다. 따라서 새로운 버전으로 업데이트되면 이에 대한 내용을 학습하고 숙지하고 있어야 실무 환경에서 원활하게 작업할 수 있습니다.

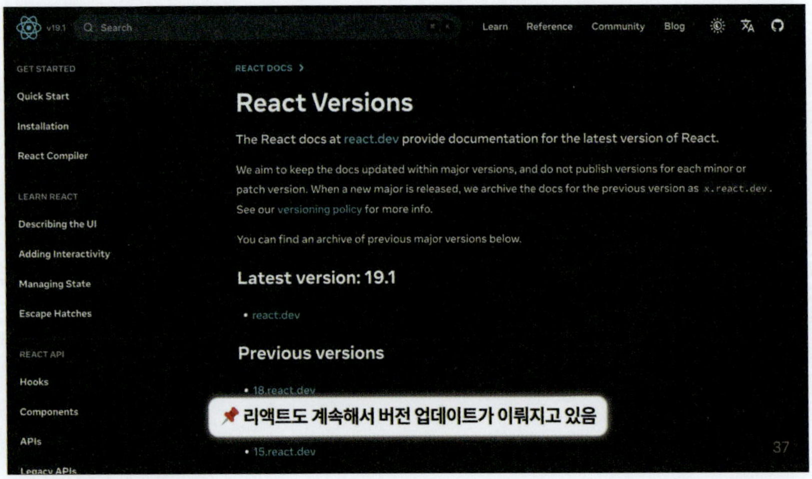

▶ 리액트 버전 히스토리

2 높은 상태 관리 복잡도

리액트의 또 다른의 단점으로 높은 상태 관리 복잡도를 들 수 있습니다. 뒤에서 배우겠지만 리액트에는 state라는 굉장히 중요한 개념이 있습니다. state는 쉽게 말해 리액트 컴포넌트의 상태를 의미합니다. 앞에서 Virtual DOM을 언급할 때 바뀐 부분만을 찾아서 업데이트한다고 설명했었죠? 여기에서 바뀐 부분이라는 것은 state가 바뀐 컴포넌트를 의미합니다. 따라서 state는 리액트에서 굉장히 중요한 역할을 담당하고 있습니다. 성능 최적화를 위해 state를 잘 관리하는 것이 중요한데 처음엔 생각만큼 쉽지 않을 수 있습니다. 익숙해지더라도 웹사이트의 규모가 커져 컴포넌트의 개수가 많아지면 상태 관리의 복잡도도 증가합니다.

그래서 보통 큰 규모의 프로젝트에서는 상태 관리를 위해서 Redux, Zustand 등의 외부 상태 관리 라이브러리를 사용하는 경우가 많습니다. 이런 라이브러리를 사용하려면 또 공부해야겠죠? 그렇기 때문에 리액트의 단점으로 언급한 것입니다. 이 책은 입문자를 대상으로 최대한 쉽게 리액트를 배우는 것을 목표로 하기에, 복잡하고 어려운 외부 상태 관리 라이브러리에 대해서는 다루지 않습니다. 그렇다 하더라도 이 책에서 다루는 리액트 상태 관리의 기본 개념만 제대로 이해한다면 상태 관리 복잡도 자체에 대한 부담도 줄어들 테니 너무 걱정하지 말기 바랍니다.

1.4 마치며

지금까지 간략하게 리액트에 대해서 알아보았습니다. 다음 장에서 본격적으로 간단한 실습을 통해 실제 웹사이트에 리액트를 적용해 보며 리액트의 기본 기능을 익혀 보도록 하겠습니다.

요약

이번 장에서 배운 내용은 아래와 같습니다.

- **리액트란?**
  - 사용자 인터페이스를 만들기 위한 자바스크립트 라이브러리
  - SPA를 쉽고 빠르게 만들수 있도록 해 주는 도구
- **리액트의 장점**
  - 빠른 업데이트와 렌더링 속도
  - 재사용성이 높은 컴포넌트 기반 구조
  - 메타(구 페이스북)의 든든한 지원
  - 활발한 지식 공유와 커뮤니티
  - 리액트 네이티브를 통한 모바일 앱 개발 가능
- **리액트의 단점**
  - 방대한 학습량
  - 높은 상태 관리 복잡도

Chapter

2

리액트 시작하기

Preview

이 장에서는 실제로 리액트 애플리케이션을 생성해 보겠습니다. 앞서 배운 것처럼 HTML, CSS, 자바스크립트만으로도 웹사이트를 만들 수 있지만 리액트를 적용하면 다양한 장점을 누릴 수 있기 때문에 리액트를 사용하는 것이죠. 먼저 create-react-app을 사용하여 리액트 애플리케이션을 생성해 보고 이어서 Vite라는 빌드 도구를 활용해 리액트 애플리케이션을 생성하는 방법에 대해서도 알아보겠습니다. 첨부된 그림을 보면서 놓치는 부분이 없도록 하나하나 꼼꼼히 살펴 가며 따라오기 바랍니다.

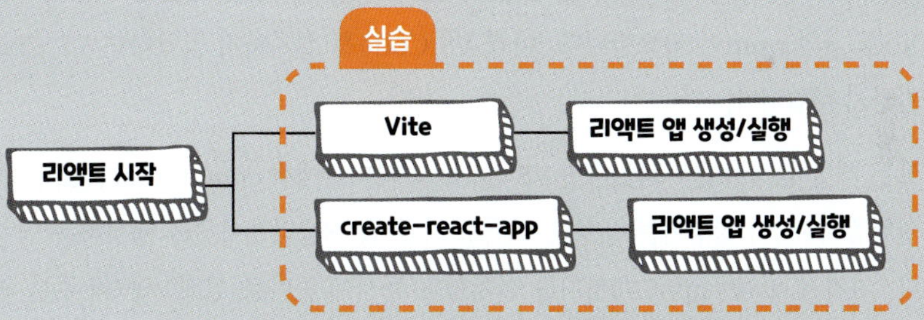

PRACTICE 2.1

실습

create-react-app으로 리액트 애플리케이션 생성하기

create-react-app은 리액트로 웹 애플리케이션을 개발하는 데 필요한 모든 설정이 미리 구성된 상태의 프로젝트를 생성해 주는 도구입니다. 이름이 길기 때문에 앞 글자를 따서 CRA라고 부르기도 합니다. 리액트 18까지는 create-react-app을 주로 사용해 리액트 애플리케이션을 생성했지만 리액트 19 출시 이후에는 create-react-app이 더 이상 권장되지 않는[deprecated] 방법입니다. 뒤에서 언급할 Vite와 같은 최신 도구가 더 빠르고 효율적인 개발 환경을 제공하므로 앞으로는 이러한 도구를 사용하는 것이 좋습니다. 하지만 create-react-app은 리액트 생태계의 발전 과정에서 매우 중요한 역할을 했던 도구이기 때문에 간단하게나마 사용해 보고 넘어가도록 하겠습니다.

create-react-app을 이용해 프로젝트를 생성하고 실행하는 과정을 한 번 살펴 보겠습니다. create-react-app을 실행하려면 앞 장에서 개발 환경을 설정할 때 설치한 Node.js와 npm이 필요합니다. 아직 VS Code를 설치하지 않았다면 VS Code도 설치하기 바랍니다.

모든 개발 환경이 준비되었다면 VS Code의 터미널에서 create-react-app 명령어를 실행합니다. 이 명령어는 새로운 리액트 기반 웹 애플리케이션을 생성하는 명령어입니다. 여기서 npx는 npm 패키지를 설치함과 동시에 곧바로 실행[execute]해 주는 명령어입니다. 패키지를 특정 위치에 설치하고 실행 파일 경로를 따로 지정해야 하는 번거로운 과정을 생략할 수 있어 매우 편리하게 사용할 수 있습니다. 또한 my-app으로 되어 있는 부분은 프로젝트 이름을 의미하므로 원하는 이름으로 자유롭게 변경해도 상관없습니다.

```
사용법)
npx create-react-app <your-project-name>
실제 사용 예시)
npx create-react-app my-app
```

만약 명령어를 실행했을 때 다음과 같이 `create-react-app` 패키지를 설치할 것인지 묻는 메시지가 나타나면 y를 입력하여 계속 진행하면 됩니다.

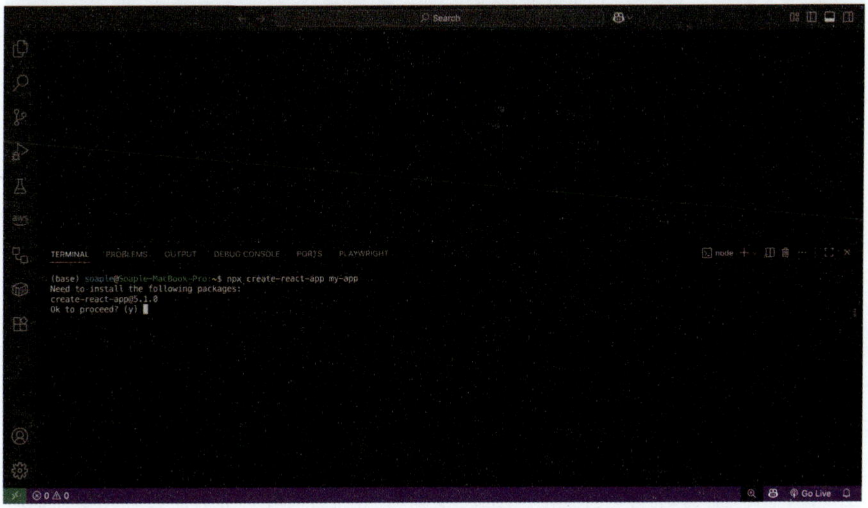

▶ **실습 화면 01**

이후 필요한 패키지들이 자동으로 설치되며 다음과 같이 리액트 애플리케이션이 생성됩니다.

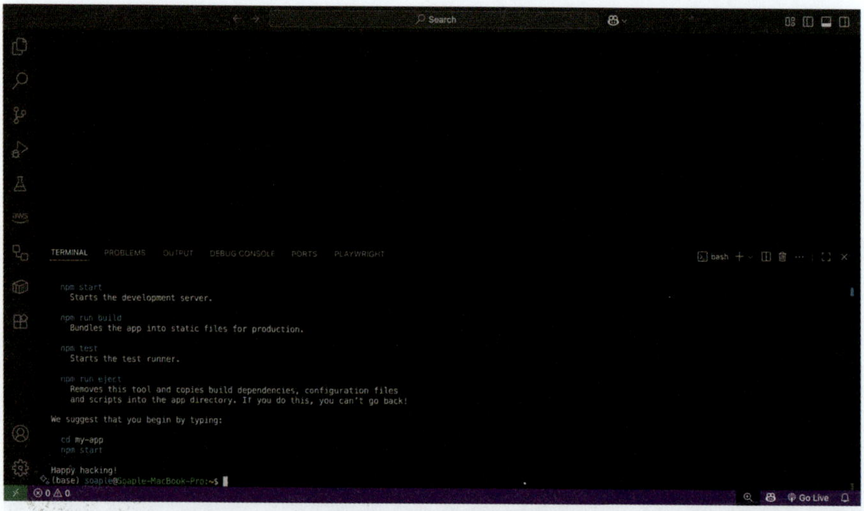

▶ **실습 화면 02**

프로젝트 생성이 완료되면 앞의 화면에 보이는 것처럼 애플리케이션을 실행할 수 있는 명령어를 친절하게 안내해 줍니다. 아래에 해당 명령어를 따로 정리해 두었는데 첫 번째 명령어인 `cd my-app`에서 `cd`는 `change directory`의 약자로 현재 커맨드 라인 도구가 위치한 경로를 변경하는 역할을 합니다.

macOS의 Finder나 Windows의 파일 탐색기에서 폴더를 더블 클릭해 들어가거나 뒤로 가기 버튼을 눌러 폴더를 빠져나오는 동작과 유사합니다. 여기에서는 먼저 우리가 생성한 `my-app` 프로젝트 폴더 안으로 들어간 뒤 `npm start` 명령어를 실행해 애플리케이션을 실행하게 됩니다.

```
cd my-app
npm start
```

다음 그림은 VS Code에서 명령어를 실행하는 모습입니다.

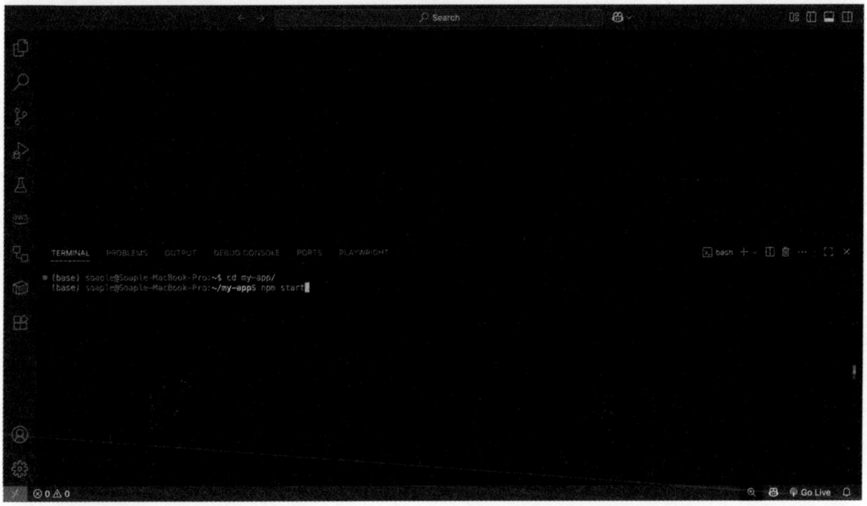

▶ **실습 화면 03**

명령어를 실행하고 잠시 기다리면 자동으로 브라우저가 열리며 `http://localhost:3000`으로 접속됩니다. 여기서 localhost는 현재 내가 사용 중인 컴퓨터를 의미합니다. 즉, 현재 리액트 애플리케이션이 로컬 개발 환경에서 실행되고 있다는 뜻입니다. 해당 주소로 접속하면 다음과 같이 리액트 로고가 표시된 화면을 확인할 수 있습니다.

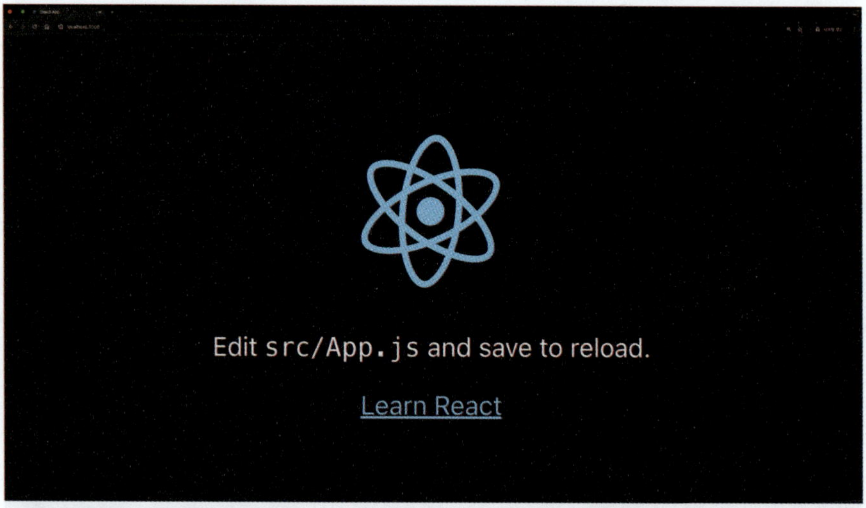

▶ 실습 화면 04

이렇게 create-react-app으로 간단하게 리액트 애플리케이션을 생성하고 실행해 보았습니다.

PRACTICE 2.2

실습

Vite로 리액트 애플리케이션 생성하기

이번에는 Vite로 리액트 애플리케이션을 생성해 보겠습니다. Vite는 리액트 애플리케이션을 포함한 다양한 프론트엔드 애플리케이션을 더 빠르고 효율적으로 개발할 수 있도록 도와주는 빌드 도구입니다. `create-react-app`과 비슷한 역할을 하지만 성능 면에서 더 우수한 개발 환경을 제공한다고 이해하면 됩니다.

Vite를 사용하여 리액트 애플리케이션을 생성하려면 터미널에 아래 명령어를 입력하면 됩니다.

```
npm create vite@latest my-app -- --template react
```

위 명령어를 실행하면 Vite가 새로운 리액트 애플리케이션을 생성합니다. `npm create vite@latest`는 Vite의 최신 버전을 사용하여 프로젝트를 생성하겠다는 의미입니다. `my-app`은 생성할 프로젝트의 이름이며 원하는 이름으로 자유롭게 변경할 수 있습니다. 마지막으로 `--template react`는 리액트 템플릿을 사용하여 프로젝트를 생성하겠다는 의미입니다.

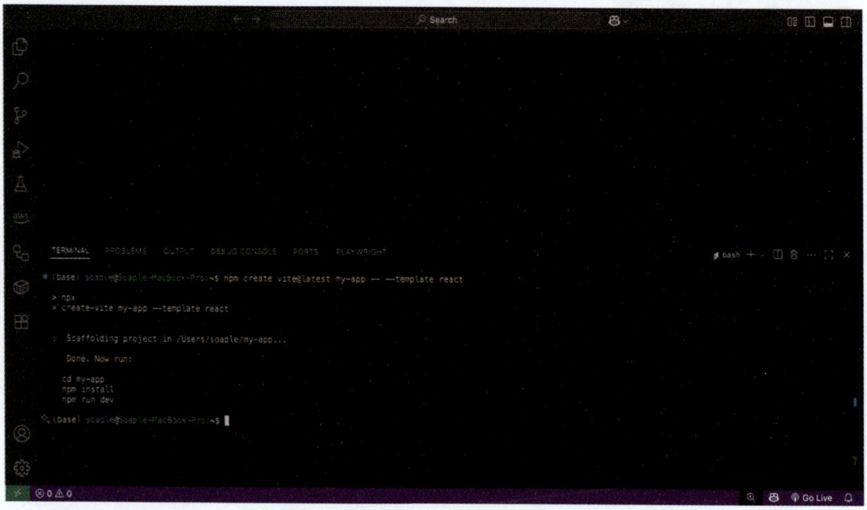

▶ **실습 화면 01**

명령어를 실행한 후에는 다음 터미널 명령어를 순서대로 실행하여 생성된 디렉터리로 이동하고, 필요한 패키지를 설치한 뒤 애플리케이션을 개발 모드로 시작하면 됩니다.

```
cd my-app
npm install
npm run dev
```

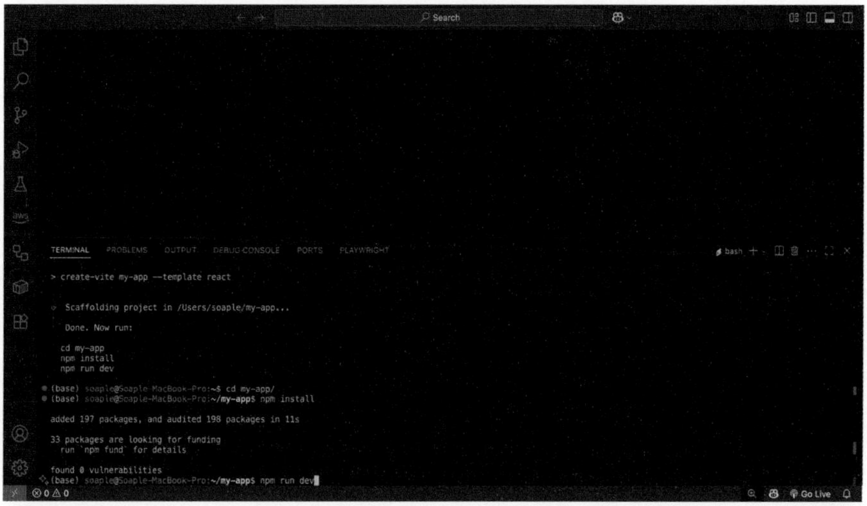

▶ 실습 화면 02

`npm run dev` 명령어를 실행하면 Vite가 개발 서버를 시작하며 다음과 같이 애플리케이션이 실행 중인 주소가 포함되어 있는 메시지가 터미널에 출력됩니다.

▶ 실습 화면 03

이제 브라우저에서 `http://localhost:5173`로 접속하면 Vite가 생성한 리액트 애플리케이션을 확인할 수 있습니다. 참고로 Vite는 빠른 개발 서버와 Hot Module Replacement[HMR]를 지원하므로 코드를 변경할 때 즉시 결과를 확인할 수 있다는 장점이 있습니다.

NOTE **Hot Module Replacement(HMR)**

개발 중 코드가 변경되었을 때 전체 페이지를 새로 고치지 않고 변경된 모듈만 교체하여 브라우저에 즉시 반영하는 기능입니다. 따라서 상태를 유지한 채 빠르게 결과를 확인할 수 있어 개발 효율성과 생산성이 크게 향상됩니다.

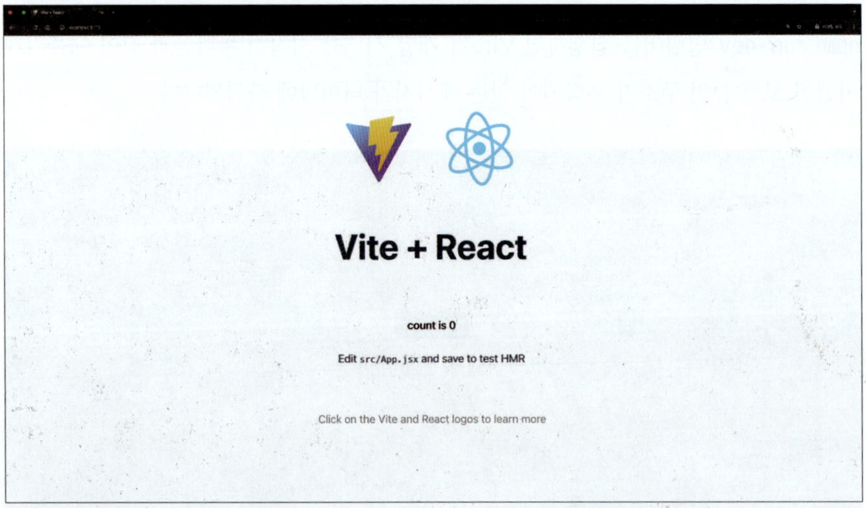

▶ 실습 화면 04

이렇게 Vite를 사용하여 리액트 애플리케이션을 생성하고 실행하는 방법을 알아보았습니다. 지금까지 실습했던 내용은 뒤에서 다시 나올 예정이니 잊지 말고 꼭 기억해 두기 바랍니다.

NOTE 리액트 기반의 풀스택 프레임워크 Next.js

리액트 애플리케이션을 개발할 때는 `create-react-app`이나 Vite와 같은 도구를 사용하여 프론트엔드 애플리케이션을 만드는 것이 일반적입니다. 하지만 최근에는 Next.js와 같은 풀스택 프레임워크가 점점 더 인기를 얻고 있습니다. Next.js는 리액트 기반의 프레임워크로 서버 사이드 렌더링SSR과 정적 사이트 생성SSG을 지원합니다. 이를 통해 SEO 최적화는 물론 빠른 페이지 로딩 속도까지 제공합니다. 또한 API 라우팅, 이미지 최적화 등 다양한 기능을 내장하고 있어 프론트엔드와 백엔드를 하나의 프로젝트에서 통합해 개발할 수 있는 장점이 있습니다. Next.js를 사용하면 리액트 애플리케이션을 더 효율적이고 확장성 있게 개발할 수 있으므로 관심 있는 독자는 저자의 후속 책인 『처음 만난 Next.js』를 참고하기 바랍니다.

2.3 마치며

이 장에서 실습한 내용은 아래와 같습니다.

- create-react-app으로 리액트 애플리케이션 생성 및 실행
- Vite로 리액트 애플리케이션 생성 및 실행

Chapter 3

JSX 소개

Preview

이 장에서는 JSX에 대해서 배워 보도록 하겠습니다. JSX는 리액트를 사용하여 개발할 때 거의 필수적으로 사용해야 합니다. 그렇기 때문에 이 장에서 JSX의 개념을 꼭 확실하게 이해하고 넘어가기 바랍니다.

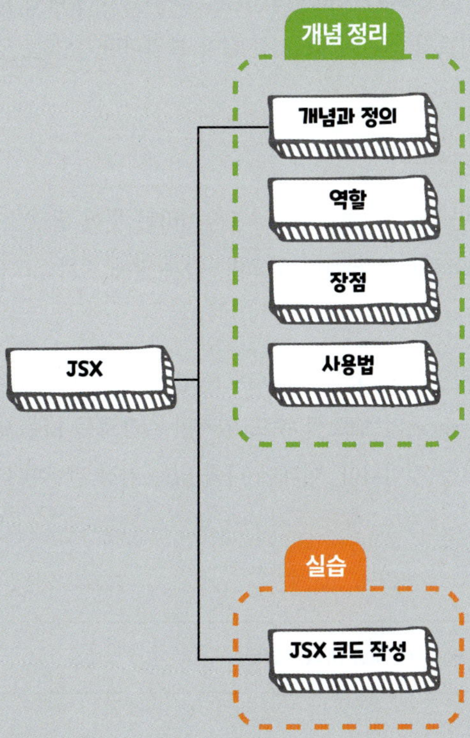

3.1 JSX란?

자바스크립트를 줄여서 보통 JS라고 많이 표기합니다. 자바스크립트 관련 라이브러리도 이름 뒤에 js가 붙어서 자바스크립트 라이브러리라는 것을 나타내기도 합니다. 우리가 배울 리액트도 사실 공식 명칭은 ReactJS입니다. 리액트 공식 홈페이지 주소가 지금은 `https://react.dev`로 바뀌었지만 과거에는 `https://reactjs.org`였습니다. 그렇다면 JSX는 무엇일까요? 이름을 보면 뭔가 자바스크립트와 연관이 있을 것 같아 보입니다. JSX는 영어로 아래와 같은 의미를 갖고 있습니다.

A syntax extension to JavaScript.

이 문장을 그대로 해석해 보면 **자바스크립트의 확장 문법**이라는 뜻이 됩니다. 아까 이름에서 유추했던 것처럼 JSX는 자바스크립트와 연관이 있으며, 쉽게 말해 자바스크립트의 문법을 확장시킨 것입니다.

그럼 문법을 어떻게 확장한 것일까요? JSX는 JavaScript와 XML/HTML을 합친 것이라고 보면 됩니다. JSX의 X는 extension의 X로 볼 수도 있지만 실제로는 JavaScript and XML의 앞 글자를 따서 JSX라고 부르는 것입니다. 아래에 나와 있는 가장 간단한 JSX 코드 예제를 봅시다.

```
const element = <h1>Hello, world!</h1>;
```

이 코드에는 대입 연산자 =이 나옵니다. 이미 우리가 알고 있는 것처럼 대입 연산자는 오른쪽에 있는 값을 왼쪽에 있는 변수에 대입해 주는 역할을 하죠. 여기에서 대입 연산자 =의 왼쪽에 나오는 자료형 `const`와 변수 명인 `element`까지는 흔히 사용하는 자바스크립트 문법입니다. 그런데 특이하게도 대입 연산자 =의 오른쪽에 HTML 코드가 나옵니다. HTML의 `<h1>` 태그를 사용해서 `Hello, world!`라는 문자열을 값으로 갖고 있죠. 결과적으로 이 코드는 자바스크립트 코드와 HTML 코드가 결합되어 있는 JSX 코드가 되는 것입니다. 이 코드가 하는 역할은 `<h1>` 태그로 둘러싸인 문자열을 `element`라는 변수에 저장하는 것입니다.

JSX를 모르는 상태에서 이 코드를 보면 굉장히 이상한 문법처럼 느껴질 수 있습니다. 하지만 앞으로 리액트를 배우면서 이런 JSX 코드가 계속 나올 것이기 때문에, 이 책을 다 읽은 시점에는 굉장히 익숙해져 있을 것입니다. 앞으로 계속해서 리액트로 개발을 하게 된다면 필수적으로 JSX 코드와 친해져야 합니다.

3.2 JSX의 역할

앞에서 JSX의 개념과 예제 코드를 살펴봤습니다. 그렇다면 JSX가 해 주는 역할은 무엇이고 왜 사용해야 하는지 알아봅시다. JSX는 내부적으로 XML/HTML 코드를 자바스크립트로 변환하는 과정을 거치게 됩니다. 그렇기 때문에 실제로 JSX로 코드를 작성해도 최종적으로는 자바스크립트 코드가 나오게 되는 것이죠.

여기에서 JSX 코드를 자바스크립트 코드로 변환하는 역할을 하는 것이 바로 리액트의 `createElement()`라는 함수입니다. 아직 엘리먼트element라는 개념에 대해 배우지 않았기 때문에 우선 `createElement()`라는 함수의 역할에만 주목해 봅시다. 먼저 JSX로 작성한 아래 코드를 보도록 하겠습니다.

```
class Hello extends React.Component {
    render() {
        return <div>Hello {this.props.toWhat}</div>;
    }
}

const root = ReactDOM.createRoot(document.getElementById('root'));
root.render(<Hello toWhat="World" />);
```

이 코드를 보면 `Hello`라는 이름을 가진 리액트 컴포넌트가 나오고 컴포넌트 내부에서 자바스크립트 코드와 HTML 코드가 결합된 JSX를 사용하고 있는 것을 볼 수 있습니다. 그리고 이렇게 만들어진 컴포넌트를 `ReactDOM`의 `createRoot()` 함수를 사용해서 만든 `root`의 `render()` 함수를 사용해서 실제 화면에 렌더링하고 있습니다. 그럼 이제 다음 코드를 봅시다.

```
class Hello extends React.Component {
    render() {
        return React.createElement('div', null, `Hello ${this.props.toWhat}`);
    }
}

const root = ReactDOM.createRoot(document.getElementById('root'));
root.render(React.createElement(Hello, { toWhat: 'World' }, null));
```

위에서 살펴 본 코드와 뭔가 비슷하게 생겼죠? 이 코드는 JSX를 사용하지 않고 순수한 자바스크립트 코드만을 사용해서 방금 전에 봤던 코드와 완전히 동일한 역할을 하도록 만든 코드입니다. 두 코드를 비교해 보면 `Hello` 컴포넌트 내부에서 JSX를 사용했던 부분이 `React.createElement()`라는 함수로 대체된 것을 알 수 있습니다. 결국 JSX 문법을 사용하면 리액트에서는 내부적으로 모두 `createElement()`라는 함수를 사용하도록 변환되는 것이죠. 그리고 최종적으로는 이 `createElement()` 함수를 호출한 결과로 자바스크립트 객체가 나오게 됩니다. 아래 예제 코드를 봅시다.

```
const element = (
    <h1 className="greeting">
        Hello, world!
    </h1>
)

const element = React.createElement(
    'h1',
    { className: 'greeting' },
    'Hello, world!'
)
```

위 두 개의 코드는 JSX를 사용한 코드와 사용하지 않은 코드이며, 모두 동일한 역할을 합니다. JSX를 사용한 코드도 내부적으로는 createElement() 함수를 사용하도록 변환되기 때문이죠. 그리고 이 createElement() 함수의 호출 결과로 아래와 같은 자바스크립트 객체가 나오게 됩니다. 리액트에서는 이 객체를 엘리먼트라고 부릅니다. 함수의 이름이 createElement니까 당연히 엘리먼트를 생성해서 리턴하겠죠? 엘리먼트에 대해서는 뒤에서 자세히 배울 예정이니 지금은 일단 이런 게 있다 정도로만 알고 넘어갑시다.

```
const element = {
    type: 'h1',
    props: {
        className: 'greeting',
        children: 'Hello, world!'
    }
}
```

그렇다면 createElement() 함수의 파라미터로는 어떤 것이 들어가는지 자세히 살펴봅시다. 아래 코드는 createElement() 함수의 파라미터를 나타낸 것입니다.

```
React.createElement(
    type,
    [props],
    [...children]
)
```

먼저 첫 번째 파라미터는 엘리먼트의 유형type을 나타냅니다. 이 유형으로는 <div>나 <span> 같은 HTML 태그가 올 수도 있고, 다른 리액트 컴포넌트가 들어갈 수도 있습니다. 두 번째 파라미터로는 props가 들어가게 됩니다. 아직 리액트 컴포넌트의 props라는 개념에 대해 배우지 않았기 때문에 일단은 속성들이 들어간다고만 기억해 둡시다. 마지막 세 번째 파라미터로 children이 들어가는데 여기에서 children이란 현재 엘리먼트가 포함하고 있는 자식 엘리먼트라고 보면 됩니다.

리액트는 이런 식으로 JSX 코드를 모두 `createElement()` 함수를 사용하는 코드로 변환합니다. 그렇기 때문에 리액트에서 JSX를 사용하는 것은 필수는 아닙니다. 왜냐하면 직접 모든 코드를 `createElement()` 함수를 사용해서 개발하면 되기 때문이죠. 다만 JSX를 사용했을 때 코드가 더욱 간결해지고 생산성과 가독성이 올라가기 때문에 사용하는 것을 권장합니다. 앞서 살펴 본 두 개의 코드만 봐도 어떤 게 더 쉽게 작성 가능하고 쉽게 읽히는지 알 수 있는 것처럼 말이죠. 다음절에서 JSX의 장점에 대해 좀 더 자세히 살펴보도록 하겠습니다.

3.3 JSX의 장점

앞에서 리액트로 개발을 할 때 JSX를 사용하는 것이 필수는 아니라고 했습니다. 하지만 JSX를 사용했을 때 얻을 수 있는 장점이 많기 때문에 사용하는 것을 권장한다고도 말했죠. 그렇다면 JSX를 사용했을 때 어떤 장점들이 있을까요? 첫 번째 장점은 **코드가 간결해진다**는 것입니다.

JSX 사용함

```
<div>Hello, {name}</div>
```

JSX 사용 안 함

```
React.createElement('div', null, `Hello, ${name}`);
```

위에서 JSX를 사용한 코드와 사용하지 않은 두 개의 코드를 보여 주고 있습니다. 이 두 개의 코드는 모두 동일한 역할을 합니다. JSX를 사용한 코드의 경우, HTML의 `<div>` 태그를 사용해서 `name`이라는 변수가 들어간 인사말을 표현하고 있습니다. 아래에 있는 JSX를 사용하지 않은 코드의 경우, 리액트의 `createElement()` 함수를 사용하여 동일한 작업을 수행하게 됩니다. 앞에서 배운 것처럼 `type`, `props`, `children`이라는 `createElement()`의 파라미터들을 사용하고 있는 것을 볼 수 있습니다. 따로 설명하지 않아도 두 코드를 봤을 때 어떤 게 더 간결한지 알 수 있겠죠?

JSX의 두 번째 장점은 **가독성이 향상된다**는 것입니다. 위의 예제 코드를 보면 JSX를 사용한 코드가 그렇지 않은 코드에 비해 코드의 의미가 훨씬 더 빠르게 와닿는 것을 볼 수 있습니다. 가독성은 코드를 작성할 때뿐만 아니라 유지 보수 관점에서도 굉장히 중요한 부분입니다. 가독성이 높을수록 코드상에 존재하는 버그 또한 쉽게 발견할 수 있기 때문이죠. 이처럼 JSX를 사용하게 되면 가독성이 올라간다는 장점이 있습니다.

JSX를 사용하는 것의 세 번째 장점은 **Injection Attack이라 불리는 해킹 방법을 방어함으로써 보**

안성이 올라간다는 점입니다. Injection Attack은 쉽게 말해서 입력창에 문자나 숫자 같은 일반적인 값이 아닌 소스코드를 입력하여 해당 코드가 실행되도록 만드는 해킹 방법입니다. 예를 들어 아이디를 입력하는 입력창에 자바스크립트 코드를 넣었는데, 그 코드가 그대로 실행이 되어버리면 큰 문제가 생길 수 있겠죠? 아래 예제 코드를 봅시다.

```
const title = response.potentiallyMaliciousInput;
// 이 코드는 안전합니다.
const element = <h1>{title}</h1>;
```

이 코드에는 `title`이라는 변수에 잠재적으로 보안 위험의 가능성이 있는 코드가 삽입되었습니다. 그리고 그 아래에 나오는 JSX 코드에서는 괄호를 사용해서 `title` 변수를 임베딩embedding(삽입)하고 있습니다. 기본적으로 ReactDOM은 렌더링하기 전에 임베딩된 값을 모두 문자열로 변환합니다. 그렇기 때문에 명시적으로 선언되지 않은 값은 괄호 사이에 들어갈 수 없습니다. 결과적으로 이것은 XSS라 불리는 `cross-site-scripting attacks`를 방어할 수 있습니다. 이처럼 JSX를 사용하면 잠재적인 보안 위협을 줄일 수 있다는 장점이 있습니다.

3.4 JSX 사용법

기본적으로 JSX는 자바스크립트 문법을 확장시킨 것이기 때문에, 모든 자바스크립트 문법을 지원합니다. 여기에 추가로 XML과 HTML을 섞어서 사용하면 됩니다.

```
const name = '소플';
const element = <h1>안녕, {name}</h1>;

const root = ReactDOM.createRoot(document.getElementById('root'));
root.render(element);
```

위의 코드에서 엘리먼트를 선언하는 부분의 코드처럼 HTML과 자바스크립트가 섞인 형태로 코드를 작성하면 됩니다. XML/HTML 코드를 사용하다가 중간에 자바스크립트 코드를 사용하고 싶으면 중괄호를 써서 묶어 주면 됩니다. {name}으로 표시된 부분이 바로 name이라는 자바스크립트 변수를 참조하기 위해서 괄호를 사용한 것입니다. 아래 또 다른 예제 코드를 한번 볼까요?

```
function formatName(user) {
    return user.firstName + ' ' + user.lastName;
}

const user = {
    firstName: 'Inje',
    lastName: 'Lee'
};

```

```
const element = (
    <h1>
        Hello, {formatName(user)}
    </h1>
);

const root = ReactDOM.createRoot(document.getElementById('root'));
root.render(element);
```

위의 코드에서는 HTML 코드 사이에 괄호를 사용해서 변수가 아닌 `formatUser()`라는 자바스크립트 함수를 호출하는 것을 볼 수 있습니다. 이런 식으로 JSX를 사용할 때 XML/HTML 코드 사이에 중괄호를 사용해서 자바스크립트 변수나 함수를 사용하면 됩니다.

```
function getGreeting(user) {
    if (user) {
        return <h1>Hello, {formatName(user)}!</h1>;
    }
    return <h1>Hello, Stranger.</h1>
}
```

위의 코드는 JSX를 사용해서 사용자 이름에 따라 다른 인사말을 표시하도록 만든 함수입니다. 사용자가 존재하면 `formatName()`이라는 함수를 써서 포매팅된 이름을 출력하고, 그렇지 않을 경우 `Stranger`에게 하는 인사말을 출력하게 됩니다.

그렇다면 HTML 태그 중간이 아닌 태그의 속성attribute에 값을 넣고 싶을 때에는 어떻게 해야 할까요?

큰따옴표 사이에 문자열을 넣거나

```
const element = <div tabIndex="0"></div>;
```

중괄호 사이에 자바스크립트 코드를 넣으면 됨!

```
const element = <img src={user.avatarUrl}></img>;
```

위처럼 큰따옴표 사이에 문자열을 넣거나 중괄호 사이에 자바스크립트 코드를 넣으면 됩니다. 그래서 JSX에서는 **중괄호를 사용하면 무조건 자바스크립트 코드가 들어간다**라고 외워 두는 게 좋습니다.

마지막으로 JSX를 사용해서 children을 정의하려면 어떻게 해야 할까요? 아래 코드를 봅시다.

```
const element = (
    <div>
        <h1>안녕하세요</h1>
        <h2>열심히 리액트를 공부해 봅시다!</h2>
    </div>
);
```

위의 코드처럼 평소에 HTML을 사용하듯이 상위 태그가 하위 태그를 둘러싸도록 하면 자연스럽게 children이 정의됩니다. 여기에서 <div> 태그의 children은 <h1> 태그와 <h2> 태그가 되겠죠. 이처럼 가독성도 높으며 간결하고 직관적으로 코드를 작성할 수 있게 해 주는 것이 JSX의 역할이라고 볼 수 있습니다.

PRACTICE 3.5

실습

JSX 코드 작성해 보기

지금까지 배운 내용을 토대로 JSX 코드를 작성하는 연습을 해 보도록 하겠습니다. 이번 실습에서 나오는 리액트 컴포넌트 코드는 뒤에서 배울 예정이므로 지금 이해할 필요는 없습니다. 여기에서는 JSX 코드에만 집중하면서 하나씩 따라해 보기 바랍니다. 먼저 앞에서 VS Code로 Vite를 이용해 만든 프로젝트를 엽니다. 그리고 아래와 같이 `chapter_03`라는 이름의 폴더를 하나 생성합니다.

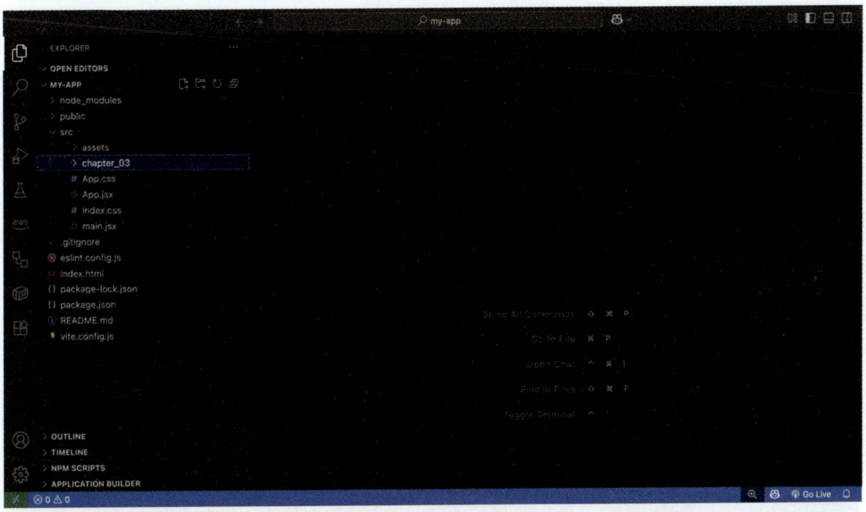

▶ 실습 화면 01

그다음 만든 폴더에 `Book.jsx`라는 이름의 파일을 새로 만들고 아래 코드처럼 `Book`이라는 이름의 리액트 함수 컴포넌트를 하나 만듭니다.

```
function Book(props) {
    return (
        <div>
            <h1>{`이 책의 이름은 ${props.name}입니다.`}</h1>
            <h2>{`이 책은 총 ${props.numOfPage}페이지로 이뤄져 있습니다.`}</h2>
        </div>
    )
}

export default Book;
```

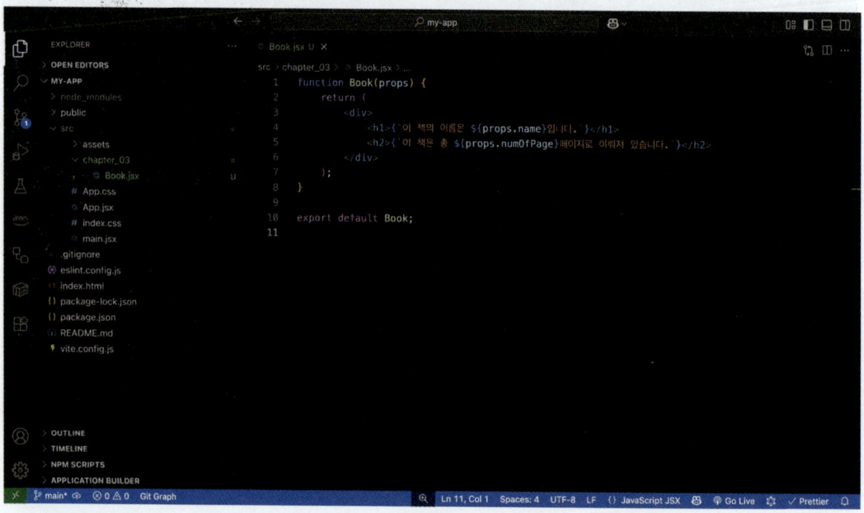

▶ 실습 화면 02

Book 컴포넌트는 props로 name과 numOfPage를 받아서 이를 출력하는 컴포넌트입니다. 자바스크립트를 모르거나, JSX에 대해서 모르는 사람이 봐도 어떤 역할을 하는지 대강 이해할 수 있는 수준입니다. JSX를 사용하면 이처럼 가독성이 높고 직관적인 코드를 작성할 수 있습니다. 이번에는 Book 컴포넌트를 사용하는 상위 컴포넌트를 만들어 보도록 하겠습니다. 같은 폴더에 `Library.jsx`라는 이름의 파일을 새로 만들고, 아래 코드처럼 `Library`라는 이름의 리액트 함수 컴포넌트를 하나 만듭니다.

```
import Book from "./Book";

function Library(props) {
    return (
        <div>
            <Book name="처음 만난 파이썬" numOfPage={300} />
            <Book name="처음 만난 AWS" numOfPage={400} />
            <Book name="처음 만난 리액트" numOfPage={500} />
        </div>
    );
}

export default Library;
```

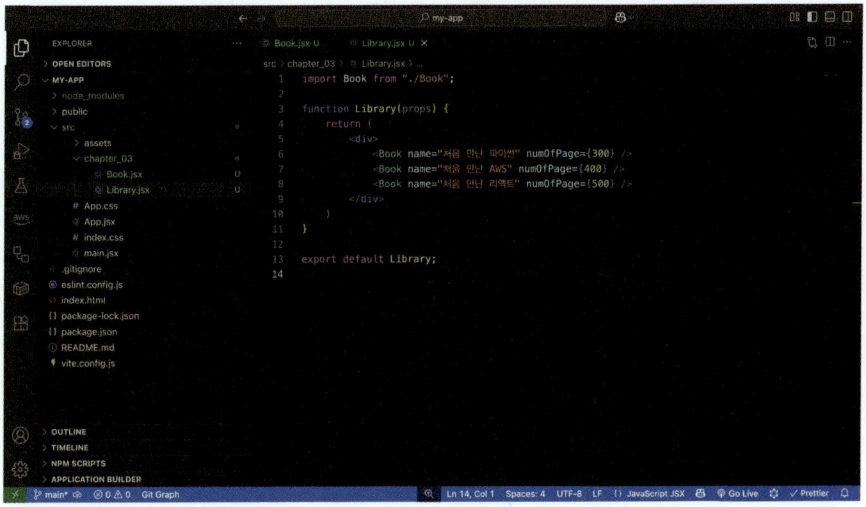

▶ 실습 화면 03

위의 코드에서 Library라는 컴포넌트를 만들었습니다. Library 컴포넌트는 총 세 개의 Book 컴포넌트를 렌더링하고 있습니다. 이 코드도 위와 마찬가지로 굉장히 가독성이 높죠? 이처럼 JSX를 사용해서 코드를 작성하면 많은 장점이 있습니다. 다음으로 우리가 만든 컴포넌트를 실제로 화면에 렌더링하기 위해서 main.jsx 파일을 수정해야 합니다. main.jsx 파일을 열어서 다음 그림에 표시된 부분을 참고하여 수정합니다.

```
import { StrictMode } from 'react';
import { createRoot } from 'react-dom/client';
import './index.css';
import App from './App.jsx';
import reportWebVitals from './reportWebVitals';

import Library from './chapter_03/Library';

createRoot(document.getElementById('root')).render(
    <StrictMode>
        <Library />
    </StrictMode>
);
```

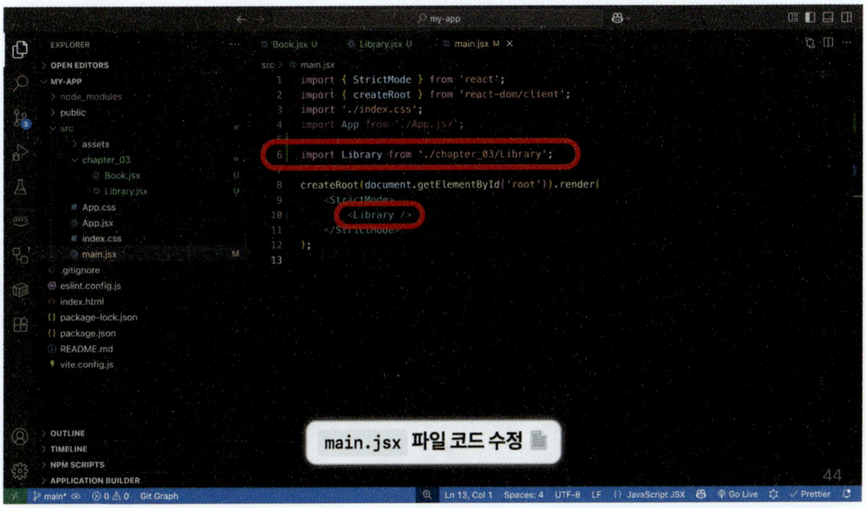

▶ 실습 화면 04

앞에서 수정한 내용은 import문을 이용해서 우리가 만든 Library 컴포넌트를 가져온 뒤에 그걸 ReactDOM을 이용하여 Root DOM Node에 렌더링하도록 하는 코드입니다. 모든 코드 작성이 끝났으면 이제 실제로 리액트 애플리케이션을 실행해 보도록 하겠습니다. VS Code의 상단 메뉴에서 Terminal > New Terminal을 눌러서 새로운 터미널을 하나 실행시킵니다. 이후 다음 그림처럼 npm run dev 명령어를 실행합니다.

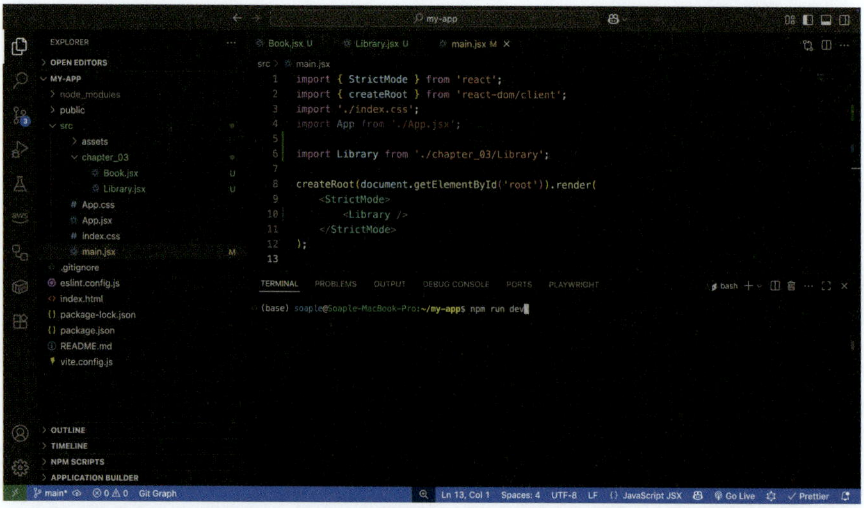

▶ 실습 화면 05

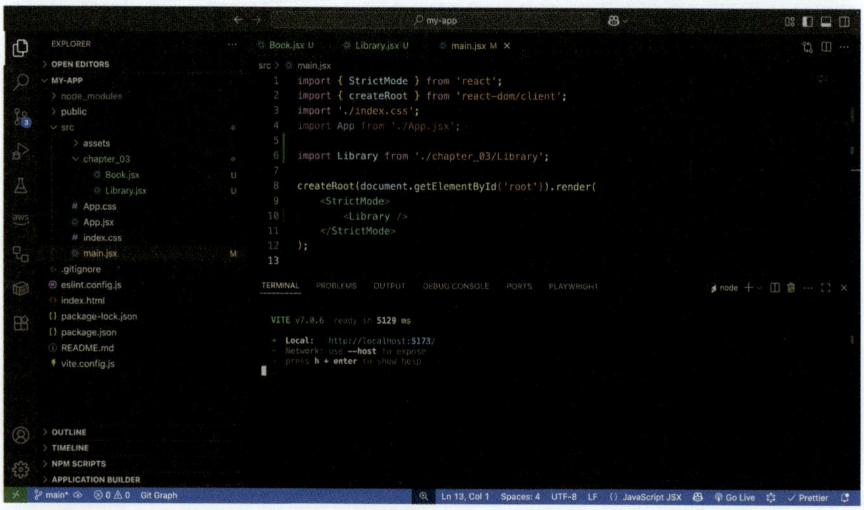

▶ 실습 화면 06

그러면 애플리케이션이 개발 모드로 실행되고 웹브라우저에서 `http://localhost:5173`에 접속합니다. 웹브라우저에서는 아래 그림처럼 작성한 내용대로 컴포넌트들이 렌더링이 된 것을 볼 수 있습니다.

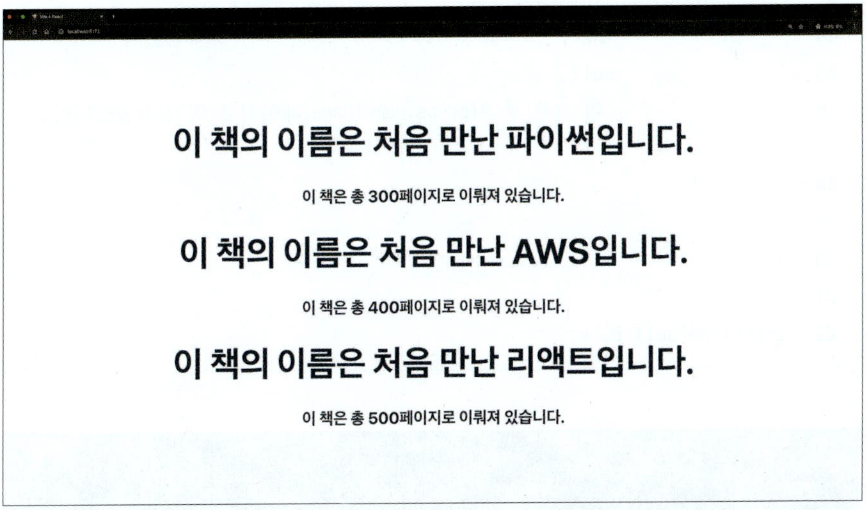

▶ 실습 화면 07

만약 JSX를 사용하지 않고 코드를 작성했다면 어떻게 됐을까요? 아래 코드는 JSX를 사용하지 않고 작성한 Book 컴포넌트 코드입니다.

```
import React from "react";

function Book(props) {
    return React.createElement(
        'div',
        null,
        [
            React.createElement(
                'h1',
                null,
                `이 책의 이름은 ${props.name}입니다.`
            ),
            React.createElement(
```

```
                'h2',
                null,
                `이 책은 총 ${props.numOfPage}페이지로 이뤄져 있습니다.`
            )
        ]
    )
}

export default Book;
```

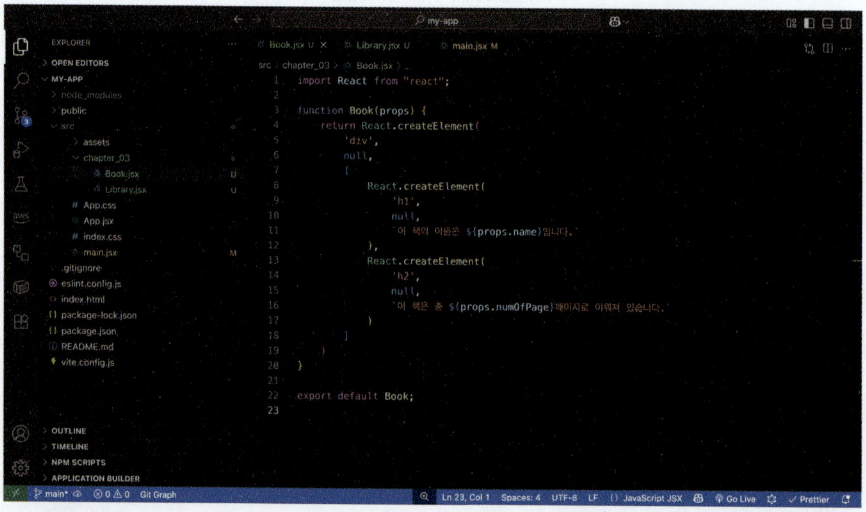

▶ 실습 화면 08

위에서 볼 수 있는 것처럼 JSX를 사용하지 않고 리액트 컴포넌트 코드를 작성하면 코드의 양도 늘어나고 가독성이 굉장히 떨어지게 됩니다. 따라서 앞으로 리액트 애플리케이션을 개발할 때에는 무조건 JSX를 사용한다고 생각하기 바랍니다.

3.6 마치며

지금까지 JSX를 사용해서 간단한 리액트 컴포넌트를 만들어 보았습니다. JSX를 사용했기 때문에 굉장히 짧고 간결한 코드로 컴포넌트를 만들 수 있었습니다. 리액트를 사용함에 있어 JSX는 필수적인 요소에 가깝고 공식 웹사이트에서도 JSX의 사용을 권장하고 있는만큼 JSX의 사용법을 잘 익혀 활용하기 바랍니다.

요약

이번 장에서 배운 내용은 아래와 같습니다.

- **JSX란?**
  - 자바스크립트와 XML/HTML을 함께 사용할 수 있는 자바스크립트의 확장 문법
- **JSX의 역할**
  - JSX로 작성된 코드는 모두 자바스크립트 코드로 변환
  - 리액트는 JSX 코드를 모두 createElement() 함수를 사용하는 코드로 변환
- **JSX의 장점**
  - 코드가 간결해짐
  - 가독성 향상
  - Injection Attack을 방어함으로써 보안성이 올라감
- **JSX 사용법**
  - 기본적으로 모든 자바스크립트 문법을 지원
  - 자바스크립트에 XML과 HTML을 섞어서 사용
  - 중괄호를 사용하여 자바스크립트 코드를 삽입

Chapter

4

엘리먼트 렌더링

Preview

이 장에서는 리액트의 엘리먼트element라는 개념에 대해서 배워 보겠습니다. 이미 앞 장에서 리액트의 createElement()라는 함수에 대해서 배웠던 것을 기억하시나요? createElement() 함수는 이름 그대로 엘리먼트를 생성해 주는 함수입니다. 그렇다면 엘리먼트가 어떤 것이고 어떤 역할을 하는지 잘 알고 있어야겠죠? 이 장에서 엘리먼트의 개념과 역할, 엘리먼트가 렌더링되는 과정에 대해서 자세히 알아보도록 합시다.

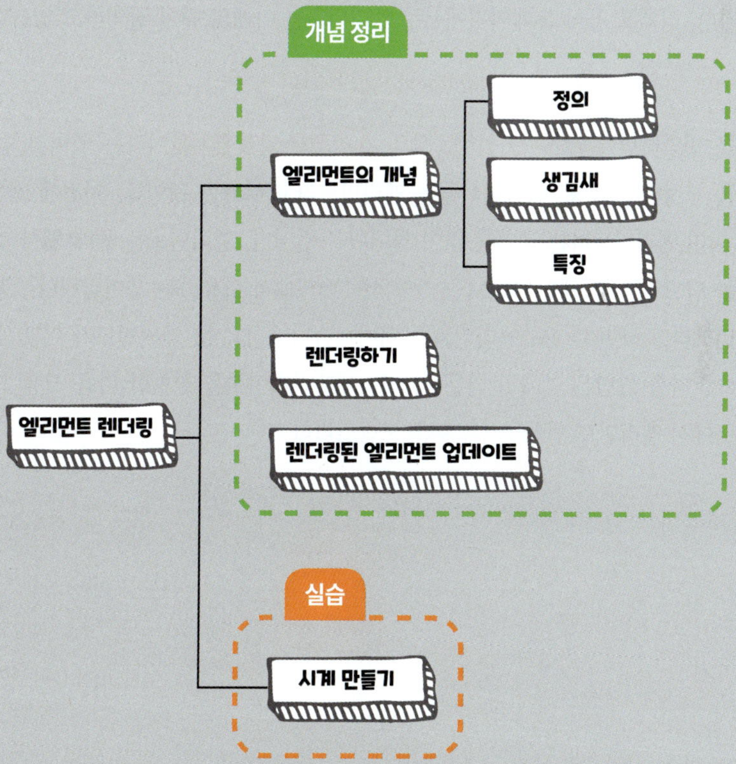

4.1 엘리먼트에 대해 알아보기

1 엘리먼트의 정의

Element라는 영단어는 요소, 성분이라는 뜻을 갖고 있습니다. 어떤 물체를 구성하는 성분을 영어로 엘리먼트라고 부릅니다. 마찬가지로 리액트의 엘리먼트는 리액트 앱을 구성하는 요소를 의미합니다. 리액트 공식 홈페이지에서는 엘리먼트를 아래와 같이 정의하고 있습니다.

Elements are the smallest building blocks of React apps.

위의 문장을 번역하면 **엘리먼트는 리액트 앱의 가장 작은 빌딩 블록들**이라는 의미가 됩니다. 즉, 리액트 앱을 구성하는 가장 작은 블록들을 엘리먼트라고 부르는 것이죠. 이전에 웹 개발을 했던 독자는 이미 엘리먼트라는 용어를 많이 들어봤을 겁니다. 엘리먼트는 원래 웹사이트에 대한 모든 정보를 담고 있는 객체인 DOM[Document Object Model]에서 사용하는 용어입니다. 그래서 기존에는 엘리먼트라고 하면 DOM 엘리먼트를 의미했습니다. DOM 엘리먼트가 어떻게 생겼는지 한번 볼까요? 다음 그림은 앞에서 만든 리액트 애플리케이션을 실행한 다음 크롬 브라우저의 개발자 도구에서 엘리먼트 탭[Elements]을 누른 모습입니다.

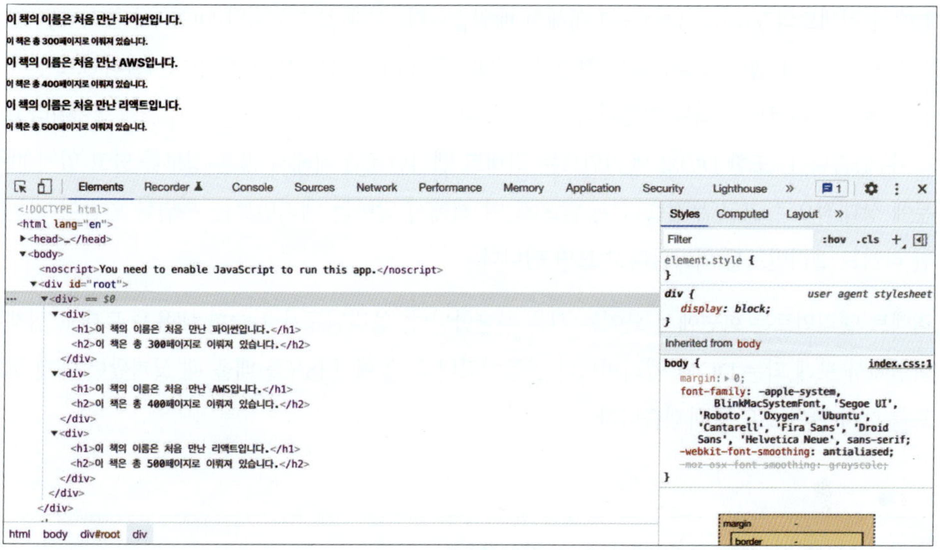

▶ 크롬 개발자 도구의 엘리먼트 탭

위 그림에서 보이는 것처럼 탭 이름부터 'Elements'로 되어 있기 때문에 엘리먼트를 모아 놓은 것임을 알 수 있습니다. 하지만 여기에 보이는 엘리먼트는 리액트 엘리먼트가 아니라 DOM 엘리먼트이며 **HTML 요소**를 나타냅니다. 실제로 우리가 화면에서 볼 수 있는 것들이죠. 그렇다면 리액트 엘리먼트와 DOM 엘리먼트는 어떤 차이가 있을까요?

리액트가 개발되기 시작한 아주 초창기에 **화면에 나타나는 내용을 기술한 자바스크립트 객체**를 일컫는 용어가 필요했습니다. 그래서 처음에는 'describe(기술하다)'에서 파생된 `descriptor`라는 이름으로 불렸죠. 하지만 `descriptor`가 최종적으로 나타나는 형태는 DOM 엘리먼트였기 때문에 DOM과의 통일성을 위해서 엘리먼트라고 부르기로 결정했습니다. 아래 그림은 리액트 엘리먼트와 DOM 엘리먼트를 나타낸 것입니다.

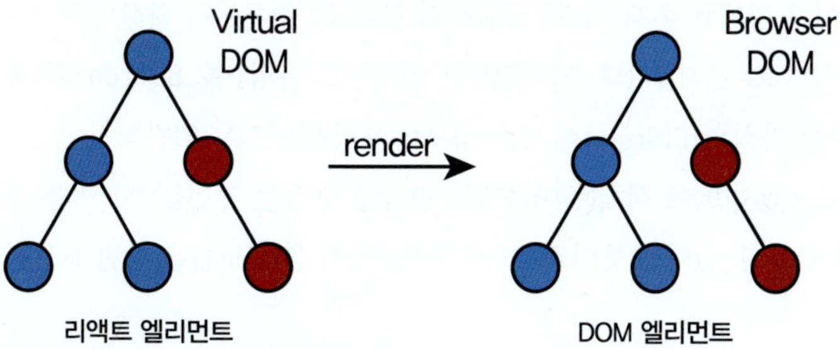

▶ 리액트 엘리먼트와 DOM 엘리먼트

앞에서 리액트의 Virtual DOM에 대해서 배웠습니다. 실제 브라우저의 DOM에 존재하는 엘리먼트는 DOM 엘리먼트가 되는 것이고, 리액트의 Virtual DOM에 존재하는 엘리먼트가 바로 리액트 엘리먼트가 되는 것입니다. 결국 **리액트 엘리먼트는 DOM 엘리먼트의 가상 표현**이라고 볼 수 있습니다. 또한 DOM 엘리먼트는 리액트 엘리먼트에 비해서 많은 정보를 담고 있기 때문에 상대적으로 크고 무겁습니다. 앞으로 이 책에서 말하는 엘리먼트는 특별한 언급이 없는 한 리액트 엘리먼트를 의미한다고 보면 됩니다.

리액트 엘리먼트는 화면에서 보이는 것을 기술합니다. 엘리먼트가 기술한 내용을 토대로 실제 화면에서 보게 되는 DOM 엘리먼트가 만들어집니다. 앞에서 JSX를 배울 때 살펴봤던 예제 코드를 다시 한번 보도록 하겠습니다.

```
const element = <h1>Hello, world</h1>;
```

이 코드는 JSX를 사용하여 작성된 코드입니다. 앞에서는 엘리먼트에 대해 배우지 않았기 때문에 그냥 지나쳤지만, 대입 연산자('=') 왼쪽 부분에 나오는 변수의 이름이 `element`로 되어 있는 것을 볼 수 있습니다. 이 코드가 실행될 때, 대입 연산자의 오른쪽 부분은 리액트의 `createElement()` 함수를 사용하여 엘리먼트를 생성하게 됩니다. 결국 이렇게 생성된 것이 바로 리액트 엘리먼트가 되는 것입니다. 리액트는 이 엘리먼트를 이용해서 실제 화면에서 보게 될 DOM 엘리먼트를 생성합니다.

2 엘리먼트의 생김새

그렇다면 리액트 엘리먼트는 어떻게 생겼을까요? 엘리먼트가 화면에 보이는 것을 기술한다고 했는데 실제로 엘리먼트는 어떤 형태로 존재하는지 궁금하지 않나요? 결론부터 말하면 **리액트 엘리먼트는 자바스크립트 객체 형태로 존재**합니다. 엘리먼트는 컴포넌트 유형(예: `Button`)과 속성(예: `color`) 및 내부의 모든 자식(children)에 대한 정보를 포함하고 있는 일반적인 **자바스크립트 객체**입니다. 뒤에서 나오겠지만 이 객체는 마음대로 변경할 수 없는 **불변성**immutable을 갖고 있습니다. 한번 생성되면 바꿀 수 없다는 뜻이죠. 그럼 엘리먼트의 실제 모습을 한번 보도록 할까요?

```
{
    type: 'button',
    props: {
        className: 'bg-green',
        children: {
            type: 'b',
            props: {
                children: 'Hello, element!'
            }
        }
    }
}
```

위 코드는 버튼을 나타내기 위한 엘리먼트입니다. 단순한 자바스크립트 객체임을 알 수 있죠? 위 코드처럼 **type**에 HTML 태그 이름이 문자열로 들어가는 경우, 엘리먼트는 해당 태그 이름을 가진 **DOM Node**를 나타내고 **props**는 속성을 나타냅니다. **props**에 대해서는 뒤에서 자세히 배울 예정이니 지금은 그냥 넘어가도 됩니다. 그리고 위 엘리먼트가 실제로 렌더링이 된다면 아래와 같은 DOM 엘리먼트가 될 것입니다.

```
<button class='bg-green'>
    <b>
        Hello, element!
    </b>
</button>
```

그렇다면 엘리먼트의 **type**에 HTML 태그 이름이 문자열로 들어가는 것이 아닌 경우에는 어떻게 될까요? 아래 자바스크립트 코드는 리액트의 컴포넌트 엘리먼트Component Element를 나타낸 것입니다. 이 역시도 일반적인 자바스크립트 객체입니다. 다만, 위에 나왔던 엘리먼트와 한 가지 다른 점은 **type**에 HTML 태그가 아닌 리액트 컴포넌트의 이름이 들어갔다는 점입니다.

```
{
    type: Button,
    props: {
        color: 'green',
        children: 'Hello, element!'
    }
}
```

이처럼 리액트 엘리먼트는 자바스크립트 객체 형태로 존재합니다. 그리고 이 객체를 만드는 역할을 하는 것이 바로 앞에서 나왔던 createElement() 함수입니다. 앞에서 createElement() 함수를 호출할 때 세 가지의 파라미터를 넣었는데 그 부분을 다시 한번 보도록 할까요?

```
React.createElement(
    type,
    [props],
    [...children]
)
```

첫 번째 파라미터로 타입이 들어갑니다. 여기에는 HTML 태그 이름이 문자열로 들어가거나 또 다른 리액트 컴포넌트가 들어가게 됩니다. 이것이 결국 개발자 도구를 통해서 보았던 HTML 태그가 되는 것이죠. 만약 여기에 HTML 태그가 아닌 리액트 컴포넌트를 넣으면 어떻게 될까요? 모든 리액트 컴포넌트는 최종적으로 HTML 태그를 사용하게 되어 있습니다. 하나의 컴포넌트는 여러 개의 자식 컴포넌트를 포함할 수 있고, 자식 컴포넌트를 모두 쭉 분해해 보면 결국 HTML 태그가 나오는 것이죠.

두 번째 파라미터로 props라는 것이 들어갑니다. 아직 props에 대해서 배우지 않았기 때문에 이 부분은 그냥 간단하게 엘리먼트의 속성이라고 설명하겠습니다. 아까 개발자 도구의 그림에서 HTML 태그가 있고 해당 태그에 여러 가지 속성이 들어가 있었죠? 예를 들면, class나 style 같은 것들 말이죠. 이런 속성을 attributes라고 부릅니다. props는 attributes보다 좀 더 상위에 있는 복잡한 개념이지만 일단 엘리먼트의 속성이라고만 이해하고 넘어가겠습니다.

그리고 세 번째 파라미터로 children이 들어가게 됩니다. 해당 엘리먼트의 자식 엘리먼트들이 이 부분에 들어가게 됩니다. 실제 개발자 도구의 그림에서는 하나의 HTML 태그 하위에 다시 여러 개의 HTML 태그가 나오는 것을 볼 수 있었습니다. 이러한 HTML 태그들이 결국 자식 엘리먼트가 되는 것입니다.

이제 실제로 createElement() 함수가 동작하는 과정을 코드와 함께 살펴보도록 하겠습니다. 아래 예제 코드를 봅시다.

```
function Button(props) {
    return (
        <button className={`bg-${props.color}`}>
            <b>
                {props.children}
            </b>
        </button>
    )
}

function ConfirmDialog(props) {
    return (
        <div>
            <p>내용을 확인하셨으면 확인 버튼을 눌러주세요.</p>
            <Button color='green'>확인</Button>
        </div>
    )
}
```

위 코드에는 Button 컴포넌트와 ConfirmDialog 컴포넌트가 있으며, ConfirmDialog 컴포넌트가 Button 컴포넌트를 포함하고 있습니다. 여기에서 ConfirmDialog 컴포넌트의 엘리먼트는 어떤 모습이 될까요? 아마도 아래와 같은 형태가 될 것입니다.

```
{
    type: 'div',
    props: {
        children: [
            {
                type: 'p',
                props: {
                    children: '내용을 확인하셨으면 확인 버튼을 눌러주세요.'
                }
            },
            {
                type: Button,
                props: {
                    color: 'green',
                    children: '확인'
                }
            }
        ]
    }
}
```

첫 번째 children은 type이 HTML 태그인 p 태그이기 때문에 곧바로 렌더링이 될 수 있는 상태입니다. 하지만 두 번째 children의 type은 HTML 태그가 아니라 리액트 컴포넌트 이름인 Button입니다. 이 경우에 리액트는 Button 컴포넌트의 엘리먼트를 생성해서 합치게 됩니다. 그래서 최종적으로 엘리먼트는 아래와 같은 모습이 될 것입니다.

```
{
    type: 'div',
    props: {
        children: [
            {
                type: 'p',
                props: {
```

```
                    children: '내용을 확인하셨으면 확인 버튼을 눌러주세요.'
                }
            },
            {
                type: 'button',
                props: {
                    className: 'bg-green',
                    children: {
                        type: 'b',
                        props: {
                            children: '확인'
                        }
                    }
                }
            }
        ]
    }
}
```

이처럼 컴포넌트 렌더링을 위해서 모든 컴포넌트가 `createElement()` 함수를 통해 엘리먼트로 변환된다는 것을 잊지마세요. 지금까지 리액트의 엘리먼트는 실제로 어떻게 생겼는지 알아보았습니다. 리액트의 엘리먼트는 우리 눈에 실제로 보이는 것을 기술한다는 사실을 기억하면서 다음으로 넘어갑시다.

3 엘리먼트의 특징

리액트의 엘리먼트는 굉장히 중요한 특징을 갖고 있습니다. 바로 **불변성**immutability입니다. 불변성은 말 그대로 **변하지 않는 성질**을 의미합니다. 즉, 엘리먼트가 불변성을 갖고 있다는 것은 한 번 생성된 엘리먼트는 변하지 않는다는 말입니다. 다르게 표현하면 **엘리먼트 생성 후에는 `children`이나 `attributes`를 바꿀 수 없다**는 말입니다.

그렇다면 여기에서 궁금증이 하나 생기게 됩니다. 리액트의 엘리먼트라는 것은 우리 눈에 보이는 것을 기술한다고 했는데, '엘리먼트가 변할 수 없다면 화면 갱신이 안 되는 것 아닌가?'라는 의문을 가질 수 있습니다. 이러한 의문을 해소하려면 엘리먼트의 불변성에 관한 설명을 다시 한번 자세히 읽어 보아야 합니다.

엘리먼트 생성 후에는 children이나 attributes를 바꿀 수 없다.

여기에 우리가 놓친 부분이 있죠. 바로 **엘리먼트 생성 후**라는 부분입니다. 즉, 엘리먼트는 다양한 모습으로 존재할 수 있지만 **한 번 생성된 다음에는 변경이 불가능**하다는 뜻입니다. 붕어빵 가게에 가면 붕어빵 틀에 반죽을 넣고 시간이 지나 그 안에서 붕어빵이 구워져 나오는 것을 볼 수 있는데, 구워져 나온 붕어빵의 속 내용은 바꿀 수 없는 것과 같은 이치라고 생각하면 됩니다. 아래 그림처럼 말이죠.

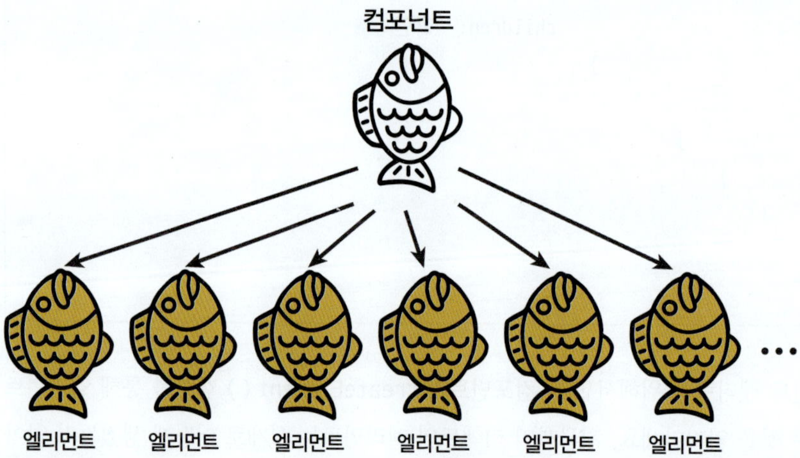

▶ 컴포넌트와 엘리먼트

위 그림에는 리액트의 컴포넌트와 엘리먼트의 관계가 나타나 있습니다. 뒤에서 컴포넌트를 배울 때 다시 자세히 다루겠지만 컴포넌트는 일종의 붕어빵 틀이라고 보면 됩니다. 붕어빵이 구워져서 밖으로 나오는 과정은 엘리먼트를 생성하는 것이고, 완성된 붕어빵은 엘리먼트 생성이 끝난 것이기 때문에 변경할 수 없는 것이죠.

그렇다면 화면에 변경된 엘리먼트들을 보여 주기 위해서는 어떻게 해야 할까요? 이런 경우에는 기존 엘리먼트를 변경하는 것이 아니라 새로운 엘리먼트를 만들면 됩니다. **새로운 엘리먼트를 만들어서 기존 엘리먼트와 바꿔치기하는 것**이죠. 앞에서 리액트의 장점 중 하나로 빠른 렌더링 속도가 있다는 것을 언급했었습니다. 그리고 이를 위해서 내부적으로 Virtual DOM이라는 것을 사용한다고 했었죠. Virtual DOM의 개념도를 다시 한번 살펴봅시다.

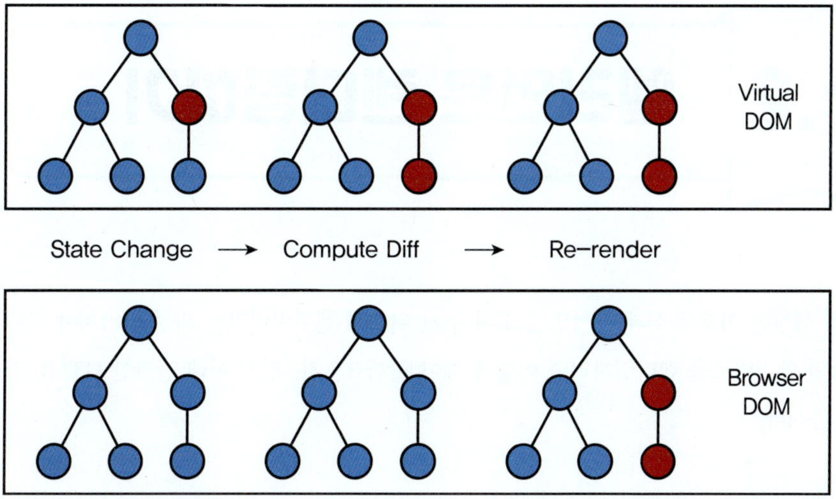

▶ **Virtual DOM 개념도**

위 그림에서 보이는 것처럼 화면에 새로운 내용을 보여 주기 위해서 Virtual DOM은 변경된 부분을 계산Compute Diff하고 해당 부분만을 다시 렌더링합니다. 여기에서 동그란 각 원들이 바로 엘리먼트입니다. 그리고 빨간색으로 표시된 원들은 변경된 엘리먼트들이 되는 것이죠. 엘리먼트는 불변성을 갖고 있기 때문에 화면에 새로운 내용을 보여 주기 위해 새로운 엘리먼트를 만들어서 기존 엘리먼트가 연결되어 있는 부분에 바꿔 달면 됩니다.

지금 배운 리액트 엘리먼트의 불변성이라는 특징을 잘 기억해 두기 바랍니다. 상태 관리와 더불어 화면이 갱신되는 횟수(얼마나 화면이 자주 바뀌는지)는 실제 리액트를 이용한 개발 과정에서 성능에 큰 영향을 미치는 요소입니다. 이 과정에서 엘리먼트가 새롭게 생성된다는 것을 이해하고 있으면 좀 더 효율적으로 개발할 수 있습니다.

4.2 엘리먼트 렌더링하기

엘리먼트를 생성한 이후에 실제로 화면에 보여 주기 위해서 렌더링이라는 과정을 거쳐야 합니다. 그렇다면 엘리먼트를 렌더링하려면 어떻게 해야 할까요? 자, 먼저 아래 간단한 HTML 코드 하나를 봅시다.

```
01  <div id="root"></div>
```

이 HTML 코드는 root라는 id를 가진 <div> 태그입니다. 굉장히 단순하죠? 단순하지만 이 코드는 모든 리액트 앱에 필수적으로 들어가는 아주 중요한 코드입니다. 실제로 이 <div> 태그 안에 리액트 엘리먼트들이 렌더링되며, 이것을 **root DOM node**라고 부릅니다. 이 <div> 태그 안에 있는 모든 것이 리액트 DOM에 의해서 관리되기 때문입니다. 오직 리액트만으로 만들어진 모든 웹사이트들은 단 하나의 root DOM node를 가지게 됩니다. 반면에 기존에 있던 웹사이트에 추가적으로 리액트를 연동하게 되면 여러 개의 분리된 수많은 root DOM node를 가질 수도 있습니다. 아까 앞에서 봤던 Virtual DOM 그림에서 가장 최상단에 있는 동그라미가 바로 root DOM node라고 보면 됩니다.

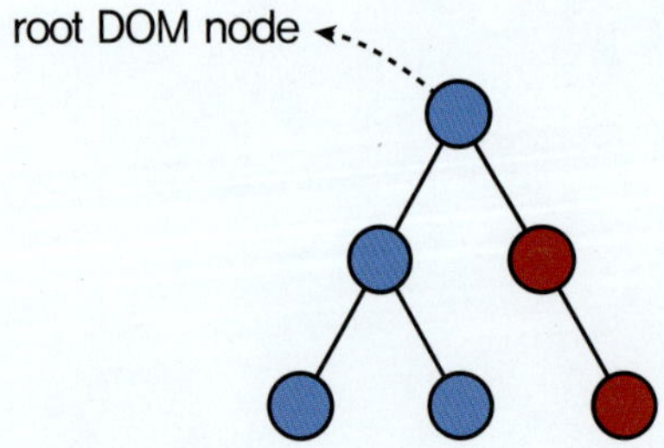

▶ root DOM node

위에서 나왔던 root <div>에 리액트 엘리먼트를 렌더링하기 위해서는 아래와 같은 코드를 사용합니다.

```
const element = <h1>안녕, 리액트!</h1>;
const root = ReactDOM.createRoot(document.getElementById('root'));
root.render(element);
```

이 코드는 먼저 엘리먼트를 하나 생성하고 생성된 엘리먼트를 root div에 렌더링하는 코드입니다. 렌더링을 위해 ReactDOM의 createRoot()함수를 사용하여 만든 root의 render() 함수를 사용하게 됩니다. 이 함수는 파라미터로 받은 리액트 엘리먼트를 root DOM node에 렌더링하는 역할을 합니다. 여기서 다시 한번 리액트의 엘리먼트와 HTML의 엘리먼트는 다른 개념이라는 것을 유의해 주세요. 리액트의 엘리먼트는 리액트의 Virtual DOM에 존재하는 것이고, HTML 엘리먼트는 실제 브라우저의 DOM에 존재하는 것입니다. 결국 리액트의 엘리먼트가 렌더링되는 과정은 **Virtual DOM에서 실제 DOM으로 이동하는 과정**이라고 할 수 있습니다.

4.3 렌더링된 엘리먼트 업데이트하기

한 번 렌더링된 엘리먼트를 업데이트하려면 어떻게 해야 할까요? 아까 앞에서 리액트 엘리먼트의 중요한 특징 하나를 배웠습니다. 바로 **불변성**입니다. 엘리먼트는 한 번 생성되면 바꿀 수 없기 때문에 엘리먼트를 업데이트하기 위해서는 다시 생성해야 합니다. 아래 예제 코드를 봅시다.

```
function tick() {
    const element = (
        <div>
            <h1>안녕, 리액트!</h1>
            <h2>현재 시간: {new Date().toLocaleTimeString()}</h2>
        </div>
    );

    const root = ReactDOM.createRoot(document.getElementById('root'));
    root.render(element);
}

setInterval(tick, 1000);
```

이 코드에서는 `tick()`이라는 함수를 정의하고 있습니다. `tick()` 함수는 현재 시간을 포함하고 있는 엘리먼트를 생성하여 `root div`에 렌더링하는 역할을 합니다. 그리고 자바스크립트의 `setInterval()` 함수를 사용해서 `tick()` 함수를 매초 호출하고 있습니다. 이 코드의 실행 결과는 어떻게 될까요? 매초 화면에 새로운 시간이 나오게 될 것입니다. 내부적으로는 `tick()` 함수가 호출될 때마다 기존 엘리먼트를 변경하는 것이 아니라 **새로운 엘리먼트를 생성해서 바꿔치기하는 것**입니다.

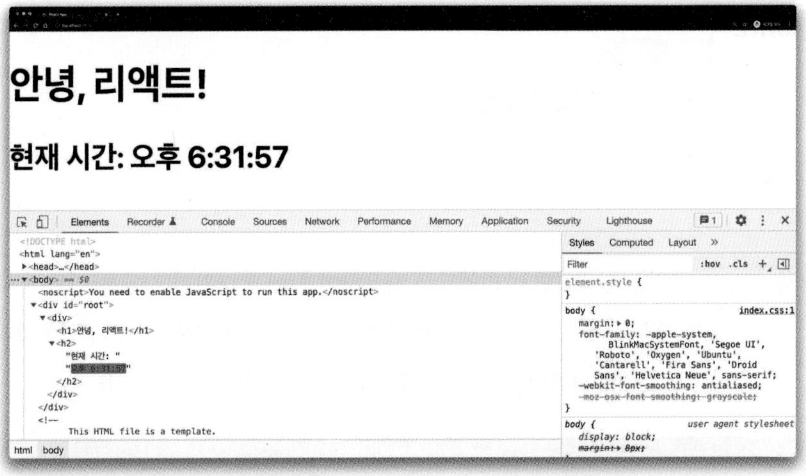

▶ 엘리먼트가 매초 새롭게 변경되는 모습

위의 그림처럼 크롬의 개발자 도구를 통해서 보게 되면 갱신되는 부분만 반짝거립니다. 매초 새로운 엘리먼트가 생성되어 기존 엘리먼트와 교체되면서 내용이 변경되고, 변경된 부분에 반짝이는 효과가 나타나는 것입니다. 리액트 엘리먼트의 불변성 때문에 엘리먼트를 업데이트하기 위해서는 새로 만들어야 한다는 중요한 사실을 꼭 기억하기 바랍니다.

PRACTICE 4.4

실습

시계 만들기

지금까지 배운 내용을 되새기면서 리액트를 사용하여 앞에서 나왔던 시계를 만들어 보도록 하겠습니다. 먼저 VS Code로 앞 장에서 Vite를 이용해서 만든 프로젝트를 엽니다. 그리고 아래와 같이 `chapter_04`라는 이름으로 폴더를 하나 생성합니다.

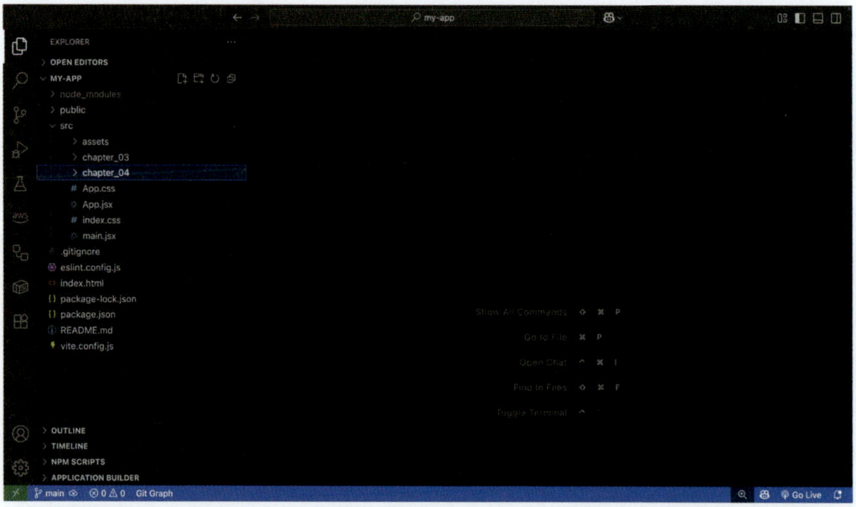

▶ 실습 화면 01

그다음 만든 폴더에 `Clock.jsx`라는 이름의 파일을 새로 만들고, 아래 코드처럼 `Clock`이라는 이름의 리액트 함수 컴포넌트를 하나 만듭니다.

```
function Clock(props) {
    return (
        <div>
            <h1>안녕, 리액트!</h1>
            <h2>현재 시간: {new Date().toLocaleTimeString()}</h2>
        </div>
    );
}

export default Clock;
```

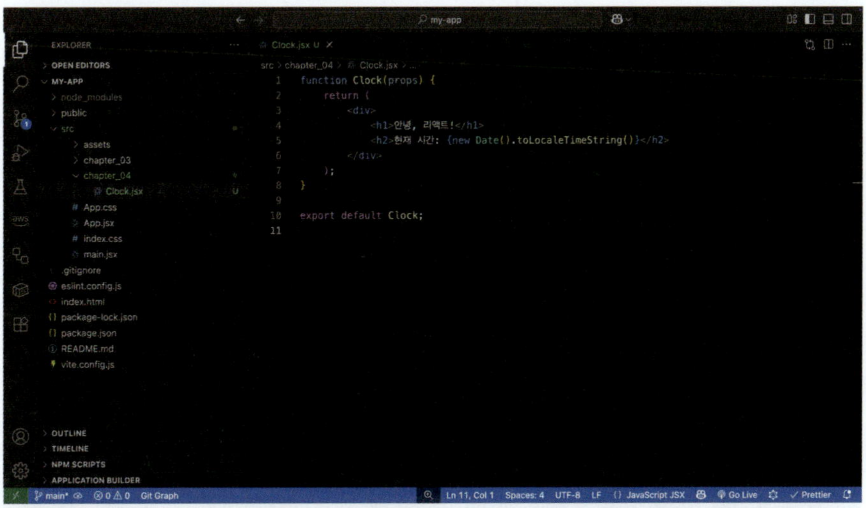

▶ 실습 화면 02

Clock 컴포넌트는 현재 시간을 출력하는 아주 간단한 컴포넌트입니다. 다음으로 만든 컴포넌트를 실제 화면에 렌더링하기 위해서 main.jsx 파일을 수정해야 합니다. main.jsx 파일을 열어 다음 그림에 표시된 부분을 참고하여 수정합니다.

```
import { StrictMode } from 'react';
import { createRoot } from 'react-dom/client';
import './App.jsx';
import App from './App';

import Library from './chapter_03/Library';
import Clock from './chapter_04/Clock';

const root = createRoot(document.getElementById('root'));
setInterval(() => {
  root.render(
      <StrictMode>
          <Clock />
      </StrictMode>
  );
}, 1000);
```

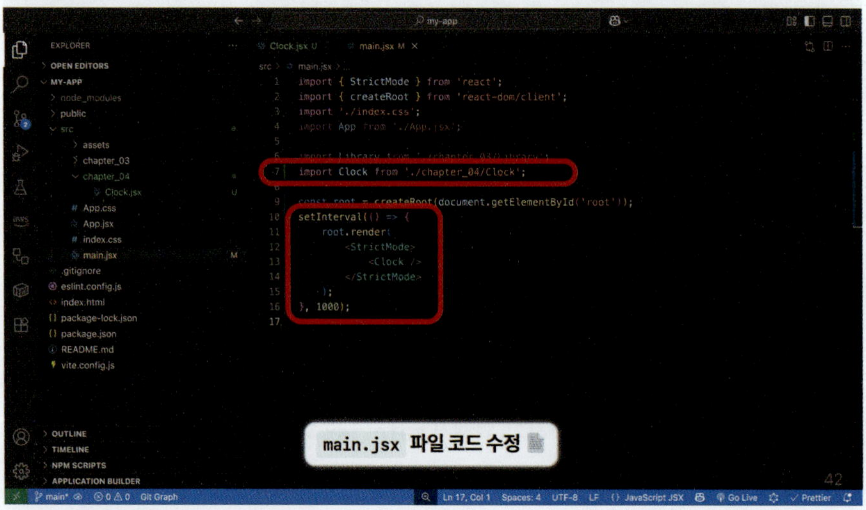

▶ 실습 화면 03

수정한 부분은 `setInterval()` 함수를 사용해서 1000ms(1초)마다 새롭게 `Clock` 컴포넌트를 `root div`에 렌더링하도록 만든 코드입니다. 이렇게 하면 매초마다 `Clock` 컴포넌트의 엘리먼트가 새롭게 생성될 것입니다. 모든 코드 작성이 끝났으면 이제 실제로 리액트 애플리케이션을 실행해 보도록 하겠습니다. VS Code의 상단 메뉴에서 `Terminal > New Terminal`을 눌러서 새로운 터미널을 하나 실행시킵니다. 이후 다음 그림처럼 `npm run dev` 명령어를 실행합니다.

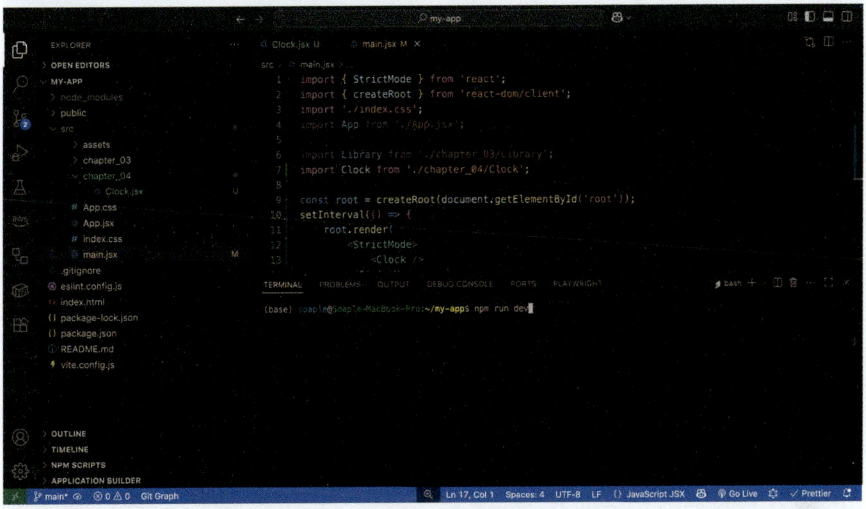

▶ **실습 화면 04**

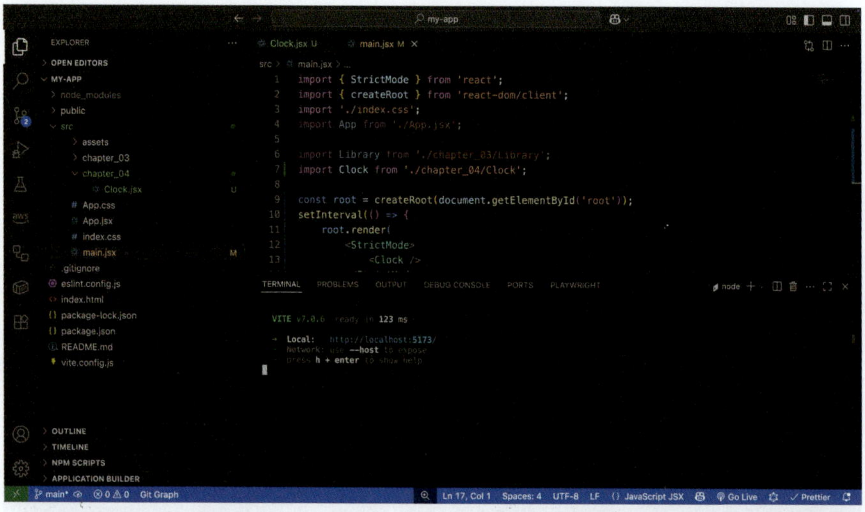

▶ **실습 화면 05**

그러면 애플리케이션이 개발 모드로 실행되고 웹브라우저에서 `http://localhost:5173`에 접속합니다. 그 후에 크롬 개발자 도구를 열어 엘리먼트 탭에서 `root div`를 쭉 펼쳐보면 다음 그림처럼 매초 시간이 바뀌면서 변경된 부분이 깜빡이는 것을 볼 수 있습니다.

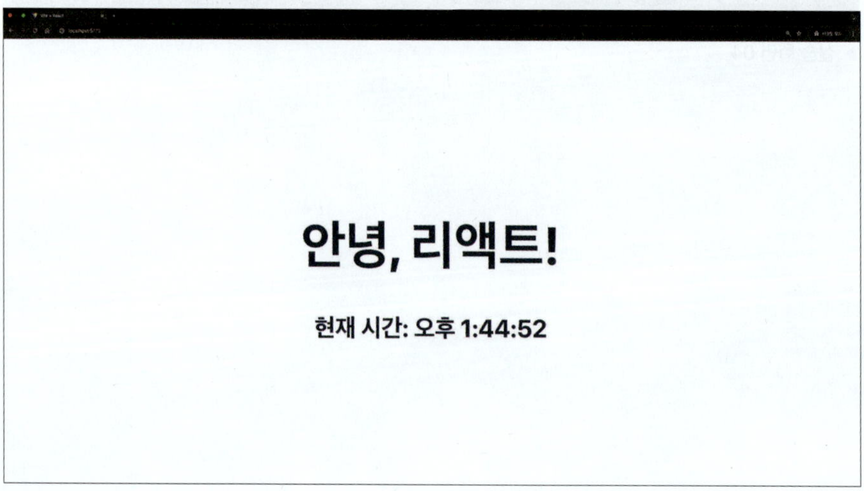

▶ **실습 화면 06**

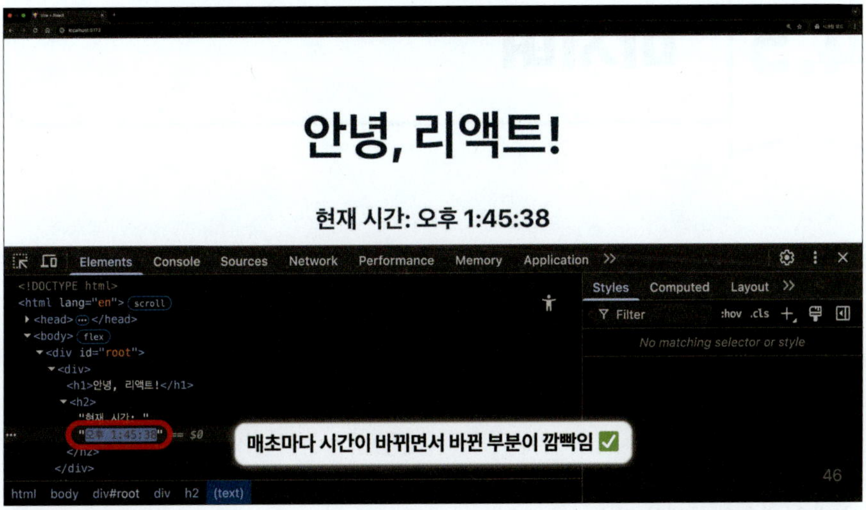

안녕, 리액트!
현재 시간: 오후 1:45:38
Elements
Console
Sources
Network
Performance
Memory
Application
Styles
Computed
Layout
Filter
No matching selector or style
매초마다 시간이 바뀌면서 바뀐 부분이 깜빡임 ✅
html body div#root div h2 (text)

▶ 실습 화면 07

4.5 마치며

지금까지 리액트 엘리먼트의 개념과 특징에 대해서 배웠습니다. 그리고 실습을 통해서 실제로 리액트 엘리먼트가 어떻게 렌더링되어 화면에 나타나는지도 함께 배웠습니다. 엘리먼트는 리액트에서 중요한 개념 중 하나이기 때문에 꼭 기억하고 다음 장으로 넘어가도록 하세요.

요약

이 장에서 배운 내용은 아래와 같습니다.

- **엘리먼트**
  - 엘리먼트의 정의
    - 리액트 앱의 가장 작은 빌딩 블록들
    - 화면에 나타나는 내용을 기술하는 자바스크립트 객체
    - 리액트 엘리먼트는 DOM 엘리먼트의 가상 표현
  - 엘리먼트의 생김새
    - 엘리먼트는 자바스크립트 객체 형태로 존재
    - 컴포넌트 유형과 속성 및 내부의 모든 자식에 대한 정보를 포함하고 있는 일반적인 자바스크립트 객체
  - 엘리먼트의 특징
    - 불변성을 갖고 있음
    - 엘리먼트 생성 후에는 자식이나 속성을 바꿀 수 없음
- **엘리먼트 렌더링하기**
  - 렌더링을 위해 ReactDOM의 `createRoot()` 함수로 만든 root의 `render()` 함수 사용
    - 리액트 엘리먼트를 HTML 엘리먼트에 렌더링하는 역할
  - 렌더링되는 과정은 Virtual DOM에서 실제 DOM으로 이동하는 과정
- **렌더링된 엘리먼트 업데이트하기**
  - 엘리먼트는 한 번 생성되면 바꿀 수 없기 때문에 엘리먼트를 업데이트하기 위해서는 다시 생성해야 함
  - 기존 엘리먼트를 변경하는 것이 아니라 새로운 엘리먼트를 생성해서 바꿔치기하는 것

Chapter

5

컴포넌트와 Props

Preview

이 장에서는 리액트에서 가장 중요한 부분 중 하나인 컴포넌트[Component]와 Props에 대해서 배워 보도록 하겠습니다. 다시 한번 말하지만 이 장은 굉장히 중요한 부분이기 때문에 꼭 완벽하게 이해하고 넘어가길 바랍니다. 만약 이해가 잘 안되는 부분이 있다면 이해가 될 때까지 반복적으로 다시 읽으면서 학습하는 것을 추천합니다.

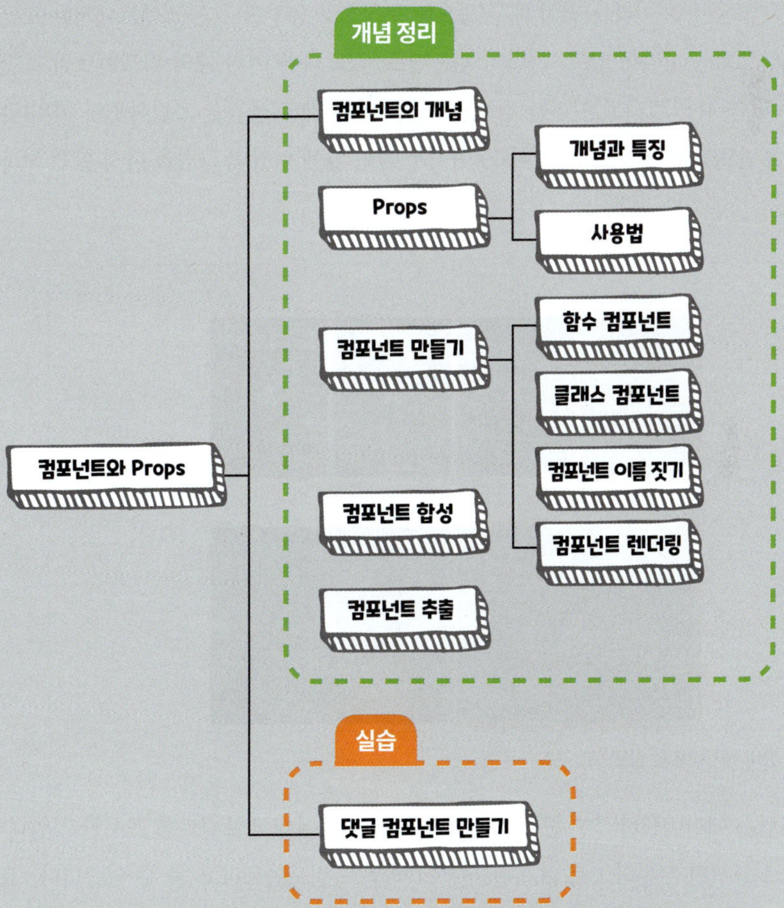

5.1 컴포넌트에 대해 알아보기

책의 앞부분에서도 잠깐 컴포넌트에 대한 내용이 나왔었습니다. 그럼 과연 리액트의 컴포넌트는 무엇인지 자세하게 알아보도록 하겠습니다. 리액트의 특징을 살펴보면 그중에서도 **컴포넌트 기반**Component-Based 이라는 점이 매우 중요한 특징으로 등장합니다. 리액트에서는 모든 페이지가 컴포넌트로 구성되어 있고, 하나의 컴포넌트는 또 다른 여러 개의 컴포넌트의 조합으로 구성될 수 있습니다. 그리고 이러한 컴포넌트들을 마치 레고 블록을 조립하듯이 끼워 맞춰서 새로운 컴포넌트를 만들 수 있는 것이죠. 여기서 잠깐 앞에 나왔던 그림을 다시 한번 보도록 하겠습니다.

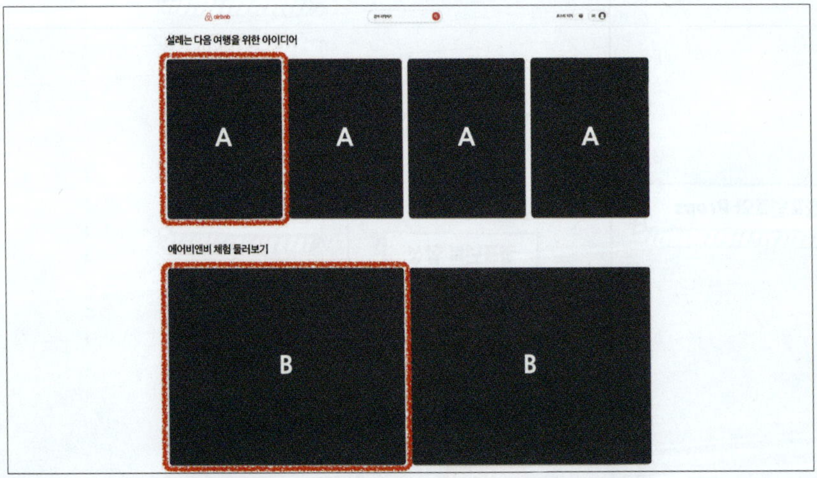

▶ 에어비앤비 웹사이트의 컴포넌트 구조

위의 그림은 에어비앤비Airbnb 웹사이트 화면을 캡처한 뒤에 컴포넌트를 표시한 것입니다. 여기에서 A로 표시된 부분과 B로 표시된 부분이 리액트 컴포넌트라고 볼 수 있습니다. 그리고 이러한 컴포넌트를 여러 번 반복적으로 사용해서 하나의 페이지를 구성하고 있습니다. 이처럼 우리가 리액트를 **컴포넌트 기반**이라고 부르는 것은 작은 컴포넌트들이 모여서 하나의 컴포넌트를 구성하고, 또 이러한 컴포넌트들이 모여서 전체 페이지를 구성하기 때문입니다. 이렇게 하나의 컴포넌트를 반복적으로 사용함으로써 전체 코드의 양이 줄어 자연스레 개발 시간과 유지 보수 비용도 줄일 수 있습니다.

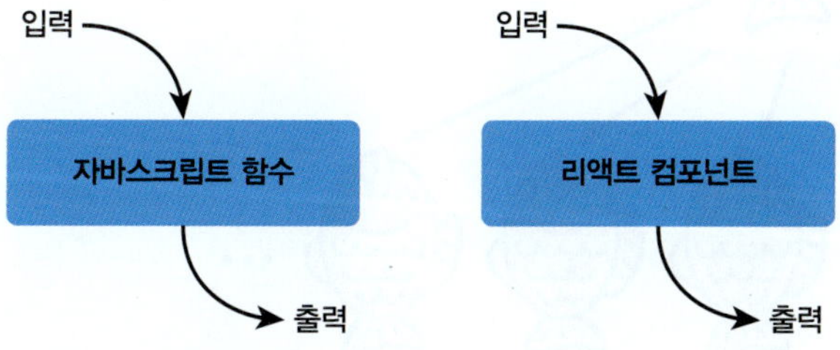

▶ 함수와 리액트 컴포넌트

리액트 컴포넌트는 개념적으로 자바스크립트의 함수와 비슷합니다. 함수가 입력을 받아서 출력을 내뱉는 것처럼, 리액트 컴포넌트도 입력을 받아서 정해진 출력을 내뱉습니다. 그래서 리액트 컴포넌트를 그냥 하나의 함수라고 생각하면 좀 더 쉽게 개념을 이해할 수 있습니다. 하지만 리액트 컴포넌트의 입력과 출력은 일반적인 자바스크립트 함수와는 조금 다릅니다. 아래 그림을 봅시다.

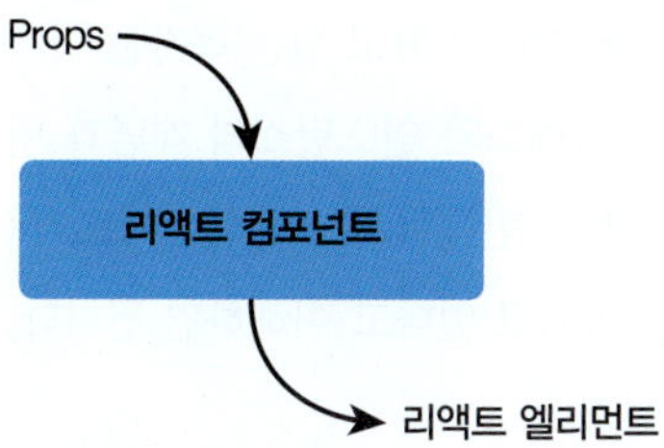

▶ 리액트 컴포넌트

위의 그림처럼 리액트 컴포넌트에서의 입력은 바로 뒤에서 배우게 될 props라는 것이고, 출력은 앞에서 배운 리액트 엘리먼트가 됩니다. 결국 리액트 컴포넌트가 해 주는 역할은 **어떠한 속성들을 입력으로 받아서 그에 맞는 리액트 엘리먼트를 생성하여 리턴해 주는 것**입니다. 앞에서 리액트 엘리먼트는 **리액트 앱을 구성하는 가장 작은 빌딩 블록들**이라고 배웠습니다. 그리고 자바스크립트 객체 형태로 존재하며 화면에 보이는 것을 기술한다는 것도 배웠죠. 리액트 컴포넌트는 만들고자 하는 대로 props(속성)를 넣으면 해당 속성에 맞춰 화면에 나타날 엘리먼트를 만들어 주는 것입니다. 이것은 마치 붕어빵을 굽는 과정과 비슷합니다. 아래 그림을 한번 봅시다.

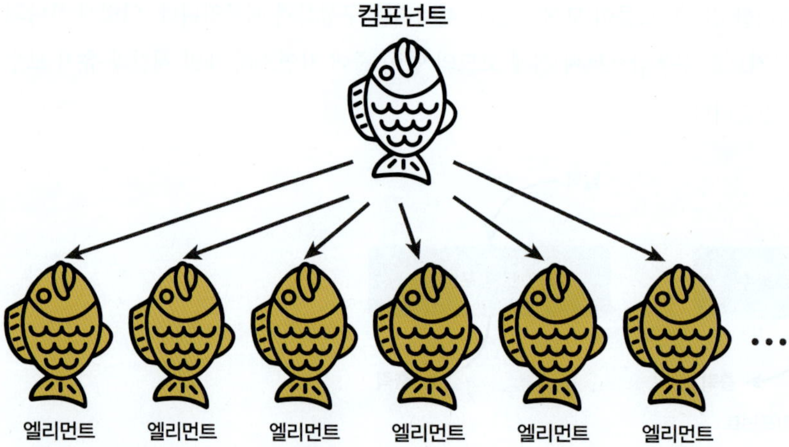

▶ 컴포넌트와 엘리먼트

붕어빵 상점에 가보면 붕어빵을 만드는 기계가 있죠. 붕어빵 기계에는 붕어 모양의 틀이 여러 개 있고 거기에 반죽을 부어서 붕어빵을 만듭니다. 이것은 리액트 컴포넌트로부터 엘리먼트가 만들어지는 과정과 비슷합니다. 여기에서 리액트 컴포넌트는 붕어빵 틀을 의미하고 각 붕어빵들은 리액트 엘리먼트를 의미한다고 볼 수 있습니다.

소프트웨어 공학에서 나오는 객체 지향Object oriented이라는 개념에 대해서 알고 있는 독자는 이미 눈치챘을 수도 있지만, 이 과정은 객체 지향 개념에서 나오는 클래스와 인스턴스의 개념과 비슷합니다. 클래스라는 붕어빵 틀에서 인스턴스라는 실제 붕어빵이 만들어져서 나오니까요. 리액트의 컴포넌트는 객체 지향까지는 아니지만 비슷한 개념을 가지고 있다고 이해하면 됩니다. 붕어빵 틀만 있으면 계속해서 붕어빵을 만들어낼 수 있는 것이죠.

자, 이제 컴포넌트의 개념에 대해서 배웠으니 다음으로 리액트 컴포넌트에 입력으로 들어가는 props가 도대체 무엇인지 한번 알아볼까요?

5.2 Props에 대해 알아보기

1 Props의 개념

이제 리액트 컴포넌트의 입력으로 들어가는 props에 대해서 자세히 배워 보도록 하겠습니다. 먼저 props는 prop 뒤에 복수형을 나타내는 알파벳 s를 붙여서 prop이 여러 개인 것을 의미합니다. 그럼 prop은 무엇일까요? prop은 property라는 영단어를 줄여서 쓴 것입니다. property는 '재산'이라는 뜻도 있지만 '속성', '특성'이라는 뜻도 갖고 있는데 리액트에서는 **속성**이라는 뜻으로 사용됩니다. 그렇다면 무엇의 속성일까요? 바로 **리액트 컴포넌트의 속성**입니다. 앞에서 봤던 붕어빵 그림을 다시 봅시다.

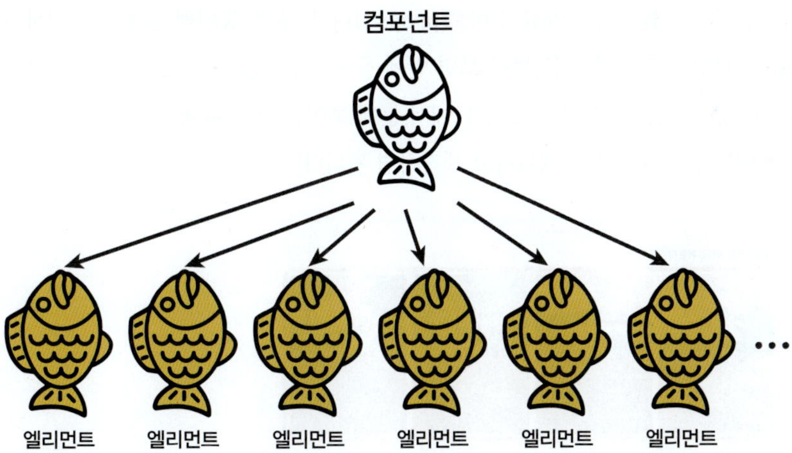

▶ 컴포넌트와 엘리먼트

앞에서 리액트 컴포넌트는 이 그림의 붕어빵 틀에 해당된다고 했는데, 그렇다면 여기에서 props가 나타내는 것은 무엇일까요? props는 붕어빵에 들어가는 재료를 의미한다고 볼 수 있습니다. 같은 붕어빵이라도 어떤 재료를 넣느냐에 따라 다른 맛이 나죠. 아래 그림을 하나 더 살펴봅시다.

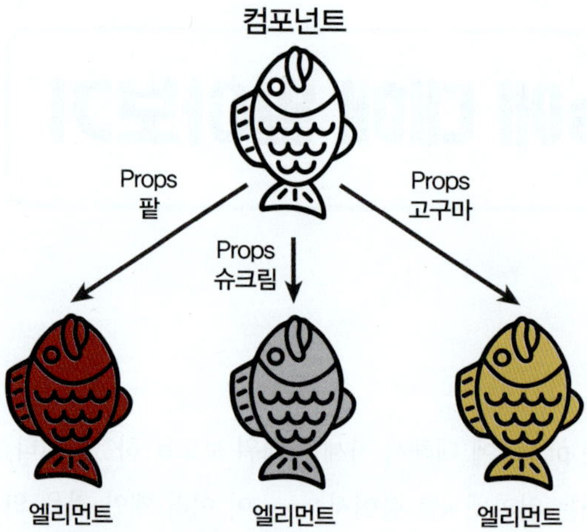

▶ 컴포넌트와 Props

이 그림에서는 총 세 개의 각기 다른 붕어빵이 등장합니다. 예전의 붕어빵은 안에 무조건 팥이 들어갔지만 요즘은 전혀 그렇지 않습니다. 붕어빵이라고 다 같은 붕어빵이 아니죠. 팥을 넣으면 팥 붕어빵이 되고 슈크림을 넣으면 슈크림 붕어빵이 되며 고구마를 넣으면 고구마 붕어빵이 됩니다. 여기에서 붕어빵에 들어가는 재료가 바로 props입니다. 같은 붕어빵 틀에서 구워져서 나온 것이기 때문에 모양은 같지만 속을 뜯어 보면 안에 들어 있는 재료도 다르고 색깔도 각기 다릅니다. 이처럼 props는 같은 리액트 컴포넌트에서 눈에 보이는 글자나 색깔 등의 속성을 바꾸고 싶을 때 사용하는 컴포넌트의 속 재료라고 생각하면 됩니다.

▶ 에어비앤비의 컴포넌트

컴포넌트와 props가 실제로 사용되는 예를 설명하기 위해서 앞에서 나왔던 에어비앤비 첫 화면을 다시 한번 보겠습니다. 여기에서 빨간색으로 표시되어 있는 부분은 여행할 지역을 나타내고 있습니다. 자세히 보면 모두 모서리가 둥근 사각형 모양에 상단에는 그림이 배경으로 들어가 있고, 하단에는 색깔로 된 배경과 글자가 들어가 있는 형태라는 것을 알 수 있습니다. 모양만 놓고 보면 모두 동일한 형태를 가지고 있는 것이죠. 하지만 안에 들어 있는 그림과 색상, 글자, 거리는 모두 다릅니다.

▶ 각기 다른 엘리먼트

이번엔 해당 부분만 떼어 와서 좀 더 자세히 살펴보도록 하겠습니다. 총 네 개의 여행지가 존재합니다. 살펴봤던 대로 모두 같은 모양인 것을 볼 수 있는데 배경 이미지와 하단 영역의 색상과 글자는 전부 다릅니다. 이것을 리액트 컴포넌트의 관점에서 보면 네 가지 모두 다 같은 컴포넌트에서 생성된 엘리먼트라고 할 수 있습니다. 하지만 각기 다른 이미지와 텍스트를 갖고 있는 것은 어떻게 설명할 수 있을까요? 여기에서 나오는 것이 바로 props입니다.

첫 번째 '서울' 여행지에는 서울.jpg라는 이름의 이미지가 배경으로 들어갔고, 하단 영역의 배경색으로는 #de3151이라는 컴퓨터에서 색을 나타내는 HEX 값이 들어갔습니다. 그리고 가운데 제목으로 서울, 거리에는 2km가 들어갔습니다. 마찬가지로 두 번째 여행지 아이템인 '인천'에는 인천.jpg라는 이미지가 배경으로, 하단 배경색으로는 #cc2d4a, 제목으로 인천, 거리는 29km가 들어갔습니다. 당연히 세 번째, 네 번째 여행지 아이템도 마찬가지 형태로 되어 있습니다.

이러한 컴포넌트의 모습과 속성을 결정하는 것이 바로 props입니다. props는 **컴포넌트에 전달할 다양한 정보를 담고 있는 자바스크립트 객체**입니다. 컴포넌트에 어떤 데이터를 전달하고 전달된 데이터에 따라 다른 모습의 엘리먼트를 화면에 렌더링하고 싶을 때, 해당 데이터를 props에 넣어 전달하는 것이죠. 이 그림을 앞에서 살펴봤던 세 가지 맛의 붕어빵 그림과 비교해서 본다면 더 쉽게 이해가 될 것입니다. 다시 말하지만 props의 개념에 대해서 확실히 이해하고 다음으로 넘어가기 바랍니다.

2 Props의 특징

이번에는 props의 중요한 특징에 대해서 알아보도록 하겠습니다. props의 중요한 특징은 **읽기 전용**Read-Only이라는 것입니다. 읽을 수만 있다는 것은 값을 변경할 수 없다는 말이기도 하죠. props의 값은 리액트 컴포넌트가 엘리먼트를 생성하기 위해서 사용하는 값입니다. 그런데 이 값들이 엘리먼트를 생성하는 도중에 갑자기 바뀌어 버리면 제대로 된 엘리먼트가 생성될 수 없겠죠? 마치 붕어빵이 다 구워진 이후에 속 재료를 바꿀 수 없는 것과 마찬가지입니다. 다 구워진 이후에 속 재료를 바꾸려면 붕어빵의 배를 갈라야 하는데 그렇게 하면 제대로 된 상품으로 판매할 수가 없겠죠?

그렇다면 다른 props의 값으로 엘리먼트를 생성하려면 어떻게 해야 할까요? 새로운 값을 컴포넌트에 전달하여 새로 엘리먼트를 생성하면 됩니다. 이 과정에서 엘리먼트가 다시 렌더링되는 것이죠. 여기서 잠시 자바스크립트 함수의 속성에 대해서 짚고 넘어가 보도록 하겠습니다. 아래 코드를 먼저 보도록 하죠.

```
// pure 함수
// input을 변경하지 않으며 같은 input에 대해서 항상 같은 output을 리턴
function sum(a, b) {
    return a + b;
}
```

여기에 sum()이라는 이름을 가진 함수가 하나 있습니다. 이 함수는 a와 b라는 두 개의 파라미터를 받아서 그 둘의 합을 리턴하는 함수입니다. 이 함수에서는 a와 b라는 파라미터의 값을 변경하지 않고 있습니다. 그리고 a와 b라는 파라미터 집합의 값이 같은 경우에는 항상 같은 값을

리턴할 것입니다. 이러한 함수를 **Pure하다**라고 합니다. 말 그대로 함수가 순수하다는 뜻인데 이 말은 **입력값을 변경하지 않으며, 같은 입력값에 대해서는 항상 같은 출력값을 낸다**는 의미입니다. 그렇다면 함수가 순수하지 않은 경우도 한번 살펴볼까요?

```
// impure 함수
// input을 변경함
function withdraw(account, amount) {
    account.total -= amount;
}
```

여기에 withdraw라는 함수가 있습니다. 이 함수는 account와 amount라는 파라미터를 받아 account의 total이라는 값에서 amount를 빼는 함수입니다. 쉽게 말하면 계좌에서 출금을 하는 함수인데, 은행 계좌 정보와 총액을 파라미터로 받아서 계좌의 현재 총 잔액을 나타내는 total에서 출금할 금액인 amount를 빼는 것입니다. 자, 여기에서 이 함수는 **입력으로 받은 파라미터 account의 값을 변경**했습니다. 이런 경우 **Impure하다**라고 합니다. 순수하지 않다는 뜻이죠.

props에 대해서 설명하다가 갑자기 왜 Pure 함수와 Impure 함수에 대해서 설명하는지 의아했을 겁니다. 이것은 리액트 컴포넌트의 정의와 관련되어 있기 때문입니다. 아래는 리액트 공식 문서에 나오는 컴포넌트의 특징을 설명한 문장입니다.

All React components must act like pure functions with respect to their props.

이 문장을 해석해 보면 아래와 같습니다.

모든 리액트 컴포넌트는 그들의 props에 관해서는 Pure 함수 같은 역할을 해야 한다.

이렇게 써놓아도 아직 이해하기 어렵죠? 이해하기 쉽게 풀어서 쓰면 아래와 같습니다.

모든 리액트 컴포넌트는 props를 직접 바꿀 수 없고, 같은 props에 대해서는 항상 같은 결과를 보여줄 것!

앞에서 리액트 컴포넌트가 자바스크립트의 함수와 같은 개념이라고 설명했었죠? 그렇기 때문에 리액트 컴포넌트에 입력으로 들어오는 props는 자바스크립트 함수의 파라미터와 같습니다. 함수가 Pure하다는 것은 함수의 입력값인 파라미터를 바꿀 수 없다는 의미를 포함하고 있기 때문에, **리액트 컴포넌트에서는 props를 바꿀 수 없다**는 의미가 됩니다. 그리고 Pure 함수는 같은 입력값에 대해서는 항상 같은 결과를 보여줘야 하기 때문에, 리액트 컴포넌트 관점에서 **같은 props에 대해서 항상 같은 결과를 보여줘야 한다**는 의미가 됩니다. 여기에서의 결과는 리액트 엘리먼트가 되겠죠.

조금 어려운 내용이 나와서 당황했을지도 모르겠습니다. 정리하면, **리액트 컴포넌트의 props는 바꿀 수 없고, 같은 props가 들어오면 항상 같은 엘리먼트를 리턴해야 한다**고 기억하세요.

3 Props 사용법

그렇다면 props는 어떻게 사용할까요? 앞에서 props는 컴포넌트에 전달할 다양한 정보를 담고 있는 자바스크립트 객체라고 설명했습니다. 컴포넌트에 props라는 객체를 전달하기 위해서는 어떻게 해야 하는지 살펴보도록 하겠습니다.

먼저 JSX를 사용하는 경우에는 아래 코드와 같이 키와 값으로 이루어진 키-값 쌍의 형태로 컴포넌트에 props를 넣을 수 있습니다.

```
function App(props) {
    return (
        <Profile
            name="소플"
            introduction="안녕하세요, 소플입니다."
            viewCount={1500}
        />
    );
}
```

이 코드에는 App 컴포넌트가 나오고, 그 안에서 Profile 컴포넌트를 사용하고 있습니다. 여기에서 Profile 컴포넌트에 name, introduction, viewCount라는 세 가지 속성을 넣어 주었습니다. 이렇게 하면 이 속성의 값이 모두 Profile 컴포넌트에 props로 전달되며 props는 아래와 같은 형태의 자바스크립트 객체가 됩니다.

```
{
    name: "소플",
    introduction: "안녕하세요, 소플입니다.",
    viewCount: 1500
}
```

한 가지 눈여겨봐야 할 부분은 각 속성에 값을 넣을 때 중괄호를 사용한 것과 사용하지 않은 것의 차이입니다. name과 introduction에 들어간 문자열은 중괄호를 사용하지 않았고, viewCount에 들어간 정수는 중괄호를 사용했습니다.

앞에서 JSX에 대해 배울 때 **중괄호를 사용하면 무조건 자바스크립트 코드가 들어간다**고 배웠습니다. 마찬가지로 props에 값을 넣을 때에도 문자열 이외에 정수, 변수, 그리고 다른 컴포넌트 등이 들어갈 경우에는 중괄호를 사용해서 감싸주어야 합니다. 물론 문자열을 중괄호로 감싸도 상관없습니다. 따라서 중괄호를 사용하게 되면 아래와 같이 props의 값으로 컴포넌트를 넣을 수 있습니다.

```
function App(props) {
    return (
        <Layout
            width={2560}
            height={1440}
            header={
                <Header title="소플의 블로그입니다." />
            }
            footer={
                <Footer />
            }
        />
    );
}
```

이렇게 하면 Layout 컴포넌트의 props로는 정숫값을 가진 width, height와 리액트 엘리먼트인 header, footer가 들어오게 됩니다. 이처럼 JSX를 사용하는 경우에는 간단하게 컴포넌트에 props를 넣을 수 있습니다.

그렇다면 JSX를 사용하지 않는 경우에는 어떻게 props를 넣어줘야 할까요? 앞에서 리액트 엘리먼트에 대해 배울 때 리액트의 createElement() 함수에 대해서 배웠습니다. createElement() 함수는 아래와 같은 형태로 사용했습니다.

```
React.createElement(
    type,
    [props],
    [...children]
)
```

여기의 두 번째 파라미터가 바로 props입니다. 이곳에 자바스크립트 객체를 넣으면 그게 곧 해당 컴포넌트의 props가 됩니다. 위에 나온 Profile 컴포넌트를 JSX를 사용하지 않고 코드를 작성하면 아래와 같습니다.

```
React.createElement(
    Profile,
    {
        name: "소플",
        introduction: "안녕하세요, 소플입니다.",
        viewCount: 1500
    },
    null
);
```

타입은 컴포넌트의 이름인 Profile이 들어가고 props로 자바스크립트 객체가 들어갔습니다. 마지막으로 하위 컴포넌트가 없기 때문에 children에는 null이 들어갔습니다. 앞에서 리액트로 개발을 할 때는 무조건 JSX를 사용하는 것이 좋다고 설명했습니다. 따라서 이 코드는 참고만 하고 실제로 props를 사용할 때에는 위에 나온 JSX를 사용하는 형태로 사용하기 바랍니다.

5.3 컴포넌트 만들기

1 컴포넌트의 종류

지금까지 리액트 컴포넌트와 props에 대해서 배웠습니다. 이제부터 실제로 리액트 컴포넌트를 만드는 방법에 대해서 배워 보도록 하겠습니다. 리액트에서의 컴포넌트는 아래 그림처럼 크게 클래스 컴포넌트와 함수 컴포넌트로 나뉩니다.

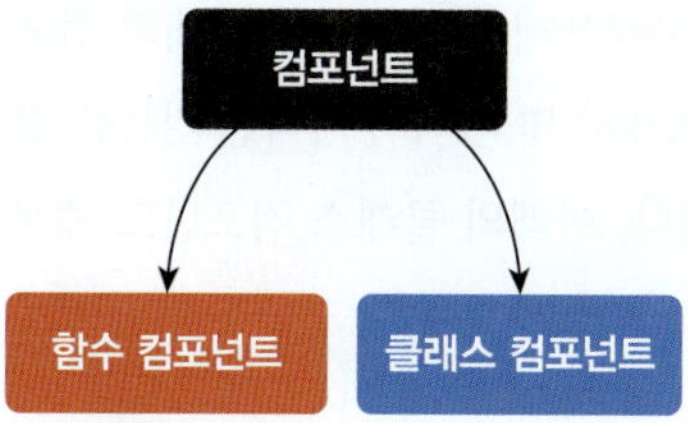

▶ 컴포넌트의 타입

리액트의 초기 버전에서는 클래스 컴포넌트를 주로 사용하였습니다. 하지만 클래스 컴포넌트가 사용하기 불편하다는 의견이 많이 나왔고, 이후에는 함수 컴포넌트를 개선해서 주로 사용하게 되었습니다. 함수 컴포넌트를 개선하는 과정에서 개발된 것이 바로 훅Hook이라는 것인데 이것에 대해서는 7장에서 자세히 배울 예정입니다. 현재 리액트 개발에서는 거의 훅을 사용한다고 생각하면 되는데 그렇다고 클래스 컴포넌트에 대해서 공부하지 않고 넘어가는 것은 추천하지 않습니다. 왜냐하면 리액트의 기초를 탄탄하게 다지려면 클래스 컴포넌트와 6장에 나올 컴포넌트의 생명주기에 대해서 잘 이해하고 있는 것이 좋기 때문입니다.

2 함수 컴포넌트

먼저 함수 컴포넌트에 대해서 간단하게 알아보도록 하겠습니다. 앞에서 props에 대해서 설명할 때, 모든 리액트 컴포넌트는 Pure 함수 같은 역할을 해야 한다고 했습니다. 이 말은 결국 **리액트의 컴포넌트를 일종의 함수**라고 생각한다는 뜻입니다. 아래 간단한 함수 컴포넌트 예제를 봅시다.

```
function Welcome(props) {
    return <h1>안녕, {props.name}</h1>;
}
```

이 코드에는 Welcome이라는 이름을 가진 함수가 하나 나옵니다. 이 함수의 경우 하나의 props 객체를 받아서 인사말이 담긴 리액트 엘리먼트를 리턴하기 때문에 리액트 컴포넌트라고 할 수 있습니다. 그리고 이렇게 생긴 것을 **함수 컴포넌트**라고 부릅니다. 코드가 굉장히 간단하죠? 함수 컴포넌트는 이처럼 간단한 코드를 장점으로 가진다고 할 수 있습니다.

3 클래스 컴포넌트

클래스 컴포넌트는 자바스크립트 ES6의 클래스class라는 것을 사용해서 만들어진 형태의 컴포넌트입니다. 클래스 컴포넌트의 경우에는 함수 컴포넌트에 비해서 몇 가지 추가적인 기능을 갖고 있습니다. 이 부분에 대해서는 뒤에서 다루도록 하겠습니다. 아래의 클래스 컴포넌트 예제 코드를 한번 봅시다.

```
class Welcome extends React.Component {
    render() {
        return <h1>안녕, {this.props.name}</h1>;
    }
}
```

이 코드는 위에서 살펴 본 함수 컴포넌트 Welcome과 동일한 역할을 하는 컴포넌트를 클래스 형태로 만든 것입니다. 함수 컴포넌트와의 가장 큰 차이점은 리액트의 모든 클래스 컴포넌트는 React.Component를 상속Inheritance받아서 만든다는 것입니다. 상속이라는 것은 객체 지향 프로그래밍Object Oriented Programming, OOP에서 나오는 개념인데, 한 클래스의 변수들과 함수들을 상속받아서 새로운 자식 클래스를 만드는 방법입니다. 여기에서는 React.Component라는 클래스를 상속받아서 Welcome이라는 클래스를 만들었고, 이는 React.Component를 상속받았기 때문에 결과적으로 리액트 컴포넌트가 되는 것입니다.

4 컴포넌트 이름 짓기

컴포넌트의 이름을 지을 때 한 가지 유의해야 할 중요한 것이 있습니다. 바로 **컴포넌트의 이름은 항상 대문자로 시작해야 된다**는 것입니다. 왜냐하면 리액트는 소문자로 시작하는 컴포넌트를 DOM 태그로 인식하기 때문입니다. 예를 들어 <div>나 <span>과 같이 사용하는 것은 내장 컴포넌트라는 것을 뜻하며, 'div'나 'span'과 같은 문자열 형태로 React.createElement()에 전달됩니다. 하지만 <Foo />와 같이 대문자로 시작하는 경우에는 React.createElement(Foo)의 형태로 컴파일되며 자바스크립트 파일 내에서 사용자가 정의했거나 임포트import한 컴포넌트를 가리킵니다. 그렇기 때문에 컴포넌트 이름은 항상 대문자로 시작해야 합니다. 아래 예제 코드를 봅시다.

```
// HTML div 태그로 인식
const element = <div />;

// Welcome이라는 리액트 컴포넌트로 인식
const element = <Welcome name="인제" />;
```

첫 번째 코드는 DOM 태그를 사용하여 엘리먼트를 만든 것입니다. 이미 많이 봐온 것처럼 DOM 태그들은 div, h1, span 등처럼 모두 소문자로 시작합니다. 두 번째 코드는 사용자가 정의한 Welcome이라는 컴포넌트를 사용한 엘리먼트입니다. 만약 여기에서 컴포넌트 이름이 소문자로 시작하여 welcome이 되었다면, 리액트는 내부적으로 이것을 컴포넌트가 아니라 DOM 태그라고 인식하게 됩니다. 결과적으로 에러가 발생하거나 우리가 원하는 대로 결과가 나오지 않게 될 것입니다. 그래서 **항상 컴포넌트의 이름은 대문자로 시작해야 된다는 사실**을 꼭 기억하기 바랍니다. 만약 컴포넌트 이름을 정말 꼭 소문자로 사용하고 싶다면, 먼저 대문자로 시작하는 변수에 할당한 뒤 이 변수를 사용하면 됩니다. 하지만 웬만하면 대문자로 사용하는 것을 권장합니다.

5 컴포넌트 렌더링

컴포넌트를 다 만든 이후에 실제로 렌더링하려면 어떻게 해야 할까요? 앞에서 배운 것처럼 컴포넌트는 붕어빵 틀의 역할을 합니다. 그렇기 때문에 실제로 컴포넌트가 화면에 렌더링되는 것은 아닙니다. 컴포넌트라는 붕어빵 틀을 통해 찍혀 나온 엘리먼트라는 붕어빵이 실제로 화면에 보이게 되는 것이죠. 그렇다면 렌더링을 위해서는 가장 먼저 컴포넌트로부터 엘리먼트를 만들어야 되겠죠? 아래 코드는 앞에 나왔던 코드와 동일한 코드인데 주석 부분의 설명이 바뀐 것입니다.

```
// DOM 태그를 사용한 element
const element = <div />;

// 사용자가 정의한 컴포넌트를 사용한 element
const element = <Welcome name="인제" />;
```

위의 두 줄의 코드는 모두 리액트 엘리먼트를 만들어내게 됩니다. 그러면 이제 이 엘리먼트를 렌더링하면 되는 것이죠. 아래 실제 렌더링하는 코드를 한번 보도록 하겠습니다.

```
function Welcome(props) {
    return <h1>안녕, {props.name}</h1>;
}

const element = <Welcome name="인제" />;
const root = ReactDOM.createRoot(document.getElementById('root'));
root.render(element);
```

위 코드에서는 먼저 Welcome이라는 함수 컴포넌트를 선언하고 있습니다. 그리고 <Welcome name="인제" />라는 값을 가진 엘리먼트를 파라미터로 해서 root DOM Node의 render() 를 호출합니다. 이렇게 하면 리액트는 Welcome 컴포넌트에 { name: "인제" }라는 props를 넣어서 호출하고 그 결과로 리액트 엘리먼트가 생성됩니다. 이렇게 생성된 엘리먼트는 최종적으로 ReactDOM을 통해 실제 DOM에 효과적으로 업데이트되고 우리가 브라우저를 통해서 볼 수 있게 됩니다.

5.4 컴포넌트 합성

컴포넌트 합성은 **여러 개의 컴포넌트를 합쳐서 하나의 컴포넌트를 만드는 것**입니다. 리액트에서는 컴포넌트 안에 또 다른 컴포넌트를 사용할 수 있기 때문에, 복잡한 화면을 여러 개의 컴포넌트로 나눠서 구현할 수 있습니다. `Welcome` 컴포넌트를 사용해서 컴포넌트 합성을 하는 예제 코드를 봅시다.

```
function Welcome(props) {
    return <h1>Hello, {props.name}</h1>;
}

function App(props) {
    return (
        <div>
            <Welcome name="Mike" />
            <Welcome name="Steve" />
            <Welcome name="Jane" />
        </div>
    )
}

const root = ReactDOM.createRoot(document.getElementById('root'));
root.render(<App />);
```

위의 코드를 보면 `props`의 값을 다르게 해서 `Welcome` 컴포넌트를 여러 번 사용하는 것을 볼 수 있습니다. 이렇게 하면 `App`이라는 컴포넌트는 `Welcome` 컴포넌트 세 개를 포함하고 있는 컴포넌트가 되는 것이죠. 이렇게 여러 개의 컴포넌트를 합쳐서 또 다른 컴포넌트를 만드는 것을

컴포넌트 합성 Composing components이라고 합니다. 위에 나온 App 컴포넌트를 좀 더 쉽게 그림으로 표현해 보겠습니다.

▶ 컴포넌트 합성

App 컴포넌트 안에 세 개의 Welcome 컴포넌트가 있고, 각각의 Welcome 컴포넌트는 각기 다른 props를 가지고 있습니다. 이렇게 App 컴포넌트를 root로 해서 하위 컴포넌트들이 존재하는 형태가 리액트로만 구성된 앱의 기본적인 구조입니다. 만약 기존에 있던 웹페이지에 리액트를 연동한다면 Root Node가 하나가 아닐 수 있기 때문에 이런 구조가 되지 않을 수도 있습니다.

5.5 컴포넌트 추출

컴포넌트 합성과 반대로 복잡한 컴포넌트를 쪼개서 여러 개의 컴포넌트로 나눌 수도 있습니다. 이러한 과정을 **컴포넌트 추출**Extracting components이라고 부릅니다. **큰 컴포넌트에서 일부를 추출해서 새로운 컴포넌트를 만든다**는 뜻이죠. 컴포넌트 추출을 잘 활용하게 되면 컴포넌트의 재사용성이 올라가게 됩니다. 왜냐하면 컴포넌트가 작아질수록 해당 컴포넌트의 기능과 목적이 명확해지고, props도 단순해지기 때문에 다른 곳에서 사용할 수 있는 확률이 높아지기 때문입니다. 재사용성이 올라감으로써 동시에 개발 속도도 향상됩니다. 아래에서 컴포넌트를 추출하는 과정을 하나하나씩 살펴보도록 하겠습니다.

```
function Comment(props) {
    return (
        <div className="comment">
            <div className="user-info">
                <img className="avatar"
                    src={props.author.avatarUrl}
                    alt={props.author.name}
                />
                <div className="user-info-name">
                    {props.author.name}
                </div>
            </div>

            <div className="comment-text">
                {props.text}
            </div>

            <div className="comment-date">
```

```
                {formatDate(props.date)}
            </div>
        </div>
    );
}
```

먼저 여기에 Comment라는 컴포넌트가 하나 있습니다. 이 컴포넌트는 댓글을 표시하기 위한 컴포넌트로 내부에 작성자의 프로필 이미지와 이름 그리고 댓글 내용과 작성일을 포함하고 있습니다. 이제 이 컴포넌트에서 하나씩 컴포넌트를 추출해 보도록 하겠습니다. 먼저 첫 번째는 Avatar 추출입니다. Comment 컴포넌트에서는 <img> 태그를 사용하여 사용자의 프로필 이미지를 표시하고 있습니다. 이 부분을 추출해서 Avatar라는 별도의 컴포넌트로 만들어 보겠습니다.

```
function Avatar(props) {
    return (
        <img className="avatar"
            src={props.user.avatarUrl}
            alt={props.user.name}
        />
    );
}
```

추출된 Avatar 컴포넌트는 이런 모습이 될 것입니다. 그리고 props에 기존에 사용하던 author 대신 조금 더 보편적인 의미를 갖고 있는 user를 사용하였습니다. 보편적인 단어를 사용하는 것은 재사용성 측면을 고려하는 것이라고 보면 됩니다. 다른 곳에서 이 컴포넌트를 사용할 때도 props에 들어갈 속성들이 의미상 큰 차이 없이 사용할 수 있게 하기 위함이죠. 자, 이제 이렇게 추출된 Avatar 컴포넌트를 실제로 Comment 컴포넌트에 반영해 봐야겠죠?

```
function Comment(props) {
    return (
        <div className="comment">
            <div className="user-info">
                <Avatar user={props.author} />
                <div className="user-info-name">
                    {props.author.name}
                </div>
            </div>

            <div className="comment-text">
                {props.text}
            </div>

            <div className="comment-date">
                {formatDate(props.date)}
            </div>
        </div>
    );
}
```

추출된 Avatar 컴포넌트가 적용된 모습입니다. Avatar라는 이름의 컴포넌트로 교체되고 나니 좀 더 코드의 가독성이 높아진 것 같죠? 이제 다음 단계로 사용자 정보를 담고 있는 부분을 추출해 보도록 하겠습니다.

```
function UserInfo(props) {
    return (
        <div className="user-info">
            <Avatar user={props.user} />
            <div className="user-info-name">
                {props.user.name}
            </div>
        </div>
    );
}
```

위의 코드는 사용자 정보를 담고 있는 부분을 UserInfo라는 컴포넌트로 추출한 것입니다. 아까 처음에 추출했던 Avatar 컴포넌트도 여기에 함께 추출된 것을 볼 수 있습니다. 그리고 역시 props에 author 대신 좀 더 보편적인 의미를 갖고 있는 user를 사용하였습니다. 그럼 이제 추출된 UserInfo 컴포넌트를 Comment 컴포넌트에 반영해 봅시다.

```
function Comment(props) {
    return (
        <div className="comment">
            <UserInfo user={props.author} />
            <div className="comment-text">
                {props.text}
            </div>
            <div className="comment-date">
                {formatDate(props.date)}
            </div>
        </div>
    );
}
```

UserInfo 컴포넌트를 반영하면 이렇게 됩니다. 코드가 처음에 비해서 훨씬 더 단순해졌죠? 지금까지 추출한 컴포넌트들의 구조를 그림으로 나타내면 다음과 같습니다.

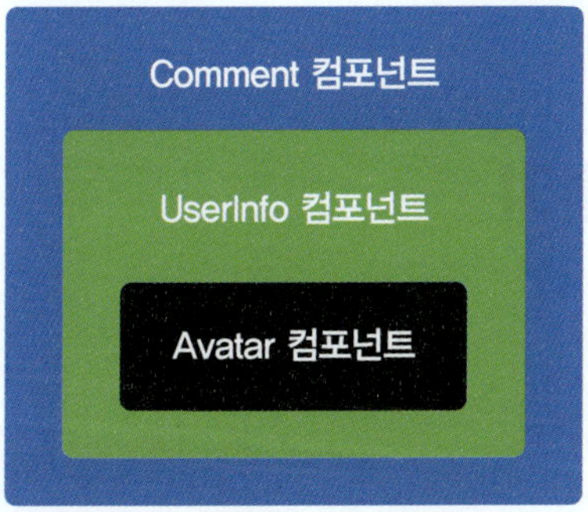

▶ 추출된 컴포넌트 구조

Comment 컴포넌트가 UserInfo 컴포넌트를 포함하고 있고, UserInfo 컴포넌트가 Avatar 컴포넌트를 포함하고 있는 구조입니다. 지금까지 추출한 것 이외에도 추가적으로 Comment의 글과 작성일이 나오는 부분도 별도의 컴포넌트로 추출이 가능합니다. 컴포넌트를 어느 정도 수준까지 추출하는 것이 좋은지에 대해 정해진 기준은 없습니다. 하지만 **기능 단위로 구분하는 것이 좋고, 나중에 곧바로 재사용이 가능한 형태로 추출하는 것이 좋습니다.** 지금 살펴 본 예제에서 추출한 Avatar 컴포넌트나 UserInfo 컴포넌트는 다른 웹사이트를 만들 때에도 충분히 재사용이 가능할 것입니다. 그리고 앞에서 말한 것처럼 재사용이 가능한 컴포넌트를 많이 갖고 있을수록 개발 속도가 굉장히 빨라지게 됩니다.

PRACTICE 5.6

실습

댓글 컴포넌트 만들기

지금까지 배운 컴포넌트와 props에 대한 내용을 되새기면서 실제로 댓글 컴포넌트를 한번 만들어 보도록 하겠습니다. 먼저 VS Code로 앞장에서 Vite를 이용해 만든 프로젝트를 엽니다. 그리고 아래와 같이 chapter_05라는 이름으로 폴더를 하나 생성합니다.

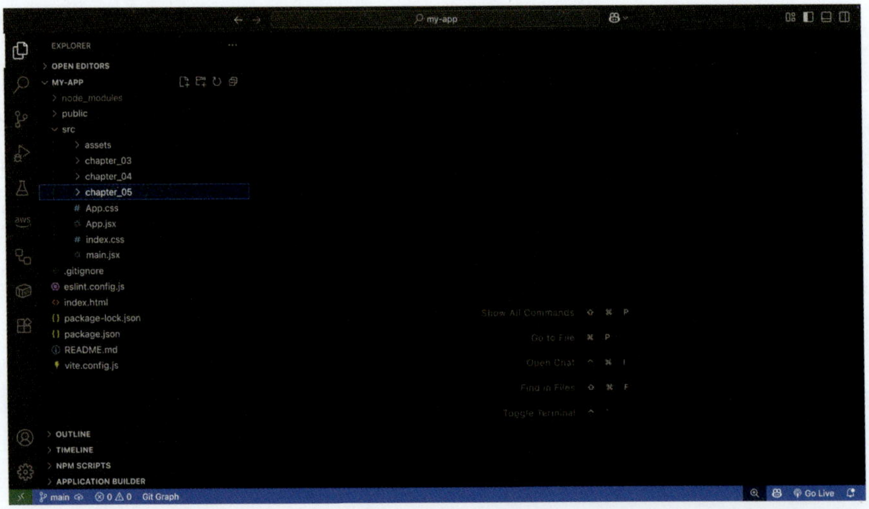

▶ 실습 화면 01

그다음 만든 폴더에 Comment.jsx라는 이름의 파일을 새로 만들고, 다음 코드처럼 Comment라는 이름의 리액트 함수 컴포넌트를 하나 만듭니다.

```
function Comment(props) {
    return (
        <div>
            <h1>제가 만든 첫 컴포넌트입니다.</h1>
        </div>
    );
}

export default Comment;
```

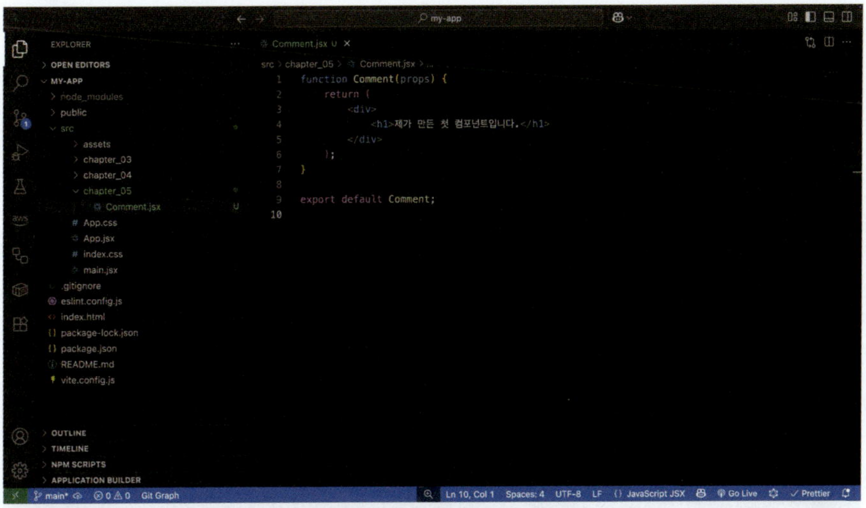

▶ 실습 화면 02

다음으로 여러 개의 댓글 컴포넌트를 포함하고 있는 댓글 목록 컴포넌트를 만들어 보겠습니다. 동일한 폴더에 `CommentList.jsx`라는 이름의 파일을 새로 만들고 아래 코드처럼 `CommentList`라는 이름의 리액트 함수 컴포넌트를 하나 만듭니다.

```
import Comment from "./Comment";

function CommentList(props) {
    return (
        <div>
            <Comment />
        </div>
    );
}

export default CommentList;
```

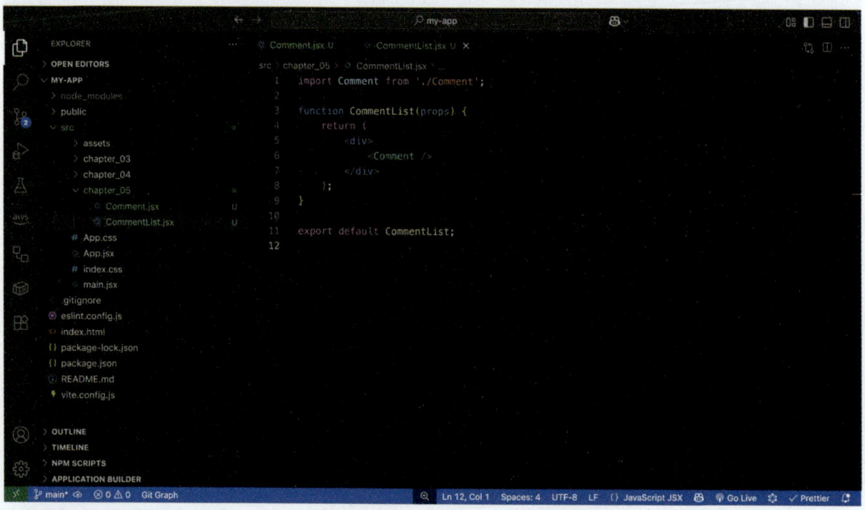

▶ 실습 화면 03

이제 만든 `CommentList` 컴포넌트를 실제로 화면에 렌더링하기 위해 `main.jsx` 파일을 열어서 다음 코드와 그림에 표시된 부분을 참고하여 수정합니다. 4장에서 작성한 `setInterval()` 함수는 제거하고, 방금 새로 만든 `CommentList` 컴포넌트를 임포트해서 `root.render()` 함수에 넣어 주는 코드로 변경해 보세요.

```
import { StrictMode } from 'react';
import { createRoot } from 'react-dom/client';
import './index.css';
import App from './App.jsx';

import Library from './chapter_03/Library';
import Clock from './chapter_04/Clock';
import CommentList from './chapter_05/CommentList';

const root = createRoot(document.getElementById('root'));
root.render(
  <StrictMode>
        <CommentList />
    </StrictMode>
);
```

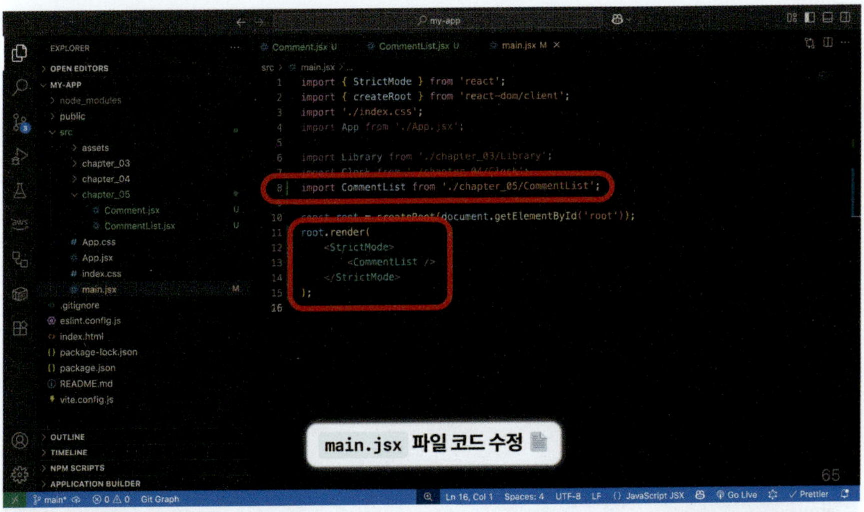

▶ 실습 화면 04

코드 작성이 끝났으면, 이제 실제로 리액트 애플리케이션을 실행해 보도록 하겠습니다. VS Code의 상단 메뉴에서 `Terminal > New Terminal`을 눌러 새로운 터미널을 하나 실행시킵니다. 이후 다음 그림처럼 `npm run dev` 명령어를 실행합니다.

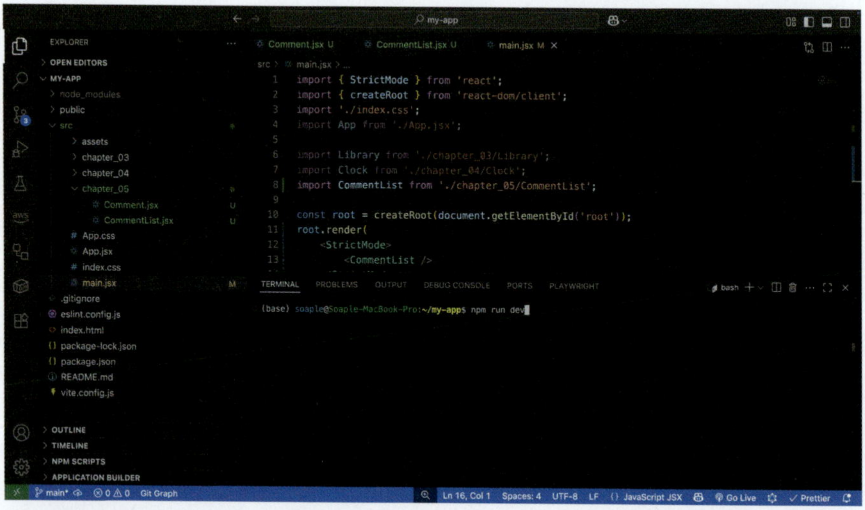

▶ 실습 화면 05

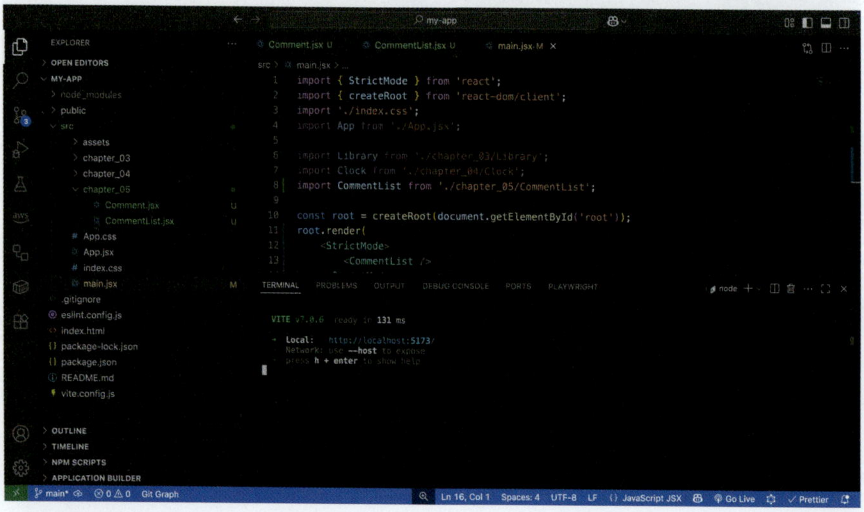

▶ 실습 화면 06

그러면 잠시 뒤에 애플리케이션이 개발 모드로 실행되고 웹브라우저에서 `http://localhost:5173`에 접속합니다. 아래 그림과 같이 방금 만든 댓글 컴포넌트가 보일 것입니다.

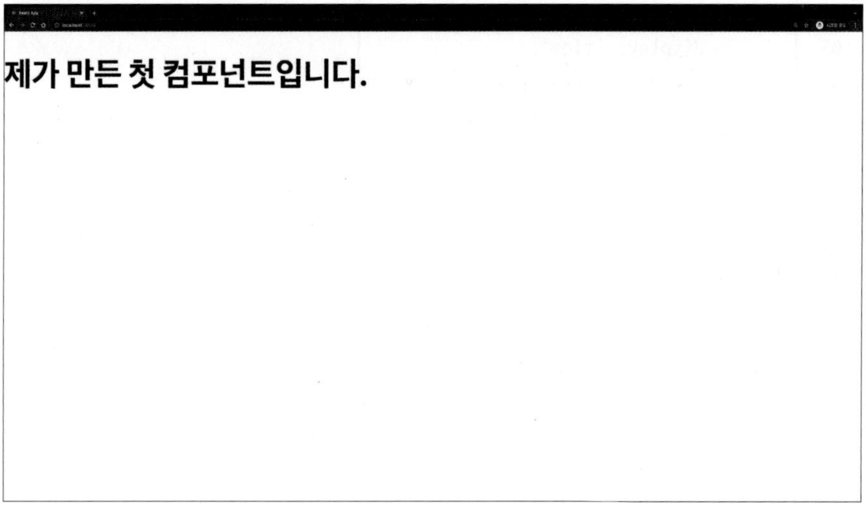

▶ 실습 화면 07

다음은 실제 댓글 모양처럼 보이게 하기 위해서 Comment 컴포넌트에 간단한 CSS 스타일을 작성하고 컴포넌트 코드를 변경해 보도록 하겠습니다. 먼저 다음 코드와 같이 CSS 스타일을 작성합니다. 여기에서 사용한 CSS 문법에 대해서는 지금 당장 이해하지 않아도 되기 때문에 코드를 보고 그대로 입력하면 됩니다.

```
const styles = {
    wrapper: {
        margin: 8,
        padding: 8,
        display: 'flex',
        flexDirection: 'row',
        border: '1px solid grey',
        borderRadius: 16,
    },
    imageContainer: {},
    image: {
        width: 50,
        height: 50,
        borderRadius: 25,
    },
    contentContainer: {
        marginLeft: 8,
        display: 'flex',
        flexDirection: 'column',
        justifyContent: 'center',
    },
    nameText: {
        color: 'black',
        fontSize: 16,
        fontWeight: 'bold',
        textAlign: 'left',
    },
    commentText: {
        color: 'black',
        fontSize: 16,
    },
};
```

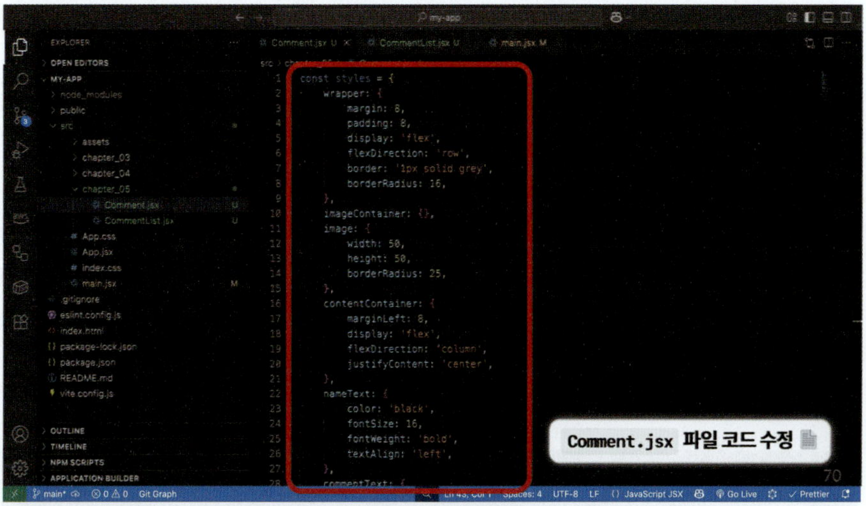

▶ 실습 화면 08

그다음 Comment 컴포넌트의 코드를 다음 코드와 같이 수정해 줍니다. 이 부분은 사람 모양의 프로필 이미지를 보여 주고, 댓글을 작성한 사람의 이름과 댓글 내용을 함께 보여주도록 변경한 코드입니다.

```
function Comment(props) {
    return (
        <div style={styles.wrapper}>
            <div style={styles.imageContainer}>
                <img
                    src="https://upload.wikimedia.org/wikipedia/commons/8/89/Portrait_Placeholder.png"
                    style={styles.image}
                />
            </div>

            <div style={styles.contentContainer}>

```

```
                <span style={styles.nameText}>이인제</span>
                <span style={styles.commentText}>
                    제가 만든 첫 컴포넌트입니다.
                </span>
            </div>
        </div>
    );
}

export default Comment;
```

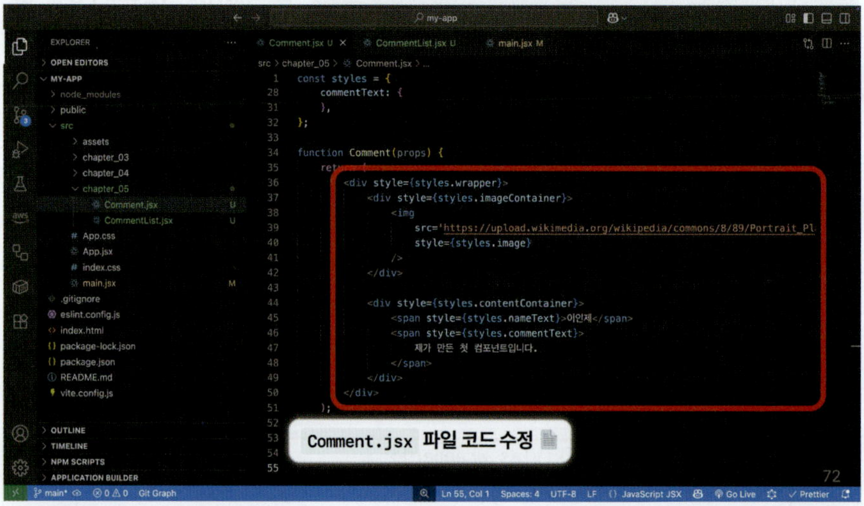

▶ 실습 화면 09

변경한 파일을 저장하고 브라우저를 다시 확인해 보면, 아래 그림처럼 변경된 댓글 컴포넌트가 보일 것입니다. 실제 웹사이트에서 보는 댓글 모양과 비슷하죠?

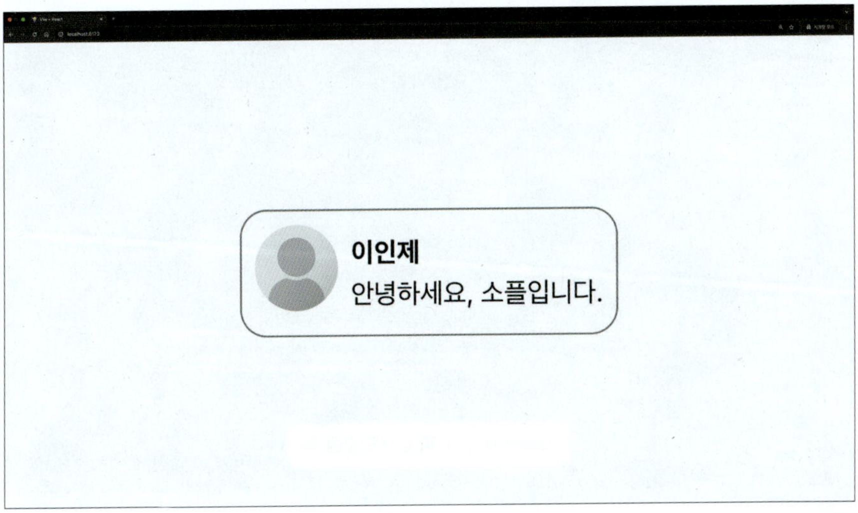

▶ 실습 화면 10

이제 다음 단계로 Comment 컴포넌트에 표시되는 작성자 이름과 댓글 내용을 동적으로 변경할 수 있게 하기 위해 props를 추가해 봅시다. 지금은 작성자 이름과 댓글 내용이 그냥 코드상에 박혀 있기 때문에, 동적으로 내용을 바꿀 수가 없습니다. 아래 그림에 표시된 부분처럼 작성자 이름과 댓글 내용을 각각 props.name, props.comment 값을 사용하도록 변경합니다.

```
<div style={styles.contentContainer}>
    <span style={styles.nameText}>{props.name}</span>
    <span style={styles.commentText}>{props.comment}</span>
</div>
```

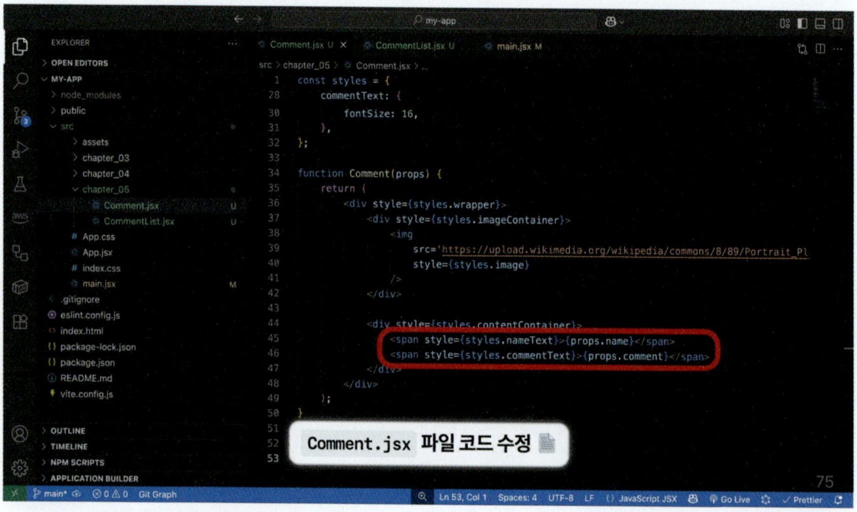

▶ 실습 화면 11

props를 사용하도록 Comment 컴포넌트를 변경하면 아래 그림과 같이 아무런 내용도 나오지 않게 됩니다. 그 이유는 바로 name과 comment의 값이 정의되지 않아서 undefined이기 때문입니다.

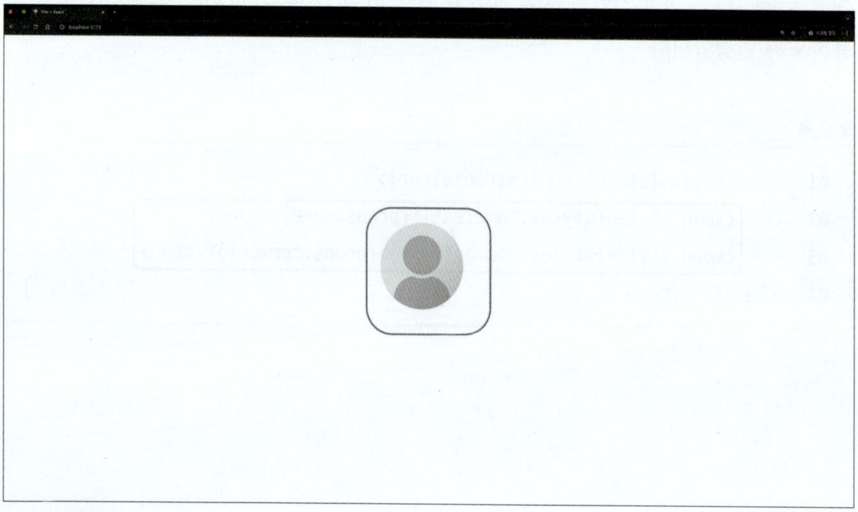

▶ 실습 화면 12

CommentList 컴포넌트에서 다음 코드와 그림에 표시된 부분처럼 수정해 줍니다.

```
import Comment from './Comment';

function CommentList(props) {
    return (
        <div>
            <Comment
                name={'이인제'}
                comment={'안녕하세요, 소플입니다.'}
            />
        </div>
    );
}

export default CommentList;
```

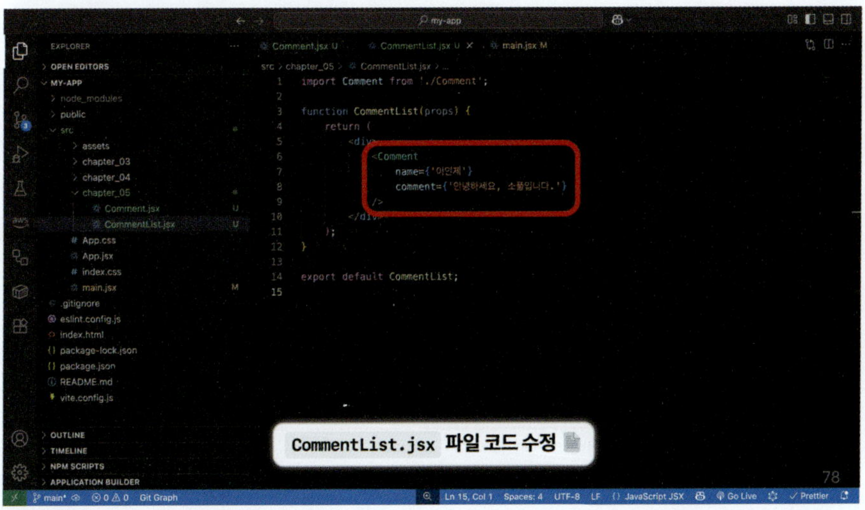

▶ 실습 화면 13

수정하면 Comment 컴포넌트의 props로 입력한 name과 comment 값이 전달되기 때문에 아래 그림과 같이 정상적으로 내용이 표시됩니다.

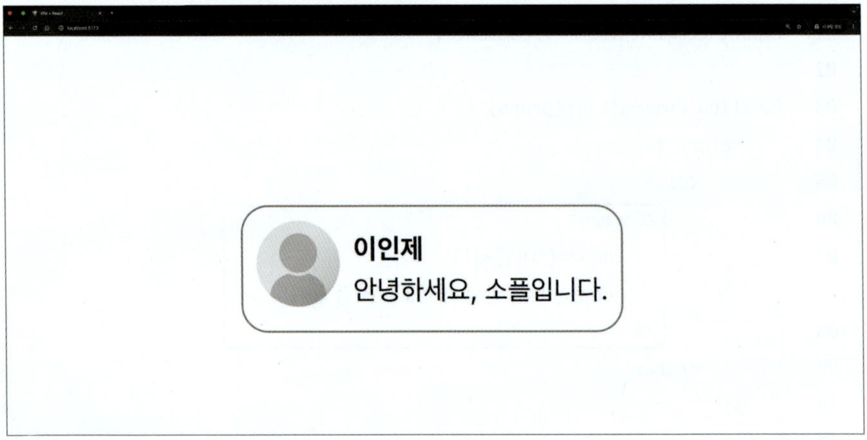

▶ 실습 화면 14

이제 댓글을 하나 더 추가해 볼까요? 다음 코드처럼 Comment 컴포넌트를 하나 더 추가해서 작성자 이름과 댓글 내용을 다르게 입력해 줍니다.

```
import Comment from './Comment';

function CommentList(props) {
    return (
        <div>
            <Comment
                name={'이인제'}
                comment={'안녕하세요, 소플입니다.'}
            />
            <Comment
                name={'유재석'}
                comment={'리액트 재미있어요~'}
            />
```

```
        </div>
    );
}

export default CommentList;
```

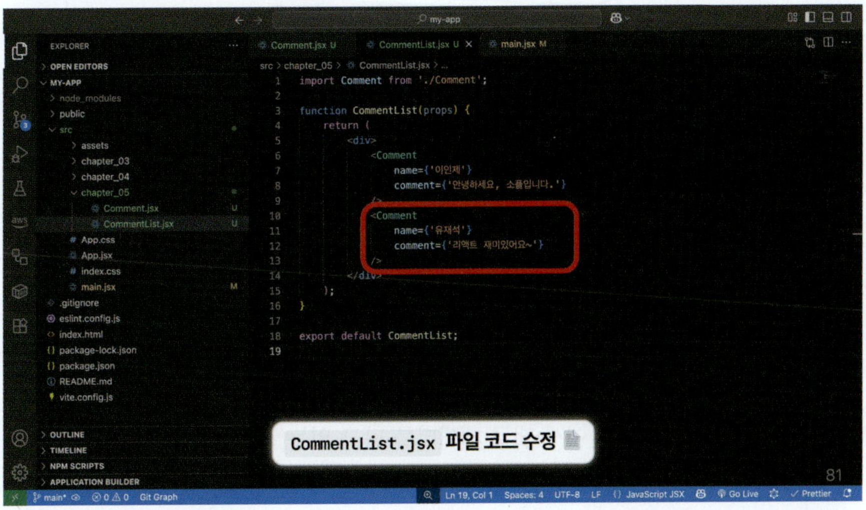

▶ 실습 화면 15

그러면 다음 그림과 같이 댓글이 하나 더 추가로 표시되는 것을 볼 수 있습니다.

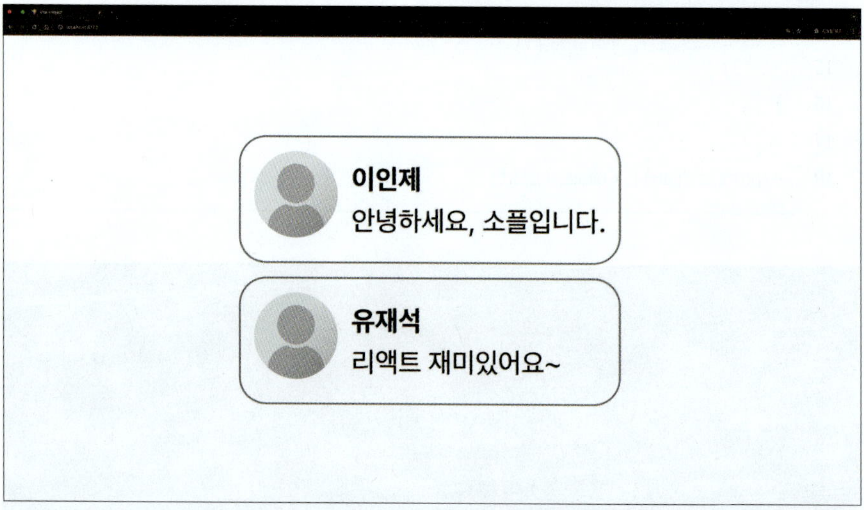

▶ 실습 화면 16

이제 마지막으로 댓글 데이터를 별도의 객체로 분리해서 동적으로 받아온 데이터를 표시할 수 있는 구조로 만들어 보도록 하겠습니다. 다음 코드와 그림에 표시된 부분처럼 comments라는 배열을 만들어서 댓글 데이터를 담고 있는 객체들을 넣어줍니다. 이 책에서는 총 세 개의 댓글만을 넣었는데, 여러분은 화면에 표시되기 원하는 만큼 더 많은 댓글 객체를 넣어도 됩니다. 댓글 객체를 만들었으면 자바스크립트 배열의 map() 함수를 써서 각 댓글 객체에 대해서 Comment 컴포넌트를 리턴하도록 코드를 작성합니다. map() 함수에 대해서는 10장에서 자세히 배울 예정이니 지금은 그냥 이런 게 있다는 것만 알고 넘어가도 됩니다.

```
import Comment from './Comment';

const comments = [
    {
        name: '이인제',
        comment: '안녕하세요, 소플입니다.',
```

```
    },
    {
        name: '유재석',
        comment: '리액트 재미있어요~!',
    },
    {
        name: '강민경',
        comment: '저도 리액트 배워 보고 싶어요!!',
    },
];

function CommentList(props) {
    return (
        <div>
            {comments.map((comment) => {
                return (
                    <Comment
                        name={comment.name}
                        comment={comment.comment}
                    />
                );
            })}
        </div>
    );
}

export default CommentList;
```

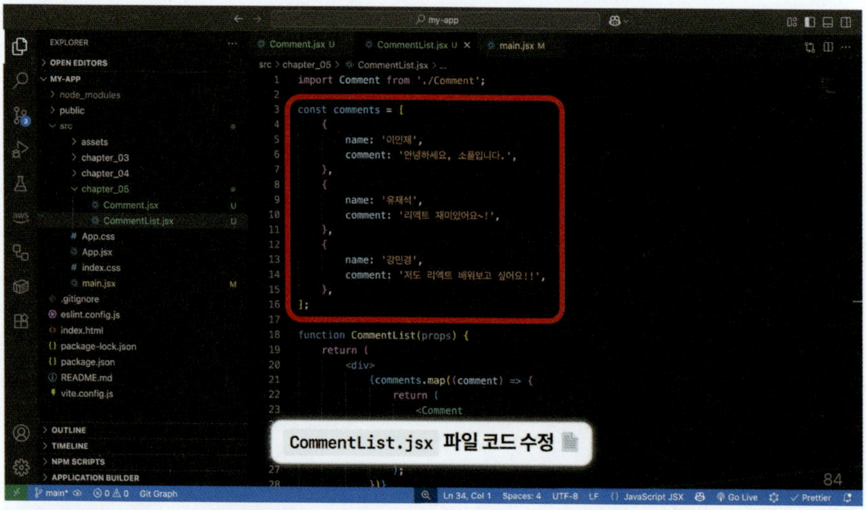

▶ 실습 화면 17

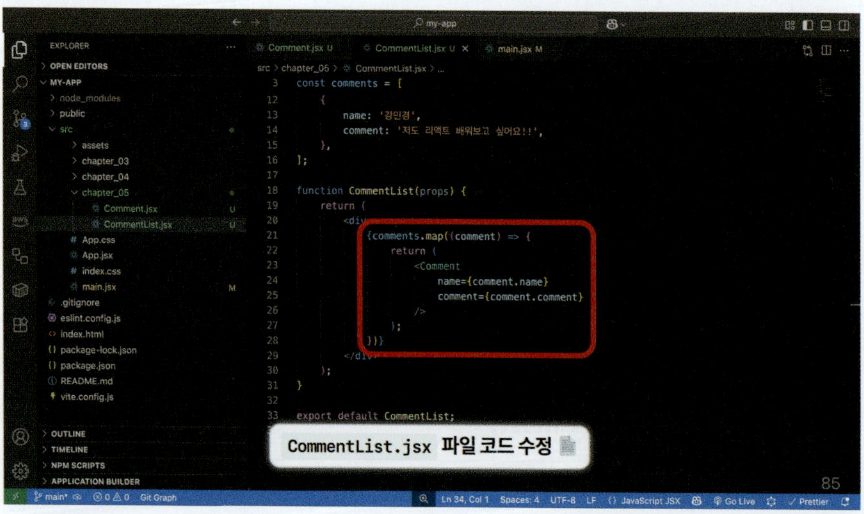

▶ 실습 화면 18

코드 작성을 마치고 브라우저를 확인해 보면, 다음 그림과 같이 comments 배열에 있는 댓글 객체의 수만큼 Comment 컴포넌트가 렌더링된 것을 볼 수 있습니다.

▶ 실습 화면 19

5.7 마치며

지금까지 리액트의 컴포넌트와 props에 대해서 배웠습니다. 또한 실습을 통해서 실제로 props를 사용하는 리액트 컴포넌트를 만들어 보았습니다. 컴포넌트와 props 개념은 리액트를 통틀어서 가장 중요한 개념 중 하나이기 때문에 이해가 되지 않는 부분이 있다면 이해가 될 때까지 꼭 반복 학습을 하기 바랍니다. 완벽하게 이해했다면 다음 장으로 넘어갑시다.

요약

이 장에서 배운 내용은 아래와 같습니다.

- **리액트 컴포넌트**
  - 컴포넌트 기반 구조
    - 작은 컴포넌트들이 모여서 하나의 컴포넌트를 구성하고 이러한 컴포넌트들이 모여서 전체 페이지를 구성
  - 개념적으로는 자바스크립트의 함수와 비슷함
    - 속성들을 입력으로 받아서 그에 맞는 리액트 엘리먼트를 생성하여 리턴함
- **Props**
  - Props의 개념
    - 리액트 컴포넌트의 속성
    - 컴포넌트에 전달할 다양한 정보를 담고 있는 자바스크립트 객체
  - Props의 특징
    - 읽기 전용
    - 리액트 컴포넌트의 props는 바꿀 수 없고, 같은 props가 들어오면 항상 같은 엘리먼트를 리턴해야 함
  - Props 사용법
    - JSX를 사용할 경우 컴포넌트에 키-값 쌍 형태로 넣어 주면 됨
    - 문자열 이외에 정수, 변수, 그리고 다른 컴포넌트 등이 들어갈 경우에는 중괄호를 사용해서 감싸주어야 함
    - JSX를 사용하지 않는 경우에는 createElement() 함수의 두 번째 파라미터로 자바스크립트 객체를 넣어 주면 됨

- **컴포넌트 만들기**
  - 컴포넌트의 종류
    - 클래스 컴포넌트와 함수 컴포넌트로 나뉨
  - 함수 컴포넌트
    - 함수 형태로 된 컴포넌트
  - 클래스 컴포넌트
    - ES6의 클래스를 사용하여 만들어진 컴포넌트
  - 컴포넌트 이름 짓기
    - 컴포넌트의 이름은 항상 대문자로 시작해야 함
    - 소문자로 시작할 경우 컴포넌트를 DOM 태그로 인식하기 때문
  - 컴포넌트 렌더링
    - 컴포넌트로부터 엘리먼트를 생성하여 이를 리액트 DOM에 전달
- **컴포넌트 합성**
  - 여러 개의 컴포넌트를 합쳐서 하나의 컴포넌트를 만드는 것
- **컴포넌트 추출**
  - 큰 컴포넌트에서 일부를 추출해서 새로운 컴포넌트를 만드는 것
  - 기능 단위로 구분하는 것이 좋고, 나중에 곧바로 재사용이 가능한 형태로 추출하는 것이 좋음

Chapter

6

State와 생명주기

Preview

이 장에서는 리액트 컴포넌트의 가장 중요한 부분 중 하나인 state와 생명주기lifecycle에 대해서 배워 보도록 하겠습니다. 이 장은 리액트의 컴포넌트 종류 중 주로 클래스 컴포넌트와 관련된 내용입니다. 물론 state라는 개념은 함수 컴포넌트에서도 사용하기 때문에 개념을 확실히 이해하고 넘어가는 것이 좋습니다. 생명주기의 경우 최근에는 클래스 컴포넌트를 거의 사용하지 않기 때문에 이런 개념이 있다 정도로만 이해하고 넘어가면 됩니다. 특히 state는 리액트의 핵심 중의 핵심이라고 할 수 있기 때문에 완벽하게 이해가 될 때까지 반복적으로 학습하기 바랍니다.

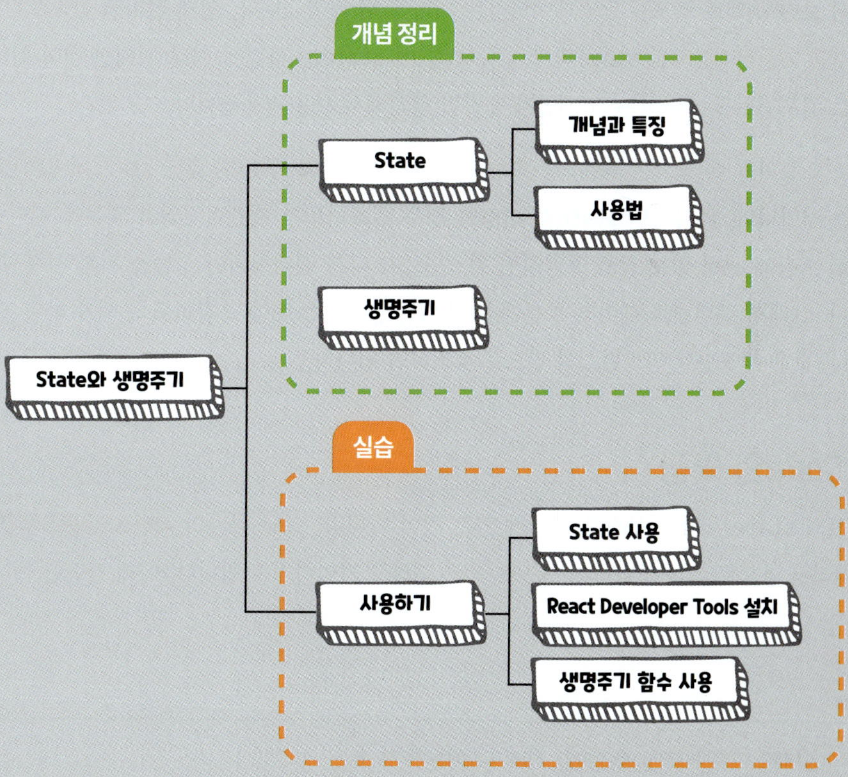

6.1 State

1 State란?

먼저 state에 대해서 알아보겠습니다. 일반적으로 영단어 state는 상태라는 뜻을 갖고 있습니다. 그렇다면 리액트에서 state는 어떤 것의 상태를 의미할까요? 리액트에서의 state는 **리액트 컴포넌트의 상태**를 의미합니다. 다만 상태라는 단어가 정상인지 비정상인지를 나타내는 것이라기 보다 리액트 컴포넌트의 데이터라는 의미에 더 가깝습니다. 쉽게 말하면 **리액트 컴포넌트의 변경 가능한 데이터**를 state라고 부릅니다. 이 state는 사전에 미리 정해진 것이 아니라 리액트 컴포넌트를 개발하는 각 개발자가 직접 정의해서 사용하게 됩니다.

state를 정의할 때 중요한 점은 꼭 **렌더링이나 데이터 흐름에 사용되는 값만 state에 포함시켜야 한다**는 것입니다. 왜냐하면 state가 변경될 경우 컴포넌트가 재렌더링되기 때문에 렌더링과 데이터 흐름에 관련 없는 값을 포함하면 컴포넌트가 다시 렌더링되어 성능을 저하 시킬 수 있습니다. 그래서 렌더링과 데이터 흐름에 관련 있는 값만 state에 포함하도록 해야 하며, 그렇지 않은 값은 컴포넌트 인스턴스의 필드로 정의하면 됩니다.

2 State의 특징

리액트의 state는 따로 복잡한 형태가 있는 것이 아니라, 그냥 하나의 **자바스크립트 객체**입니다. 따라서 앞으로 **state는 자바스크립트 객체이다**라고 기억하기 바랍니다. 아래 간단한 예제 코드를 봅시다.

```
class LikeButton extends React.Component {
    constructor(props) {
        super(props);

```

```
        this.state = {
            liked: false
        };
    }

    ...
}
```

이 코드는 LikeButton이라는 리액트 클래스 컴포넌트를 나타낸 것입니다. 모든 클래스 컴포넌트에는 constructor라는 이름의 함수가 존재하는데 우리말로 생성자라는 의미를 갖고 있으며, 클래스가 생성될 때 실행되는 함수입니다. 이 생성자 코드를 보면 this.state라는 부분이 나오는데 이 부분이 바로 현재 컴포넌트의 state를 정의하는 부분입니다. 클래스 컴포넌트의 경우 state를 생성자에서 정의합니다. 함수 컴포넌트는 state를 useState()라는 훅을 사용해서 정의하게 되는데 이 부분은 뒤에서 자세히 다루도록 하겠습니다.

이렇게 정의한 state는 정의된 이후 일반적인 자바스크립트 변수를 다루듯이 직접 수정할 수는 없습니다. 엄밀히 말하면 수정이 가능하긴 하지만 그렇게 해서는 안 됩니다. 아래 예제 코드를 봅시다.

```
// state를 직접 수정 (잘못된 사용법)
this.state = {
    name: 'Inje'
};

// setState 함수를 통한 수정 (정상적인 사용법)
this.setState({
    name: 'Inje'
});
```

위의 코드에서 첫 번째 방법은 state를 직접 수정하는 방법이고, 두 번째는 setState() 함수를 통해 수정하는 방법입니다. state를 직접 수정할 수는 있지만 리액트가 수정된 것을 제대로 인지하지 못할 수 있기 때문에 애초에 **state는 직접적인 변경이 불가능하다**고 생각하는 것이 좋습니다. 또한 앞에서 언급한 것처럼 리액트에서의 state는 컴포넌트의 렌더링과 관련 있기 때문에 마음대로 수정하게 되면 개발자가 의도한 대로 작동하지 않을 가능성이 있습니다. **그래서 state를 변경하고자 할 때에는 꼭 setState( )라는 함수를 사용해야 합니다.**

6.2 생명주기에 대해 알아보기

지금부터는 리액트 컴포넌트의 생명주기에 대해서 알아보도록 하겠습니다. 영단어 lifecycle은 우리말로 하면 **생명주기**라는 뜻을 갖고 있습니다. 사람의 생명주기는 어떻게 되죠? 출생을 하고 쭈욱 인생을 살다가 노화가 오게 되어 사망하게 됩니다. 마찬가지로 리액트 컴포넌트도 이러한 생명주기를 갖고 있습니다. 컴포넌트가 생성되는 시점과 사라지는 시점이 정해져 있다는 의미입니다. 아래 그림은 리액트 클래스 컴포넌트의 생명주기를 나타낸 것입니다.

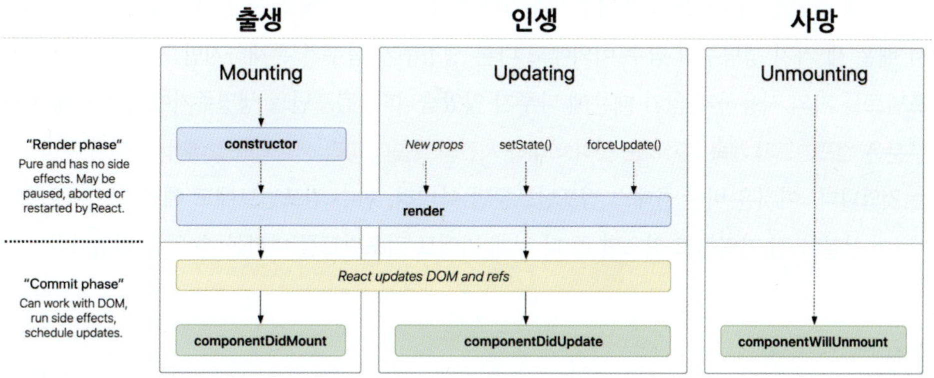

▶ 컴포넌트의 생명주기

위 그림을 보면 크게 출생, 인생, 사망으로 나누어져 있습니다. 각 과정의 하단에 초록색으로 표시된 부분은 생명주기에 따라 호출되는 클래스 컴포넌트의 함수입니다. 이 함수들을 **Lifecycle method**라고 부르며 번역하면 **생명주기 함수**가 됩니다. 그럼 이제 단계별 생명주기를 하나씩 살펴봅시다.

먼저 컴포넌트가 생성되는 시점, 사람으로 말하면 **출생**입니다. 이 과정을 **마운트**Mount라고 부르는데 이때 컴포넌트의 `constructor`(생성자)가 실행됩니다. 앞에서 본 것처럼 생성자에서는 컴포넌트의 `state`를 정의하게 됩니다. 또한 컴포넌트가 렌더링되며 이후에 `componentDidMount()` 함수가 호출됩니다.

태어난 모두는 각자 인생을 살아가겠죠? 사람은 인생을 살아가는 동안 신체적, 정신적으로 변화를 겪습니다. 이처럼 리액트 컴포넌트도 생애 동안 변화를 겪으면서 여러 번 렌더링됩니다. 이를 리액트 컴포넌트로 말하면 **업데이트**Update되는 과정이라고 할 수 있습니다. 업데이트 과정에서는 컴포넌트의 `props`가 변경되거나 `setState()` 함수 호출에 의해 `state`가 변경되거나, `forceUpdate()`라는 강제 업데이트 함수 호출로 인해 컴포넌트가 다시 렌더링됩니다. 그리고 렌더링 이후에 `componentDidUpdate()` 함수가 호출됩니다.

마지막으로 사망 과정이 있습니다. 사람은 누구나 나이를 먹고 죽게 됩니다. 리액트 컴포넌트도 결국 언젠가 사라지는 과정을 겪게 되는데 이 과정을 **언마운트**Unmount라고 부릅니다. 그렇다면 컴포넌트는 언제 언마운트가 될까요? **상위 컴포넌트에서 현재 컴포넌트를 더 이상 화면에 표시하지 않게 될 때 언마운트된다**고 볼 수 있습니다. 이 때 언마운트 직전에 `componentWillUnmount()` 함수가 호출됩니다.

지금까지 리액트 컴포넌트의 생명주기와 생명주기 함수에 대해 간단히 살펴보았습니다. 여기서 배운 세 가지 생명주기 함수 이외에도 다른 생명주기 함수가 존재하지만 지금은 클래스 컴포넌트를 거의 사용하지 않기 때문에 다루지 않았습니다. 컴포넌트 생명주기에서 기억해야 할 부분은 **컴포넌트가 계속 존재하는 것이 아니라 시간의 흐름에 따라 생성되고 업데이트되다가 사라진다는 것**입니다. 이것은 비단 클래스 컴포넌트뿐만 아니라, 함수 컴포넌트에도 해당하는 내용입니다. 이 부분을 잘 기억하고 있으면 좀 더 깊게 리액트 컴포넌트를 바라볼 수 있을 것입니다.

PRACTICE 6.3

실습

State와 생명주기 함수 사용하기

이 절에서는 클래스 컴포넌트를 만들어 지금까지 배운 state와 생명주기 함수를 직접 사용해 보도록 하겠습니다.

1 실습 State 사용하기

먼저 VS Code로 Vite를 이용해 만든 프로젝트를 엽니다. 그리고 아래와 같이 chapter_06이라는 이름으로 폴더를 하나 생성합니다.

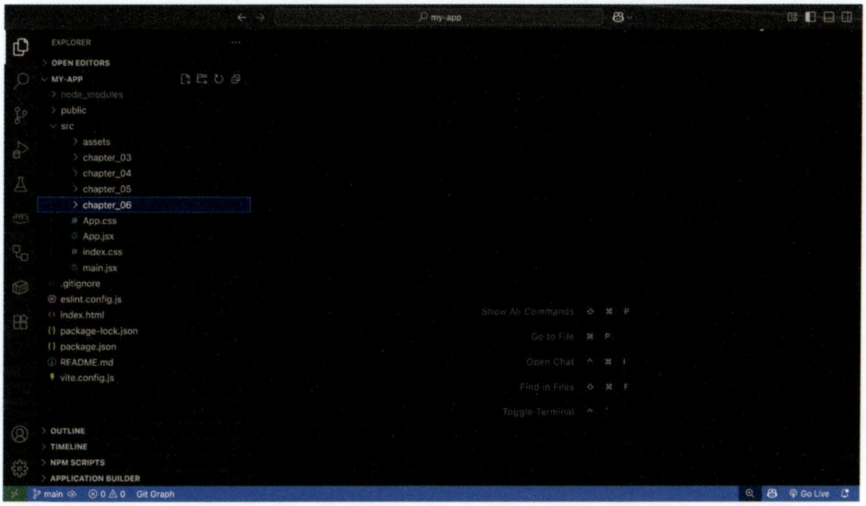

▶ 실습 화면 01

그다음 만든 폴더에 Notification.jsx라는 이름의 파일을 새로 만들고 아래 코드처럼 Notification이라는 이름의 리액트 클래스 컴포넌트를 하나 만듭니다.

```
import React from 'react';

const styles = {
    wrapper: {
        margin: 8,
        padding: 8,
        display: 'flex',
        flexDirection: 'row',
        border: '1px solid grey',
        borderRadius: 16,
    },
    messageText: {
        color: 'black',
        fontSize: 16,
    },
};

class Notification extends React.Component {
    constructor(props) {
        super(props);

        this.state = {};
    }

    render() {
        return (
            <div style={styles.wrapper}>
                <span style={styles.messageText}>{this.props.message}</span>
            </div>
        );
    }

```

```
}

export default Notification;
```

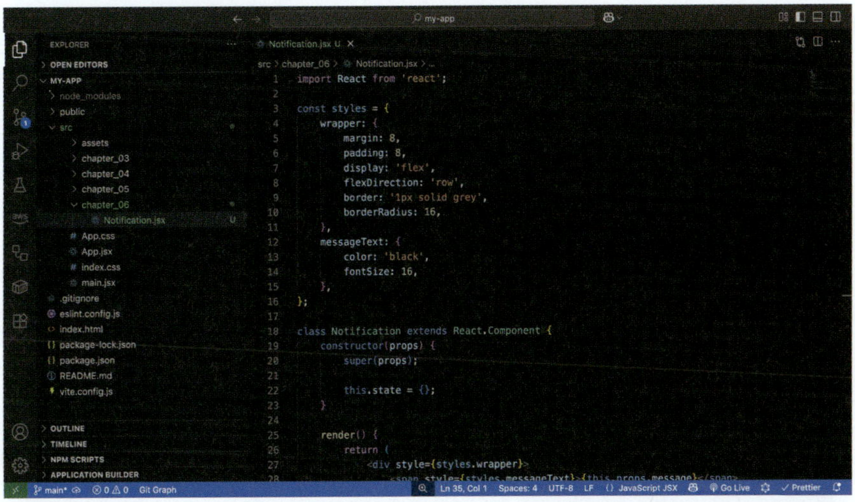

▶ 실습 화면 02

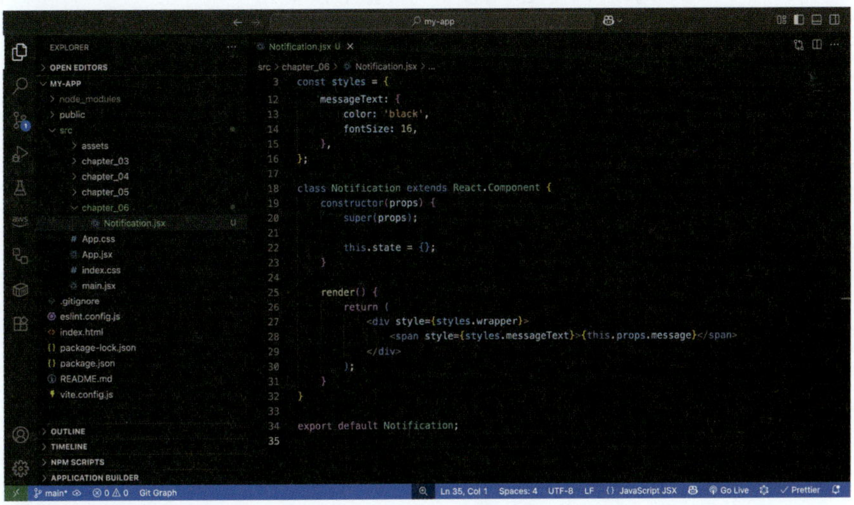

▶ 실습 화면 03

위의 코드에서 constructor 부분을 보면 알겠지만 Notification 컴포넌트는 state에 아무런 데이터도 가지고 있지 않습니다. Notification 컴포넌트를 다 만들었으면 동일한 폴더에 NotificationList.jsx라는 이름으로 새로운 파일을 하나 만들고 아래 코드를 작성해 줍니다. NotificationList 컴포넌트는 Notification 컴포넌트를 목록 형태로 보여 주기 위한 컴포넌트입니다.

```
import React from 'react';
import Notification from './Notification';

const reservedNotifications = [
    {
        message: '안녕하세요, 오늘` 일정을 알려드립니다.',
    },
    {
        message: '점심 식사 시간입니다.',
    },
    {
        message: '이제 곧 미팅이 시작됩니다.',
    },
];

var timer;

class NotificationList extends React.Component {
    constructor(props) {
        super(props);

        this.state = {
            notifications: [],
        };
    }

```

```
    componentDidMount() {
        const { notifications } = this.state;
        timer = setInterval(() => {
            if (notifications.length < reservedNotifications.length) {
                const index = notifications.length;
                notifications.push(reservedNotifications[index]);
                this.setState({
                    notifications: notifications,
                });
            } else {
                clearInterval(timer);
            }
        }, 1000);
    }
    componentWillUnmount() {
        if (timer) {
            clearInterval(timer);
        }
    }

    render() {
        return (
            <div>
                {this.state.notifications.map((notification) => {
                    return <Notification message={notification.message} />;
                })}
            </div>
        );
    }
}

export default NotificationList;
```

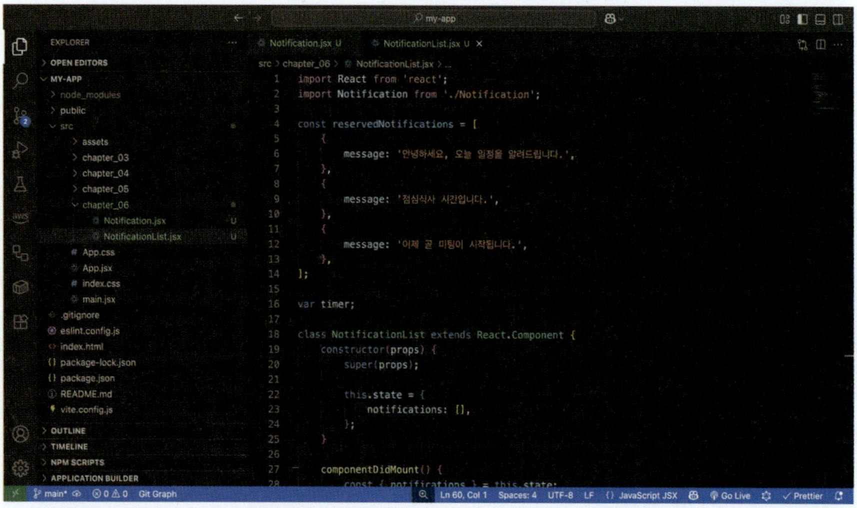

▶ 실습 화면 04

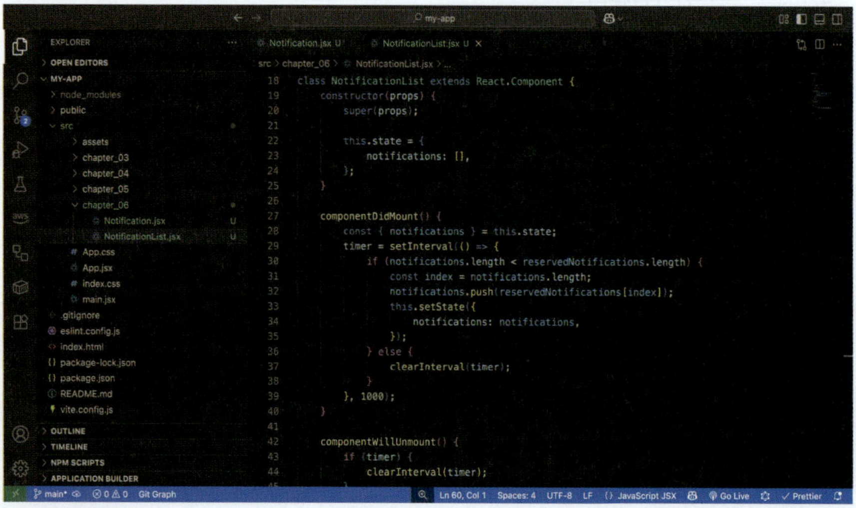

▶ 실습 화면 05

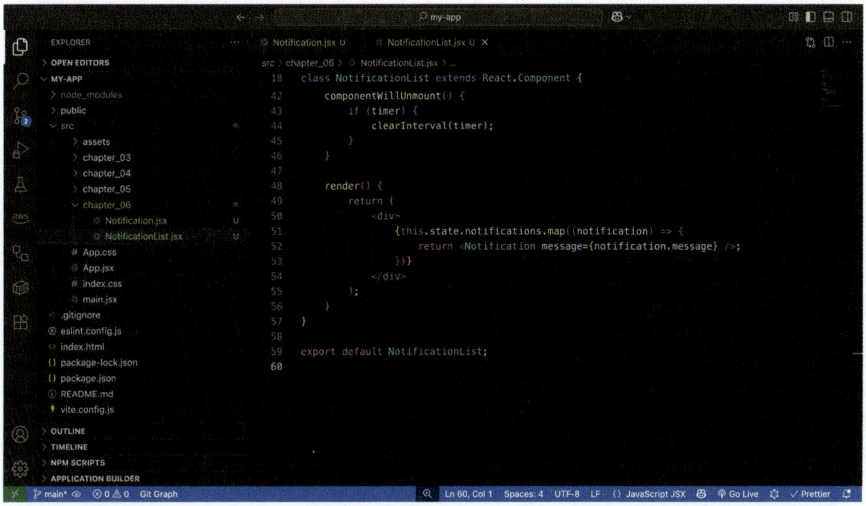

▶ 실습 화면 06

NotificationList 컴포넌트에서 눈여겨봐야 할 곳이 바로 state를 선언하고 사용하는 부분입니다. 처음 생성자에서 notifications라는 이름의 빈 배열을 state에 넣은 것을 볼 수 있습니다. 이처럼 생성자에서는 앞으로 사용할 데이터를 state에 넣어서 초기화합니다.

그리고 클래스 컴포넌트의 생명주기 함수 중 하나인 componentDidMount() 함수에서는 자바스크립트의 setInterval() 함수를 사용하여 매 1000ms(1초)마다 정해진 작업을 수행하고 있습니다. 이 작업은 미리 만들어둔 알림 데이터 배열인 reservedNotifications로부터 알림 데이터를 하나씩 가져와서 state에 있는 notifications 배열에 넣고 업데이트하는 것입니다. 여기에서 주목해서 봐야 할 부분은 state를 업데이트하기 위해서 setState() 함수를 사용한다는 것입니다. 위에서 배운 것처럼 클래스 컴포넌트에서 state를 업데이트하려면 반드시 setState() 함수를 사용해야 합니다.

또한 클래스 컴포넌트의 생명주기 함수 중 하나인 componentWillUnmount() 함수에서는 기존에 타이머가 존재할 경우 clearInterval() 함수를 사용해서 제거하고 있습니다. 이렇게 함으로써 컴포넌트가 언마운트된 이후에는 더 이상 타이머가 돌아가지 않게 됩니다.

이제 새로 만든 NotificationList 컴포넌트를 실제 화면에 렌더링하기 위해 main.jsx 파일을 수정해야 합니다. 다음 코드와 그림에 표시된 부분을 참고하여 NotificationList 컴포넌트를 임포트해서 ReactDOM.createRoot() 함수로 만든 root의 render() 함수에 넣어 주는 코드로 변경해 보세요.

```
import { StrictMode } from 'react';
import { createRoot } from 'react-dom/client';
import './index.css';
import App from './App.jsx';

import Library from './chapter_03/Library';
import Clock from './chapter_04/Clock';
import CommentList from './chapter_05/CommentList';
import NotificationList from './chapter_06/NotificationList';

const root = createRoot(document.getElementById('root'));
root.render(
    <StrictMode>
        <NotificationList />
    </StrictMode>
);
```

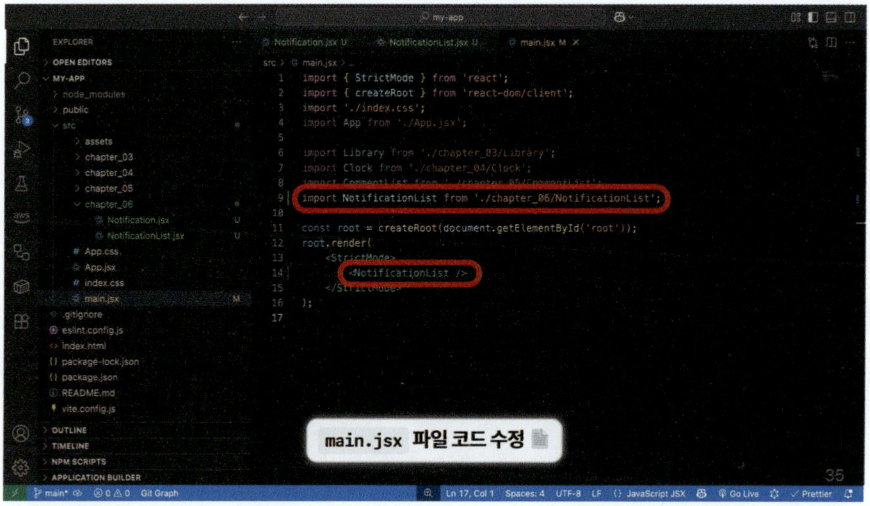

▶ 실습 화면 07

코드 작성이 끝났다면 이제 실제로 리액트 애플리케이션을 실행해 보도록 하겠습니다. VS Code의 상단 메뉴에서 `Terminal > New Terminal`을 눌러 새로운 터미널을 하나 실행시킵니다. 이후에 아래 그림처럼 `npm run dev` 명령어를 실행합니다.

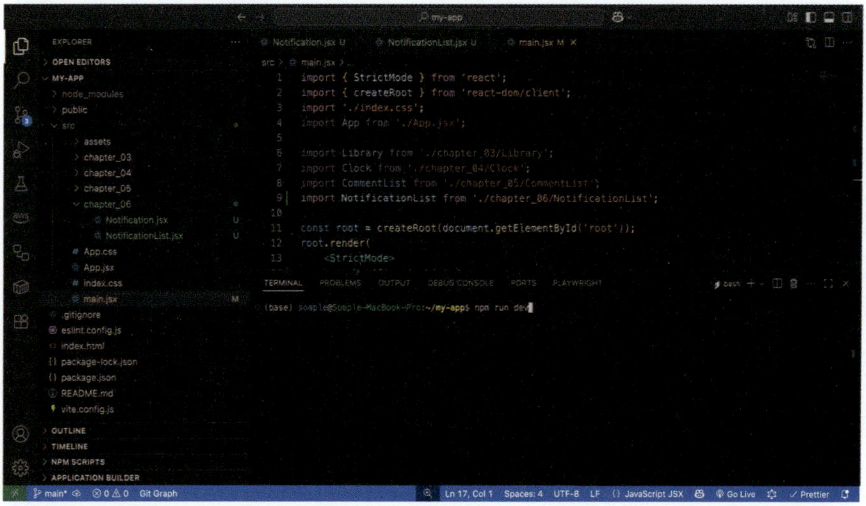

▶ 실습 화면 08

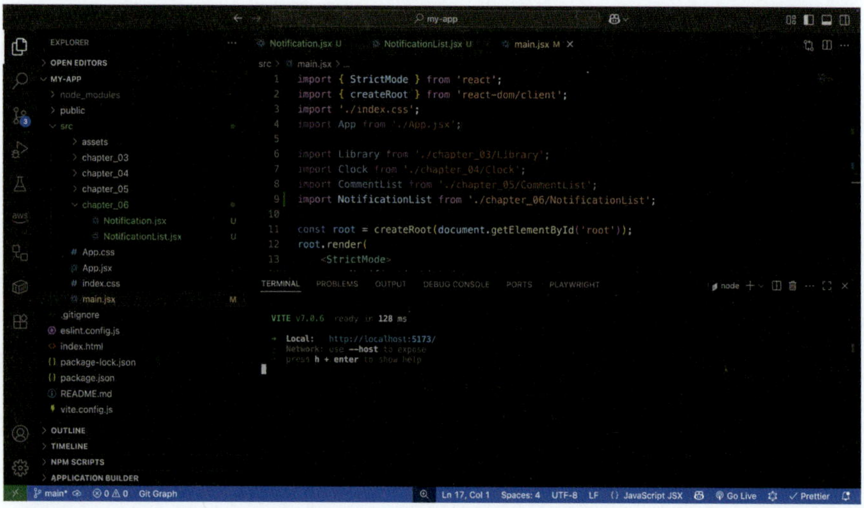

▶ 실습 화면 09

그러면 잠시 뒤에 애플리케이션이 개발 모드로 실행되고 웹브라우저에서 `http://localhost:5173`에 접속합니다. 처음에는 화면에 아무것도 안 보이다가 매초 알림이 하나씩 추가되는 것을 확인할 수 있습니다.

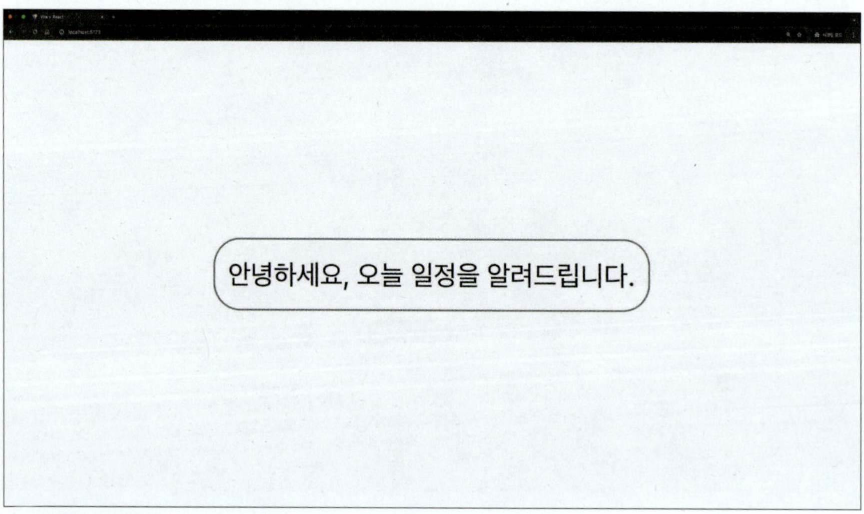

▶ 실습 화면 10

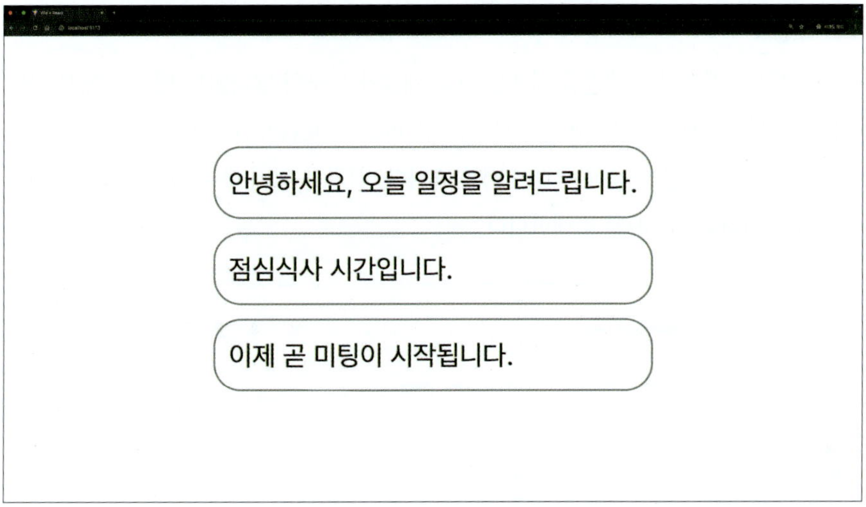

▶ 실습 화면 11

아래 그림처럼 크롬 개발자 도구를 열어 엘리먼트 탭을 보면 매초 엘리먼트가 하나씩 생기는 것을 확인할 수도 있습니다.

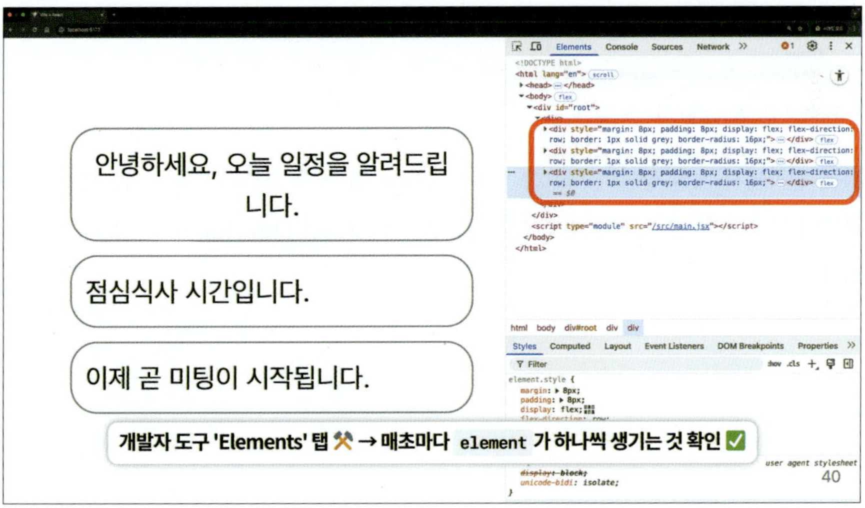

▶ 실습 화면 12

2 실습 React Developer Tools 설치하기

리액트 애플리케이션을 개발할 때에는 크롬 개발자 도구의 엘리먼트 탭을 통해서 확인하는 것보다 리액트를 위해서 별도로 개발된 React Developer Tools(리액트 개발자 도구)라는 도구를 이용하는 것이 더 좋습니다. 설치를 위해 아래 그림처럼 구글에서 react developer tools를 검색합니다.

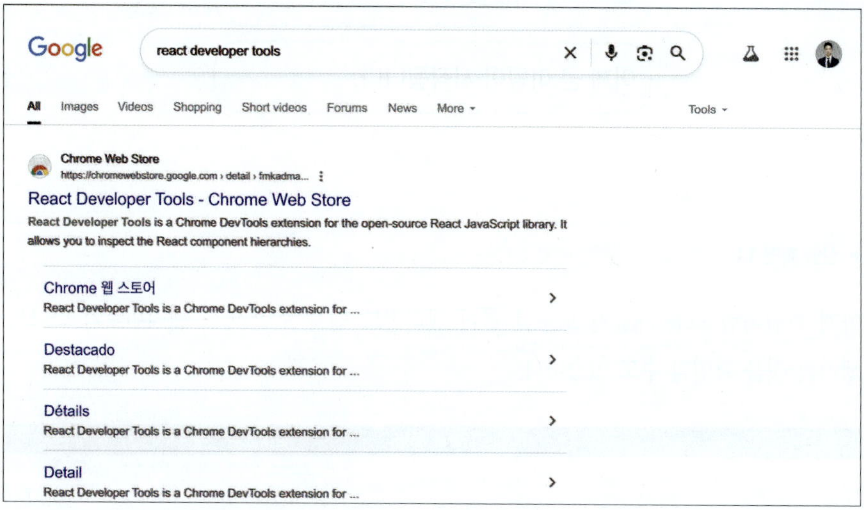

▶ React Developer Tools 검색

검색 결과에서 제일 상단에 나오는 링크를 클릭하면 아래 그림과 같이 크롬 웹 스토어 화면이 나옵니다. 그다음 크롬에 추가 버튼을 눌러 React Developer Tools를 설치합니다.

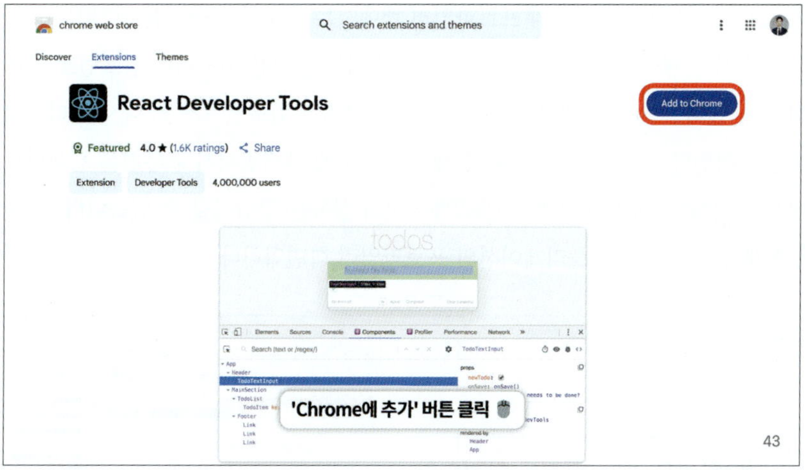

▶ React Developer Tools 설치

설치가 완료되면 기존에 우리가 보던 크롬 개발자 도구에 리액트 아이콘 모양으로 컴포넌트Components와 프로파일러Profiler라는 새로운 탭이 생기게 됩니다. 먼저 컴포넌트 탭을 눌러보면 아래 그림처럼 현재 화면에 존재하는 컴포넌트가 트리 형태로 보이며, 각 컴포넌트별로 props와 state도 확인할 수 있습니다. 지금 NotificationList 컴포넌트의 state에는 총 세 개의 알림 객체가 들어 있는 것을 볼 수 있습니다.

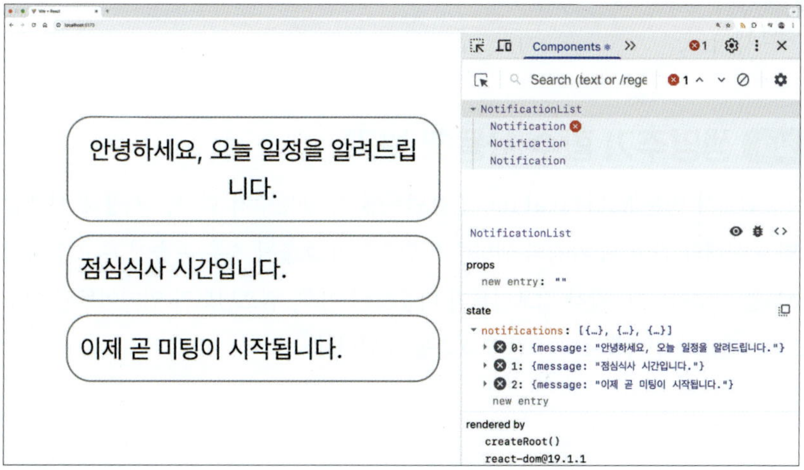

▶ 실습 화면 13

또한 React Developer Tools의 프로파일러 탭에서는 컴포넌트들이 렌더링되는 과정을 기록하여 각 단계별로 살펴볼 수 있습니다. 이 기능을 이용하면 어떤 컴포넌트가 렌더링 되는지, 렌더링 시간이 얼마나 소요되었는지 그리고 컴포넌트가 왜 다시 렌더링되었는지 등을 확인할 수 있습니다. 이를 통해 불필요하게 렌더링되거나 무거운 컴포넌트를 찾아서 최적화함으로써 리액트 애플리케이션의 성능을 향상시킬 수 있습니다. 아래 그림은 현재 우리가 만든 애플리케이션의 프로파일러 화면입니다.

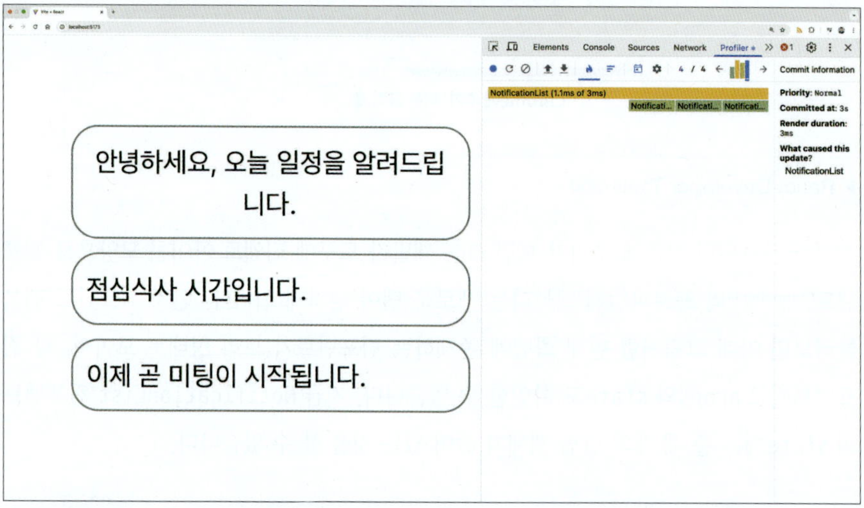

▶ 실습 화면 14

3 실습 생명주기 함수 사용해 보기

지금부터 위에서 만든 Notification 컴포넌트에 각 생명주기 함수를 사용해 보겠습니다. 먼저 아래와 같이 세 가지의 생명주기 함수들이 호출될 경우 콘솔에 로그를 남기도록 코드를 작성합니다. 각각 컴포넌트가 마운트된 이후, 컴포넌트가 업데이트된 이후 그리고 컴포넌트가 언마운트되기 전에 호출될 것입니다.

```
class Notification extends React.Component {
    constructor(props) {
        super(props);

        this.state = {};
    }

    componentDidMount() {
        console.log('componentDidMount() called.');
    }

    componentDidUpdate() {
        console.log('componentDidUpdate() called.');
    }

    componentWillUnmount() {
        console.log("componentWillUnmount() called.");
    }

    render() {
        return (
            <div style={styles.wrapper}>
                <span style={styles.messageText}>{this.props.message}</span>
            </div>
        );
    }
}

export default Notification;
```

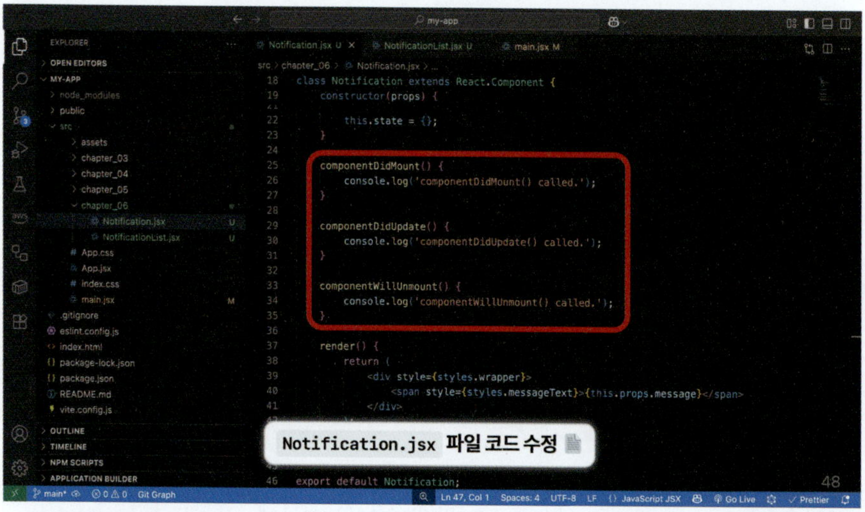

▶ 실습 화면 15

다음으로 생명주기 함수의 로그를 정확히 확인하기 위해 main.jsx 파일에서 Strict Mode를 잠시 주석 처리하겠습니다. 참고로 Strict Mode는 **개발 모드에서 잠재적인 버그를 찾아주는 기능으로, 컴포넌트를 언마운트했다가 다시 리마운트시키는 동작을 수행**합니다. 이 때문에 생명주기 함수가 두 번 호출되어 로그가 중복 출력되는 현상이 발생합니다. 따라서 이번 실습에서는 아래와 같이 Strict Mode를 제거한 상태에서 생명주기 함수들의 로그를 확인해 보겠습니다.

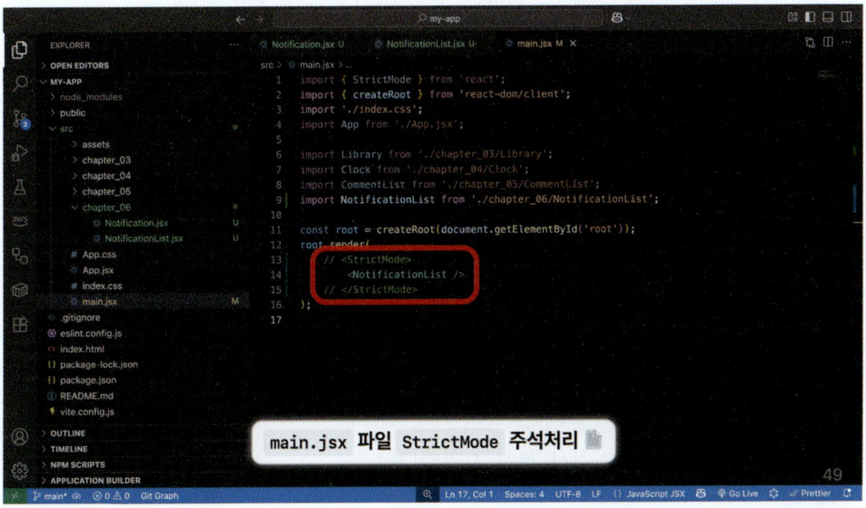

▶ 실습 화면 16

이후 크롬 개발자 도구에서 콘솔 탭을 확인해 보면 방금 작성한 로그들을 볼 수 있습니다. 그러나 이렇게 하면 로그가 중복되어 구분이 힘듭니다.

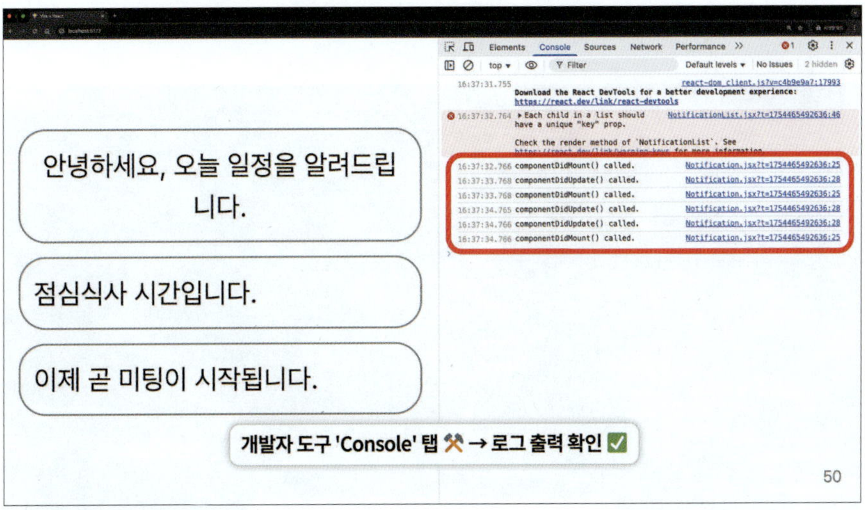

▶ 실습 화면 17

따라서 로그에 아이디가 함께 나오게 하기 위해 다음처럼 각 알림 객체에 아이디를 넣어줍니다.

```
const reservedNotifications = [
    {
        id: 1,
        message: '안녕하세요, 오늘 일정을 알려드립니다.',
    },
    {
        id: 2,
        message: '점심 식사 시간입니다.',
    },
    {
        id: 3,
        message: '이제 곧 미팅이 시작됩니다.',
    },
];
```

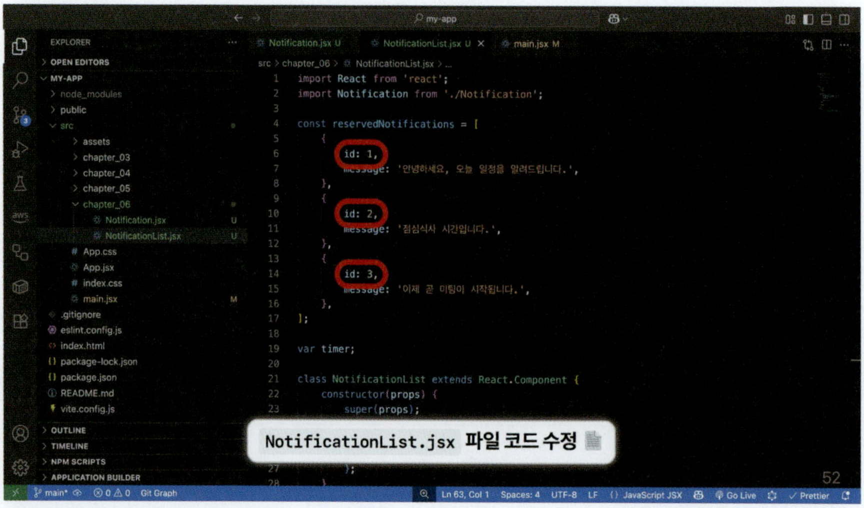

▶ 실습 화면 18

그리고 다음 코드와 그림처럼 `Notification` 컴포넌트에 전달할 `props`에 키key와 id를 추가해 줍니다. 여기서 키는 리액트 엘리먼트를 구분하기 위한 고유의 값인데 `map()` 함수를 사용할 때에는 필수적으로 들어가야 합니다. 그렇지 않으면 경고 메시지가 출력됩니다. 이미 눈치를 챈 독자도 있을 거라 생각합니다. 이 부분에 대해서는 10장에서 자세히 다룰 예정이므로 지금은 넘어갑시다.

```
render() {
    return (
        <div>
            {this.state.notifications.map((notification) => {
                return (
                    <Notification
                        key={notification.id}
                        id={notification.id}
                        message={notification.message}
                    />
                );
            })}
        </div>
    );
}
```

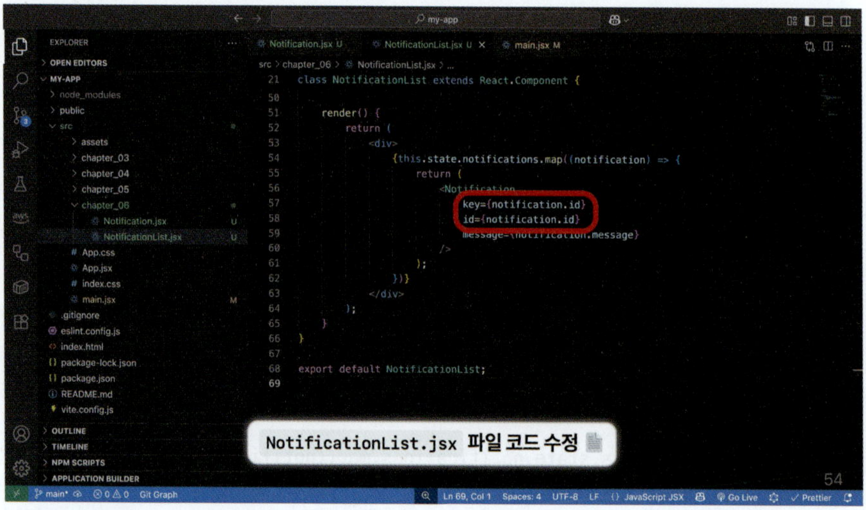

▶ 실습 화면 19

이제 Notification 컴포넌트의 로그를 아이디와 함께 출력하도록 다음과 같이 수정합니다. 여기에서 문장을 묶을 때 그냥 따옴표(')가 아닌 역따옴표(`)를 사용한 것에 대해 유의하세요.

```
componentDidMount() {
    console.log(`${this.props.id} componentDidMount() called.`);
}

componentDidUpdate() {
    console.log(`${this.props.id} componentDidUpdate() called.`);
}

componentWillUnmount() {
    console.log(`${this.props.id} componentWillUnmount() called.`);
}
```

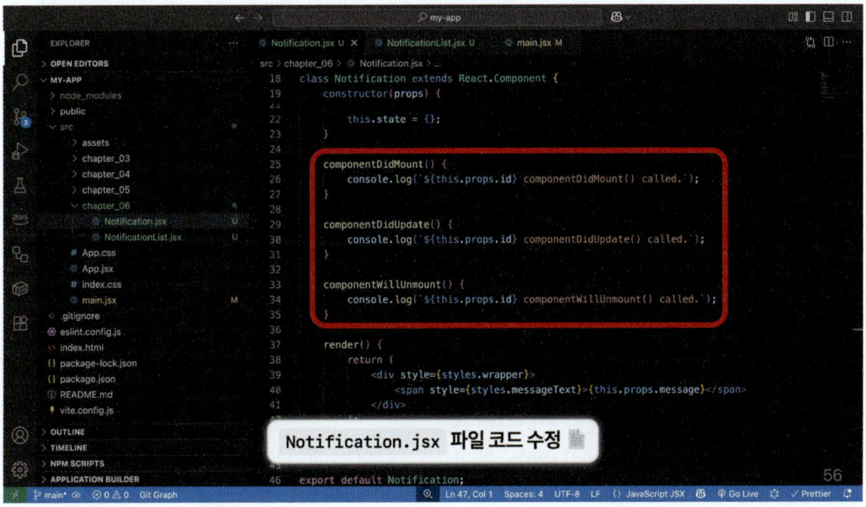

▶ 실습 화면 20

수정한 이후 브라우저에서 콘솔 로그를 다시 확인해 보면 아래 그림과 같이 순서대로 로그가 나오는 것을 볼 수 있습니다. 컴포넌트가 마운트될 때와 업데이트될 때의 로그가 출력되고 있습니다.

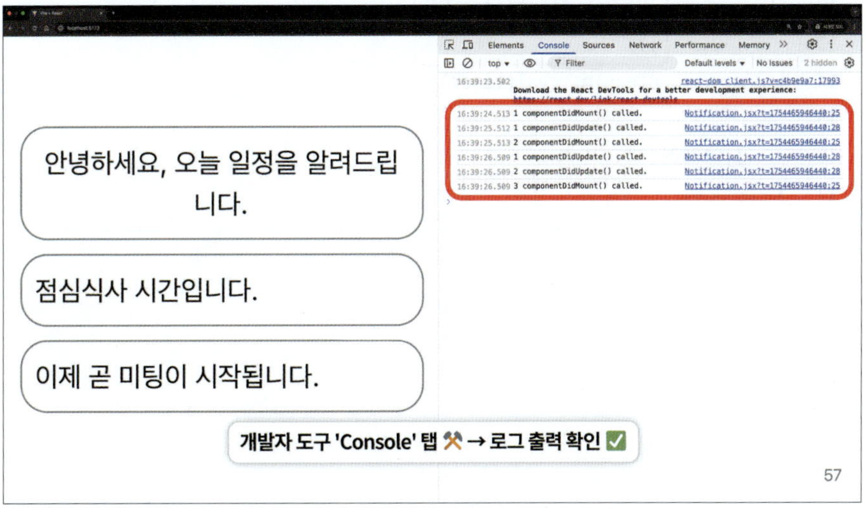

▶ 실습 화면 21

그런데 우리가 사용한 세 가지 생명주기 함수 중에서 componentWillUnmount() 함수의 로그가 보이지 않습니다. 그 이유는 모든 컴포넌트가 마운트만 되고 언마운트되지 않았기 때문입니다. 언마운트 로그를 보기 위해 NotificationList 컴포넌트에서 매 초 알림을 추가하는 부분에 알림 추가가 모두 끝나면 notifications 배열을 비우도록 수정해 보겠습니다.

```
componentDidMount() {
    const { notifications } = this.state;
    timer = setInterval(() => {
        if (notifications.length < reservedNotifications.length) {
            const index = notifications.length;
            notifications.push(reservedNotifications[index]);
            this.setState({
                notifications: notifications,
            });
        } else {
            this.setState({
                notifications: [],
            });
            clearInterval(timer);
        }
    }, 1000);
}
```

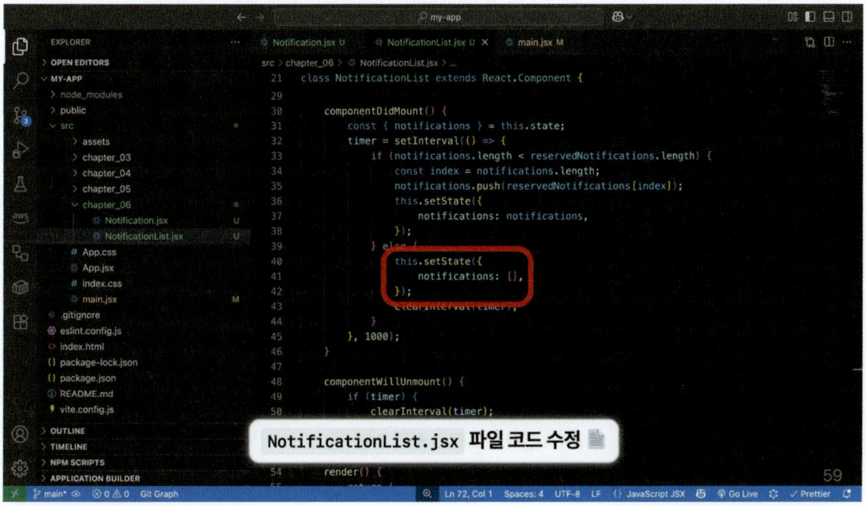

▶ 실습 화면 22

수정한 다음에 다시 브라우저에서 콘솔 로그를 다시 확인해 봅시다. 먼저 아래 첫 번째 그림처럼 마운트, 업데이트 로그가 순서대로 쭉 나오고 그 이후에는 두 번째 그림처럼 모든 컴포넌트에 대해 언마운트 로그가 나오는 것을 볼 수 있습니다.

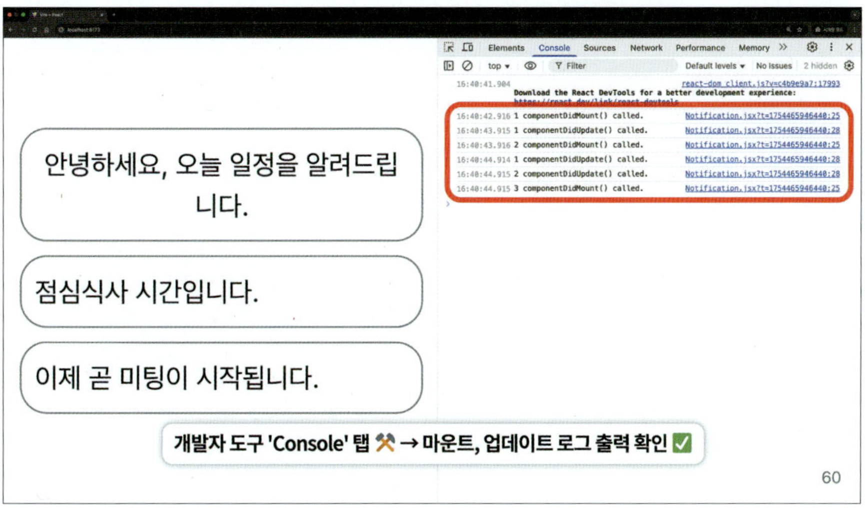

▶ 실습 화면 23

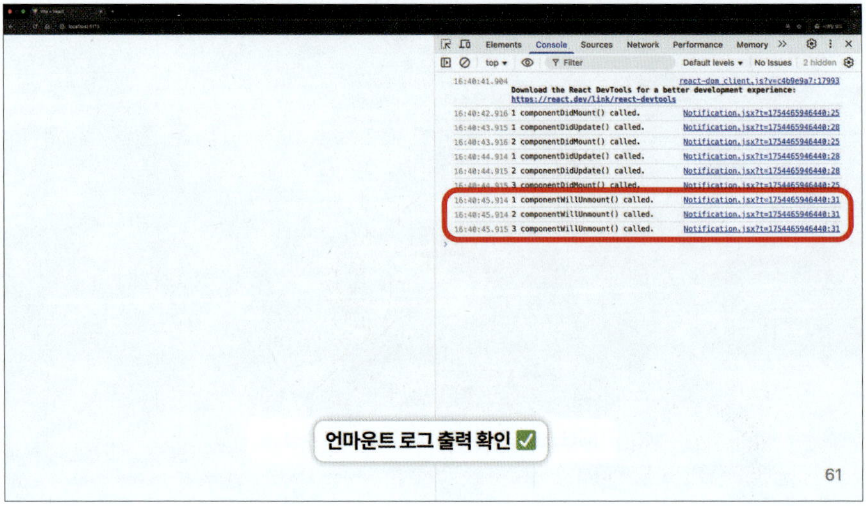
Elements
Console
Sources
Network
Performance
Memory
top
Filter
Default levels
No Issues
2 hidden
16:40:41.904 react-dom_client.js?v=c4b9e9a7:17993
Download the React DevTools for a better development experience:
https://react.dev/link/react-devtools
16:40:42.916 1 componentDidMount() called. Notification.jsx?t=1754465946440:25
16:40:43.915 1 componentDidUpdate() called. Notification.jsx?t=1754465946440:28
16:40:43.916 2 componentDidMount() called. Notification.jsx?t=1754465946440:25
16:40:44.914 1 componentDidUpdate() called. Notification.jsx?t=1754465946440:28
16:40:44.915 2 componentDidUpdate() called. Notification.jsx?t=1754465946440:28
16:40:44.915 3 componentDidMount() called. Notification.jsx?t=1754465946440:25
16:40:45.914 1 componentWillUnmount() called. Notification.jsx?t=1754465946440:31
16:40:45.914 2 componentWillUnmount() called. Notification.jsx?t=1754465946440:31
16:40:45.915 3 componentWillUnmount() called. Notification.jsx?t=1754465946440:31
언마운트 로그 출력 확인 ✅
61

▶ 실습 화면 24

6.4 마치며

지금까지 리액트의 `state`와 생명주기에 대해서 배웠습니다. 그리고 실습을 통해서 실제로 컴포넌트의 `state`를 사용해 보았으며, 클래스 컴포넌트의 생명주기 함수들도 사용해 보았습니다. `state`는 컴포넌트, `props`와 함께 리액트에서 가장 중요한 개념 중 하나이기 때문에 꼭 완벽하게 이해하기 바랍니다.

생명주기 함수의 경우 지금은 거의 사용하지 않는 클래스 컴포넌트의 기능이기 때문에 꼭 알고 있을 필요는 없습니다. 하지만 리액트 컴포넌트가 생성되어 마운트되고 업데이트를 거쳐서 언마운트 되기까지의 흐름은 여전히 중요한 부분이니 확실히 이해하고 넘어가도록 합시다.

요약

이 장에서 배운 내용은 아래와 같습니다.

- **State**
  - State란?
    - 리액트 컴포넌트의 변경 가능한 데이터
    - 컴포넌트를 개발하는 개발자가 직접 정의해서 사용
    - state가 변경될 경우 컴포넌트가 재렌더링됨
    - 렌더링이나 데이터 흐름에 사용되는 값만 state에 포함시켜야 함
  - State의 특징
    - 자바스크립트 객체 형태로 존재
    - 직접적인 변경이 불가능 함
    - 클래스 컴포넌트
      - 생성자에서 모든 state를 한 번에 정의
      - state를 변경하고자 할 때에는 꼭 setState()함수를 사용해야 함
    - 함수 컴포넌트
      - useState()훅을 사용하여 각각의 state를 정의

- 각 state별로 주어지는 set함수를 사용하여 state 값을 변경

- **생명주기**
  - 마운트
    - 컴포넌트가 생성될 때
    - componentDidMount()
  - 업데이트
    - 컴포넌트의 props가 변경될 때
    - setState() 함수 호출에 의해 state가 변경될 때
    - forceUpdate()라는 강제 업데이트 함수가 호출될 때
    - componentDidUpdate()
  - 언마운트
    - 상위 컴포넌트에서 현재 컴포넌트를 더 이상 화면에 표시하지 않게 될 때
    - componentWillUnmount()
  - 컴포넌트는 계속 존재하는 것이 아니라 시간의 흐름에 따라 생성되고 업데이트되다가 사라지는 과정을 겪음

Chapter 7

훅

Preview

이 장에서는 리액트의 훅Hook에 대해서 배워 보도록 하겠습니다. 훅은 리액트가 처음 나왔을 때부터 있던 개념은 아니고, 리액트 버전 16.8에서 새롭게 등장한 개념입니다. 최근에는 리액트로 개발할 때 대부분 훅을 사용하기 때문에 훅에 대해 잘 이해해야 합니다.

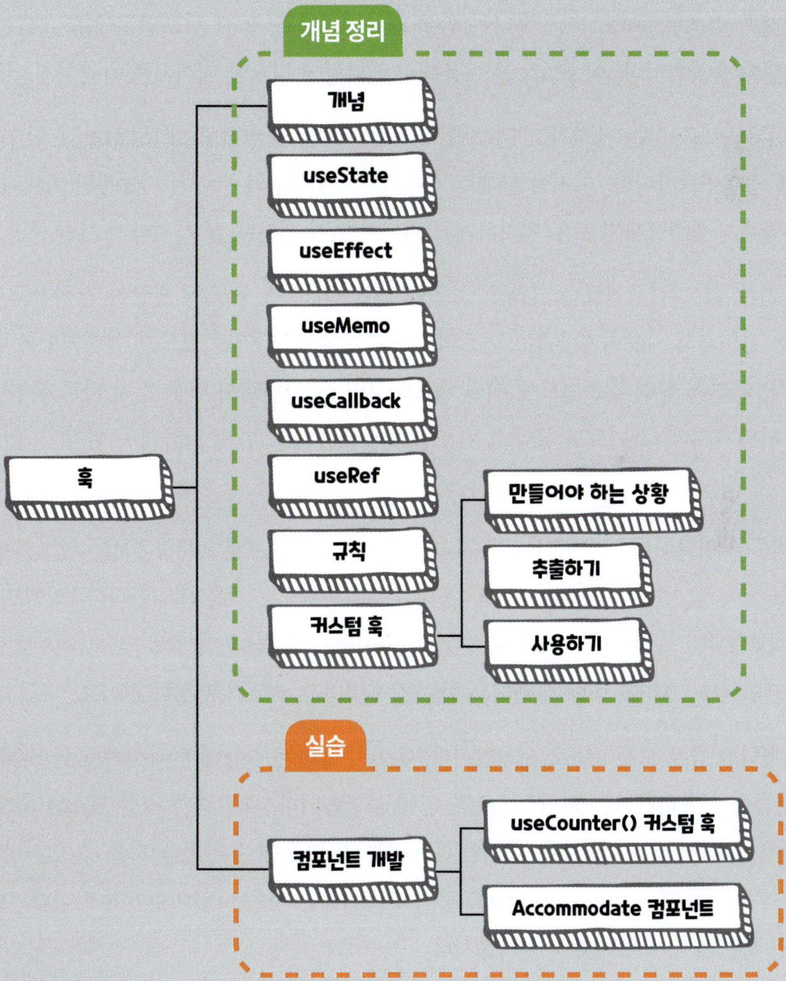

7.1 훅이란 무엇인가?

앞에서 리액트 컴포넌트에 대해 배울 때 컴포넌트에는 두 가지 종류가 있다고 했었습니다. 하나는 클래스 컴포넌트이고 다른 하나는 함수 컴포넌트였죠. 또한 컴포넌트에는 state라는 중요한 개념이 등장합니다. 이 state를 이용해서 렌더링에 필요한 데이터를 관리하게 되죠.

클래스 컴포넌트에서는 생성자constructor에서 이 state를 정의하고 setState() 함수를 통해 state를 업데이트합니다. 이처럼 클래스 컴포넌트는 state와 관련된 기능뿐만 아니라 컴포넌트의 생명주기 함수들까지 모두 명확하게 정의되어 있기 때문에 잘 가져다 쓰기만 하면 됩니다.

하지만 기존 함수 컴포넌트는 클래스 컴포넌트와는 다르게 코드도 굉장히 간결하고, 별도로 state를 정의해서 사용하거나 컴포넌트의 생명주기에 맞춰 어떤 코드가 실행되도록 할 수 없었습니다. 따라서 함수 컴포넌트에 이런 기능을 지원하기 위해서 나온 것이 바로 훅입니다. 훅을 사용하면 함수 컴포넌트도 클래스 컴포넌트의 기능을 모두 동일하게 구현할 수 있게 되는 것이죠.

Hook이라는 영단어는 갈고리라는 뜻을 갖고 있는데, 보통 프로그래밍에서는 **원래 존재하는 어떤 기능에 마치 갈고리를 거는 것처럼 끼어 들어가 같이 수행되는 것**을 의미합니다. 리액트의 훅도 마찬가지로 **리액트의 state와 생명주기 기능에 갈고리를 걸어 원하는 시점에 정해진 함수를 실행되도록 만든 것**입니다. 그리고 이때 실행되는 함수를 훅이라고 부르기로 정한 것이죠.

이러한 훅의 이름은 모두 use로 시작합니다. 훅이 수행하는 기능에 따라서 이름을 짓게 되었는데 각 기능을 사용하겠다는 의미로 use를 앞에 붙였습니다. 개발자가 직접 커스텀 훅custom hook을 만들어서 사용할 수도 있는데 커스텀 훅은 개발자 마음대로 이름을 지을 수 있지만 뒤에서 배울 훅의 규칙에 따라 이름 앞에 use를 붙여서 훅이라는 것을 나타내주어야 합니다. 이제부터 대표적인 훅들에 대해서 하나씩 알아봅시다.

7.2 useState()

가장 대표적이고 많이 사용되는 훅으로 useState()가 있습니다. useState()는 이름에서 알 수 있듯이 state를 사용하기 위한 훅입니다. 함수 컴포넌트에서는 기본적으로 state라는 것을 제공하지 않기 때문에 클래스 컴포넌트처럼 state를 사용하고 싶으면 useState() 훅을 사용해야 합니다. 아래 간단한 예제 코드를 봅시다.

```
import React, { useState } from "react";

function Counter(props) {
    var count = 0;

    return (
        <div>
            <p>총 {count}번 클릭했습니다.</p>
            <button onClick={() => count++}>
                클릭
            </button>
        </div>
    );
}
```

위의 코드에는 Counter라는 함수 컴포넌트가 등장합니다. Counter 컴포넌트는 버튼을 클릭하면 카운트를 하나씩 증가시키고 현재 카운트를 보여 주는 단순한 컴포넌트입니다. 그런데 만약 위처럼 카운트를 함수의 변수로 선언해서 사용하게 되면 버튼 클릭 시 카운트 값을 증가시킬 수는 있지만, 재렌더링Re-rendering이 일어나지 않아 새로운 카운트 값이 화면에 표시되지 않게 됩니다. 따라서 이런 경우에는 state를 사용해서 값이 바뀔때마다 재렌더링이 되도록 해야하는데, 함수 컴포넌트에는 해당 기능이 따로 없기 때문에 useState()를 사용하여 state를 선언하고 업데이트해야 합니다. useState()는 아래와 같이 사용합니다.

```
const [변수명, set함수명] = useState(초깃값);
```

useState()를 호출할 때에는 파라미터로 선언할 state의 초깃값이 들어갑니다. 클래스 컴포넌트의 생성자에서 state를 선언할 때 초깃값을 넣어 주는 것과 동일한 것이라고 보면 됩니다. 이렇게 초깃값을 넣어 useState()를 호출하면 리턴 값으로 배열이 나옵니다. 리턴된 배열에는 두 가지 항목이 들어 있는데 첫 번째 항목은 state로 선언된 변수이고 두 번째 항목은 해당 state의 set 함수입니다. useState()를 사용하는 코드를 보도록 합시다.

```
import React, { useState } from "react";

function Counter(props) {
    const [count, setCount] = useState(0);

    return (
        <div>
            <p>총 {count}번 클릭했습니다.</p>
            <button onClick={() => setCount(count + 1)}>
                클릭
            </button>
        </div>
    );
}
```

위의 코드는 useState()를 사용하여 카운트 값을 state로 관리하도록 만든 것입니다. 이 코드에서 state의 변수명과 set 함수가 각각 count, setCount로 되어 있는 것을 볼 수 있습니다. 버튼이 눌렸을 때 setCount() 함수를 호출해서 카운트를 1 증가시킵니다. 그리고 count의 값이 변경되면 컴포넌트가 재렌더링되면서 화면에 새로운 카운트 값이 표시됩니다.

이 과정은 클래스 컴포넌트에서 setState() 함수를 호출해서 state가 업데이트되고 이후 컴포넌트가 재렌더링되는 과정과 동일하다고 보면 됩니다. 다만 클래스 컴포넌트에서는 setState() 함수 하나를 사용해서 모든 state 값을 업데이트할 수 있었지만 useState()를 사용하는 방법에서는 **변수 각각에 대해 set 함수가 따로 존재**한다는 것을 기억하세요.

7.3 useEffect()

useState()와 같이 가장 많이 사용되는 훅으로 useEffect()가 있습니다. useEffect()는 사이드 이펙트side effect를 수행하기 위한 훅입니다. 그렇다면 사이드 이펙트가 무엇인지부터 알아야겠죠? 사이드 이펙트는 사전적으로 **부작용**이라는 뜻을 갖고 있습니다. 본래 단어의 의미 자체가 부정적인 느낌을 가지고 있는데 컴퓨터 프로그래밍에서도 부정적인 의미로 사용되곤 합니다. 개발자가 의도치 않은 코드가 실행되면서 버그가 나타나면 사이드 이펙트가 발생했다고 말합니다. 하지만 리액트에서의 사이드 이펙트는 부정적인 의미는 아닙니다. 리액트에서 말하는 사이드 이펙트는 그냥 효과 혹은 영향을 뜻하는 이펙트effect의 의미에 가깝습니다. 예를 들면 서버에서 데이터를 받아오거나 수동으로 DOM을 변경하는 등의 작업을 의미합니다. 이런 작업을 이펙트라고 부르는 이유는 이 작업들이 다른 컴포넌트에 영향을 미칠 수 있으며 렌더링 중에는 작업이 완료될 수 없기 때문입니다. 렌더링이 끝난 이후에 실행되어야 하는 작업들이죠.

useEffect()는 리액트의 함수 컴포넌트에서 사이드 이펙트를 실행할 수 있도록 해 주는 훅입니다. useEffect()는 클래스 컴포넌트에서 제공하는 생명주기 함수인 componentDidMount(), componentDidUpdate() 그리고 componentWillUnmount()와 동일한 기능을 하나로 통합해서 제공합니다. 그래서 useEffect() 훅만으로 위의 생명주기 함수와 동일한 기능을 수행할 수 있습니다. useEffect()는 아래와 같이 사용합니다.

```
useEffect(이펙트 함수, 의존성 배열);
```

첫 번째 파라미터로는 이펙트 함수effect function가 들어가고, 두 번째 파라미터로는 의존성 배열an array of dependencies이 들어갑니다. 의존성 배열은 말 그대로 이 이펙트가 의존하고 있는 배열인데 **배열 안에 있는 변수 중에 하나라도 값이 변경되었을 때 이펙트 함수가 실행**됩니다. 기본적으로 이펙트 함수는 처음 컴포넌트가 렌더링된 이후와 업데이트로 인한 재렌더링 이후에 실행됩니다. 만약 이펙트 함수가 마운트와 언마운트시에 단 한 번씩만 실행되게 하고 싶으면, 의존성 배열에 빈 배열([])을 넣으면 됩니다. 이렇게 하면 해당 이펙트가 props나 state에 있는 어떤 값에도 의존하지 않는 것이 되므로 여러 번 실행되지 않습니다. 의존성 배열은 생략할 수도 있는데 생략하게 되면 컴포넌트가 업데이트될 때마다 호출됩니다. 아래 useEffect()를 사용한 예제 코드를 봅시다.

```
import React, { useState, useEffect } from "react";

function Counter(props) {
    const [count, setCount] = useState(0);

    // componentDidMount, componentDidUpdate와 비슷하게 작동
    useEffect(() => {
        // 브라우저 API를 사용해서 document의 title을 업데이트
        document.title = `총 ${count}번 클릭했습니다.`;
    });

    return (
        <div>
            <p>총 {count}번 클릭했습니다.</p>
            <button onClick={() => setCount(count + 1)}>
                클릭
            </button>
        </div>
    );
}
```

위의 코드는 앞에서 useState()를 배울 때 살펴 본 코드와 거의 동일하며 추가로 useEffect() 훅을 사용하고 있습니다. useEffect()를 사용해서 클래스 컴포넌트에서 제공하는 componentDidMount(), componentDidUpdate()와 같은 생명주기 함수의 기능을 동일하게 수행하도록 만들었습니다. useEffect() 안에 있는 이펙트 함수에서는 브라우저에서 제공하는 API를 사용해서 document의 title을 업데이트합니다. document의 title은 브라우저에서 페이지를 열었을 때 창에 표시되는 문자열입니다. 크롬 브라우저의 경우 탭에 나오는 제목이라고 보면 됩니다.

위 코드처럼 의존성 배열 없이 useEffect()를 사용하면 리액트는 **DOM이 변경된 이후에 해당 이펙트 함수를 실행하라**는 의미로 받아들입니다. 그래서 기본적으로 컴포넌트가 처음 렌더링될 때를 포함해서 매번 렌더링될 때마다 이펙트가 실행된다고 보면 됩니다. 위 코드의 경우 이펙트 함수는 처음 컴포넌트가 마운트되었을 때 실행되고 이후 컴포넌트가 업데이트될 때마다 실행됩니다. 결과적으로 componentDidMount(), componentDidUpdate()와 동일한 역할을 하게 되는 것이죠. 또한 이펙트는 함수 컴포넌트 안에서 선언되기 때문에 해당 컴포넌트의 props와 state에 접근할 수도 있습니다. 위 코드에서는 count라는 state에 접근하여 해당 값이 포함된 문자열을 생성해서 사용하는 것을 볼 수 있습니다.

그렇다면 componentWillUnmount()와 동일한 기능은 useEffect()로 어떻게 구현할 수 있을까요? 아래 예제 코드를 봅시다.

```
import React, { useState, useEffect } from "react";

function UserStatus(props) {
    const [isOnline, setIsOnline] = useState(null);

    function handleStatusChange(status) {
        setIsOnline(status.isOnline);
    }

    useEffect(() => {
        ServerAPI.subscribeUserStatus(props.user.id, handleStatusChange);
        return () => {
            ServerAPI.unsubscribeUserStatus(props.user.id, handleStatusChange);
        };
    });

    if (isOnline === null) {
        return '대기 중...';
    }
    return isOnline ? '온라인' : '오프라인';
}
```

위 코드는 useEffect()에서 먼저 ServerAPI를 사용하여 사용자의 상태를 구독하고 있습니다. 이후 함수를 하나 리턴하는데 해당 함수 안에는 구독을 해지하는 API를 호출하도록 되어 있습니다. **useEffect()에서 리턴하는 함수는 컴포넌트가 마운트 해제될 때 호출됩니다.** 결과적으로 useEffect()의 리턴 함수의 역할은 componentWillUnmount() 함수가 하는 역할과 동일합니다.

또한 useEffect() 훅은 하나의 컴포넌트에 여러 개를 사용할 수 있습니다. 아래 코드는 두 개의 useEffect() 훅을 사용하는 코드입니다.

```
function UserStatusWithCounter(props) {
    const [count, setCount] = useState(0);
    useEffect(() => {
        document.title = `총 ${count}번 클릭했습니다.`;
    });

    const [isOnline, setIsOnline] = useState(null);
    useEffect(() => {
        ServerAPI.subscribeUserStatus(props.user.id, handleStatusChange);
        return () => {
            ServerAPI.unsubscribeUserStatus(props.user.id, handleStatusChange);
        };
    });

    function handleStatusChange(status) {
        setIsOnline(status.isOnline);
    }

    // ...
```

지금까지 배운 useEffect() 훅의 사용법을 다시 자세하게 정리해 봅시다. useEffect()는 굉장히 자주 사용하기 때문에 꼭 구조를 기억해 두기 바랍니다.

```
useEffect(() => {
    // 컴포넌트가 마운트 된 이후,
    // 의존성 배열에 있는 변수들 중 하나라도 값이 변경되었을 때 실행됨
    // 의존성 배열에 빈 배열([])을 넣으면 마운트와 언마운트시에 단 한 번씩만 실행됨
    // 의존성 배열 생략 시 컴포넌트 업데이트 시마다 실행됨
    ...

    return () => {
        // 컴포넌트가 마운트 해제되기 전에 실행됨
        ...
    }
}, [의존성 변수1, 의존성 변수2, ...]);
```

7.4 useMemo()

useMemo() 훅은 Memoized value를 리턴하는 훅입니다. 파라미터로 Memoized value(226 페이지 NOTE 참고)를 생성하는 create 함수와 의존성 배열을 받습니다. 뒤에 나올 메모이제이션의 개념처럼 의존성 배열에 들어 있는 변수가 변했을 경우에만 새로 create 함수를 호출하여 결괏값을 반환하며, 그렇지 않은 경우에는 기존 함수의 결괏값을 그대로 반환합니다. useMemo() 훅을 사용하면 컴포넌트가 다시 렌더링될 때마다 연산량이 높은 작업을 반복하는 것을 피할 수 있습니다. 결과적으로는 빠른 렌더링 속도를 얻을 수 있겠죠?

```
const memoizedValue = useMemo(
    () => {
        // 연산량이 높은 작업을 수행하여 결과를 반환
        return computeExpensiveValue(의존성 변수1, 의존성 변수2);
    },
    [의존성 변수1, 의존성 변수2]
);
```

useMemo() 훅을 사용할 때 기억해야 할 점은 useMemo()로 전달된 함수는 **렌더링이 일어나는 동안 실행된다는 점**입니다. 그렇기 때문에 일반적으로 렌더링이 일어나는 동안 실행돼서는 안될 작업을 useMemo()의 함수에 넣으면 안 됩니다. 예를 들면 useEffect() 훅에서 실행돼야 할 사이드 이펙트 같은 것이 있습니다. 서버에서 데이터를 받아오거나 수동으로 DOM을 변경하는 작업 등은 렌더링이 일어나는 동안 실행돼서는 안되기 때문에 useMemo() 훅의 함수에 넣으면 안 되고 useEffect() 훅을 사용해야 합니다.

그리고 또한 다음 코드와 같이 의존성 배열을 넣지 않을 경우 렌더링이 일어날 때마다 매번 함수가 실행됩니다. 따라서 useMemo() 훅에 의존성 배열을 넣지 않는 것은 아무런 의미가 없습니다. 그리고 만약 의존성 배열에 빈 배열을 넣게 되면 컴포넌트 마운트 시에만 함수가 실행됩니다.

```
const memoizedValue = useMemo(
    () => computeExpensiveValue(a, b)
);
```

NOTE eslint-plugin-react-hooks 패키지

useMemo()에서 의존성 배열에 넣은 변수들은 create 함수의 파라미터로 전달되지 않습니다. 하지만 useMemo()의 원래의 의미가 의존성 배열에 있는 변수 중 하나라도 변하면 create 함수를 다시 호출하는 것이기 때문에 create 함수에서 참조하는 모든 변수를 의존성 배열에 넣어 주는 것이 맞습니다. 나중에는 컴파일러가 개선이 되어 이러한 의존성 배열을 자동으로 생성할 수 있게 될 것입니다. 다만 지금은 직접 의존성 배열을 잘 만들어 주는 것이 중요합니다.

이를 위해 eslint-plugin-react-hooks 패키지를 사용하면 도움이 됩니다. 이 패키지는 의존성 배열이 잘못 되어 있는 경우에 자동으로 경고 표시를 해 주며 고칠 방법을 제안해 줍니다. eslint-plugin-react-hooks 패키지를 살펴보고 싶다면 아래 URL을 참조하기 바랍니다.

https://www.npmjs.com/package/eslint-plugin-react-hooks

7.5 useCallback()

useCallback() 훅은 이전에 나온 useMemo() 훅과 유사한 역할을 합니다. 한 가지 차이점은 **값이 아닌 함수를 반환한다는 점**입니다. useCallback() 훅은 useMemo() 훅과 마찬가지로 함수와 의존성 배열을 파라미터로 받습니다. useCallback() 훅에서는 파라미터로 받는 이 함수를 콜백[callback]이라고 부릅니다. 그리고 의존성 배열에 있는 변수 중 하나라도 변경되면 Memoized(메모이제이션이 된) 콜백 함수를 반환합니다.

```
const memoizedCallback = useCallback(
    () => {
        doSomething(의존성 변수1, 의존성 변수2);
    },
    [의존성 변수1, 의존성 변수2]
);
```

의존성 배열에 따라 Memoized 값을 반환한다는 점에서는 useMemo() 훅과 완전히 동일합니다. 그래서 useCallback(function, dependencies)은 useMemo(() => function, dependencies)와 동일하다고 볼 수 있습니다.

만약 useCallback() 훅을 사용하지 않고 컴포넌트 내에 함수를 정의한다면 매번 렌더링이 일어날 때마다 함수가 새로 정의됩니다. 따라서 useCallback() 훅을 사용하여 특정 변수의 값이 변한 경우에만 함수를 다시 정의하도록 해서 불필요한 반복 작업을 없애주는 것입니다.

예를 들어 useCallback() 훅을 사용하지 않고 컴포넌트 내에서 정의한 함수를 자식 컴포넌트에 props로 넘겨 사용하는 경우, 부모 컴포넌트가 다시 렌더링이 될 때마다 매번 자식 컴포넌트도 다시 렌더링됩니다. 하지만 useCallback() 훅을 사용하면 특정 변수의 값이 변한 경우에만 함수를 다시 정의하게 되므로, 함수가 다시 정의되지 않는 경우에 자식 컴포넌트도 재렌더링이 일어나지 않습니다.

NOTE **메모이제이션Memoization**

useMemo()와 useCallback() 훅에서는 **메모이제이션**이라는 개념이 나옵니다. 컴퓨터 분야에서 메모이제이션은 최적화를 위해서 사용하는 개념입니다. 비용이 높은(연산량이 많이 드는) 함수의 호출 결과를 저장해 두었다가, 같은 입력값으로 함수를 호출하면 새로 함수를 호출하지 않고 이전에 저장해 놨던 호출 결과를 바로 반환하는 것입니다. 이렇게 하면 결과적으로 함수 호출 결과를 받기까지 걸리는 시간도 짧아질뿐더러 불필요한 중복 연산도 하지 않기 때문에 컴퓨터의 자원을 적게 쓰게 되겠죠? 메모이제이션이 된 결괏값을 영어로는 **Memoized value**라고 부릅니다. 메모이제이션의 '메모'는 우리가 흔히 '메모하다'라고 표현하는 것과 비슷한 맥락이라고 생각하면 쉽습니다.

7.6 useRef()

useRef() 훅은 레퍼런스Reference를 사용하기 위한 훅입니다. 리액트에서 레퍼런스란 **특정 컴포넌트에 접근할 수 있는 객체**를 의미합니다. useRef() 훅은 바로 레퍼런스 객체ref object를 반환합니다. 레퍼런스 객체에는 .current라는 속성이 있는데 이것은 현재 레퍼런스(참조)하고 있는 엘리먼트를 의미한다고 보면 됩니다.

```
const refObject = useRef(초깃값);
```

위와 같이 useRef() 훅을 사용하면 파라미터로 들어온 초깃값initial value으로 초기화된 레퍼런스 객체를 반환합니다. 만약 초깃값이 null이라면 .current의 값이 null인 레퍼런스 객체가 반환되겠죠? 이렇게 반환된 레퍼런스 객체는 컴포넌트의 라이프타임lifetime 전체에 걸쳐서 유지됩니다. 즉, 컴포넌트가 마운트 해제 전까지는 계속 유지된다는 것이죠. 쉽게 말해 useRef() 훅은 **변경 가능한 .current라는 속성을 가진 하나의 상자**라고 생각하면 됩니다.

아래 코드는 useRef() 훅을 사용하여 버튼 클릭 시 <input>에 포커스focus를 하도록 하는 코드입니다. 초깃값으로 null을 넣었고 결과로 반환된 inputElemRef이라는 레퍼런스 객체를 <input> 태그에 넣어줬습니다. 그리고 버튼 클릭 시 호출되는 함수에서 inputElemRef.current를 통해 실제 엘리먼트에 접근하여 focus() 함수를 호출하고 있습니다.

```
function TextInputWithFocusButton(props) {
    const inputElemRef = useRef(null);

    const onButtonClick = () => {
        // `current`는 마운트된 input element를 가리킴
        inputElemRef.current.focus();
```

```
    };

    return (
        <>
            <input ref={inputElemRef} type="text" />
            <button onClick={onButtonClick}>Focus the input</button>
        </>
    );
}
```

이전에 웹사이트 개발을 해 본 독자의 경우 레퍼런스와 관련하여 DOM에 접근하기 위해 사용하는 `ref` 속성에 익숙할 수도 있습니다. 비슷하게 리액트에서는 `<input ref={inputElemRef} />`라는 코드를 작성하면 node가 변경될 때마다 `inputElemRef`의 `.current` 속성에 현재 해당되는 DOM node를 저장합니다.

`ref` 속성과 기능은 비슷하지만 `useRef()` 훅은 클래스의 인스턴스 필드를 사용하는 것과 유사하게 다양한 변수를 저장할 수 있다는 장점이 있습니다. 이렇게 가능한 이유는 `useRef()` 훅이 일반적인 자바스크립트 객체를 리턴하기 때문입니다. 그럼 '내가 직접 `.current` 속성이 포함된 자바스크립트 객체를 만들어 써도 되는 것 아닌가?'라고 생각할 수도 있습니다. 물론 그렇게 해도 목적 달성은 가능할 수 있습니다. 하지만 `useRef()` 훅을 사용하는 것과 직접 `{ current: ... }` 모양의 객체를 만들어 사용하는 것의 차이점은 `useRef()` 훅은 **매번 렌더링될 때마다 항상 같은 ref 객체를 반환한다는 것**입니다.

한 가지 기억해야 할 점은 `useRef()` 훅은 내부의 데이터가 변경되었을 때 별도로 알리지 않는다는 점입니다. `.current` 속성을 변경하는 것은 재렌더링을 일으키지 않습니다. 따라서 `ref`에 DOM node가 연결[attach]되거나 분리[detach]되었을 경우 어떤 코드를 실행하고 싶다면 `callback ref`를 사용해야 합니다.

NOTE DOM node의 변화를 어떻게 알 수 있을까요? (callback ref 사용하기)

DOM node의 변화를 알기 위한 가장 기초적인 방법으로 callback ref를 사용하는 것이 있습니다. 리액트는 ref가 다른 node에 연결될 때마다 콜백을 호출하게 됩니다. 아래 예제 코드를 봅시다.

```
function MeasureExample(props) {
    const [height, setHeight] = useState(0);

    const measuredRef = useCallback(node => {
        if (node !== null) {
            setHeight(node.getBoundingClientRect().height);
        }
    }, []);

    return (
        <>
            <h1 ref={measuredRef}>안녕, 리액트</h1>
            <h2>위 헤더의 높이는 {Math.round(height)}px 입니다.</h2>
        </>
    );
}
```

위 코드에는 레퍼런스를 위해서 useRef() 훅을 사용하지 않고 useCallback() 훅을 이용한 callback ref 방식을 사용했습니다. useRef() 훅을 사용하게 되면 레퍼런스 객체가 .current 속성이 변경되었는지를 따로 알려주지 않기 때문이죠. 하지만 callback ref 방식을 사용하게 되면 자식 컴포넌트가 변경되었을 때 알림을 받을 수 있고, 이를 통해 다른 정보들을 업데이트할 수 있습니다. 이 예제 코드에서는 <h1> 태그의 높이 값을 매번 업데이트하고 있습니다. 그리고 useCallback() 훅의 의존성 배열로 비어 있는 배열empty array을 넣었는데, 이렇게 하면 <h1> 태그가 마운트, 언마운트될 때만 콜백 함수가 호출되며 재렌더링이 일어날 때에는 호출되지 않습니다.

7.7 훅의 규칙

훅은 단순한 자바스크립트 함수이지만 두 가지 지켜야 할 규칙이 있습니다. 첫 번째 규칙은 **훅은 무조건 최상위 레벨**Top Level**에서만 호출해야 한다**는 것입니다. 여기에서 말하는 최상위 레벨은 리액트 함수 컴포넌트의 최상위 레벨을 의미합니다. 따라서 **반복문이나 조건문 또는 중첩된 함수들 안에서 훅을 호출하면 안 된다**는 뜻입니다. 이 규칙에 따라서 **훅은 컴포넌트가 렌더링될 때마다 매번 같은 순서로 호출되어야 합니다.** 그렇게 해야 리액트가 다수의 useState() 훅과 useEffect() 훅의 호출에서 컴포넌트의 state를 올바르게 관리할 수 있게 됩니다. 아래 코드를 봅시다.

```
function MyComponent(props) {
    const [name, setName] = useState('Inje');

    if (name !== '') {
        useEffect(() => {
            ...
        });
    }

    ...
}
```

위 코드에서는 name !== ''라는 조건문의 값이 참인 경우에만 useEffect() 훅을 호출하도록 되어 있습니다. 이런 경우 중간에 name의 값이 빈 문자열empty string이 되면 useEffect() 훅이 호출되지 않습니다. 결과적으로 렌더링할 때마다 훅이 같은 순서대로 호출되는 것이 아니라 조건문의 결과에 따라 호출되는 훅이 달라지므로 잘못된 코드입니다. 훅은 꼭 최상위 레벨에서만 호출해야 한다는 점을 기억하세요.

두 번째 규칙은 **리액트 함수 컴포넌트에서만 훅을 호출해야 한다**는 것입니다. 그렇기 때문에 일반적인 자바스크립트 함수에서 훅을 호출하면 안 됩니다. **훅은 리액트 함수 컴포넌트에서 호출하거나 직접 만든 커스텀 훅**Custom Hook**에서만 호출할 수 있습니다.** 이 규칙에 따라 리액트 컴포넌트에 있는 state와 관련된 모든 로직은 소스코드를 통해 명확하게 확인이 가능해야 합니다.

7.8 나만의 훅 만들기

리액트에서 기본적으로 제공되는 훅들 이외에 추가적으로 필요한 기능이 있다면 직접 훅을 만들어서 사용할 수 있습니다. 이것을 **커스텀 훅**Custom Hook이라고 부르는데 커스텀 훅을 만드는 이유는 여러 컴포넌트에서 반복적으로 사용되는 로직을 훅으로 만들어 재사용하기 위함입니다. 어떤 식으로 커스텀 훅을 만드는지 예제 코드를 통해서 배워 보도록 하겠습니다.

1 커스텀 훅을 만들어야 하는 상황

먼저 아래 예제 코드를 보도록 하겠습니다. 아래 코드에 나와 있는 UserStatus라는 컴포넌트는 isOnline이라는 state에 따라서 사용자의 상태가 온라인인지 아닌지를 텍스트로 보여 주는 컴포넌트입니다.

```
import React, { useState, useEffect } from "react";

function UserStatus(props) {
    const [isOnline, setIsOnline] = useState(null);

    useEffect(() => {
        function handleStatusChange(status) {
            setIsOnline(status.isOnline);
        }

        ServerAPI.subscribeUserStatus(props.user.id, handleStatusChange);
        return () => {
            ServerAPI.unsubscribeUserStatus(props.user.id, handleStatusChange);
        };
    });
```

```

    if (isOnline === null) {
        return '대기중...';
    }
    return isOnline ? '온라인' : '오프라인';
}
```

그리고 동일한 웹사이트에서 연락처 목록을 제공하는데 이때 온라인인 사용자의 이름은 초록색으로 표시해 주고 싶다고 가정하고, 이 컴포넌트의 이름을 UserListItem이라고 합시다. 여기에는 위의 코드에서 사용한 로직과 비슷한 로직을 넣어야 합니다. 아래 코드와 같이 말이죠.

```
import React, { useState, useEffect } from "react";

function UserListItem(props) {
    const [isOnline, setIsOnline] = useState(null);

    useEffect(() => {
        function handleStatusChange(status) {
            setIsOnline(status.isOnline);
        }

        ServerAPI.subscribeUserStatus(props.user.id, handleStatusChange);
        return () => {
            ServerAPI.unsubscribeUserStatus(props.user.id, handleStatusChange);
        };
    });

    return (
        <li style={{ color: isOnline ? 'green' : 'black' }}>
            {props.user.name}
        </li>
    );
}
```

코드를 살펴보면 위에 나온 UserStatus와 useState(), useEffect() 훅을 사용하는 부분이 동일한 것을 볼 수 있습니다. 여러 곳에서 중복되는 코드인 것이죠. 기존의 리액트에서는 보통 이렇게 state와 관련된 로직이 중복되는 경우에 render props 또는 HOC[higher order components]를 사용합니다. 하지만 여기에서는 중복되는 코드를 추출하여 커스텀 훅으로 만드는 새로운 방법을 사용해 보겠습니다.

2 커스텀 훅 추출하기

이제 중복되는 로직을 커스텀 훅으로 추출해 보겠습니다. 두 개의 자바스크립트 함수에서 하나의 로직을 공유하도록 하고 싶을 때 새로운 함수를 하나 만드는 방법을 사용합니다. 리액트 컴포넌트와 훅은 모두 함수이기 때문에 동일한 방법을 사용할 수 있습니다.

커스텀 훅은 무언가 특별한 것이 아니라 **이름이 use로 시작하고 내부에서 다른 훅을 호출하는 하나의 자바스크립트 함수**입니다. 아래 코드는 중복되는 로직을 useUserStatus()라는 커스텀 훅으로 추출해낸 것입니다.

```
import { useState, useEffect } from "react";

function useUserStatus(userId) {
    const [isOnline, setIsOnline] = useState(null);

    useEffect(() => {
        function handleStatusChange(status) {
            setIsOnline(status.isOnline);
        }

        ServerAPI.subscribeUserStatus(userId, handleStatusChange);
        return () => {
            ServerAPI.unsubscribeUserStatus(userId, handleStatusChange);
        };
    });

    return isOnline;
}
```

앞의 코드를 보면 특별할 것이 없고 그냥 두 개의 컴포넌트에서 중복되는 로직을 추출해서 가져왔습니다. 다만 다른 컴포넌트 내부에서와 마찬가지로 다른 훅을 호출하는 것은 무조건 커스텀 훅의 최상위 레벨에서만 해야 합니다.

리액트 컴포넌트와 달리 커스텀 훅은 특별한 규칙이 없습니다. 예를 들면 파라미터로 무엇을 받을지, 어떤 것을 리턴해야 할지를 개발자가 직접 정할 수 있습니다. 다시 말하면 커스텀 훅은 그냥 단순한 함수와도 같습니다. 하지만 이름은 **use**로 시작하도록 해서 이것이 단순한 함수가 아닌 리액트 훅이라는 것을 나타내주는 것이죠. 또한 훅이기 때문에 앞에서 배운 대로 훅의 두 가지 규칙이 적용됩니다.

useUserStatus() 훅의 목적은 사용자의 온라인/오프라인 상태를 구독하는 것입니다. 그렇기 때문에 아래 코드처럼 **useUserStatus()** 훅의 파라미터로 **userId**를 받도록 만들었고 해당 사용자가 온라인인지 오프라인인지의 상태를 리턴하게 했습니다.

```
function useUserStatus(userId) {
    const [isOnline, setIsOnline] = useState(null);

    // ...

    return isOnline;
}
```

이제 다음 절에서 방금 만든 커스텀 훅을 사용하는 방법에 대해 알아보겠습니다.

3 커스텀 훅 사용하기

처음 커스텀 훅을 만들기로 했을 때의 목표는 **UserStatus**와 **UserListItem** 컴포넌트로부터 중복된 로직을 제거하는 것이었습니다. 그리고 두 개의 컴포넌트는 모두 사용자가 온라인 상태인지를 알기 원했습니다.

이제 중복되는 로직을 **useUserStatus()** 훅으로 추출했기 때문에 이것을 사용하여 다음과 같이 코드를 변경할 수 있습니다.

```
function UserStatus(props) {
    const isOnline = useUserStatus(props.user.id);

    if (isOnline === null) {
        return '대기중...';
    }
    return isOnline ? '온라인' : '오프라인';
}

function UserListItem(props) {
    const isOnline = useUserStatus(props.user.id);

    return (
        <li style={{ color: isOnline ? 'green' : 'black' }}>
            {props.user.name}
        </li>
    );
}
```

위의 코드는 커스텀 훅을 적용하기 전과 동일하게 작동합니다. 동작에 변경이 없고 중복되는 로직만을 추출하여 커스텀 훅으로 만든 것이기 때문이죠. **커스텀 훅은 리액트 기능이 아닌 훅의 디자인에서 자연스럽게 따르는 규칙입니다.**

그렇다면 커스텀 훅의 이름은 꼭 use로 시작해야 할까요? 네, 그렇습니다. 이것은 중요한 규칙이기 때문에 꼭 지켜야 합니다. **만약 이름이 use로 시작하지 않는다면 특정 함수의 내부에서 훅을 호출하는지를 알 수 없기 때문에 훅의 규칙 위반 여부를 자동으로 확인할 수 없습니다.**

또한 같은 커스텀 훅을 사용하는 두 개의 컴포넌트는 state를 공유하는 것일까요? 아닙니다. 커스텀 훅은 단순히 state와 연관된 로직을 재사용이 가능하게 만든 것입니다. 따라서 여러 개의 컴포넌트에서 하나의 커스텀 훅을 사용할 때에 컴포넌트 내부에 있는 모든 state와 effects는 전부 분리되어 있습니다.

그렇다면 커스텀 훅은 어떻게 state를 분리하는 것일까요? 각각의 커스텀 훅 호출에 대해서 분리된 state를 얻게 됩니다. 위의 예제 코드에서 useUserStatus() 훅을 직접 호출하는 것처럼 리액트의 관점에서는 컴포넌트에서 useState()와 useEffect() 훅을 호출하는 것과 동일한 것입니다. 또한 하나의 컴포넌트에서 useState()와 useEffect() 훅을 여러 번 호출할 수 있는 것처럼 각 커스텀 훅의 호출 또한 완전히 독립적이라고 볼 수 있습니다.

NOTE 훅들 사이에서 데이터를 공유하는 방법

훅을 호출함에 있어 각 호출은 완전히 독립적이라고 배웠습니다. 그렇다면 훅들 사이에서 데이터를 공유하고 싶다면 어떻게 해야 할까요? 아래 예제 코드를 봅시다.

```
const userList = [
    { id: 1, name: 'Inje' },
    { id: 2, name: 'Mike' },
    { id: 3, name: 'Steve' },
];

function ChatUserSelector(props) {
    const [userId, setUserId] = useState(1);
    const isUserOnline = useUserStatus(userId);

    return (
    <>
        <Circle color={isUserOnline ? 'green' : 'red'} />
        <select
            value={userId}
            onChange={event => setUserId(Number(event.target.value))}
        >
            {userList.map(user => (
                <option key={user.id} value={user.id}>
                    {user.name}
                </option>
            ))}
        </select>
    </>
    );
}
```

위 코드에서는 ChatUserSelector라는 컴포넌트가 나옵니다. 이 컴포넌트는 <select> 태그를 통해 목록에서 사용자를 선택할 수 있게 해 주고 있으며, 사용자를 선택할 경우 해당 사용자가 온라인인지 아닌지를 보여 주게 됩니다. 여기에서 눈여겨 봐야 할 곳이 바로 아래 부분입니다.

```
const [userId, setUserId] = useState(1);
const isUserOnline = useUserStatus(userId);
```

이 코드를 자세히 보면 **useState()** 훅을 사용해서 **userId**라는 **state**를 만들었습니다. 현재 선택된 사용자의 아이디를 저장하기 위한 용도이죠. 그리고 이 **userId**는 바로 다음에 나오는 **useUserStatus** 훅의 파라미터로 들어가게 됩니다. 이렇게 하면 **setUserId** 함수를 통해 **userId**가 변경될 때마다, **useUserStatus** 훅은 이전에 선택된 사용자를 구독 취소하고 새로 선택된 사용자의 온라인 여부를 구독하게 됩니다. 훅들 사이에서는 이러한 방법으로 데이터를 공유할 수 있습니다.

PRACTICE 7.9

실습

훅을 사용한 컴포넌트 개발

이번 실습에서는 useState(), useEffect() 훅을 직접 사용해 보고 커스텀 훅을 직접 만들어 보도록 하겠습니다.

1 실습 useCounter() 커스텀 훅 만들기

먼저 앞에서 VS Code로 Vite를 이용해 만든 프로젝트를 엽니다. 그다음 아래와 같이 chapter_07이라는 이름으로 폴더를 하나 생성합니다.

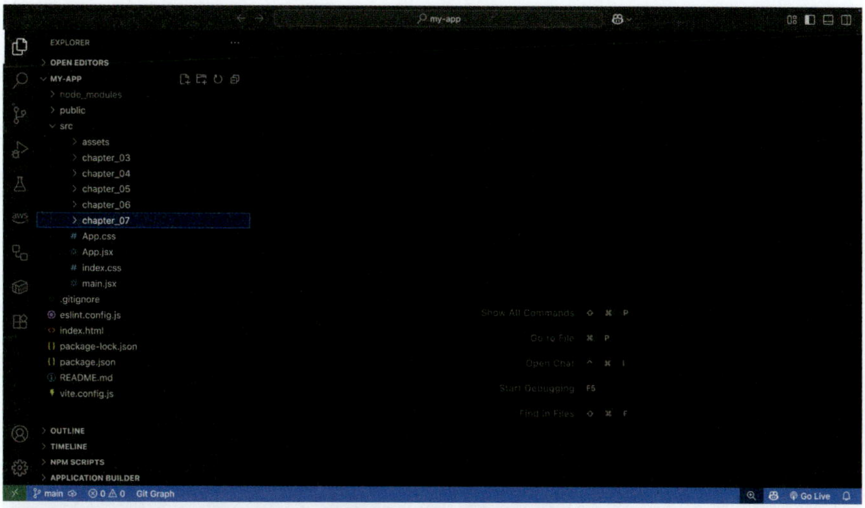

▶ 실습 화면 01

다음으로 만든 폴더에 useCounter.jsx라는 이름의 파일을 새로 만들고 다음 코드처럼 useCounter라는 이름의 리액트 훅을 하나 만듭니다.

```
import { useState } from "react";

function useCounter(initialValue) {
    const [count, setCount] = useState(initialValue);

    const increaseCount = () => setCount((count) => count + 1);
    const decreaseCount = () => setCount((count) => Math.max(count - 1, 0));

    return [count, increaseCount, decreaseCount];
}

export default useCounter;
```

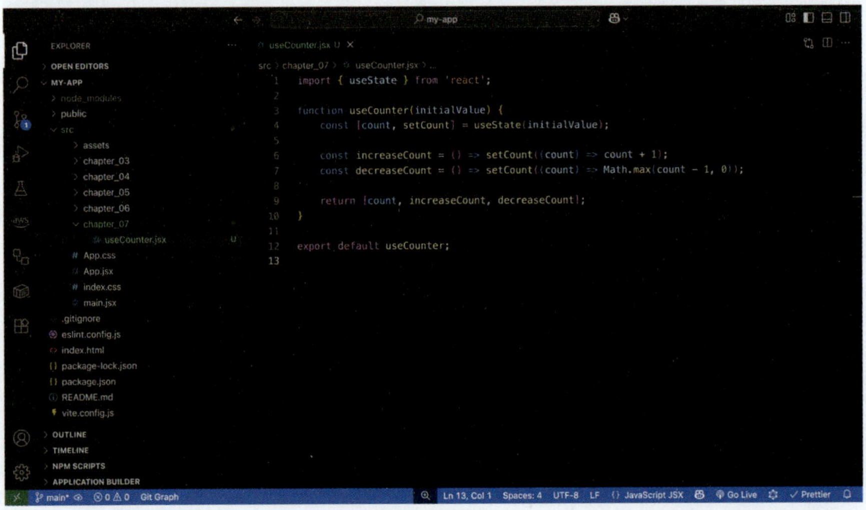

▶ 실습 화면 02

useCounter() 훅은 초기 카운트 값을 파라미터로 받아서 count라는 이름의 state를 생성하여 값을 제공하고 카운트 증가 및 감소를 편리하게 할 수 있도록 함수를 제공하는 훅입니다. 따라서 useCounter() 훅으로 어떤 함수 컴포넌트에서든지 카운트 기능을 쉽게 사용할 수 있습니다.

2 실습 Accommodate 컴포넌트 만들기

다음은 useCounter() 훅을 사용하는 함수 컴포넌트를 만들어 보겠습니다. 이 컴포넌트를 사람을 수용하는 시설에서 사용한다고 가정해 보겠습니다. Accommodate.jsx라는 이름의 파일을 새로 만들고 아래 코드처럼 Accommodate라는 이름의 리액트 함수 컴포넌트를 만듭니다.

```
import { useState, useEffect } from 'react';
import useCounter from './useCounter';

const MAX_CAPACITY = 10;

function Accommodate(props) {
    const [isFull, setIsFull] = useState(false);
    const [count, increaseCount, decreaseCount] = useCounter(0);

    useEffect(() => {
        console.log('======================');
        console.log('useEffect() is called.');
        console.log(`isFull: ${isFull}`);
    });

    useEffect(() => {
        setIsFull(count >= MAX_CAPACITY);
        console.log(`Current count value: ${count}`);
    }, [count]);

    return (
```

```
    <div style={{ padding: 16 }}>
      <p>{`총 ${count}명 수용했습니다.`}</p>

      <button
        onClick={increaseCount}
        disabled={isFull}>
        입장
      </button>
      <button onClick={decreaseCount}>퇴장</button>

      {isFull && <p style={{ color: 'red' }}>정원이 가득찼습니다.</p>}
    </div>
  );
}

export default Accommodate;
```

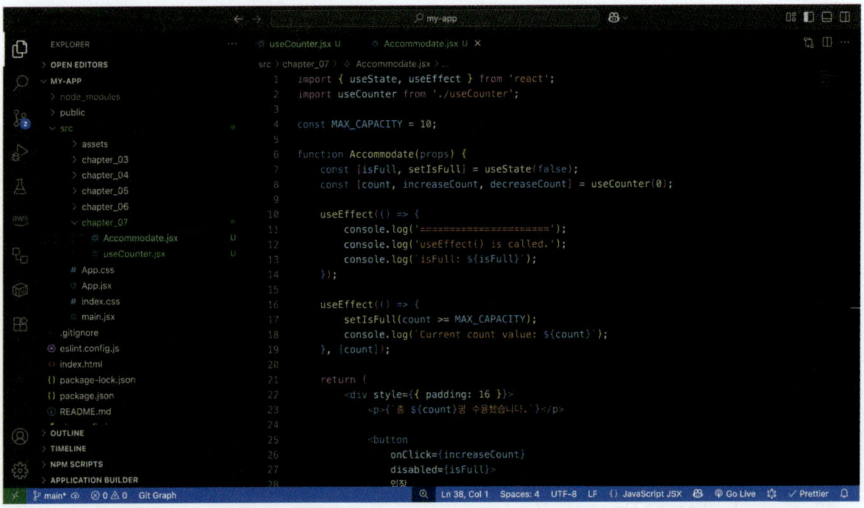

▶ 실습 화면 03

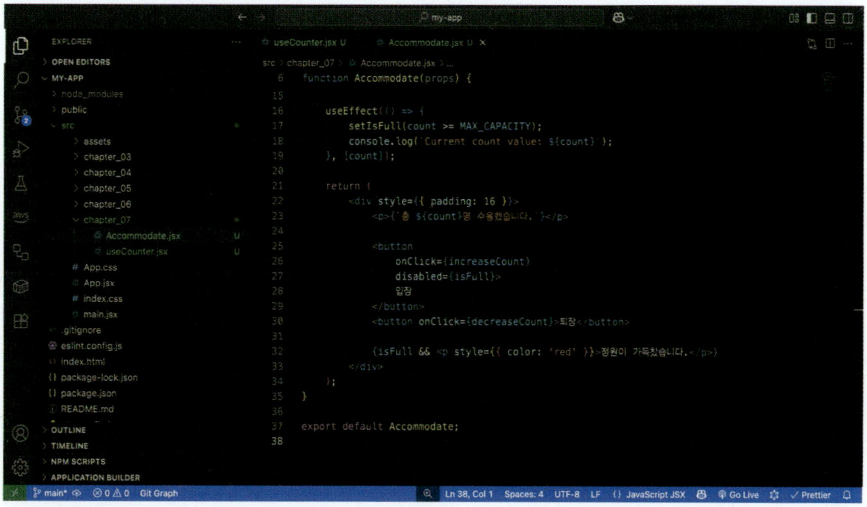

▶ 실습 화면 04

Accommodate 컴포넌트는 앞에서 만든 useCounter() 훅을 사용하여 카운트를 관리합니다. 최대 카운트 개수는 MAX_CAPACITY라는 이름의 상수constant로 정의되어 있고, 카운트 개수가 최대 용량을 초과하면 경고 문구가 표시되며 더 이상 입장이 불가능해집니다.

여기에서 useEffect() 훅의 작동 방식을 확인하기 위해 일부러 두 개의 useEffect() 훅을 사용했습니다. 하나는 의존성 배열dependency array이 없는 형태이고 다른 하나는 있는 형태입니다. 의존성 배열이 없는 useEffect() 훅은 컴포넌트가 마운트된 직후에 호출되며 이후 컴포넌트가 업데이트될 때마다 호출됩니다. 그리고 의존성 배열이 있는 useEffect() 훅은 컴포넌트가 마운트된 직후에 호출되며, 이후 count 값이 바뀔 때마다 호출되는데 이때 용량이 가득 찼는지 아닌지의 상태를 isFull이라는 state에 저장합니다.

3 실습 실행하기

이제 만든 Accommodate 컴포넌트를 실제 화면에 렌더링하기 위해서 main.jsx 파일을 수정해야 합니다. 다음 코드와 그림에 표시된 부분을 참고하여 방금 새로 만든 Accommodate 컴포넌트를 임포트해서 ReactDOM의 createRoot() 함수로 만든 root의 render() 함수에 넣어 주는 코드로 변경해 보세요.

```
import { StrictMode } from 'react';
import { createRoot } from 'react-dom/client';
import './index.css';
import App from './App.jsx';

import Library from './chapter_03/Library';
import Clock from './chapter_04/Clock';
import CommentList from './chapter_05/CommentList';
import NotificationList from './chapter_06/NotificationList';
import Accommodate from './chapter_07/Accommodate';

const root = createRoot(document.getElementById('root'));
root.render(
    // <StrictMode>
        <Accommodate />
    // </StrictMode>
);
```

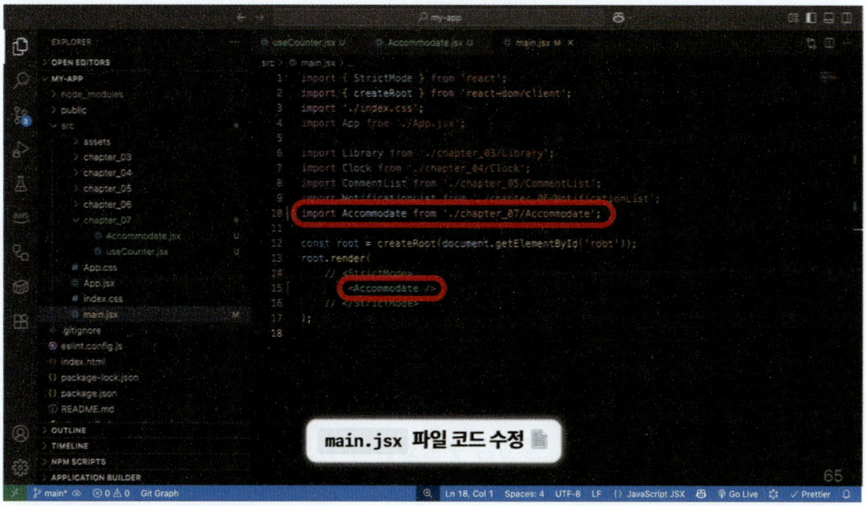

▶ 실습 화면 05

코드 작성이 끝났으면 실제로 리액트 애플리케이션을 실행해 보겠습니다. VS Code의 상단 메뉴에서 `Terminal > New Terminal`을 눌러 새로운 터미널을 하나 실행시킵니다. 이후 다음 그림처럼 `npm run dev` 명령어를 실행합니다.

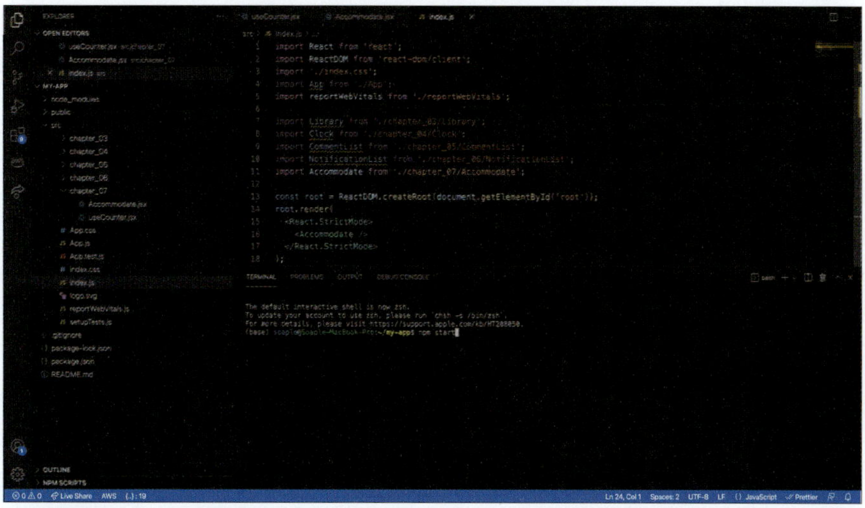

▶ 실습 화면 06

잠시 뒤에 애플리케이션이 개발 모드로 실행되고 웹브라우저에서 `http://localhost:5173`에 접속합니다. 화면에는 현재 수용 인원과 입장 버튼, 퇴장 버튼이 나오게 됩니다. 로그를 보기 위해서 다음 그림과 같이 크롬 개발자 도구를 열어 콘솔 탭을 함께 확인하기 바랍니다.

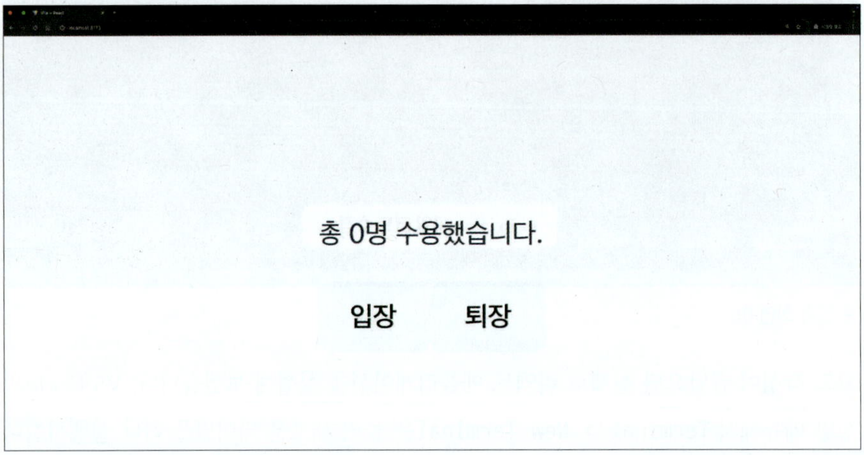

▶ 실습 화면 07

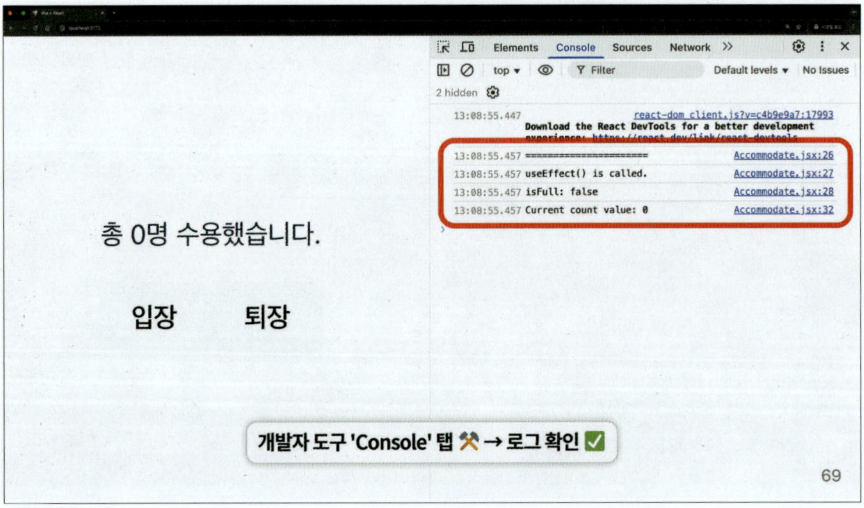

▶ 실습 화면 08

처음에 출력된 로그를 보면 우리가 사용한 두 개의 useEffect() 훅이 호출된 것을 알 수 있습니다. 입장 버튼을 눌러보겠습니다.

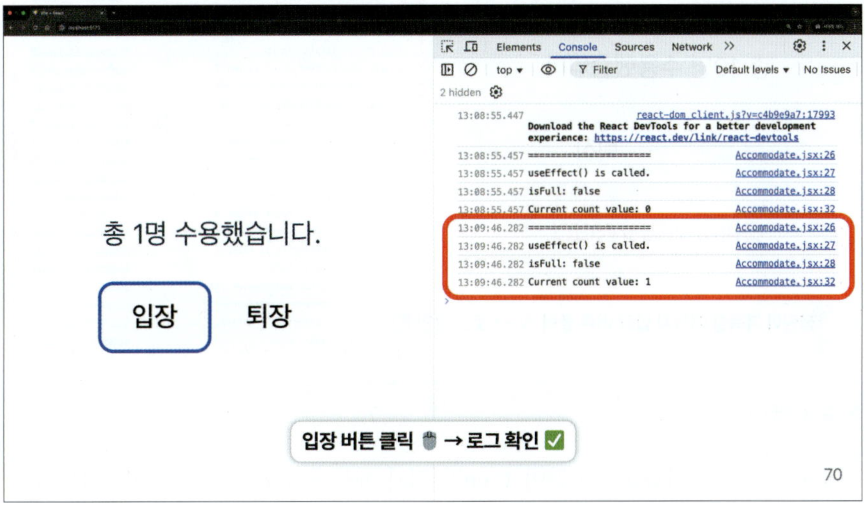

▶ 실습 화면 09

그렇게 하면 역시 두 개의 useEffect() 훅이 호출되는데 카운트 값은 1 증가한 것을 볼 수 있습니다. 의존성 배열이 없는 useEffect() 훅이 호출된 이유는 컴포넌트가 업데이트됐기 때문이고, 의존성 배열이 있는 useEffect() 훅이 호출된 이유는 count 값이 변경되었기 때문입니다. 이 예제를 통해서 useEffect() 훅의 흐름을 확실히 이해하기 바랍니다. 다음은 정원이 가득 찰 때까지 계속 입장 버튼을 눌러보겠습니다.

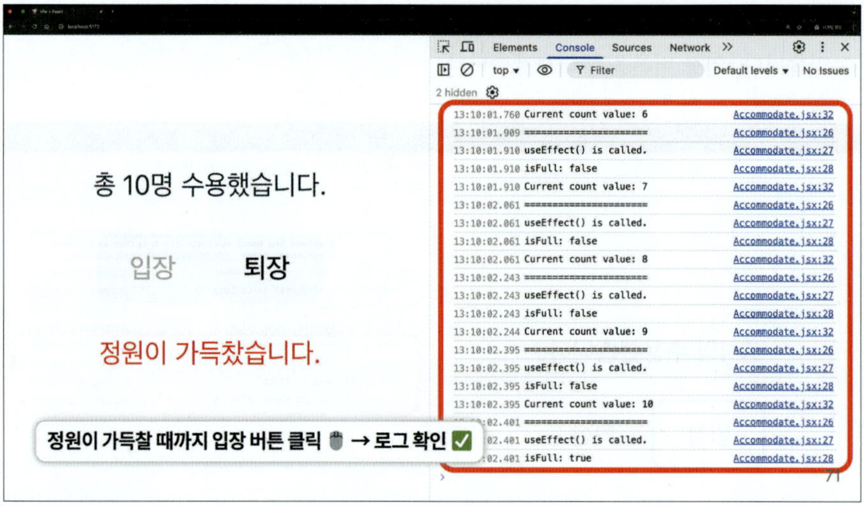

▶ 실습 화면 10

정원이 가득 차면 `isFull`의 값이 `true`가 되기 때문에 입장 버튼이 비활성화되어 더 이상 누를 수 없게 되고 빨간 글씨로 경고 문구가 출력됩니다. 로그를 보면 카운트 값이 10이 된 이후에는 더 이상 변하지 않기 때문에 `count`를 의존성 배열로 갖고 있는 `useEffect()` 훅은 호출되지 않는 것을 볼 수 있습니다. 이제 다시 퇴장 버튼을 눌러 수용 인원을 줄여 보겠습니다.

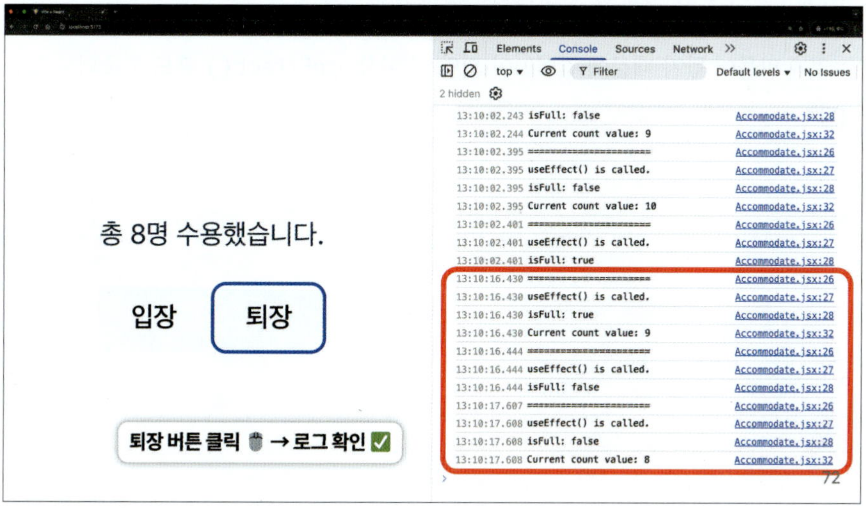

▶ 실습 화면 11

역시 두 개의 useEffect() 훅이 호출되고 카운트 값이 줄어드는 것을 볼 수 있습니다. 마지막으로 수용 인원이 0이 될 때까지 계속 퇴장 버튼을 눌러보겠습니다.

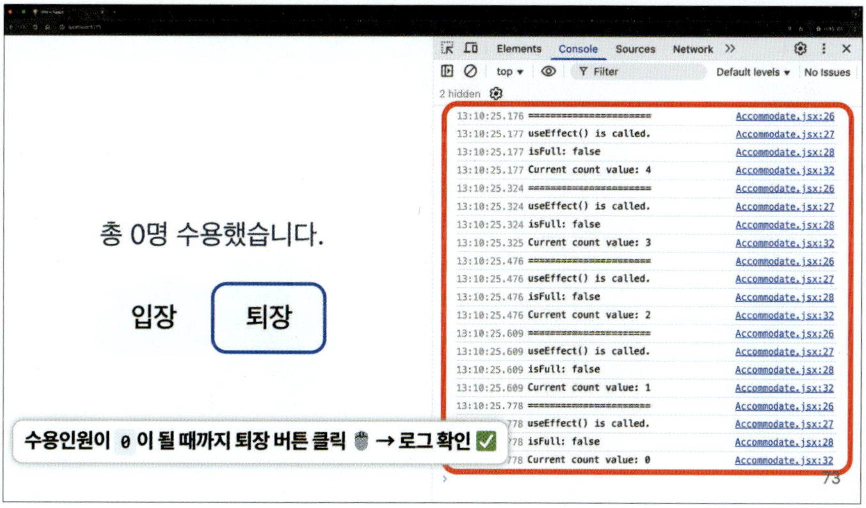

▶ 실습 화면 12

useCounter() 훅에서 Math.max() 함수를 사용하여 카운트 값이 0 아래로 내려갈 수 없게 만들어 놨기 때문에 값이 0이 되면 더 이상 useEffect() 훅도 호출되지 않습니다

7.10 마치며

지금까지 리액트의 대표적인 훅인 `useState()`와 `useEffect()`를 사용해 보았습니다. 또한 커스텀 훅을 만들어 실제로 어떻게 사용하는지까지 배워봤습니다. 이 장에서 배운 내용의 양이 꽤 많은데 훅은 그만큼 중요한 부분이기 때문에 이해가 되지 않는 부분이 있다면 여러 번 반복해서 읽기를 바랍니다.

요약

이 장에서 배운 내용은 아래와 같습니다.

- **훅**
  - 훅이란?
    - 리액트의 state와 생명주기 기능에 갈고리를 걸어 원하는 시점에 정해진 함수를 실행되도록 만든 것
  - useState()
    - state를 사용하기 위한 훅
    - 함수 컴포넌트에서는 기본적으로 state라는 것을 제공하지 않음
    - 클래스 컴포넌트처럼 state를 사용하고 싶으면 useState()훅을 사용해야 함
    - 사용법
      - const [변수명, set함수명] = useState(초깃값);
      - 변수 각각에 대해 set 함수가 따로 존재함
  - useEffect()
    - 사이드 이펙트를 수행하기 위한 훅
    - 사이드 이펙트란 서버에서 데이터를 받아오거나 수동으로 DOM을 변경하는 등의 작업
    - useEffect() 훅만으로 클래스 컴포넌트의 생명주기 함수들과 동일한 기능을 수행할 수 있음
    - 사용법
      - useEffect(이펙트 함수, 의존성 배열);
      - 의존성 배열 안에 있는 변수 중에 하나라도 값이 변경되었을 때 이펙트 함수가 실행됨
      - 의존성 배열에 빈 배열([])을 넣으면 마운트와 언마운트시에 단 한 번씩만 실행됨

        - 의존성 배열 생략 시 컴포넌트가 업데이트될 때마다 호출됨
        - 선언된 컴포넌트의 props와 state에 접근할 수 있음
        - useEffect()에서 리턴하는 함수는 컴포넌트 마운트가 해제될 때 호출됨
  - useMemo()
    - Memoized value를 리턴하는 훅
    - 연산량이 높은 작업이 매번 렌더링될 때마다 반복되는 것을 피하기 위해 사용
    - 렌더링이 일어나는 동안 실행되므로 렌더링이 일어나는 동안 실행돼서는 안될 작업을 useMemo()에 넣으면 안 됨
    - 사용법
        - const memoizedValue = useMemo(값 생성 함수, 의존성 배열);
        - 의존성 배열에 들어 있는 변수가 변했을 경우에만 새로 값 생성 함수를 호출하여 결괏값을 반환함
        - 그렇지 않은 경우에는 기존 함수의 결괏값을 그대로 반환함
        - 의존성 배열을 넣지 않을 경우 렌더링이 일어날 때마다 매번 값 생성 함수가 실행되므로 의미가 없음
  - useCallback()
    - useMemo() 훅과 유사하지만 값이 아닌 함수를 반환한다는 점이 다름
    - useCallback(콜백 함수, 의존성 배열);은 useMemo(() => 콜백 함수, 의존성 배열);과 동일
    - 컴포넌트 내에 함수를 정의하면 매번 렌더링이 일어날 때마다 함수가 새로 정의되므로 useCallback() 훅을 사용하여 불필요한 함수 재정의 작업을 없애는 것
    - 사용법
        - const memoizedCallback = useCallback(콜백 함수, 의존성 배열);
        - 의존성 배열에 들어 있는 변수가 변했을 경우에만 콜백 함수를 다시 정의해서 리턴함
  - useRef()
    - 레퍼런스를 사용하기 위한 훅
    - 레퍼런스란 특정 컴포넌트에 접근할 수 있는 객체를 의미
    - 매번 렌더링될 때마다 항상 같은 레퍼런스 객체를 반환
    - 사용법
        - const refObject = useRef(초깃값);
        - .current라는 속성을 통해서 접근
- **훅의 규칙**
  - 무조건 최상위 레벨에서만 호출해야 함
    - 반복문이나 조건문 또는 중첩된 함수들 안에서 훅을 호출하면 안 됨
    - 컴포넌트가 렌더링될 때마다 매번 같은 순서로 호출되어야 함
  - 리액트 함수 컴포넌트에서만 훅을 호출해야 함
    - 훅은 리액트 함수 컴포넌트에서 호출하거나 직접 만든 커스텀 훅에서만 호출할 수 있음

- **커스텀 훅**
  - 이름이 use로 시작하고 내부에서 다른 훅을 호출하는 단순한 자바스크립트 함수
  - 파라미터로 무엇을 받을지, 어떤 것을 리턴해야 할지를 개발자가 직접 정할 수 있음
  - 중복되는 로직을 커스텀 훅으로 추출하여 재사용성을 높이기
  - 이름이 use로 시작하지 않으면 특정 함수의 내부에서 훅을 호출하는지를 알 수 없기 때문에 훅의 규칙 위반 여부를 자동으로 확인할 수 없음

Chapter

8

이벤트 핸들링

Preview

이 장에서는 이벤트Events를 다루는 방법에 대해서 배워 보도록 하겠습니다. 흔히 이벤트라고 하면 연인에게 해 주는 깜짝 파티 같은 것을 떠올릴 수도 있을 텐데 컴퓨터 프로그래밍에서의 이벤트는 사건이라는 의미를 가지고 있습니다. 예를 들면 사용자가 버튼을 클릭하는 사건도 하나의 이벤트라고 볼 수 있습니다. 여기에서 클릭한 사건을 클릭 이벤트라고 부릅니다. 웹사이트에는 굉장히 다양한 이벤트들이 있습니다. 이러한 이벤트들이 발생했을 때 원하는 대로 처리해 줘야 웹사이트가 정상적으로 돌아가겠죠? 이제 그 방법에 대해서 하나씩 배워 보도록 합시다.

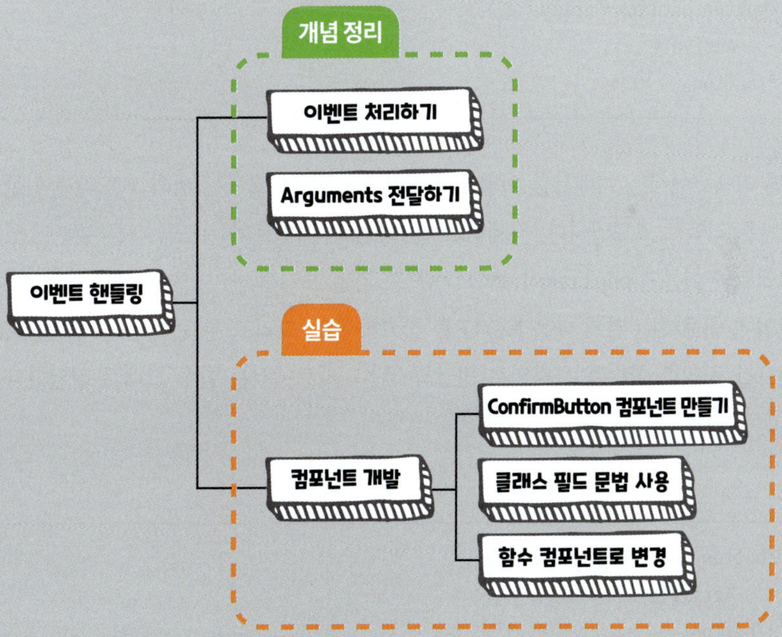

8.1 이벤트 처리하기

먼저 리액트에서 이벤트를 처리하는 방법을 알아보기 전에 DOM의 이벤트에 대해서 알아봅시다. 아래는 DOM에서 클릭 이벤트를 처리하는 예제 코드입니다. 버튼이 눌리면 `activate()` 라는 함수를 호출하도록 되어 있습니다. DOM에서는 클릭 이벤트를 처리할 함수를 `onclick` 을 통해서 전달합니다.

```
<button onclick="activate()">
    Activate
</button>
```

그렇다면 리액트에서는 이벤트를 어떻게 처리할까요? 아래 코드는 위의 코드와 동일한 기능을 하도록 만든 리액트 코드입니다. 자세히 보면 DOM의 이벤트와는 조금 다른 부분이 있습니다. 먼저 이벤트의 이름인 `onclick`이 `onClick`으로 카멜 표기법Camel case이 적용되어 있습니다. 카멜 표기법에 대해서는 뒤에 나올 NOTE를 참고하세요. 그리고 두 번째 다른 점은 DOM에서는 이벤트를 처리할 함수를 문자열로 전달하지만 리액트에서는 함수 그대로 전달한다는 것입니다.

```
<button onClick={activate}>
    Activate
</button>
```

이처럼 DOM에도 이벤트가 있고 리액트에도 이벤트가 있지만 사용하는 방법이 조금 다르다는 것을 기억하기 바랍니다. 그렇다면 이벤트는 어떻게 처리해야 할까요? 위에서 본 예제 코드처럼 어떤 이벤트가 발생했을 때 해당 이벤트를 처리하는 함수가 있는데 이것을 **이벤트 핸들러**

Event Handler라고 부릅니다. 또는 이벤트가 발생하는 것을 계속 듣고 있는다는 의미로 **이벤트 리스너**Event Listener라고 부르기도 합니다. 그렇다면 이벤트 핸들러를 어떻게 추가해야 할까요? 아래 예제 코드를 봅시다.

```
class Toggle extends React.Component {
    constructor(props) {
        super(props);

        this.state = { isToggleOn: true };

        // callback에서 `this`를 사용하기 위해서는 바인딩을 필수적으로 해 줘야 함
        this.handleClick = this.handleClick.bind(this);
    }

    handleClick() {
        this.setState(prevState => ({
            isToggleOn: !prevState.isToggleOn
        }));
    }

    render() {
        return (
            <button onClick={this.handleClick}>
                {this.state.isToggleOn ? '켜짐' : '꺼짐'}
            </button>
        );
    }
}
```

위 코드에는 Toggle이라는 클래스 컴포넌트가 나옵니다. 그리고 컴포넌트의 state에는 isToggleOn이라는 Boolean 변수가 하나 있습니다. 버튼을 클릭하면 이벤트 핸들러 함수인 handleClick() 함수를 호출하도록 되어 있는데, 여기서 눈여겨봐야 할 곳은 바로 handleClick() 함수를 정의하는 부분과 this.handleClick = this.handleClick.bind(this); 부분입니다.

먼저 handleClick() 함수의 정의 부분은 일반적인 함수를 정의하는 것과 동일하게 괄호와 중괄호를 사용해서 클래스의 함수로 정의하고 있습니다. 이렇게 정의된 함수를 constructor()에서 bind()를 이용하여 this.handleClick에 대입해 줍니다. 이렇게 하는 이유는 클래스 컴포넌트에서 정의한 함수 내에서 this를 사용하기 위함입니다.

JSX에서 this의 의미에 대해 유의해야 하는데 bind를 하는 이유는 **자바스크립트에서는 기본적으로 클래스 함수들이 바운드Bound되지 않기 때문**입니다. 그래서 bind를 하지 않으면 `this.handleClick`은 글로벌 스코프global scope에서 호출되는데 글로벌 스코프에서 this.handleClick은 undefined이므로 사용할 수가 없습니다. **이것은 리액트에만 해당되는 내용이 아니라 자바스크립트 함수의 작동 원리 중 일부분입니다.** 따라서 **일반적으로 함수의 이름 뒤에 괄호(()) 없이 사용하려면 무조건 해당 함수를 bind해 줘야 합니다.** bind에 대한 더 자세한 내용은 아래 링크를 참고하기 바랍니다.

https://developer.mozilla.org/en-US/docs/Web/JavaScript/Reference/Global_objects/Function/bind

bind를 사용하는 방식이 번거롭게 느껴진다면 아래 예제 코드처럼 **클래스 필드 문법**Class fields syntax을 사용할 수 있습니다.

```
class MyButton extends React.Component {
    handleClick = () => {
        console.log('this is:', this);
    }

    render() {
        return (
            <button onClick={this.handleClick}>
                클릭
            </button>
        );
    }
}
```

bind와 클래스 필드 문법을 사용하지 않으려면 아래와 같이 이벤트 핸들러를 넣는 곳에 arrow function을 사용하는 방법도 있습니다.

```
class MyButton extends React.Component {
    handleClick() {
        console.log('this is:', this);
    }

    render() {
        // 이렇게 하면 `this`가 바운드됩니다.
        return (
            <button onClick={() => this.handleClick()}>
                클릭
            </button>
        );
    }
}
```

다만 지금은 클래스 컴포넌트를 거의 사용하지 않기 때문에 위 내용은 참고로만 알고 있기 바랍니다. 위에 나왔던 Toggle 컴포넌트를 함수 컴포넌트로 변환하면 아래와 같습니다.

```
function Toggle(props) {
    const [isToggleOn, setIsToggleOn] = useState(true);

    // 방법 1. 함수 안에 함수로 정의
    function handleClick() {
        setIsToggleOn((isToggleOn) => !isToggleOn);
    }

    // 방법 2. arrow function을 사용하여 정의
    const handleClick = () => {
        setIsToggleOn((isToggleOn) => !isToggleOn);
    }
```

```

    return (
        <button onClick={handleClick}>
            {isToggleOn ? "켜짐" : "꺼짐"}
        </button>
    );
}
```

함수 컴포넌트 내부에서 이벤트 핸들러를 정의하는 방법은 위 코드처럼 함수 안에 또 다른 함수로 정의하는 방법과 `arrow function`을 사용하여 정의하는 방법이 있습니다. 함수 컴포넌트에서는 this를 사용하지 않고 위의 코드처럼 `onClick`에 곧바로 `handleClick`을 넘기면 됩니다.

NOTE 카멜 표기법Camel case

카멜 표기법은 사막에 있는 낙타의 등 모양을 보고 이름을 지은 것인데 낙타의 등을 보면 굴곡진 혹이 있어서 오르락 내리락하는 형태를 볼 수 있습니다. 이처럼 카멜 표기법은 첫 글자는 소문자로 시작하되, 중간에 나오는 새로운 단어의 첫 글자를 대문자로 사용한 방법입니다. 글자의 크기가 변하는 게 마치 낙타의 등과 같다고 해서 카멜 표기법으로 이름이 지어졌습니다. 위에서 나온 `onClick`도 첫 알파벳 o는 소문자로 쓰여 있고 다음에 나오는 단어인 `click`의 첫 글자인 C는 대문자로 시작하기 때문에 카멜 표기법이 쓰인 경우입니다.

8.2 Arguments 전달하기

지금까지 이벤트 핸들러를 어떻게 사용하지는에 대해 배웠습니다. 이제 이벤트 핸들러에 Arguments를 전달하는 방법에 대해서 배워 보도록 하겠습니다. 영단어 Argument는 주장, 논쟁, 말다툼이라는 뜻을 갖고 있습니다. 여기에서는 **주장**이라는 뜻에 더 가까운데 **함수에 주장할 내용**이라고 이해하면 됩니다. 다시 말해 **함수에 전달할 데이터**를 Arguments라고 하며 같은 의미로 파라미터Parameter라는 용어도 많이 사용합니다. 우리말로는 **매개변수**라고 부릅니다.

이벤트 핸들러에 매개변수를 전달해야 하는 경우는 굉장히 많습니다. 예를 들어 특정 사용자 프로필을 클릭했을 때 해당 사용자의 아이디를 매개변수로 전달해서 정해진 작업을 처리해야 하는 경우를 들 수 있습니다. 아래 클래스 컴포넌트의 예제 코드를 통해 어떤 식으로 매개변수를 이벤트 핸들러에 전달하는지 보도록 합시다.

```
<button onClick={(event) => this.deleteItem(id, event)}>삭제하기</button>
<button onClick={this.deleteItem.bind(this, id)}>삭제하기</button>
```

위의 코드 두 줄은 모두 동일한 역할을 하지만 하나는 `arrow function`을 사용했고 다른 하나는 `Function.prototype.bind`를 사용했습니다. `event`라는 매개변수는 리액트의 이벤트 객체를 의미합니다. 두 방법 모두 첫 번째 매개변수는 `id`이고 두 번째 매개변수로 `event`가 전달됩니다.

첫 번째 `arrow function`을 사용한 방법은 명시적으로 `event`를 두 번째 매개변수로 넣어 주었고, 두 번째 `Function.prototype.bind`를 사용한 방법은 `event`가 자동으로 `id` 이후의 두 번째 매개변수로 전달됩니다.

이렇게 사용하는 방식은 클래스 컴포넌트에서 사용하는 방식이므로 지금은 거의 사용하지 않습니다. 함수 컴포넌트에서는 이벤트 핸들러에 매개변수를 전달할 때 아래와 같이 하면 됩니다. 참고로 매개변수의 순서는 원하는 대로 변경해도 상관없습니다.

```
function MyButton(props) {
    const handleDelete = (id, event) => {
        console.log(id, event.target);
    };

    return (
        <button onClick={(event) => handleDelete(1, event)}>삭제하기</button>
    );
}
```

PRACTICE 8.3

실습

클릭 이벤트 처리하기

이번 실습에서는 확인 버튼 컴포넌트를 직접 만들고 클릭 이벤트에 이벤트 핸들러를 연동해 보도록 하겠습니다.

1 실습 ConfirmButton 컴포넌트 만들기

앞에서 VS Code로 Vite를 이용해 만든 프로젝트를 엽니다. 그리고 아래와 같이 chapter_08이라는 이름의 폴더를 하나 생성합니다.

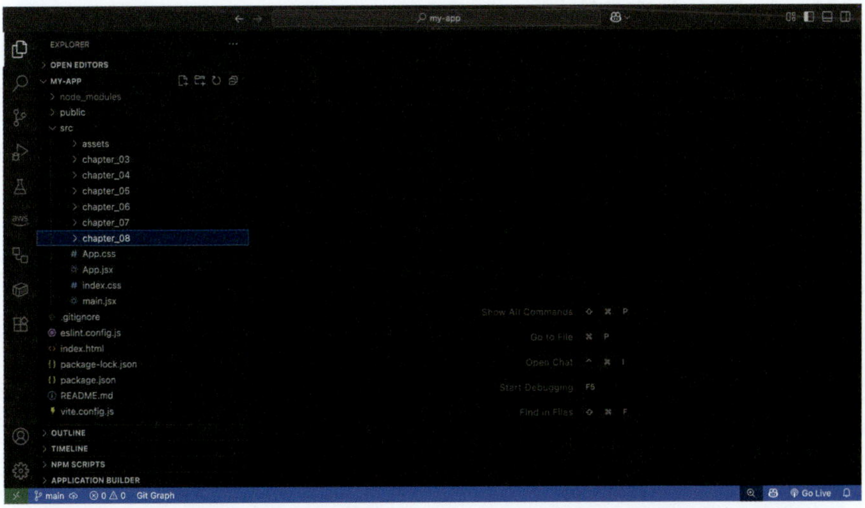

▶ 실습 화면 01

그다음 만든 폴더에 ConfirmButton.jsx라는 이름의 파일을 새로 만들고 다음 코드처럼 ConfirmButton이라는 이름의 클래스 컴포넌트를 만듭니다.

```
import React from 'react';

class ConfirmButton extends React.Component {
    constructor(props) {
        super(props);

        this.state = {
            isConfirmed: false,
        };

        this.handleConfirm = this.handleConfirm.bind(this);
    }

    handleConfirm() {
        this.setState((prevState) => ({
            isConfirmed: !prevState.isConfirmed,
        }));
    }

    render() {
        return (
            <button
                onClick={this.handleConfirm}
                disabled={this.state.isConfirmed}
            >
                {this.state.isConfirmed ? '확인됨' : '확인하기'}
            </button>
        );
    }
}

export default ConfirmButton;
```

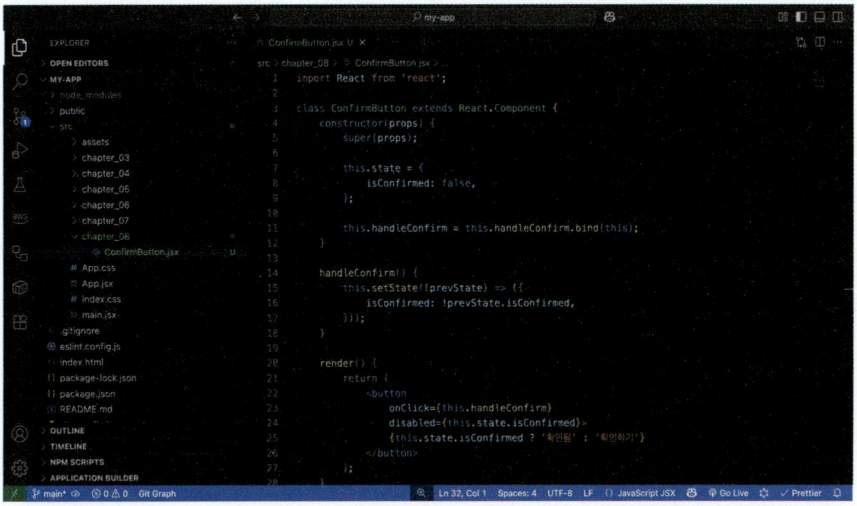

▶ 실습 화면 02

ConfirmButton 컴포넌트는 확인confirm 여부를 저장하기 위해 state에 isConfirmed 라는 변수를 하나 갖고 있으며 초깃값은 false입니다. 그리고 버튼의 onClick 이벤트를 처리하기 위해서 이벤트 핸들러로 handleConfirm이라는 함수를 만들어 넣어줬습니다. 위 코드에서 볼 수 있듯이 여기에서는 bind()를 사용하는 방식으로 이벤트 핸들러를 처리했습니다.

이제 ConfirmButton 컴포넌트를 실제로 화면에 렌더링하기 위해서 main.jsx 파일을 수정해야 합니다. 다음 코드와 그림에 표시된 부분을 참고하여 방금 새로 만든 ConfirmButton 컴포넌트를 임포트해서 ReactDOM의 createRoot() 함수로 만든 root의 render() 함수에 넣어 주는 코드로 변경해 보세요. 앞 장에서 주석 처리해 놨던 StrictMode의 주석도 제거했습니다.

```
import { StrictMode } from 'react';
import { StrictMode } from 'react-dom/client';
import './index.css';
```

```
import App from './App.jsx';

import Library from './chapter_03/Library';
import Clock from './chapter_04/Clock';
import CommentList from './chapter_05/CommentList';
import NotificationList from './chapter_06/NotificationList';
import Accommodate from './chapter_07/Accommodate';
import ConfirmButton from './chapter_08/ConfirmButton';

const root = createRoot(document.getElementById('root'));
root.render(
    <StrictMode>
        <ConfirmButton />
    </StrictMode>
);
```

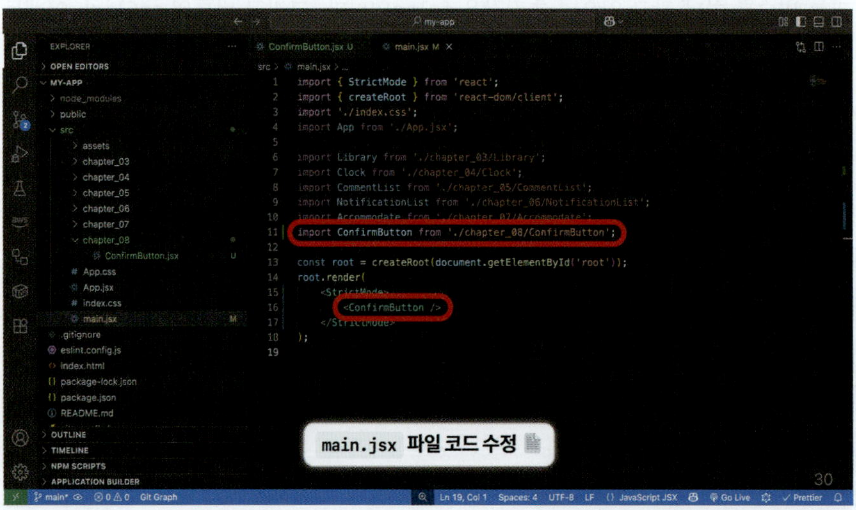

▶ 실습 화면 03

코드 작성이 끝났다면 리액트 애플리케이션을 실행해 보겠습니다. VS Code의 상단 메뉴에서 `Terminal` > `New Terminal`을 눌러 새로운 터미널을 하나 실행시킵니다. 이후 다음 그림처럼 `npm run dev` 명령어를 실행합니다.

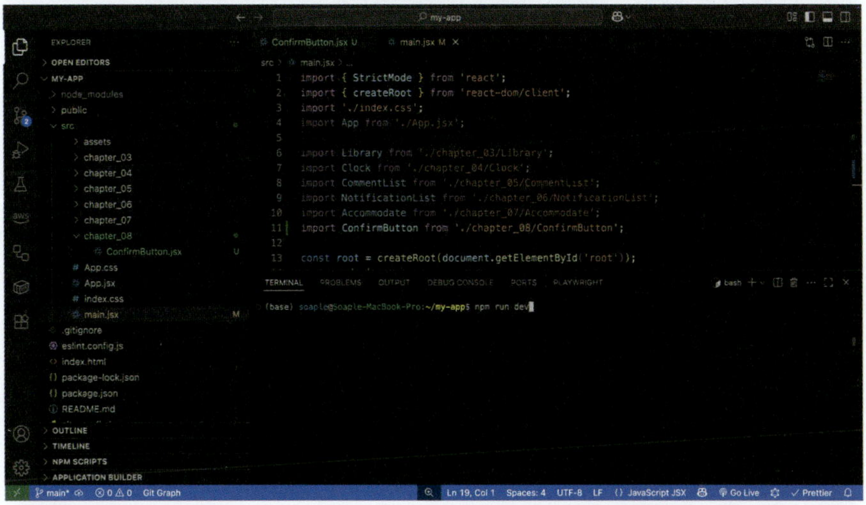

▶ 실습 화면 04

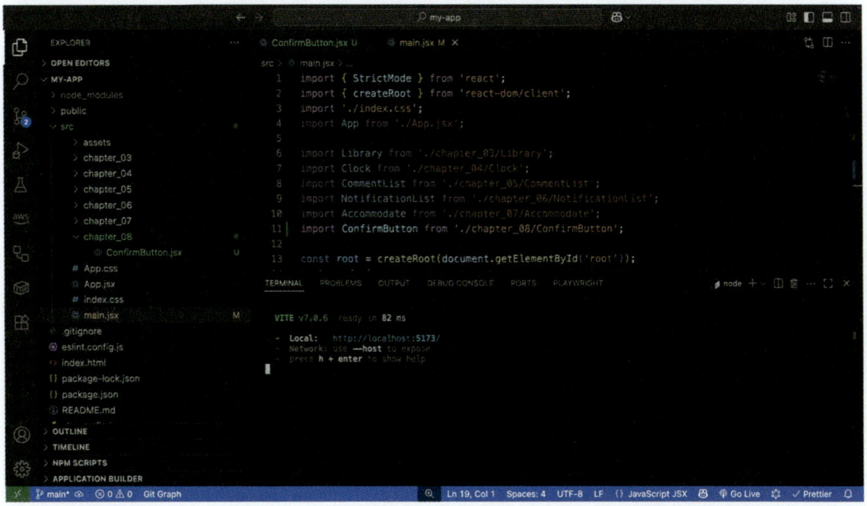

▶ 실습 화면 05

잠시 뒤에 애플리케이션이 개발 모드로 실행되고 웹브라우저에서 `http://localhost:5173`에 접속합니다. 화면에는 다음 그림과 같이 확인 버튼이 하나 나오게 됩니다.

▶ 실습 화면 06

확인 버튼을 누르면 클릭 이벤트가 이벤트 핸들러로 전달되고 `isConfirmed`의 값이 `true`로 바뀌면서 다음 그림과 같이 버튼이 비활성화됩니다.

▶ 실습 화면 07

2 실습 클래스 필드 문법 사용하기

다음은 앞에서 만든 ConfirmButton 컴포넌트의 이벤트 핸들러를 클래스 필드 문법 Class field syntax을 사용하여 변경해 보겠습니다. 먼저 constructor()에 있는 bind() 코드를 제거합니다. 이후 다음과 같이 arrow function을 사용하도록 이벤트 핸들러를 수정합니다.

```
handleConfirm = () => {
    this.setState((prevState) => ({
        isConfirmed: !prevState.isConfirmed,
    }));
};
```

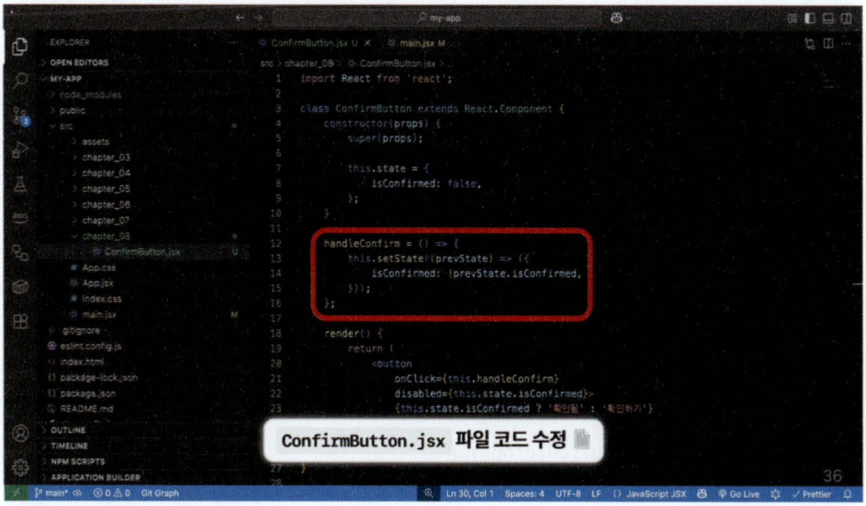

▶ 실습 화면 08

수정한 이후 다시 실행해 보면 이전과 동일한 결과가 나오는 것을 볼 수 있습니다.

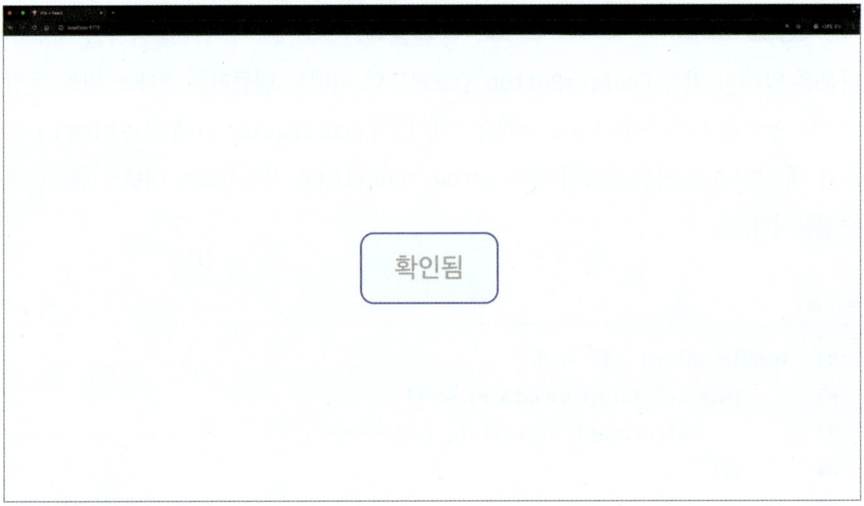

▶ 실습 화면 09

3 실습 함수 컴포넌트로 변경하기

마지막으로 ConfirmButton 컴포넌트를 함수 컴포넌트로 변경해 보도록 하겠습니다. 클래스 컴포넌트는 이제 거의 사용하지 않기 때문에 지금 구현할 함수 컴포넌트 형태를 잘 기억해 두기 바랍니다. ConfirmButton 컴포넌트를 함수 컴포넌트로 변경하면 다음과 같습니다.

```
import React, { useState } from "react";

function ConfirmButton(props) {
    const [isConfirmed, setIsConfirmed] = useState(false);

    const handleConfirm = () => {
        setIsConfirmed((prevIsConfirmed) => !prevIsConfirmed);
    };
```

```
    return (
        <button onClick={handleConfirm} disabled={isConfirmed}>
            {isConfirmed ? "확인됨" : "확인하기"}
        </button>
    );
}

export default ConfirmButton;
```

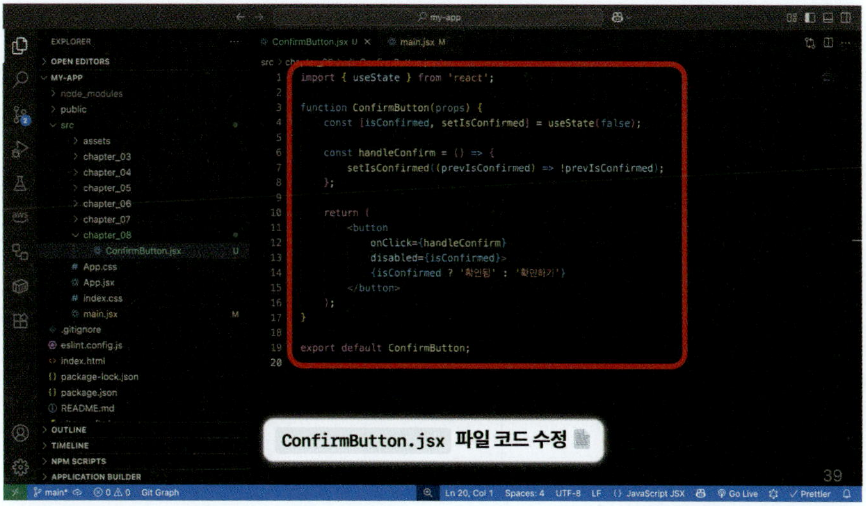

▶ 실습 화면 10

state는 useState() 훅을 사용하여 처리했고, 이벤트 핸들러는 arrow function을 사용해서 만들었습니다. 코드를 모두 수정했으면 다시 한번 실행해 보기 바랍니다. 이것 역시 이전과 동일한 결과가 나오는 것을 볼 수 있습니다.

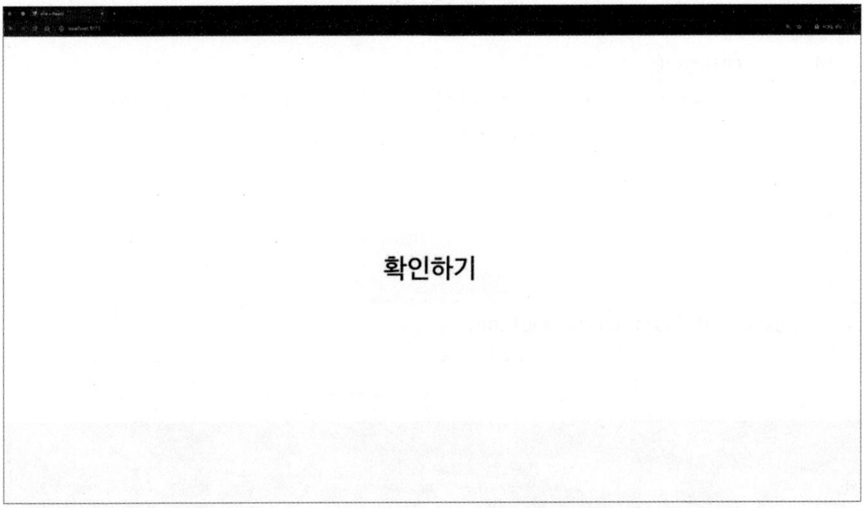

▶ 실습 화면 11

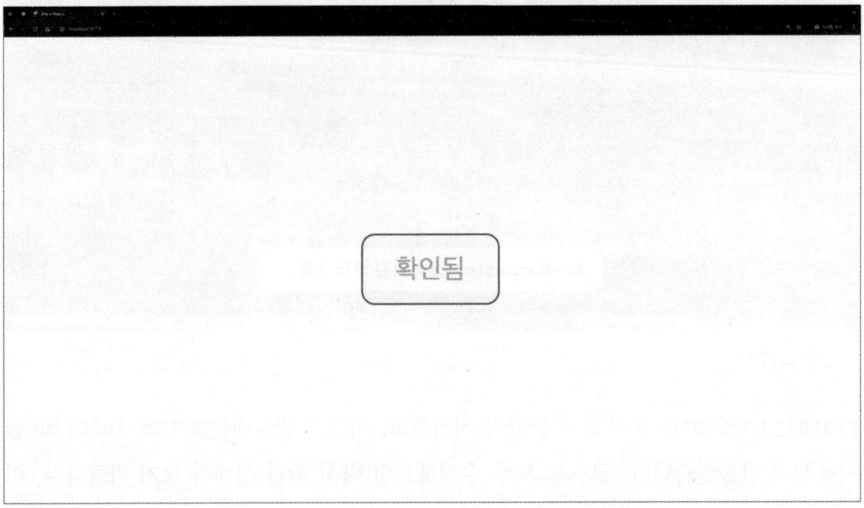

▶ 실습 화면 12

8.4 마치며

지금까지 이벤트를 처리하는 다양한 방법에 대해 구현해 보았습니다. 이벤트를 다루는 것은 리액트에서 굉장히 중요한 부분이기 때문에 잘 기억하면서 다음 장으로 넘어가도록 합시다.

요약

이 장에서 배운 내용은 아래와 같습니다.

- **이벤트란?**
  - 사용자가 버튼을 클릭하는 등의 사건을 의미
- **이벤트 처리하기**
  - DOM의 이벤트
    - 이벤트의 이름을 모두 소문자로 표기
    - 이벤트를 처리할 함수를 문자열로 전달
  - 리액트의 이벤트
    - 이벤트의 이름을 카멜 표기법으로 표기
    - 이벤트를 처리할 함수를 그대로 전달
  - 이벤트 핸들러
    - 이벤트가 발생했을 때 해당 이벤트를 처리하는 함수
    - 이벤트 리스너라고 부르기도 함
    - 클래스 컴포넌트
      - 클래스의 함수로 정의하고 생성자에서 바인딩해서 사용
      - 클래스 필드 문법도 사용가능
    - 함수 컴포넌트
      - 함수 안에 함수로 정의하거나 arrow function을 사용해서 정의
- **Arguments 전달하기**
  - Argument란?
    - 함수에 전달할 데이터

        - 파라미터 또는 매개변수라고 부르기도 함
    - 클래스 컴포넌트
        - arrow function을 사용하거나 Function.prototype.bind를 사용해서 전달
    - 함수 컴포넌트
        - 이벤트 핸들러 호출 시 원하는 순서대로 매개변수를 넣어서 사용

Chapter

9

조건부 렌더링

Preview

이 장에서는 조건부 렌더링Conditional Rendering에 대해서 배워 보도록 하겠습니다. 리액트로 개발을 할 때 자주 사용하게 되는 기능이기 때문에 사용하는 방법과 원리에 대해서 잘 이해하고 넘어가기 바랍니다.

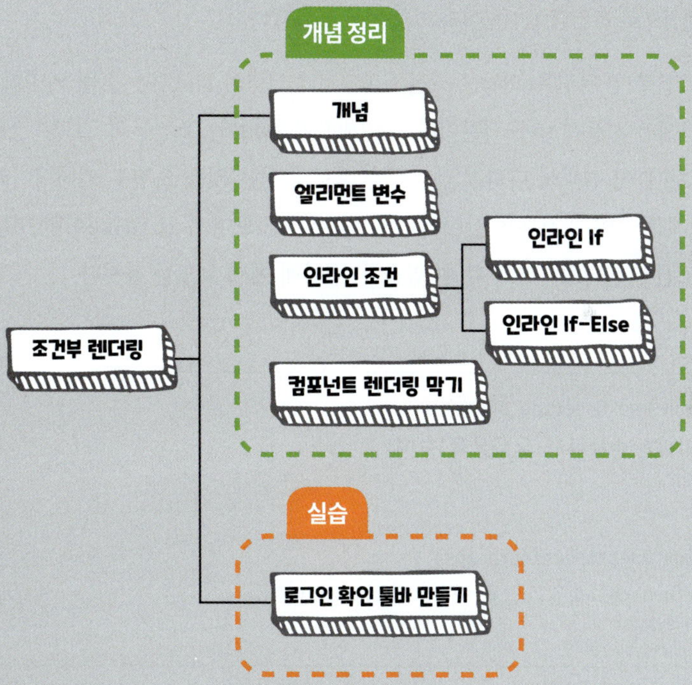

9.1 조건부 렌더링이란?

먼저 조건부 렌더링Conditional Rendering의 의미부터 이해를 해야겠죠? Condition이라고 하면 **조건, 상태**라는 뜻을 갖고 있습니다. 평소 우리가 '오늘 컨디션이 좋다/나쁘다'라고 표현할 때 컨디션의 뜻은 상태라는 의미를 가지고 있습니다. 하지만 컴퓨터 프로그래밍에서의 컨디션은 조건을 의미합니다. 따라서 공식 영문 용어인 Conditional Rendering을 **조건에 따른 렌더링**이라고 해석하고 일반적으로 **조건부 렌더링**이라고 줄여서 부릅니다.

결론적으로 조건부 렌더링은 **어떠한 조건에 따라서 렌더링이 달라지는 것**을 의미합니다. 조건은 프로그래밍에서 사용하는 조건문이라고 이해하면 됩니다. 조건문의 결과는 `true` 아니면 `false`가 나오는데 이 결과에 따라서 렌더링을 다르게 하는 것을 조건부 렌더링이라고 정의하는 것입니다. 예를 들어 조건문의 값이 `true`이면 버튼을 보여 주고 `false`이면 버튼을 가리는 것도 하나의 조건부 렌더링이라고 할 수 있습니다. 아래 예제 코드를 봅시다.

```
function UserGreeting(props) {
    return <h1>다시 오셨군요!</h1>;
}

function GuestGreeting(props) {
    return <h1>회원가입을 해 주세요.</h1>;
}
```

위 코드에는 `UserGreeting`과 `GuestGreeting`이라는 두 개의 함수 컴포넌트가 있습니다. `UserGreeting` 컴포넌트는 이미 회원인 사용자에게 보여줄 메시지를 출력하는 컴포넌트이고 `GuestGreeting` 컴포넌트는 아직 가입하지 않은 게스트 사용자에게 보여줄 메시지를 출력하는 컴포넌트입니다. 이제 회원인지 아닌지에 따라 이 두 개의 컴포넌트를 선택적으로 보여줘야겠죠? 다음 코드에는 조건부 렌더링을 사용하여 이를 구현하고 있습니다.

```
function Greeting(props) {
    const isLoggedIn = props.isLoggedIn;
    if (isLoggedIn) {
        return <UserGreeting />;
    }
    return <GuestGreeting />;
}
```

위에 나오는 Greeting 컴포넌트는 isLoggedIn이라는 변수의 값이 true에 해당되는 값[Truthy]이면 UserGreeting 컴포넌트를 리턴하고, 그렇지 않으면 GuestGreeting 컴포넌트를 리턴하는 컴포넌트입니다. props로 들어오는 isLoggedIn의 값에 따라서 화면에 출력되는 결과가 달라지게 됩니다. 이처럼 조건에 따라 렌더링의 결과가 달라지도록 하는 것을 조건부 렌더링이라고 부릅니다.

NOTE 자바스크립트의 Truthy와 Falsy

보통의 프로그래밍 언어에서는 참, 거짓을 구분하기 위해서 Boolean 형태의 자료형이 존재하고, 그 값은 true와 false 둘 중에 하나가 됩니다. 그리고 boolean과 자료형이 다른 값을 비교하게 되면 오류가 발생하게 됩니다. 하지만 자바스크립트에서는 true는 아니지만 true로 여겨지는 값이 존재하는 데 이것을 truthy라고 부릅니다. 마찬가지로 false는 아니지만 false로 여겨지는 값을 falsy라고 부릅니다. 자바스크립트의 truthy와 falsy가 수많은 개발자를 혼란 속에 빠트리기도 하는데, 잘 이해하고 있다면 유용하게 사용할 수 있습니다. 아래는 자바스크립트의 대표적인 truthy와 falsy 값을 나타낸 것입니다. 실제로 조건문에서 사용할 때 헷갈리지 않도록 잘 기억해 두기 바랍니다.

- **truthy**
    - true
    - {} (empty object)
    - [] (empty array)
    - 42 (number, not zero)
    - "0", "false" (string, not empty)

- **falsy**
    - false
    - 0, -0 (zero, minus zero)
    - 0n (BigInt zero)
    - '', "", `` (empty string)
    - null
    - undefined
    - NaN (not a number)

9.2 엘리먼트 변수

조건부 렌더링을 사용하다 보면 렌더링해야 될 컴포넌트를 변수처럼 다루고 싶을 때가 있습니다. 이때 사용할 수 있는 방법이 바로 **엘리먼트 변수**Element Variables입니다. 엘리먼트 변수는 이름 그대로 리액트 엘리먼트를 변수처럼 다루는 방법입니다. 먼저 아래 코드를 살펴봅시다.

```
function LoginButton(props) {
    return (
        <button onClick={props.onClick}>
            로그인
        </button>
    );
}

function LogoutButton(props) {
    return (
        <button onClick={props.onClick}>
            로그아웃
        </button>
    );
}
```

위 코드에는 `LoginButton`과 `LogoutButton` 두 개의 컴포넌트가 있습니다. 각 컴포넌트는 이름의 의미처럼 로그인 버튼과 로그아웃 버튼을 나타냅니다. 아래에 나오는 `LoginControl` 컴포넌트에는 사용자의 로그인 여부에 따라 이 두 개의 컴포넌트를 선택적으로 보여 주게 됩니다.

```
function LoginControl(props) {
    const [isLoggedIn, setIsLoggedIn] = useState(false);

    const handleLoginClick = () => {
        setIsLoggedIn(true);
    }

    const handleLogoutClick = () => {
        setIsLoggedIn(false);
    }

    let button;
    if (isLoggedIn) {
        button = <LogoutButton onClick={handleLogoutClick} />;
    } else {
        button = <LoginButton onClick={handleLoginClick} />;
    }

    return (
        <div>
            <Greeting isLoggedIn={isLoggedIn} />
            {button}
        </div>
    )
}
```

위 코드를 보면 isLoggedIn의 값에 따라서 button이라는 변수에 컴포넌트를 대입하는 것을 볼 수 있습니다. 그리고 이렇게 컴포넌트가 대입된 변수를 return에 넣어 실제로 컴포넌트가 렌더링이 되도록 만들고 있습니다. 설명은 컴포넌트라고 했지만 실제로는 컴포넌트로부터 생성된 리액트 엘리먼트가 되겠죠. 이처럼 엘리먼트를 변수처럼 저장해서 사용하는 방법을 엘리먼트 변수라고 부릅니다. 이렇게 별도로 변수를 선언해서 조건부 렌더링을 할 수도 있지만, 바로 다음에 나오는 Inline 조건문을 사용하면 조금 더 코드를 간결하게 작성할 수 있습니다.

9.3 인라인 조건

먼저 인라인Inline이라는 단어는 **라인**Line의 **안**In이라는 의미를 갖고 있습니다. 말 그대로 코드를 별도로 분리된 곳에 작성하지 않고 해당 코드가 필요한 곳 안에 직접 집어넣는다는 뜻입니다. 그래서 인라인 조건Inline Conditions이라고 하면 **조건문을 코드 안에 집어넣는 것**이라는 뜻을 갖고 있습니다. 여기에서는 인라인 `If`Inline If와 인라인 `If-Else`Inline If-Else 등 두 가지 조건문에 대해서 배워봅시다.

1 인라인 If

인라인 `If`는 **`if`문을 필요한 곳에 직접 집어 넣어서 사용하는 방법**입니다. 다만 실제로 `if`문을 넣는 것은 아니고, `if`문과 동일한 효과를 내기 위해 `&&`라는 논리 연산자를 사용합니다. `&&` 연산자는 흔히 **AND 연산** 이라고 부르는데 양쪽에 나오는 조건문이 모두 `true`인 경우에만 전체 결과가 `true`가 됩니다. 따라서 첫 번째 조건문이 `true`이면 두 번째 조건문을 평가하고 첫 번째 조건문이 `false`이면 어차피 전체 결과는 `false`가 되므로 두 번째 조건문은 평가하지 않습니다. 컴퓨터 프로그래밍에서는 이것을 **단축 평가**Short-circuit evaluation라고 합니다. 결과가 정해져 있는 논리 연산에서 굳이 불필요한 연산은 하지 않도록 하기 위해 사용하는 방법입니다. 아래 그림은 첫 번째 조건문의 값에 따른 `&&` 연산자의 결괏값을 나타낸 것입니다.

```
true && expression -> expression
false && expression -> false
```

조건문이 `true`이면 뒤에 나오는 `expression`이 평가되고 조건문이 `false`이면 단축 평가에 의해서 뒤에 나오는 `expression`은 전혀 평가되지 않습니다. 그래서 리액트에서는 조건문이 `true`이면 오른쪽에 나오는 엘리먼트가 결괏값이 되고, `false`이면 `false`가 결괏값이 됩니다.

인라인 If는 이 && 연산자를 JSX 코드 안에 중괄호를 사용하여 직접 넣어서 쓰는 방법입니다. 아래 예제 코드를 봅시다.

```
function Mailbox(props) {
    const unreadMessages = props.unreadMessages;

    return (
        <div>
            <h1>안녕하세요!</h1>
            {unreadMessages.length > 0 &&
                <h2>
                    현재 {unreadMessages.length}개의 읽지 않은 메시지가 있습니다.
                </h2>
            }
        </div>
    );
}
```

위의 코드를 보면 조건문 unreadMessages.length > 0의 값에 따라서 뒤에 나오는 <h2> 태그로 둘러싸인 부분이 렌더링이 되거나 안되거나 하게 됩니다. && 연산자를 사용하는 이러한 패턴은 단순하지만 리액트에서 굉장히 많이 사용하는 패턴이기 때문에 꼭 기억해 두기 바랍니다.

한 가지 알아둬야 할 것이 있는데 && 연산자를 사용할 때, 조건문에 Falsy expression을 사용하면 뒤에 나오는 expression은 평가되지 않지만 Falsy expression의 결괏값이 그대로 리턴되기 때문에 주의해야 합니다. 예를 들어 아래 코드의 결과는 화면에 아무것도 안 나오는 것이 아니라 count의 값인 0이 들어가서 <div>0</div>가 됩니다.

```
function Counter(props) {
    const count = 0;

    return (
```

```
        <div>
            {count && <h1>현재 카운트: {count}</h1>}
        </div>
    );
}
```

2 인라인 If-Else

인라인 If-Else는 If-Else문을 필요한 곳에 직접 넣어서 사용하는 방법입니다. 인라인 If는 보여주거나 안 보여 주는 두 가지 경우만 있었지만, 인라인 If-Else는 조건문의 값에 따라 다른 엘리먼트를 보여줄 때 사용합니다. 그리고 이를 위해서 흔히 **삼항 연산자**라고 부르는 ? 연산자를 사용합니다. ? 연산자의 경우 앞에 나오는 조건문이 true이면 첫 번째 항목을 리턴하고, false이면 두 번째 항목을 리턴합니다. 이렇게 총 세 개의 항이 있기 때문에 삼항 연산자라고 부릅니다. 아래 그림은 삼항 연산자의 작동 방식을 나타낸 것입니다.

```
조건문 ? 참일 경우 : 거짓일 경우
```

실제로 리액트에서 사용하는 형태는 아래와 같습니다.

```
function UserStatus(props) {
    return (
        <div>
            이 사용자는 현재 <b>{props.isLoggedIn ? '로그인' : '로그인하지 않은'}</b> 상태입니다.
        </div>
    )
}
```

위 코드에서 인라인 If-Else를 사용한 부분을 보면 isLoggedIn의 값이 true인 경우에는 '로그인'이라는 문자열을 출력하고 false인 경우에는 '로그인하지 않은'이라는 문자열을 출력하게 됩니다. 그리고 아래 코드처럼 문자열이 아닌 엘리먼트를 넣어서 사용할 수도 있습니다.

```
function LoginControl(props) {
    const [isLoggedIn, setIsLoggedIn] = useState(false);

    const handleLoginClick = () => {
        setIsLoggedIn(true);
    }

    const handleLogoutClick = () => {
        setIsLoggedIn(false);
    }

    return (
        <div>
            <Greeting isLoggedIn={isLoggedIn} />
            {isLoggedIn
                ? <LogoutButton onClick={handleLogoutClick} />
                : <LoginButton onClick={handleLoginClick} />
            }
        </div>
    )
}
```

여기에서는 isLoggedIn의 값이 true인 경우에 LogoutButton를 출력하고 false인 경우 LoginButton을 출력하게 됩니다. 이처럼 인라인 If-Else는 조건에 따라 각기 다른 엘리먼트를 렌더링하고 싶을 때 사용합니다.

9.4 컴포넌트 렌더링 막기

지금까지 여러 가지 연산자를 사용해서 조건부 렌더링을 하는 방법에 대해서 배워봤습니다. 그렇다면 컴포넌트를 렌더링하고 싶지 않을 때에는 어떻게 해야 할까요? 바로 null을 리턴하면 됩니다. 리액트에서는 null을 리턴하면 아무것도 렌더링되지 않기 때문이죠. 아래 코드를 한 번 볼까요?

```
function WarningBanner(props) {
    if (!props.warning) {
        return null;
    }

    return (
        <div>경고!</div>
    );
}
```

위에 나온 WarningBanner라는 컴포넌트는 props.warning의 값이 false인 경우에 null을 리턴합니다. 다시 말하면 props.warning의 값이 true인 경우에만 경고 메시지를 출력하고 false인 경우에는 아무것도 출력하지 않는 컴포넌트인 것이죠. WarningBanner 컴포넌트를 실제로 사용하는 아래 코드를 보도록 합시다.

```
function MainPage(props) {
    const [showWarning, setShowWarning] = useState(false);

```

```
    const handleToggleClick = () => {
        setShowWarning(prevShowWarning => !prevShowWarning);
    }

    return (
        <div>
            <WarningBanner warning={showWarning} />
            <button onClick={handleToggleClick}>
                {showWarning ? '감추기' : '보이기'}
            </button>
        </div>
    )
}
```

위 코드에 나오는 Page 컴포넌트는 showWarning이라는 state의 값을 WarningBanner 컴포넌트의 props로 전달하여 showWarning의 값에 따라 경고문을 표시하거나 또는 표시하지 않게 됩니다. 이처럼 리액트에서는 **특정 컴포넌트를 렌더링하고 싶지 않을 경우 null을 리턴하면 된다는 것**을 기억하세요. 참고로 클래스 컴포넌트의 render() 함수에서 null을 리턴하는 것은 컴포넌트의 생명주기 함수에 전혀 영향을 미치지 않습니다. 예를 들면 componentDidUpdate() 함수는 여전히 호출됩니다.

PRACTICE 9.5

실습

로그인 여부를 나타내는 툴바 만들기

이번에는 사용자의 로그인 여부를 나타내는 툴바 컴포넌트를 직접 만들어 보겠습니다. 먼저 VS Code로 앞 장에서 Vite를 이용해 만든 프로젝트를 엽니다. 그리고 아래와 같이 chapter_09라는 이름으로 폴더를 하나 생성합니다.

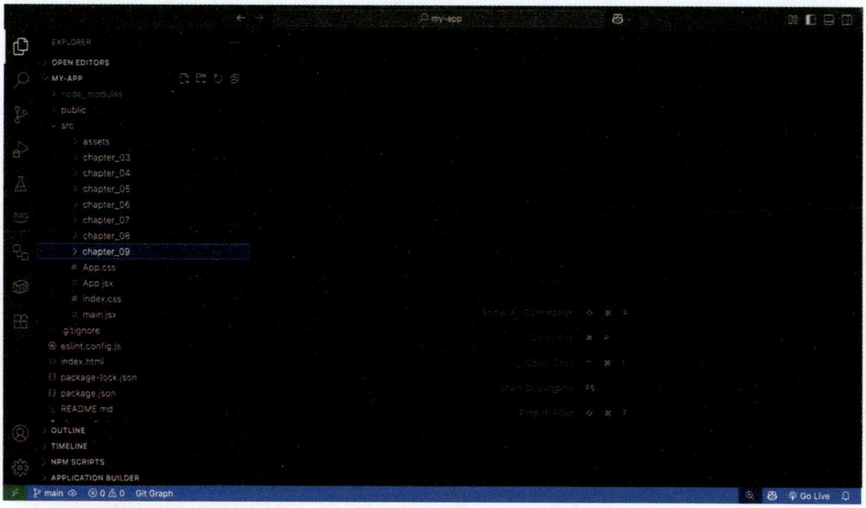

▶ 실습 화면 01

그다음 만든 폴더에 Toolbar.jsx라는 이름의 파일을 새로 만들고, 아래 코드처럼 Toolbar라는 이름의 함수 컴포넌트를 만듭니다.

```
const styles = {
    wrapper: {
        padding: 16,
        display: 'flex',
        flexDirection: 'row',
        borderBottom: '1px solid grey',
    },
    greeting: {
        marginRight: 8,
    },
};

function Toolbar(props) {
    const { isLoggedIn, onClickLogin, onClickLogout } = props;

    return (
        <div style={styles.wrapper}>
            {isLoggedIn && <span style={styles.greeting}>환영합니다!</span>}

            {isLoggedIn ? (
                <button onClick={onClickLogout}>로그아웃</button>
            ) : (
                <button onClick={onClickLogin}>로그인</button>
            )}
        </div>
    );
}

export default Toolbar;
```

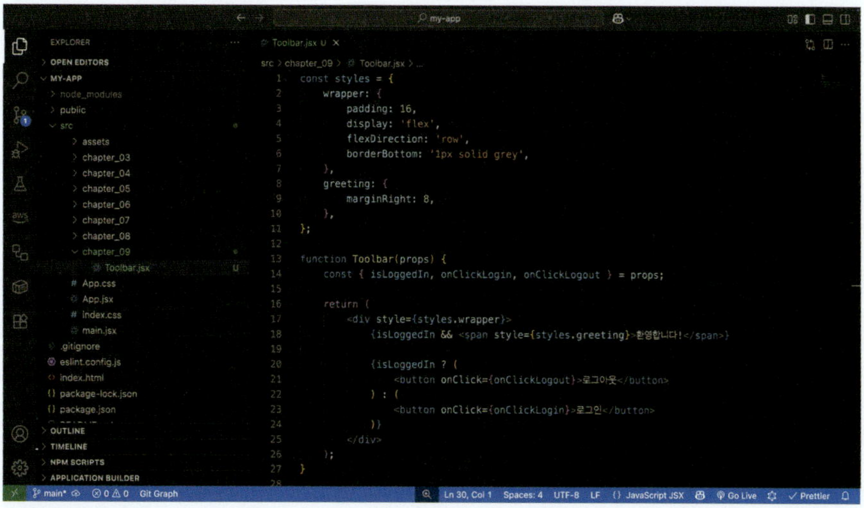

▶ 실습 화면 02

Toolbar 컴포넌트는 사용자의 로그인 여부를 나타내는 isLoggedIn이라는 값을 props로 받아서 조건부 렌더링을 사용하여 환영 메시지를 표시하거나 감추고, 로그인/로그아웃 버튼을 보여 주는 역할을 합니다. && 연산자와 ? 연산자 등 두 가지 종류의 연산자를 사용하여 조건부 렌더링을 구현했습니다.

이렇게 만든 Toolbar 컴포넌트를 사용하는 컴포넌트를 만들어 보겠습니다. 동일한 폴더에 LandingPage.jsx라는 이름의 파일을 새로 만들고 아래 코드처럼 LandingPage라는 이름의 함수 컴포넌트를 만듭니다.

```
import { useState } from 'react';
import Toolbar from './Toolbar';

function LandingPage(props) {
    const [isLoggedIn, setIsLoggedIn] = useState(false);

    const onClickLogin = () => {
        setIsLoggedIn(true);
    };

    const onClickLogout = () => {
        setIsLoggedIn(false);
    };

    return (
        <div>
            <Toolbar
                isLoggedIn={isLoggedIn}
                onClickLogin={onClickLogin}
                onClickLogout={onClickLogout}
            />
            <div style={{ padding: 16 }}>소플과 함께하는 리액트 공부!</div>
        </div>
    );
}

export default LandingPage;
```

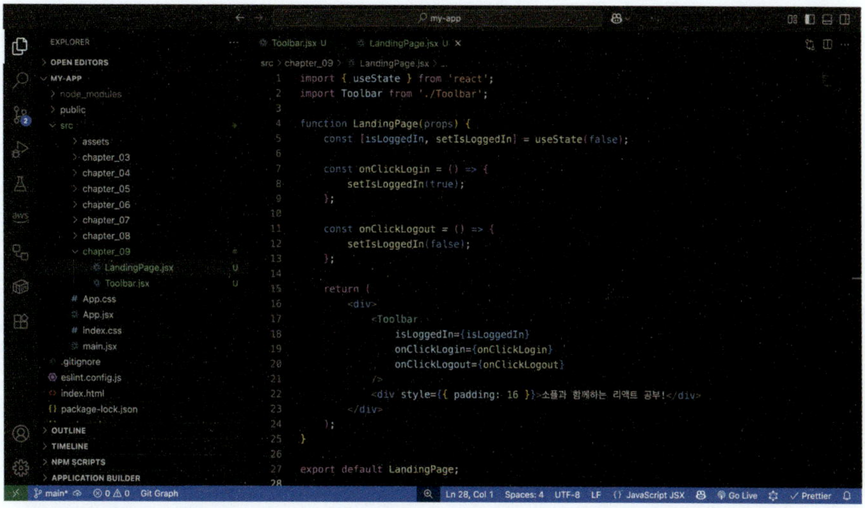

▶ 실습 화면 03

LandingPage 컴포넌트는 useState() 훅을 사용해서 사용자의 로그인 여부를 자체적으로 관리합니다. 그리고 이 값을 Toolbar 컴포넌트에 전달하여 로그인 여부에 따라 툴바에 적절한 사용자 인터페이스가 표시되도록 합니다.

이제 만든 LandingPage 컴포넌트를 실제 화면에 렌더링하기 위해서 main.jsx 파일을 수정해야 합니다. 다음 코드와 그림에 표시된 부분을 참고하여 새로 만든 LandingPage 컴포넌트를 임포트해서 ReactDOM의 createRoot() 함수로 만든 root의 render() 함수에 넣어 주는 코드로 변경해 보세요.

```
import { StrictMode } from 'react';
import { createRoot } from 'react-dom/client';
import './index.css';
import App from './App.jsx';

import Library from './chapter_03/Library';
import Clock from './chapter_04/Clock';
```

```
import CommentList from './chapter_05/CommentList';
import NotificationList from './chapter_06/NotificationList';
import Accommodate from './chapter_07/Accommodate';
import ConfirmButton from './chapter_08/ConfirmButton';
import LandingPage from './chapter_09/LandingPage';

const root = createRoot(document.getElementById('root'));
root.render(
    <StrictMode>
        <LandingPage />
    </StrictMode>
);
```

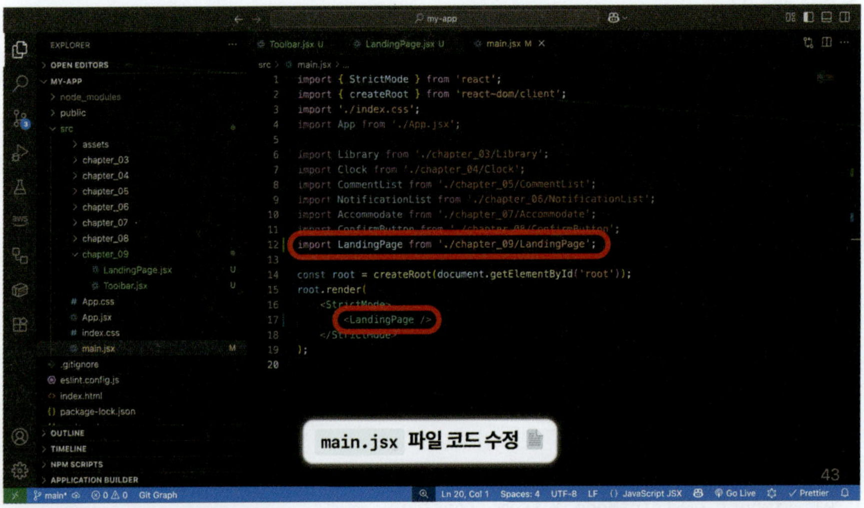

▶ 실습 화면 04

코드 작성이 끝났으면 이제 리액트 애플리케이션을 실행해 보도록 하겠습니다. VS Code의 상단 메뉴에서 `Terminal > New Terminal`을 눌러 새로운 터미널을 하나 실행시킵니다. 이후 다음 그림처럼 `npm run dev` 명령어를 실행합니다.

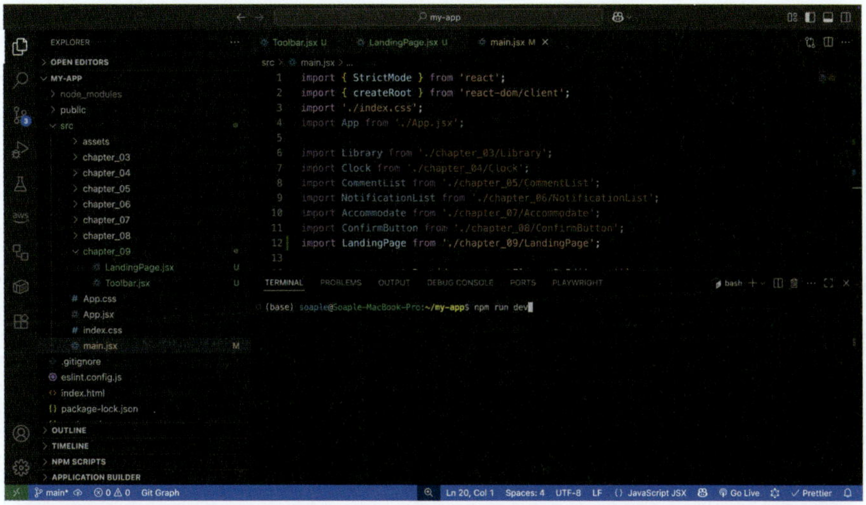

▶ 실습 화면 05

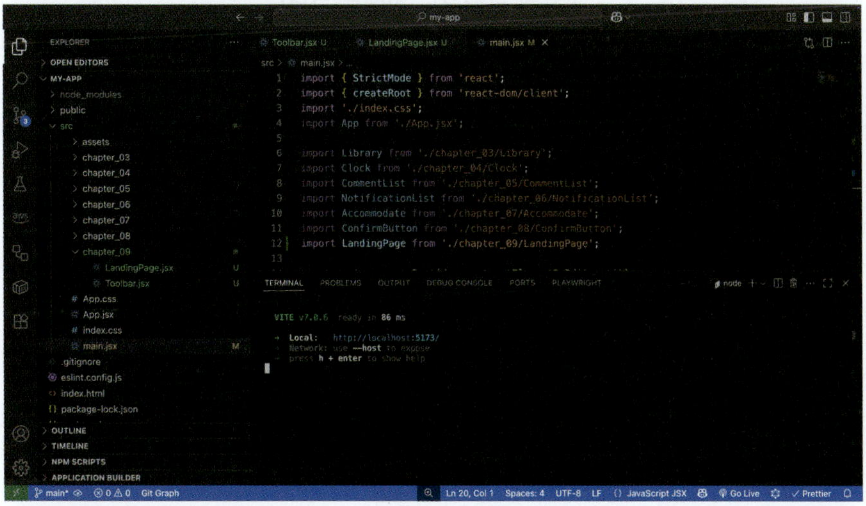

▶ 실습 화면 06

그러면 애플리케이션이 개발 모드로 실행되고 웹브라우저에서 `http://localhost:5173`에 접속합니다. 화면에는 아래 그림과 같이 상단에 툴바가 있고 하단에는 페이지 콘텐츠가 나오는 것을 볼 수 있습니다. 초기 상태는 로그인이 되지 않은 상태이기 때문에 환영 메시지는 보이지 않으며 로그인 버튼이 표시됩니다. 여기서 로그인 버튼을 한 번 눌러보겠습니다.

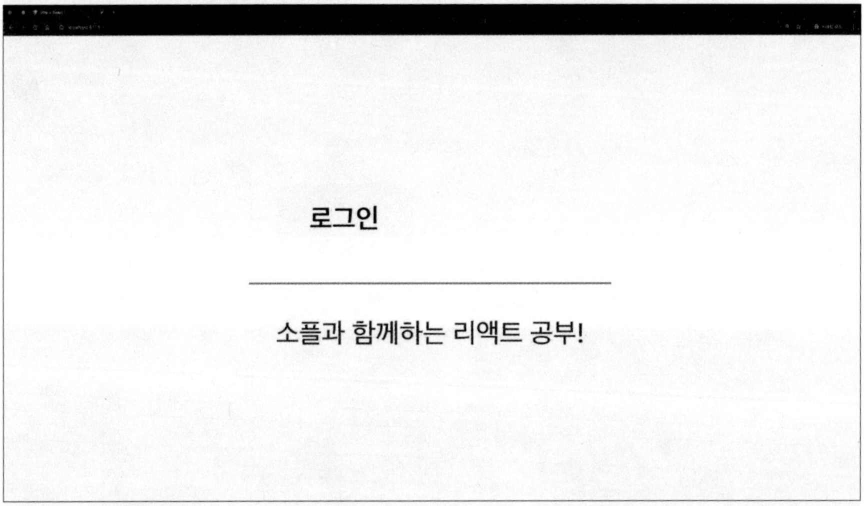

▶ 실습 화면 07

로그인 버튼을 누르면 로그인 상태가 `true`로 바뀌기 때문에 다음 그림과 같이 환영 메시지가 표시되고 로그아웃 버튼이 나오는 것을 볼 수 있습니다.

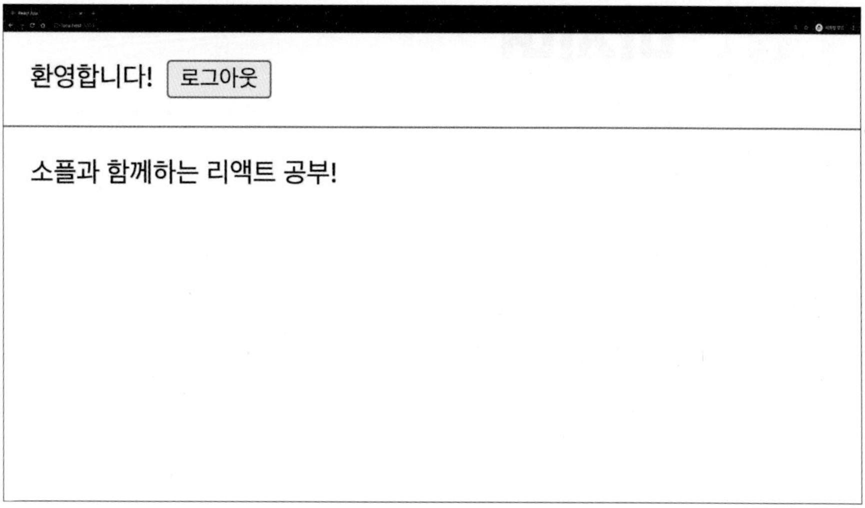

▶ 실습 화면 08

9.6 마치며

이 장에서는 리액트에서 조건에 따른 렌더링을 하는 방법에 대해서 배웠습니다. 또한 실제 실습을 통해 간단한 툴바 컴포넌트까지 구현해 보았습니다. 조건부 렌더링은 리액트 개발에서 굉장히 많이 사용되기 때문에 꼭 사용법을 숙지하기 바랍니다.

요약

이 장에서 배운 내용은 아래와 같습니다.

- **조건부 렌더링**
  - 조건에 따라 렌더링의 결과가 달라지도록 하는 것
- **엘리먼트 변수**
  - 리액트 엘리먼트를 변수처럼 저장해서 사용하는 방법
- **인라인 조건**
  - 조건문을 코드 안에 집어넣는 것
  - 인라인 If
    - If문을 필요한 곳에 직접 집어넣어서 사용하는 방법
    - 논리 연산자 &&를 사용 (AND 연산)
    - 앞에 나오는 조건문이 true일 경우에만 뒤에 나오는 엘리먼트를 렌더링
  - 인라인 If-Else
    - If-Else문을 필요한 곳에 직접 집어 넣어서 사용하는 방법
    - 삼항 연산자 ?를 사용
    - 앞에 나오는 조건문이 true면 첫 번째 항목을 리턴, false면 두 번째 항목을 리턴
    - 조건에 따라 각기 다른 엘리먼트를 렌더링하고 싶을 때 사용
- **컴포넌트 렌더링 막기**
  - 리액트에서는 null을 리턴하면 렌더링되지 않음
  - 특정 컴포넌트를 렌더링하고 싶지 않을 경우 null을 리턴하면 됨

Chapter

10

리스트와 키

Preview

이 장에서는 리스트List와 키Key에 대해서 배워 보도록 하겠습니다.

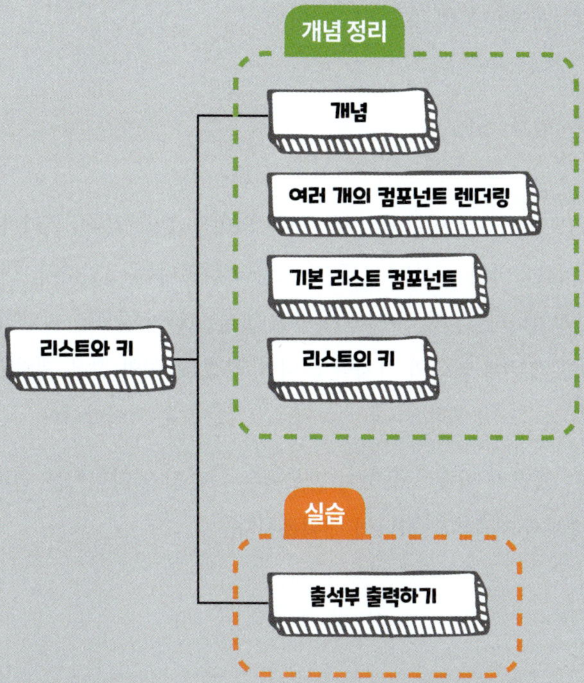

10.1 리스트와 키란 무엇인가?

리스트는 우리말로 **목록**이라는 뜻을 갖고 있습니다. 컴퓨터 프로그래밍에서는 같은 아이템을 순서대로 모아 놓은 것이 리스트에 해당된다고 볼 수 있습니다. 리스트를 위해 사용하는 자료구조가 바로 **배열**Array입니다. 배열은 **자바스크립트의 변수나 객체를 하나의 변수로 묶어놓은 것**입니다. 아래는 자바스크립트의 배열을 보여 주고 있습니다.

```
const numbers = [1, 2, 3, 4, 5];
```

그렇다면 키는 무엇일까요? key라는 영단어는 **열쇠**라는 의미를 갖고 있죠. 우리가 알고 있는 열쇠의 특징은 뭐가 있을까요? 바로 열쇠는 모두 다 모양이 다르다는 것입니다. 다시 말해 **열쇠는 모두 각자 고유하다**는 것입니다. 우리 집 열쇠와 옆집 열쇠 모양이 같으면 하나의 열쇠로 두 곳의 문을 모두 열 수 있기 때문에 열쇠의 가치나 의미가 없겠죠. 이와 같은 맥락으로 컴퓨터 프로그래밍에서의 키는 **각 객체나 아이템을 구분할 수 있는 고유한 값**을 의미합니다.

리액트에서는 위에서 나온 배열과 키를 사용하여 반복되는 다수의 엘리먼트를 쉽게 렌더링할 수 있습니다. 그 방법에 대해서 지금부터 하나씩 배워봅시다.

10.2 여러 개의 컴포넌트 렌더링하기

먼저 앞에서 살펴봤던 에어비앤비 첫 화면을 다시 한번 보도록 하겠습니다. 아래 그림을 보면 A라는 컴포넌트와 B라는 컴포넌트가 반복적으로 나오는 것을 볼 수 있습니다. 이렇게 같은 컴포넌트를 화면에 반복적으로 나타내야 할 경우에 이를 코드상에 하나씩 직접 넣는 것은 같은 코드가 반복되기 때문에 굉장히 비효율적입니다. 또한 동적으로 화면의 내용이 바뀌는 경우에 코드를 직접 하나씩 넣는 방식으로는 구현하기가 까다롭습니다.

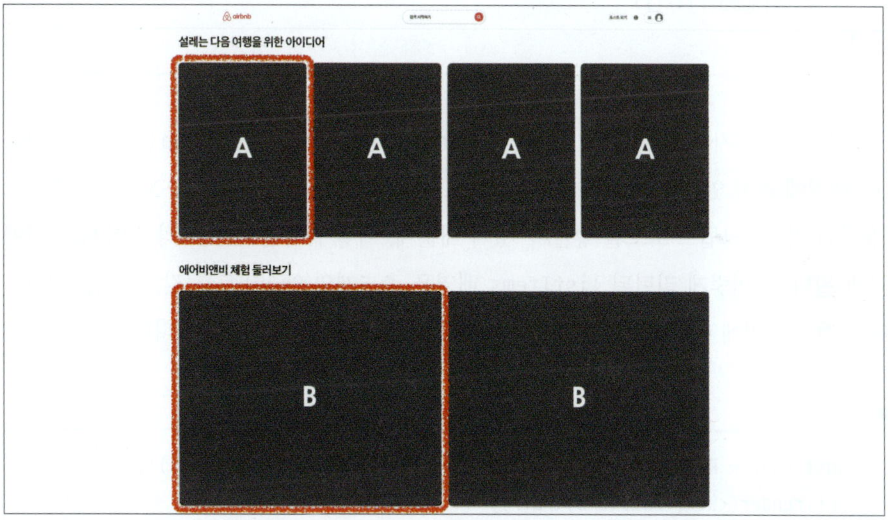

▶ 컴포넌트 기반 구조

이러한 경우에 사용하는 것이 바로 자바스크립트 배열의 `map()` 함수입니다. `map()` 함수는 영단어 매핑mapping을 떠올리면 생각하기 쉽습니다. 매핑이라고 하면 한쪽에 있는 아이템과 다른 한쪽에 있는 아이템을 짝지어 준다는 의미를 가지고 있는데, 여기에서의 매핑도 마찬가지로 **배열에 들어 있는 각 변수에 어떤 처리를 한 뒤 리턴하는 것**으로 이해하면 됩니다. `map()` 함수를 사용하는 예제 코드를 봅시다.

```
const doubled = numbers.map((number) => number * 2);
```

위 코드는 map() 함수를 사용하여 numbers 배열에 들어 있는 각 숫자에 2를 곱한 값이 들어간 doubled라는 배열을 생성하는 코드입니다. 이처럼 map() 함수는 배열의 첫 번째 아이템부터 순서대로 각 아이템에 어떠한 연산을 수행한 뒤에 최종 결과를 배열로 만들어서 리턴해 준다고 보면 됩니다. 그렇다면 실제로 리액트에서는 이 map() 함수를 어떻게 사용하여 엘리먼트를 렌더링하는지 예제 코드를 보도록 합시다.

```
const numbers = [1, 2, 3, 4, 5];
const listItems = numbers.map((number) =>
    <li>{number}</li>
);
```

위의 코드를 보면 숫자 1부터 5까지 들어 있는 numbers라는 배열이 있고 map() 함수를 사용해서 이 배열에 들어 있는 각 숫자를 <li> 태그로 감싸 리턴하고 있습니다. JSX에서는 중괄호를 사용하여 자바스크립트 코드를 넣을 수 있기 때문에, 이렇게 하면 각 숫자의 값이 태그 안에 들어가게 됩니다. 이렇게 리턴된 listItems 배열은 총 5개의 엘리먼트를 갖고 있게 됩니다. 그리고 이것을 화면에 렌더링하기 위해서 아래와 같이 코드를 작성해 주면 됩니다.

```
const root = ReactDOM.createRoot(document.getElementById('root'));
root.render(<ul>{listItems}</ul>);
```

결과적으로 <li> 태그가 들어 있는 listItems 배열을 <ul> 태그로 감싸서 렌더링하게 됩니다. 최종적으로 렌더링되는 코드는 다음과 같습니다.

```
const root = ReactDOM.createRoot(document.getElementById('root'));
root.render(
    <ul>
        <li>{1}</li>
        <li>{2}</li>
        <li>{3}</li>
        <li>{4}</li>
        <li>{5}</li>
    </ul>
);
```

최종 렌더링 결과는 아래 그림과 같이 1에서 5까지의 숫자가 글머리 기호와 함께 있는 목록으로 출력됩니다.

▶ Number List

10.3 기본적인 리스트 컴포넌트

이제 위에서 작성한 코드를 별도의 컴포넌트로 분리해 보도록 하겠습니다. 아래 코드는 숫자 목록을 출력하는 NumberList 컴포넌트입니다.

```
function NumberList(props) {
    const { numbers } = props;

    const listItems = numbers.map((number) =>
        <li>{number}</li>
    );

    return (
        <ul>{listItems}</ul>
    );
}

const numbers = [1, 2, 3, 4, 5];
const root = ReactDOM.createRoot(document.getElementById('root'));
root.render(<NumberList numbers={numbers} />);
```

NumberList 컴포넌트는 props로 숫자가 들어 있는 배열인 numbers를 받아서 이를 목록으로 출력합니다. 이 NumberList 컴포넌트를 사용하면 numbers 배열에 숫자가 수십 개 또는 수백 개가 되어도 별도의 코드를 작성할 필요 없이 화면에 렌더링할 수가 있습니다. 그런데 이 코드를 실행해 보면 다음 그림과 같이 개발자 도구의 콘솔 탭에 **리스트 아이템에는 무조건 키가 있어야 한다**는 경고 문구가 나옵니다.

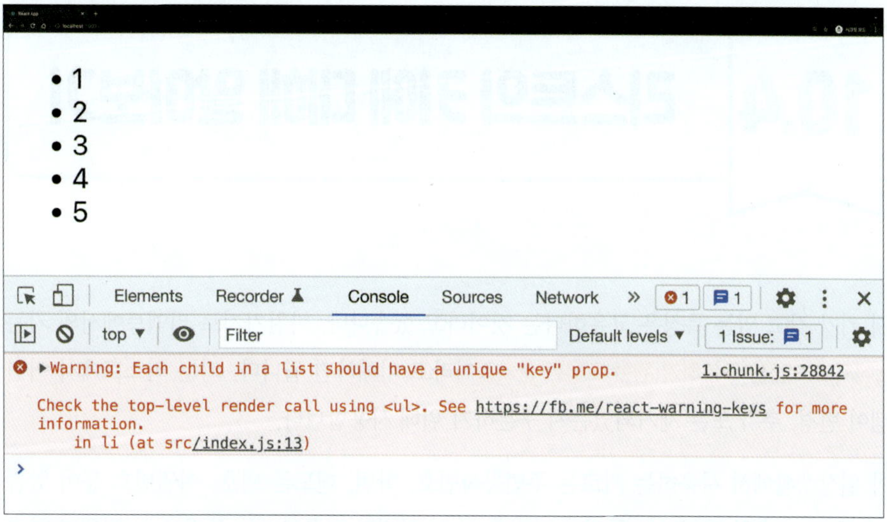

▶ 키 경고 문구

이 경고문이 출력되는 이유는 현재 각 아이템에 키가 없기 때문입니다. 다음절에서 키에 대해서 자세히 배워 보겠습니다.

10.4 리스트의 키에 대해 알아보기

앞에서 키가 갖고 있는 특징은 고유하다는 것이라고 했습니다. 마찬가지로 리액트에서의 키는 **리스트에서 아이템을 구분하기 위한 고유한 문자열**이라고 이해하면 됩니다. 키는 리스트에서 어떤 아이템이 변경, 추가 또는 제거되었는지 구분하기 위해 사용합니다.

우리가 일상생활에서 사용하는 키로는 주민등록번호, 학번, 핸드폰 번호, 여권번호 등이 있습니다. 모두 다 고유한 값이라는 특징을 가지고 있죠. 하지만 고유하다는 특징은 그 범위가 한정되어 있습니다. **리액트에서의 키의 값은 같은 리스트에 있는 엘리먼트 사이에서만 고유한 값이면 됩니다.** 다음 그림을 한번 보도록 합시다.

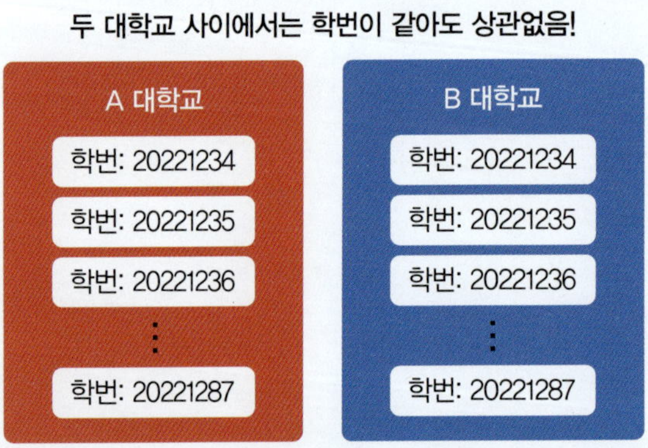

▶ 대학교 학번의 예

위 그림은 A대학교와 B대학교 학생들의 학번을 나타낸 것입니다. 자세히 보면 각 대학교 학생들의 학번이 겹치는 것을 볼 수 있습니다. 하지만 학교별로 구분해서 A대학교 학생들만 보면 학번이 모두 다르고, B대학교 학생들만 볼 때도 각기 학번이 모두 다릅니다. 이처럼 학번은 대학교 내에서 학생을 구분하기 위한 일종의 키이기 때문에 속한 집합 내에서만 고유한 값이면 됩니다. 그렇다면 실제 리액트에서는 어떻게 적용될까요?

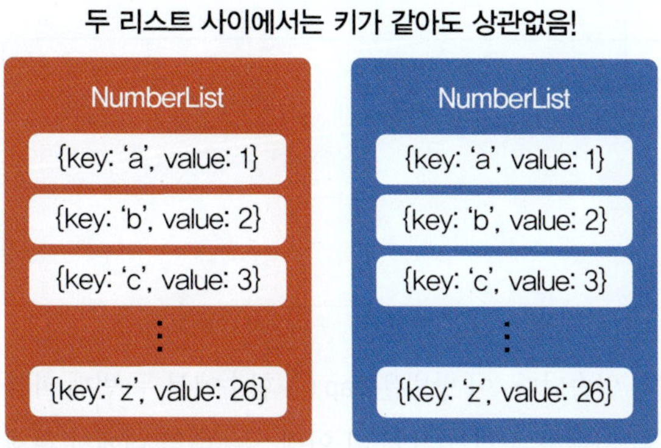

▶ **NumberList의 예**

위의 그림은 `NumberList`를 나타낸 것입니다. 각 리스트의 아이템에는 키가 들어 있습니다. 위에 나왔던 대학교 학번 예와 마찬가지로 두 개의 `NumberList` 간에 아이템들의 키값이 중복되는 것을 볼 수 있습니다. 하지만 이 역시 각 리스트 내에서 아이템을 구분하기 위한 용도이기 때문에 속한 리스트 내에서만 고유한 값이면 됩니다.

이제 실제로 고유한 키값을 어떻게 만들어서 사용해야 하는지 알아보겠습니다. 아래 코드는 **키값으로 숫자의 값을 사용**한 것입니다. 이렇게 하면 지금처럼 `numbers` 배열의 숫자들이 중복되지 않는 경우에 정상적으로 작동하지만, 만약 `numbers` 배열에 중복된 숫자가 들어 있다면 키값도 중복되기 때문에 고유해야 한다는 키값의 조건이 충족되지 않습니다. 이러한 경우 실행해 보면 키값이 중복된다는 경고 메시지가 출력됩니다.

```
const numbers = [1, 2, 3, 4, 5];
const listItems = numbers.map((number) =>
    <li key={number.toString()}>
        {number}
    </li>
);
```

다음은 **키값으로 id를 사용하는 방식**이 있습니다. `id`의 의미 자체가 고유한 값이라는 것이기 때문에 키값으로 사용하기에 적합합니다. 이렇게 `id`가 있는 경우에는 보통 이 `id` 값을 키값으로 사용하게 됩니다.

```
const todoItems = todos.map((todo) =>
    <li key={todo.id}>
        {todo.text}
    </li>
);
```

또한 **키값으로 인덱스index를 사용하는 방법**이 있습니다. 이 방법은 map() 함수에서 두 번째 파라미터로 제공해 주는 인덱스 값을 키값으로 사용하는 것입니다. 이 인덱스는 배열 내에서 현재 아이템의 인덱스를 의미합니다. 인덱스 값도 고유한 값이기 때문에 키값으로 사용해도 됩니다. 하지만 배열에서 아이템의 순서가 바뀔 수 있는 경우에는 키값으로 인덱스를 사용하는 것을 권장하지 않습니다. 성능에 부정적인 영향을 끼칠 수 있고 컴포넌트의 state와 관련하여 문제를 일으킬 수도 있기 때문입니다. 따라서 인덱스를 키값으로 사용하는 것은 아이템들의 고유한 id가 없을 경우에만 사용하는 것이 좋습니다. 참고로 **리액트에서는 키를 명시적으로 넣어 주지 않으면 기본적으로 이 인덱스 값을 키값**으로 사용합니다.

```
const todoItems = todos.map((todo, index) =>
    // 아이템들의 고유한 ID가 없을 경우에만 사용해야 함
    <li key={index}>
        {todo.text}
    </li>
);
```

지금까지 다양한 키값의 사용법에 대해서 알아보았습니다. 여기서 꼭 기억해야 할 점은 map() 함수 안에 있는 엘리먼트는 꼭 키가 필요하다는 것입니다. 리액트 개발을 처음 하는 분이 가장 많이 하는 실수가 바로 map() 함수를 사용하면서 엘리먼트에 키값을 넣지 않는 것입니다. 그렇기 때문에 이 부분을 꼭 잘 기억하고 넘어가기 바랍니다.

PRACTICE 10.5

실습 출석부 출력하기

이 장 실습에서는 리스트와 키를 사용해서 출석부 컴포넌트를 직접 만들어 보도록 하겠습니다. 먼저 VS Code로 앞 장에서 Vite를 이용해 만든 프로젝트를 엽니다. 그리고 아래와 같이 chapter_10이라는 이름으로 폴더를 하나 생성합니다.

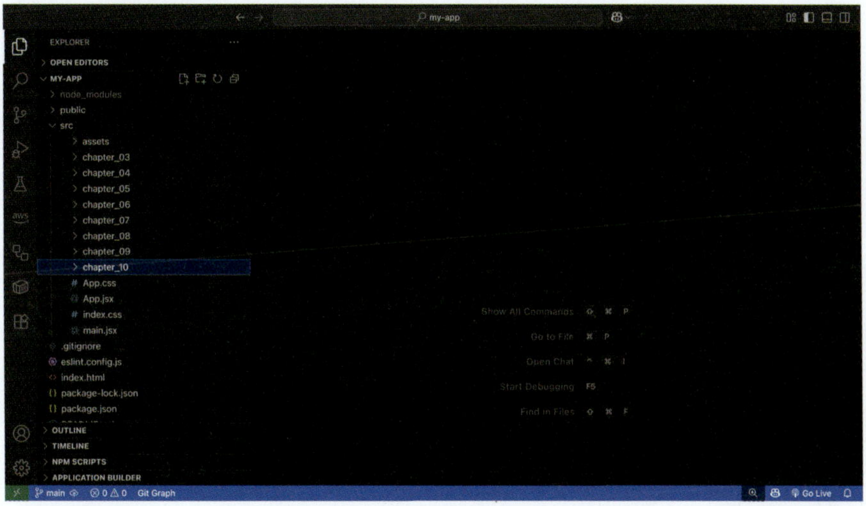

▶ 실습 화면 01

그다음 만든 폴더에 AttendanceBook.jsx라는 이름의 파일을 새로 만들고, 아래 코드처럼 AttendanceBook이라는 이름의 함수 컴포넌트를 만듭니다.

```
const students = [
    {
        name: 'Inje',
    },
    {
        name: 'Steve',
    },
    {
        name: 'Bill',
    },
    {
        name: 'Jeff',
    },
];

function AttendanceBook(props) {
    return (
        <ul>
            {students.map((student) => {
                return <li>{student.name}</li>;
            })}
        </ul>
    );
}

export default AttendanceBook;
```

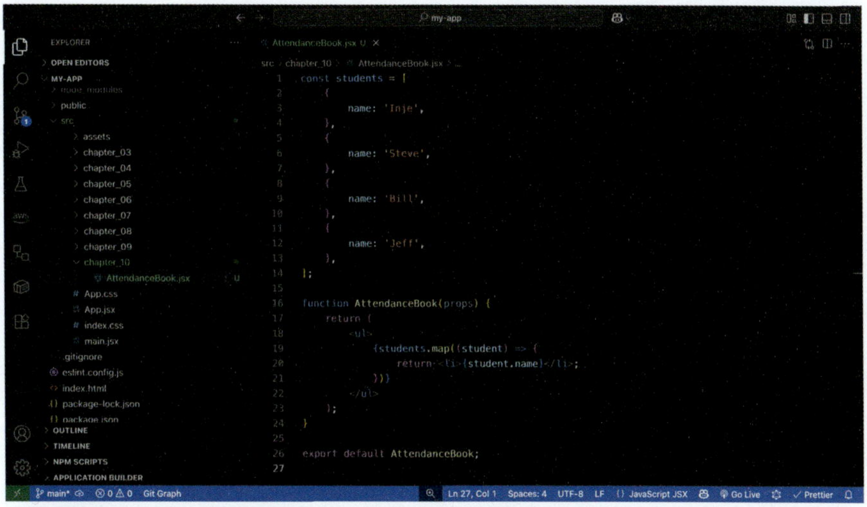

▶ **실습 화면 02**

AttendanceBook 컴포넌트는 students라는 배열로부터 학생 정보가 담긴 객체를 받아 학생들의 이름을 목록 형태로 출력하는 컴포넌트입니다. 여기에서 배열을 렌더링하기 위해 map() 함수를 사용한 것을 볼 수 있습니다.

이제 만든 AttendanceBook 컴포넌트를 실제로 화면에 렌더링하기 위해서 main.jsx 파일을 수정해야 합니다. 다음 코드와 그림에 표시된 부분을 참고하여 새로 만든 AttendanceBook 컴포넌트를 임포트해서 ReactDOM의 createRoot() 함수로 만든 root의 render() 함수에 넣어 주는 코드로 변경해 보세요.

```
import { StrictMode } from 'react';
import { createRoot } from 'react-dom/client';
import './index.css';
import App from './App.jsx';

import Library from './chapter_03/Library';
import Clock from './chapter_04/Clock';
```

```
import CommentList from './chapter_05/CommentList';
import NotificationList from './chapter_06/NotificationList';
import Accommodate from './chapter_07/Accommodate';
import ConfirmButton from './chapter_08/ConfirmButton';
import LandingPage from './chapter_09/LandingPage';
import AttendanceBook from './chapter_10/AttendanceBook';

const root = createRoot(document.getElementById('root'));
root.render(
    <StrictMode>
        <AttendanceBook />
    </StrictMode>
);
```

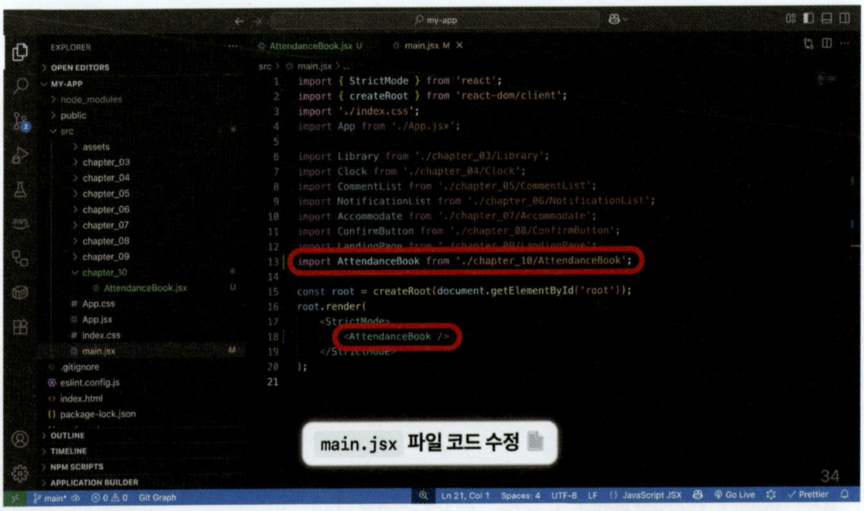

▶ 실습 화면 03

코드 작성이 끝났으면 실제 리액트 애플리케이션을 실행해 보도록 하겠습니다. VS Code의 상단 메뉴에서 `Terminal > New Terminal`을 눌러 새로운 터미널을 하나 실행시킵니다. 이후 다음 그림처럼 `npm run dev` 명령어를 실행합니다.

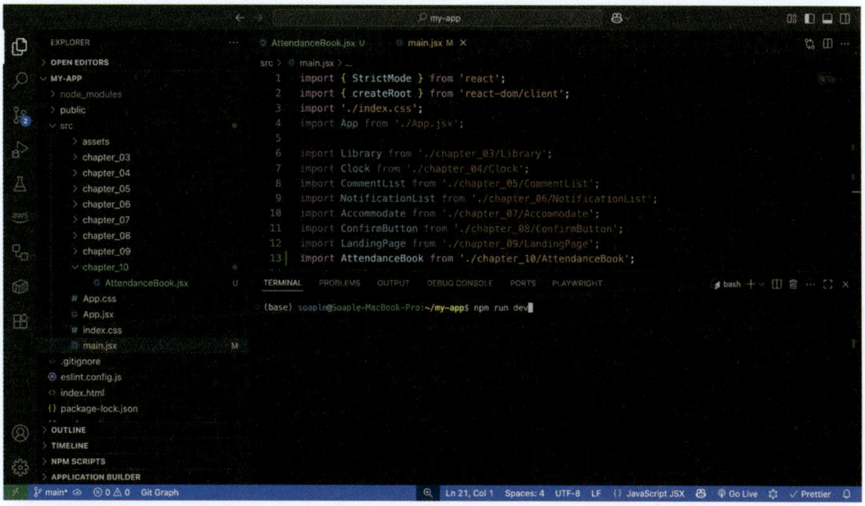

▶ 실습 화면 04

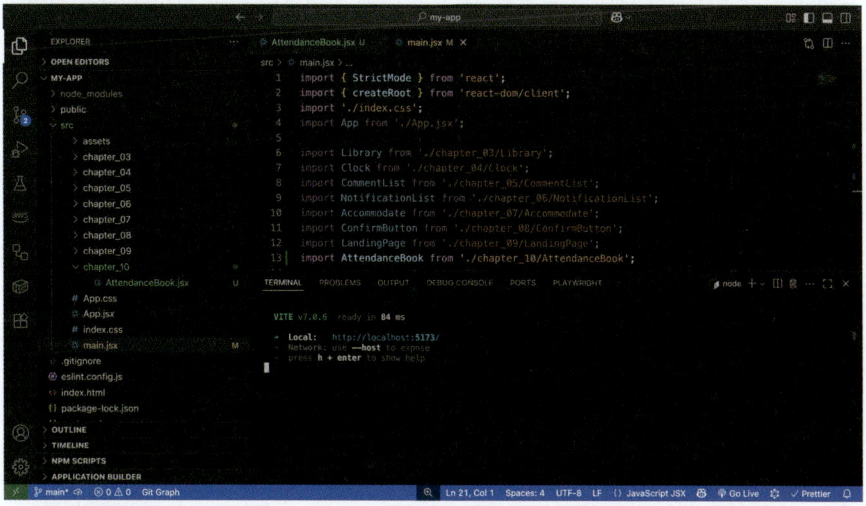

▶ 실습 화면 05

애플리케이션이 개발 모드로 실행되고 웹브라우저에서 `http://localhost:5173`에 접속합니다. 화면에는 다음 그림과 같이 학생들의 이름이 목록 형태로 출력됩니다.

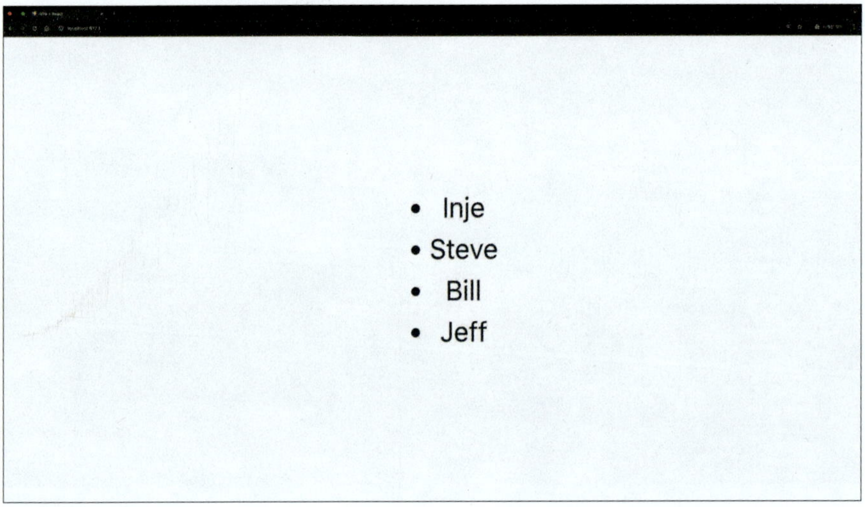

▶ 실습 화면 06

그런데 여기에서 크롬 개발자 도구를 열어 콘솔 탭에 가보면 빨간 글씨로 경고 문구가 나오는 것을 볼 수 있습니다. map() 함수를 사용해서 목록을 렌더링했는데 각 엘리먼트에 키가 빠져 있기 때문입니다.

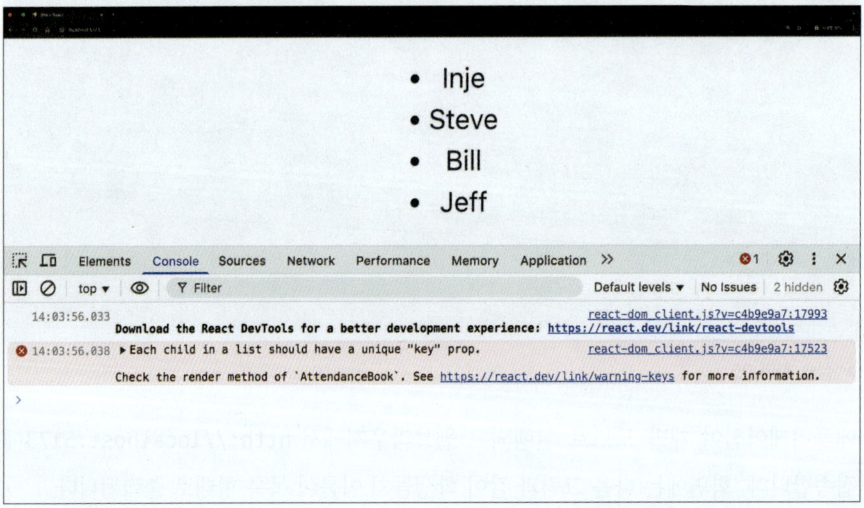

▶ 실습 화면 07

이를 고치기 위해서 아래 그림과 같이 각 학생 객체에 고유한 값을 가진 id를 추가해 주고 map() 함수의 엘리먼트에 key={student.id}를 넣어줍니다. 이렇게 하면 학생의 아이디가 키값으로 사용됩니다.

```
const students = [
    {
        id: 1,
        name: 'Inje',
    },
    {
        id: 2,
        name: 'Steve',
    },
    {
        id: 3,
        name: 'Bill',
    },
    {
        id: 4,
        name: 'Jeff',
    },
];

function AttendanceBook(props) {
    return (
        <ul>
            {students.map((student, index) => {
                return <li key={student.id}>{student.name}</li>;
            })}
        </ul>
    );
```

```
}

export default AttendanceBook;
```

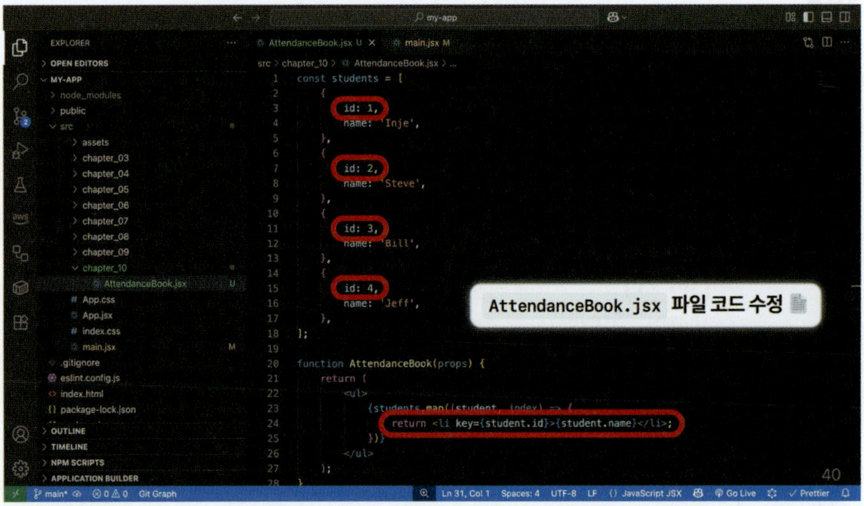

▶ 실습 화면 08

이후에 페이지를 새로 고침하면 다음 그림과 같이 경고 문구가 사라진 것을 볼 수 있습니다.

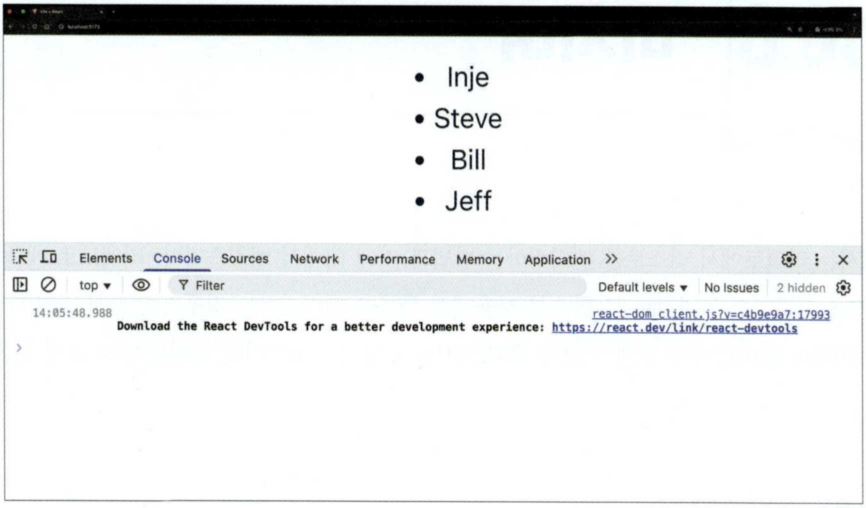

▶ 실습 화면 09

그리고 위에서 배운 것처럼 키값은 아래와 같이 다양한 방식으로 사용할 수도 있습니다.

```
// id를 키값으로 사용
{students.map((student) => {
    <li key={student.id}>{student.name}</li>;
})}

// 포맷팅 된 문자열을 키값으로 사용
{students.map((student, index) => {
    <li key={`student-id-${student.id}`}>{student.name}</li>;
})}

// 배열의 인덱스를 키값으로 사용
{students.map((student, index) => {
    <li key={index}>{student.name}</li>;
})}
```

10.6 마치며

이 장에서는 리액트에서 리스트를 렌더링하는 방법과 키에 대해서 배웠습니다. 리액트로 애플리케이션을 개발하다 보면 `map()` 함수를 사용해서 목록을 렌더링하는 경우가 굉장히 많기 때문에 잘 기억하기 바랍니다. 또한 키값을 꼭 빼먹지말고 넣어줘야 한다는 사실도 잊지 마세요.

요약

- **리스트**
  - 같은 아이템을 순서대로 모아 놓은 것
- **키**
  - 각 객체나 아이템을 구분할 수 있는 고유한 값
- **여러 개의 컴포넌트 렌더링**
  - 자바스크립트 배열의 map() 함수를 사용
    - 배열에 들어 있는 각 변수에 어떤 처리를 한 뒤 결과(엘리먼트)를 배열로 만들어서 리턴함
    - map() 함수 안에 있는 엘리먼트는 꼭 키가 필요함
- **리스트의 키**
  - 리스트에서 아이템을 구분하기 위한 고유한 문자열
  - 리스트에서 어떤 아이템이 변경, 추가 또는 제거되었는지 구분하기 위해 사용
  - 리액트에서는 키의 값은 같은 리스트에 있는 엘리먼트 사이에서만 고유한 값이면 됨
- **다양한 키값의 사용법**
  - 숫자 값을 사용
    - 배열에 중복된 숫자가 들어 있다면 키값도 중복되기 때문에 고유해야 한다는 키값의 조건이 충족되지 않음
  - id를 사용
    - id의 의미 자체가 고유한 값이므로 키값으로 사용하기 적합
    - id가 있는 경우에는 보통 id 값을 키값으로 사용

- 인덱스를 사용
  - 배열에서 아이템의 순서가 바뀔 수 있는 경우에는 키값으로 인덱스를 사용하는 것을 권장하지 않음
  - 리액트에서는 키를 명시적으로 넣어 주지 않으면 기본적으로 이 인덱스 값을 키값으로 사용

Chapter

11

폼

Preview

이 장에서는 리액트의 폼forms에 대해서 배워 보도록 하겠습니다.

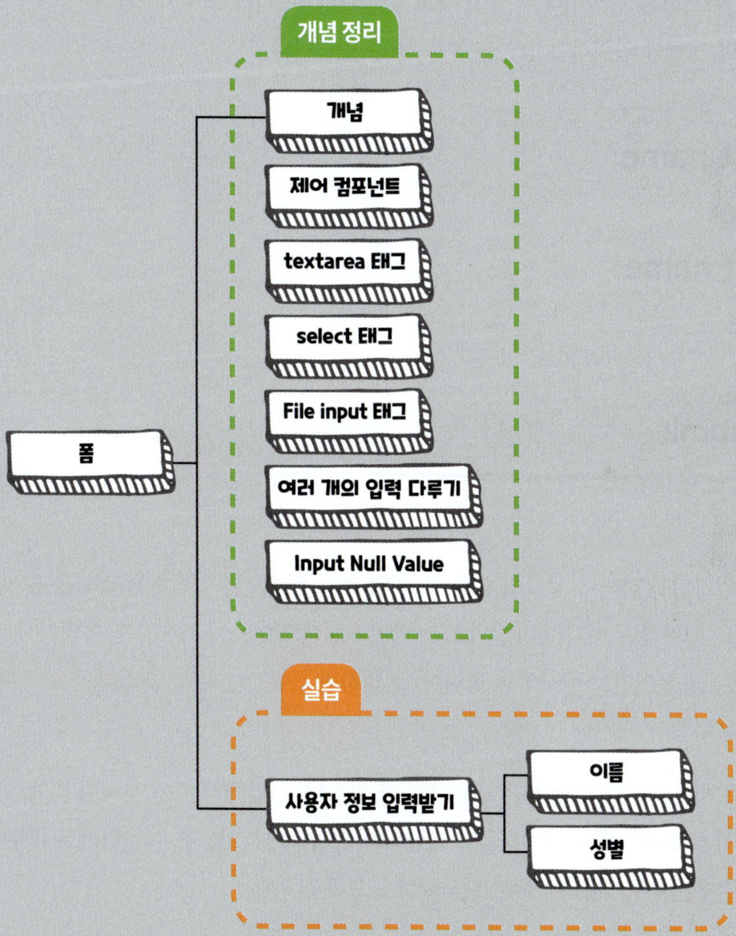

11.1 폼이란 무엇인가?

폼을 우리말로 하면 양식이라는 뜻을 갖고 있습니다. 우리가 웹사이트를 탐색하다 보면 아래 그림과 같이 정보를 입력하는 양식을 종종 볼 수 있습니다.

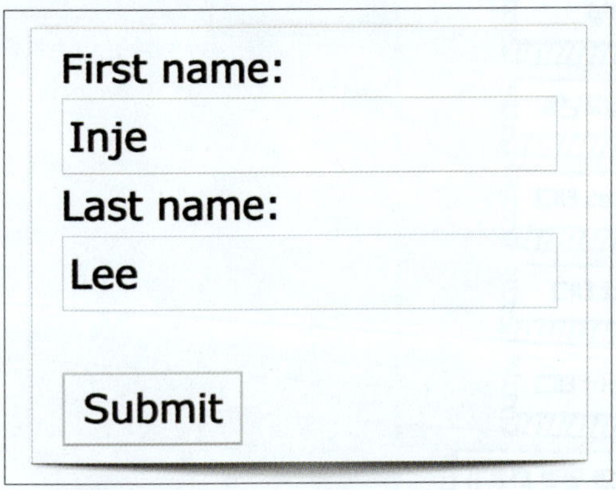

▶ 양식 예시

보통은 회원가입을 하거나 로그인을 할 때 위와 같이 텍스트를 입력하는 양식을 많이 볼 수 있는데 텍스트 입력뿐만 아니라 체크박스CheckBox나 셀렉트Select 등 사용자가 무언가 선택을 해야 하는 것 모두를 폼이라고 생각하면 됩니다. 정리하면 폼은 **사용자로부터 입력을 받기 위해 사용하는 것**입니다.

리액트에서의 폼과 HTML의 폼은 조금 차이가 있습니다. 앞에서 배운 것처럼 리액트는 컴포넌트 내부에서 state를 통해 데이터를 관리합니다. 반면에 HTML 폼은 엘리먼트 내부에 각각의 state가 존재합니다. 다음 예제 코드를 한번 보도록 합시다.

```
<form>
    <label>
        이름:
        <input type="text" name="name" />
    </label>
    <button type="submit">제출</button>
</form>
```

이 코드는 기본적인 HTML 폼입니다. 사용자의 이름을 입력받고 제출하는 아주 간단한 코드입니다. 이 코드는 리액트에서도 잘 작동하지만 자바스크립트 코드를 통해 사용자가 입력한 값에 접근하기에는 불편한 구조입니다. 자바스크립트 코드에서 사용자가 입력한 값에 접근하고 제어할 수 있어야 웹페이지를 개발할 때 더 편리하겠죠?

그래서 이 장에서는 사용자가 입력한 값에 접근하고 제어할 수 있도록 하는 제어 컴포넌트Controlled Components에 대해서 배워 보고 이후 여러 가지 종류의 폼에 대해 배워 보겠습니다.

11.2 제어 컴포넌트

제어 컴포넌트는 **사용자가 입력한 값에 접근하고 제어할 수 있도록 해 주는 컴포넌트**입니다. 이름 그대로 누군가의 통제를 받는 컴포넌트인데 여기에서 통제를 하는 그 누군가가 바로 리액트입니다. 정리하면 **제어 컴포넌트는 그 값이 리액트의 통제를 받는 입력 폼 엘리먼트**input form element를 의미합니다. 아래 그림을 봅시다.

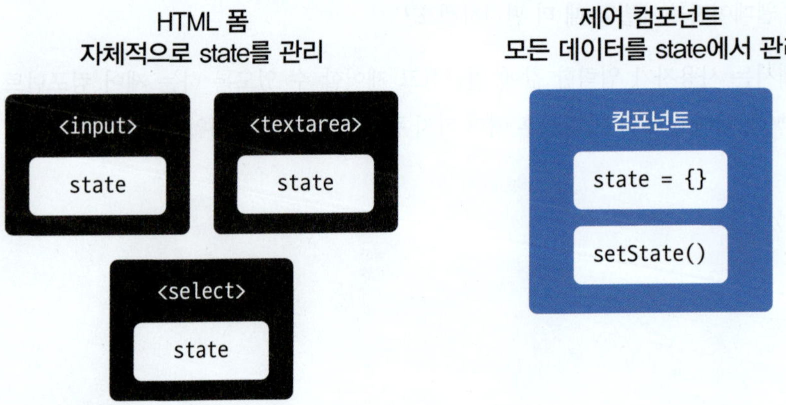

▶ 제어 컴포넌트

위 그림에서 왼쪽은 HTML 폼을 나타낸 것이고, 오른쪽은 제어 컴포넌트를 나타낸 것입니다. HTML 폼에서는 각 엘리먼트가 자체적으로 `state`를 관리하게 됩니다. 따라서 `<input>`, `<textarea>`, `<select>`가 각각 내부에 `state`를 갖고 있습니다. 이렇게 되면 아무래도 자바스크립트 코드를 통해 각각의 값에 접근하기가 쉽지 않습니다.

하지만 오른쪽에 나와 있는 제어 컴포넌트에서는 모든 데이터를 `state`에서 관리합니다. 또한 앞에서 배운 것처럼 `state`의 값을 변경할 때에는 무조건 `setState()` 함수를 사용하게 됩니다. 참고로 위 그림은 클래스 컴포넌트를 기준으로 그린 것인데 함수 컴포넌트에서는 `useState()` 훅을 사용하여 `state`를 관리합니다. 이처럼 제어 컴포넌트는 리액트에서 모든 값을 통제할 수 있는 구조를 갖고 있습니다. 아래 코드는 위에서 나왔던 사용자의 이름을 입력받는 HTML 폼을 리액트의 제어 컴포넌트로 만든 것입니다.

```
function NameForm(props) {
    const [value, setValue] = useState('');

    const handleChange = (event) => {
        setValue(event.target.value);
    }

    const handleSubmit = (event) => {
        alert('입력한 이름: ' + value);
        event.preventDefault();
    }

    return (
        <form onSubmit={handleSubmit}>
            <label>
                이름:
                <input type="text" value={value} onChange={handleChange} />
            </label>
            <button type="submit">제출</button>
        </form>
    )
}
```

위의 코드에서 <input> 태그의 value={value} 부분을 볼 수 있는데 리액트 컴포넌트의 state에서 값을 가져다 넣어 주는 것입니다. 그래서 항상 state에 들어 있는 값이 input에 표시됩니다. 또한 입력값이 변경되었을 때 호출되는 onChange에는 onChange={handleChange}처럼 handleChange 함수가 호출되도록 했는데 handleChange 함수에서는 setValue() 함수를 사용하여 새롭게 변경된 값을 value라는 이름의 state에 저장합니다.

참고로 onChange 콜백 함수의 첫 번째 파라미터인 event는 이벤트 객체를 나타냅니다. 그리고 event.target은 현재 발생한 이벤트의 타겟을 의미하며, event.target.value는 해당 타겟의 value 속성값을 의미합니다. 즉, 여기에서의 타겟은 input 엘리먼트가 되며 event.target.value는 input 엘리먼트의 값이 됩니다.

이처럼 제어 컴포넌트를 사용하면 입력값이 리액트 컴포넌트의 state를 통해 관리됩니다. 즉, 여러 개의 입력 양식 값을 원하는 대로 조종할 수 있다는 말입니다. 입력 양식의 초깃값을 내가 원하는 대로 넣어줄 수 있으며, 다른 양식의 값이 변경되었을 때 또 다른 양식의 값도 자동으로 변경시킬 수 있다는 것입니다. 예를 들어 사용자가 입력한 모든 알파벳을 대문자로 변경시켜서 관리하고 싶다면 아래 코드같이 하면 됩니다.

```
const handleChange = (event) => {
    setValue(event.target.value.toUpperCase());
}
```

handleChange() 함수로 들어오는 이벤트의 타깃 값을 toUpperCase() 함수를 사용하여 모두 대문자로 변경한 뒤에 그 값을 state에 저장하는 것이죠. 이처럼 제어 컴포넌트를 통해 사용자의 입력을 직접 제어할 수 있습니다.

11.3 textarea 태그

<textarea> 태그는 여러 줄에 걸쳐서 나올 정도로 긴 텍스트를 입력받기 위한 HTML 태그입니다. HTML에서는 아래와 같이 텍스트를 태그가 감싸는 형태로 사용합니다. 즉, <textarea> 태그의 children으로 텍스트가 들어가는 형태입니다.

```
<textarea>
    안녕하세요, 여기에 이렇게 텍스트가 들어가게 됩니다.
</textarea>
```

반면에 리액트에서는 <textarea> 태그에 value라는 속성을 사용하여 텍스트를 표시합니다. 이 방식은 앞에서 배운 제어 컴포넌트 방식인데 값을 컴포넌트의 state를 사용해서 다룰 수 있습니다. 아래 예제 코드를 봅시다.

```
function RequestForm(props) {
    const [value, setValue] = useState('요청사항을 입력하세요.');

    const handleChange = (event) => {
        setValue(event.target.value);
    }

    const handleSubmit = (event) => {
        alert('입력한 요청사항: ' + value);
        event.preventDefault();
    }

    return (
```

```
        <form onSubmit={handleSubmit}>
            <label>
                요청사항:
                <textarea value={value} onChange={handleChange} />
            </label>
            <button type="submit">제출</button>
        </form>
    )
}
```

위 코드는 고객으로부터 요청사항을 입력받기 위한 RequestForm이라는 컴포넌트입니다. state로는 value가 있고, 이 값을 <textarea> 태그의 value라는 속성에 넣어줌으로써 화면에 나타나게 됩니다. 여기에서는 value를 선언할 때 초깃값을 넣어줬기 때문에 처음 렌더링될 때부터 <textarea>에 텍스트가 나타나게 됩니다.

11.4 select 태그

<select> 태그는 드롭다운drop-down 목록을 보여 주기 위한 HTML 태그입니다. 드롭다운 목록은 여러 가지 옵션 중에서 하나를 선택할 수 있는 기능을 제공합니다. HTML에서는 아래 코드와 같이 <option> 태그를 <select> 태그가 감싸는 형태로 사용합니다.

```
<select>
    <option value="apple">사과</option>
    <option value="banana">바나나</option>
    <option selected value="grape">포도</option>
    <option value="watermelon">수박</option>
</select>
```

<option> 태그에서 현재 선택된 옵션의 경우에는 selected라는 속성을 갖고 있습니다. 코드를 보면 grape에 selected 속성이 들어가 있는 것을 볼 수 있는데 현재 포도가 선택되어 있는 상태라는 것을 알 수 있습니다. 리액트에서는 <option> 태그에 selected 속성을 사용하지 않고 대신에 <select> 태그에 value라는 속성을 사용하여 값을 표시합니다. 아래 예제 코드를 한번 봅시다.

```
function FruitSelect(props) {
    const [value, setValue] = useState('grape');

    const handleChange = (event) => {
        setValue(event.target.value);
    }

```

```
    const handleSubmit = (event) => {
        alert('선택한 과일: ' + value);
        event.preventDefault();
    }

    return (
        <form onSubmit={handleSubmit}>
            <label>
                과일을 선택하세요:
                <select value={value} onChange={handleChange}>
                    <option value="apple">사과</option>
                    <option value="banana">바나나</option>
                    <option value="grape">포도</option>
                    <option value="watermelon">수박</option>
                </select>
            </label>
            <button type="submit">제출</button>
        </form>
    )
}
```

위 코드에는 FruitSelect라는 컴포넌트가 있고 이 컴포넌트의 state로 grape라는 초깃값을 가진 value가 하나 있습니다. 그리고 이 값을 <select> 태그에 value로 넣어 주고 있습니다. 값이 변경된 경우에는 위와 마찬가지로 handleChange() 함수에서 setValue() 함수를 사용하여 값을 업데이트합니다. 이 방식을 사용하게 되면 사용자가 옵션을 선택했을 때 value라는 하나의 값만을 업데이트하면 되기 때문에 더 편리합니다.

만약 목록에서 다중으로 선택이 되도록 하려면 아래와 같이 multiple이라는 속성값을 true로 하고, value로 선택된 옵션의 값이 들어 있는 배열을 넣어 주면 됩니다.

```
<select multiple={true} value={['B', 'C']}>
```

지금까지 살펴 본 것처럼 <input type="text"> 태그, <textarea> 태그 그리고 <select> 태그를 제어 컴포넌트로 만드는 방식은 모두 비슷합니다. 모두 value라는 속성을 통해서 값을 전달하고 값을 변경할 때는 onChange에서 setValue() 함수를 사용하여 값을 업데이트합니다. 이러한 방식은 실제로 사용자 입력을 받는 컴포넌트를 만들 때 사용하기 때문에 잘 기억하기 바랍니다.

11.5 File input 태그

File input 태그는 말 그대로 디바이스의 저장 장치로부터 사용자가 하나 또는 여러 개의 파일을 선택할 수 있게 해 주는 HTML 태그입니다. 보통은 서버로 파일을 업로드하거나 자바스크립트의 File API를 사용해서 파일을 다룰 때 사용합니다. 실제로 사용하는 방법은 아래 코드와 같습니다.

```
<input type="file" />
```

위 코드처럼 `<input>` 태그를 사용하고 타입을 `file`로 해 주면 됩니다. 참고로 File input 태그는 그 값이 읽기 전용Read-only이기 때문에 리액트에서는 비제어 컴포넌트uncontrolled component가 됩니다.

11.6 여러 개의 입력 다루기

지금까지는 하나의 컴포넌트에서 하나의 입력만을 다뤘는데 만약 하나의 컴포넌트에서 여러 개의 입력을 다루기 위해서는 어떻게 해야 할까요? 이런 경우에는 여러 개의 state를 선언하여 각각의 입력에 대해 사용하면 됩니다. 아래 예제 코드를 봅시다.

```
function Reservation(props) {
    const [haveBreakfast, setHaveBreakfast] = useState(true);
    const [numberOfGuest, setNumberOfGuest] = useState(2);

    const handleSubmit = (event) => {
        alert(`아침식사 여부: ${haveBreakfast}, 방문객 수: ${numberOfGuest}`);
        event.preventDefault();
    }

    return (
        <form onSubmit={handleSubmit}>
            <label>
                아침식사 여부:
                <input
                    type="checkbox"
                    checked={haveBreakfast}
                    onChange={(event) => {
                        setHaveBreakfast(event.target.checked);
                    }} />
            </label>
            <br />
            <label>
                방문객 수:
```

```
                <input
                    type="number"
                    value={numberOfGuest}
                    onChange={(event) => {
                        setNumberOfGuest(event.target.value);
                    }} />
            </label>
            <button type="submit">제출</button>
        </form>
    );
}
```

위 코드는 Reservation이라는 이름을 가진 호텔 예약을 위한 컴포넌트인데 예약을 하기 위해 필요한 정보 두 가지를 입력받도록 되어 있습니다. 하나는 아침식사 선택 여부이고, 다른 하나는 방문객 수입니다. 아침식사 선택 유무를 입력받기 위한 <input> 태그는 type이 checkbox로 되어 있고, 값이 변경되면 setHaveBreakfast() 함수를 통해 값을 업데이트합니다. 그리고 방문객 수를 입력받기 위한 <input> 태그는 type이 number로 되어 있고, 값이 변경되면 setNumberOfGuest() 함수를 통해 값을 업데이트합니다.

클래스 컴포넌트에서는 setState() 함수 하나로 모든 state의 값을 업데이트했지만 함수 컴포넌트에서는 각 state의 변수마다 set 함수가 따로 존재하기 때문에 위와 같은 형태로 각각의 set 함수를 사용해서 구현하면 됩니다.

11.7 Input Null Value

앞에서 배운 것처럼 제어 컴포넌트에 value prop을 정해진 값으로 넣으면 코드를 수정하지 않는 한 입력값을 바꿀 수 없습니다. 만약 value prop은 넣되 자유롭게 입력할 수 있게 만들고 싶다면 값에 undefined 또는 null을 넣어 주면 됩니다. 아래 예제 코드를 봅시다.

```
const root = ReactDOM.createRoot(rootNode);
root.render(<input value="hi" />);

setTimeout(function() {
    root.render(<input value={null} />);
}, 1000);
```

처음에는 input의 값이 hi로 정해져 있어서 값을 바꿀 수 없는 입력 불가 상태였다가 timer에 의해 1초 뒤에 value가 null인 <input> 태그가 렌더링되면서 입력 가능한 상태로 바뀝니다. 이러한 방법을 잘 활용하면 value prop을 넣으면서 동시에 사용자가 자유롭게 입력할 수 있게 만들 수 있습니다.

PRACTICE 11.8

실습

사용자 정보 입력받기

이번 실습에서는 사용자의 정보를 입력받는 가입 양식 컴포넌트를 직접 만들어 보겠습니다.

1 실습 이름 입력받기

먼저 VS Code로 앞에서 `Vite`를 이용해 만든 프로젝트를 엽니다. 그리고 아래처럼 `chapter_11`이라는 이름의 폴더를 하나 생성합니다.

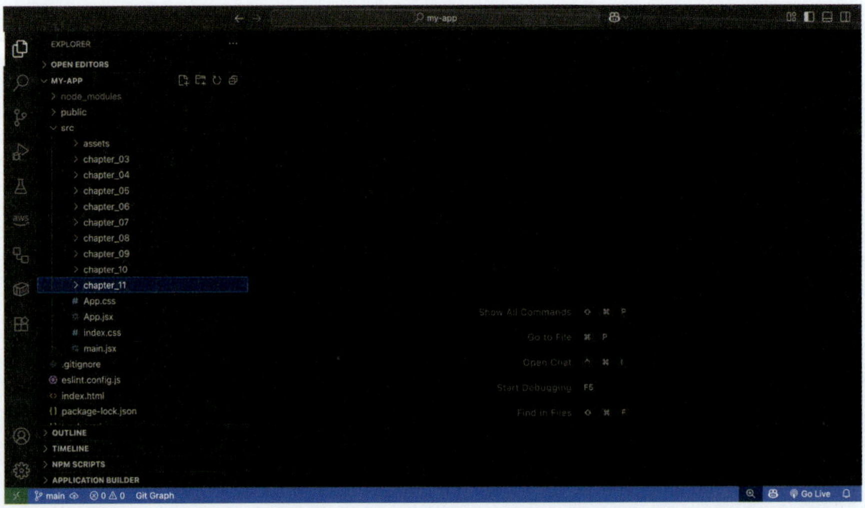

▶ 실습 화면 01

그다음 만든 폴더에 `SignUp.jsx`라는 이름의 파일을 새로 만들고 아래 코드처럼 `SignUp`이라는 이름의 함수 컴포넌트를 만듭니다.

```
import { useState } from 'react';

function SignUp(props) {
    const [name, setName] = useState('');

    const handleChangeName = (event) => {
        setName(event.target.value);
    };

    const handleSubmit = (event) => {
        alert(`이름: ${name}`);
        event.preventDefault();
    };

    return (
        <form onSubmit={handleSubmit}>
            <label>
                이름:
                <input
                    type='text'
                    value={name}
                    onChange={handleChangeName}
                />
            </label>
            <button type='submit'>제출</button>
        </form>
    );
}

export default SignUp;
```

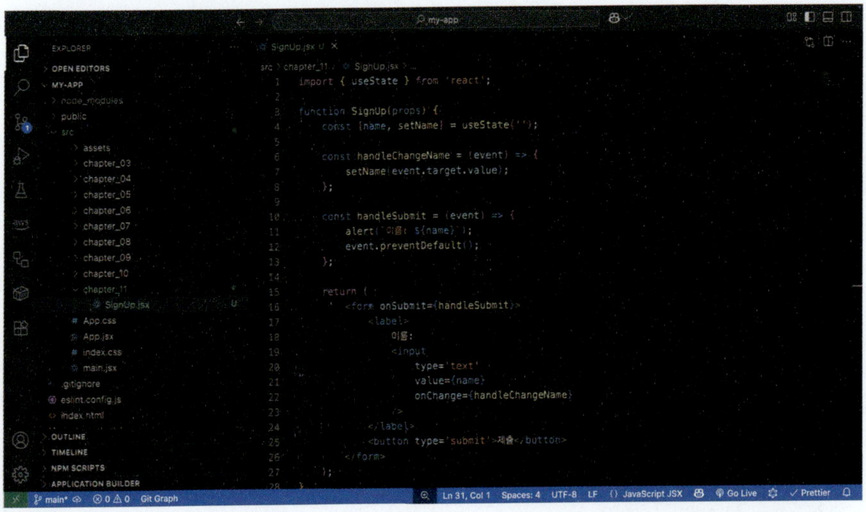

▶ 실습 화면 02

SignUp 컴포넌트는 이름을 입력할 수 있는 <input> 태그와 입력된 값을 저장하기 위한 name이라는 state를 갖고 있습니다. 아주 단순한 형태의 입력 양식 컴포넌트입니다.

이제 만든 SignUp 컴포넌트를 실제로 화면에 렌더링하기 위해서 main.jsx 파일을 수정해야 합니다. 다음 코드와 그림에 표시된 부분을 참고하여 방금 새로 만든 SignUp 컴포넌트를 임포트해서 ReactDOM의 createRoot() 함수로 만든 root의 render() 함수에 넣어 주는 코드로 변경해 보세요.

```
import { StrictMode } from 'react';
import { createRoot } from 'react-dom/client';
import './index.css';
import App from './App.jsx';

import Library from './chapter_03/Library';
import Clock from './chapter_04/Clock';
import CommentList from './chapter_05/CommentList';
```

```
import NotificationList from './chapter_06/NotificationList';
import Accommodate from './chapter_07/Accommodate';
import ConfirmButton from './chapter_08/ConfirmButton';
import LandingPage from './chapter_09/LandingPage';
import AttendanceBook from './chapter_10/AttendanceBook';
import SignUp from './chapter_11/SignUp';

const root = createRoot(document.getElementById('root'));
root.render(
    <StrictMode>
        <SignUp />
    </StrictMode>
);
```

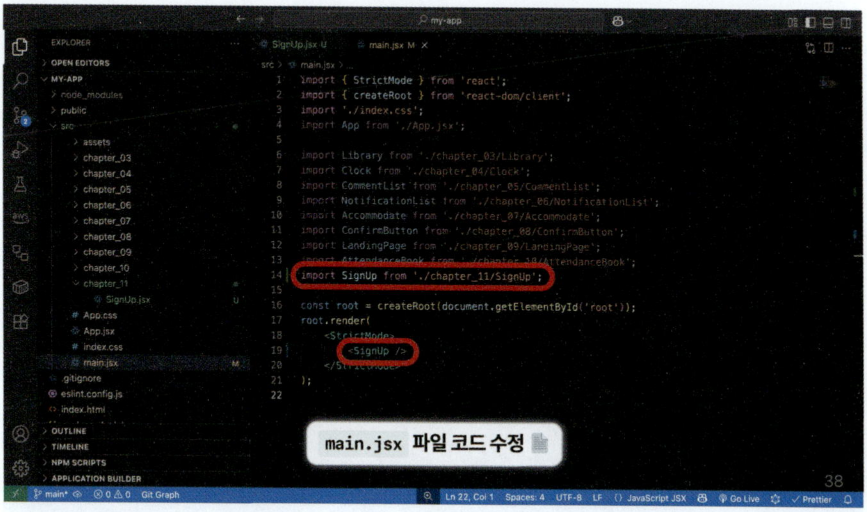

▶ 실습 화면 03

코드 작성이 끝났으면 리액트 애플리케이션을 실행해 봅시다. VS Code의 상단 메뉴에서 `Terminal > New Terminal`을 눌러 새로운 터미널을 하나 실행시킵니다. 이후 다음 그림처럼 `npm run dev` 명령어를 실행합니다.

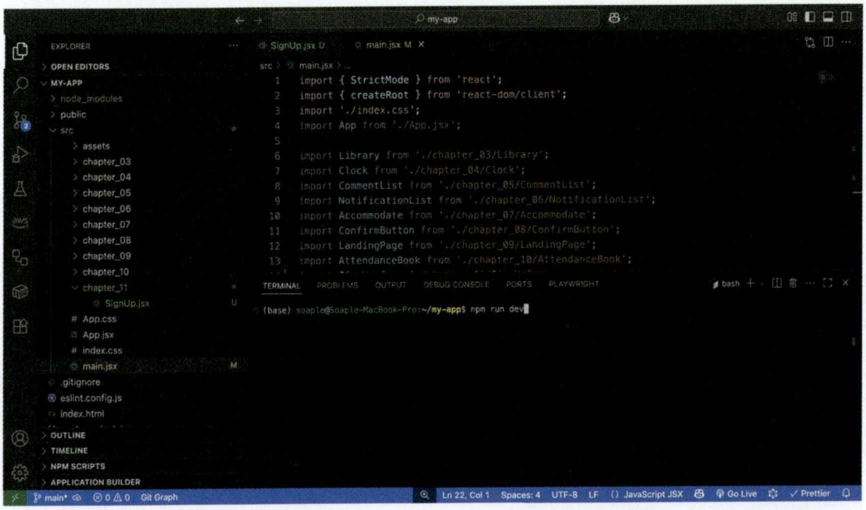

▶ 실습 화면 04

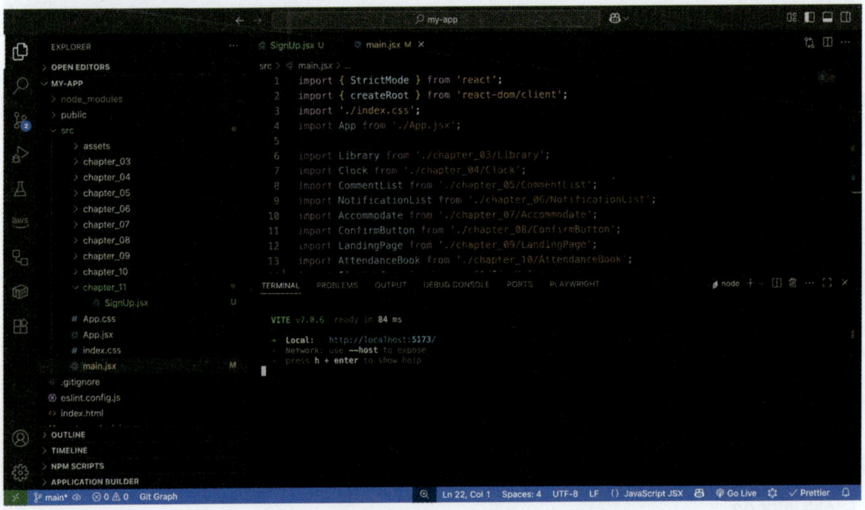

▶ 실습 화면 05

그러면 애플리케이션이 개발 모드로 실행되고 웹브라우저에서 `http://localhost:5173`에 접속합니다. 화면에는 아래 그림과 같이 이름을 입력할 수 있는 양식이 나오게 됩니다.

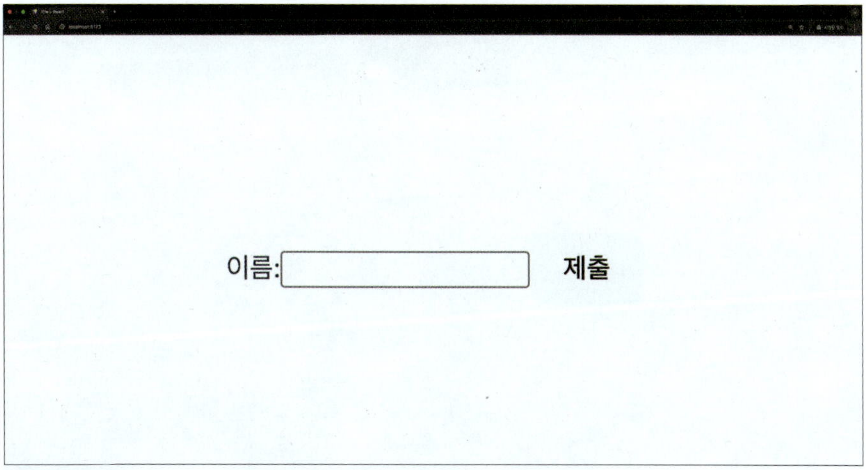

▶ 실습 화면 06

입력 양식에 이름을 입력하고 제출 버튼을 누르면 아래 그림과 같이 대화 상자가 뜨고 그 안에 방금 입력한 이름이 들어가 있는 것을 볼 수 있습니다.

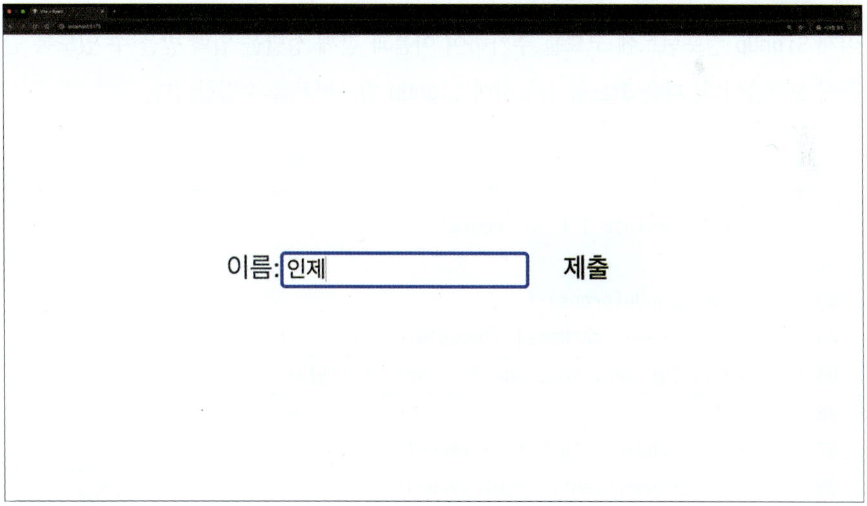

▶ 실습 화면 07

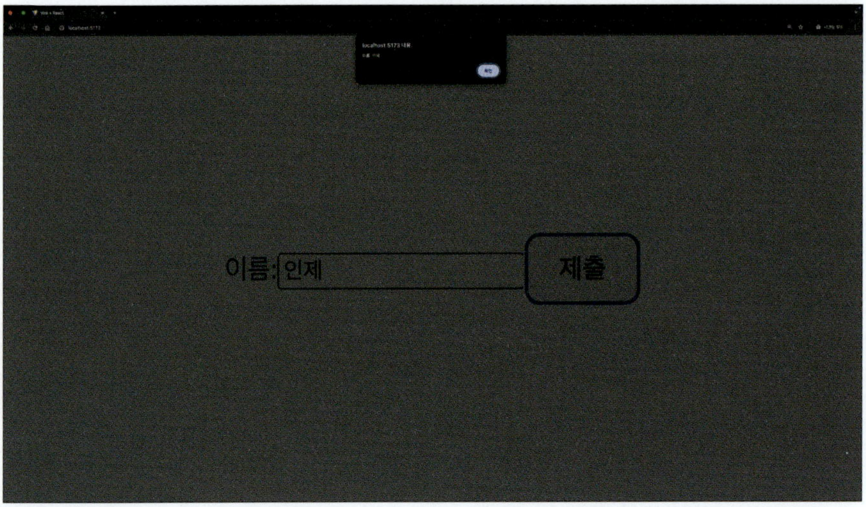

▶ 실습 화면 08

2 실습 성별 입력받기

이제 SignUp 컴포넌트에 코드를 추가하여 이름과 함께 성별을 입력 받을 수 있도록 만들어 보겠습니다. 다음 코드를 참고하여 SignUp 컴포넌트를 수정합니다.

```
import { useState } from 'react';

function SignUp(props) {
    const [name, setName] = useState('');
    const [gender, setGender] = useState('남자');

    const handleChangeName = (event) => {
        setName(event.target.value);
    };

    const handleChangeGender = (event) => {
```

```
        setGender(event.target.value);
    };

    const handleSubmit = (event) => {
        alert(`이름: ${name}, 성별: ${gender}`);
        event.preventDefault();
    };

    return (
        <form onSubmit={handleSubmit}>
            <label>
                이름:
                 <input
                    type='text'
                    value={name}
                    onChange={handleChangeName}
                />
            </label>
            <br />
            <label>
                성별:
                <select
                    value={gender}
                    onChange={handleChangeGender}>
                    <option value='남자'>남자</option>
                    <option value='여자'>여자</option>
                </select>
            </label>
            <button type='submit'>제출</button>
        </form>
    );
}

export default SignUp;
```

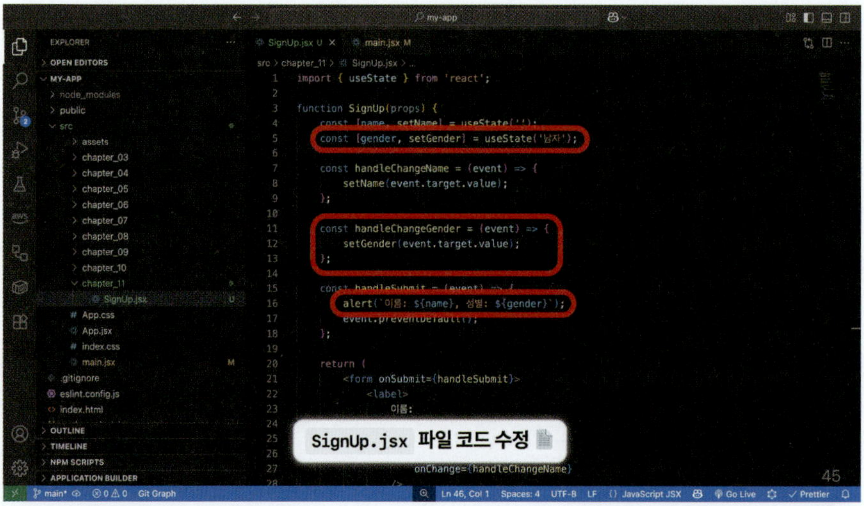

▶ 실습 화면 09

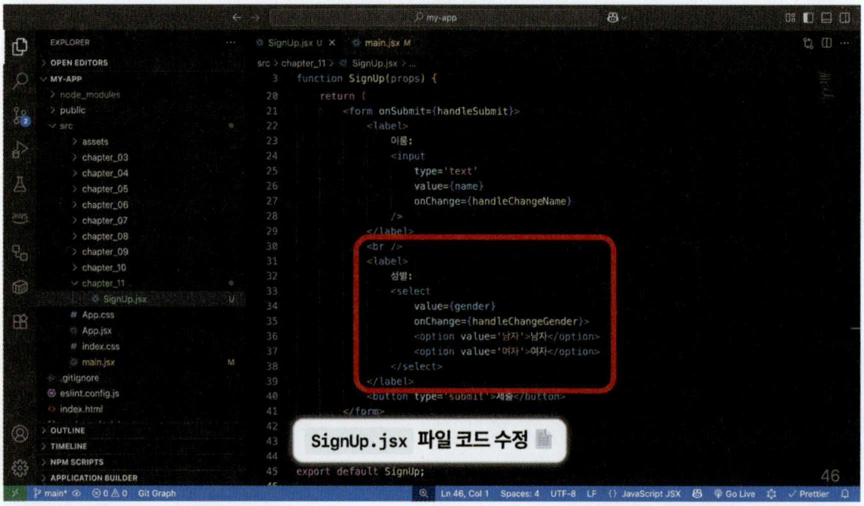

▶ 실습 화면 10

gender라는 이름의 state가 추가되었고 성별을 입력받기 위한 <select> 태그가 추가되었습니다. <select> 태그에는 총 두 가지 옵션이 들어가 있는데, <select> 태그의 값이 변경되면 이를 처리하기 위해 handleChangeGender()라는 이벤트 핸들러를 만들어 사용하고 있습니다.

코드를 모두 수정한 이후에 다시 브라우저 화면을 보면 다음 그림과 같이 이름과 성별을 함께 입력받을 수 있는 양식이 나타나게 됩니다.

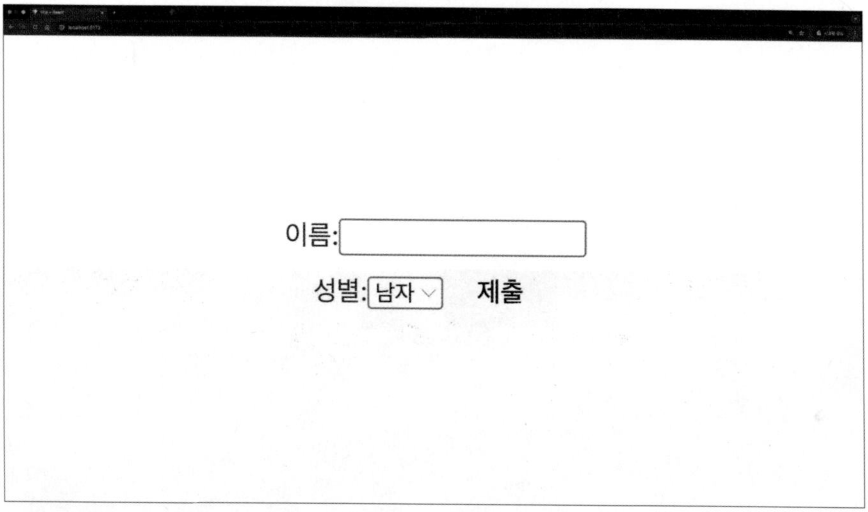

▶ 실습 화면 11

여기에서 이름을 입력하고 성별을 선택한 뒤에 제출 버튼을 누르면 아래 그림과 같이 대화 상자가 뜨고 그 안에 방금 입력한 이름과 성별이 들어가 있는 것을 볼 수 있습니다.

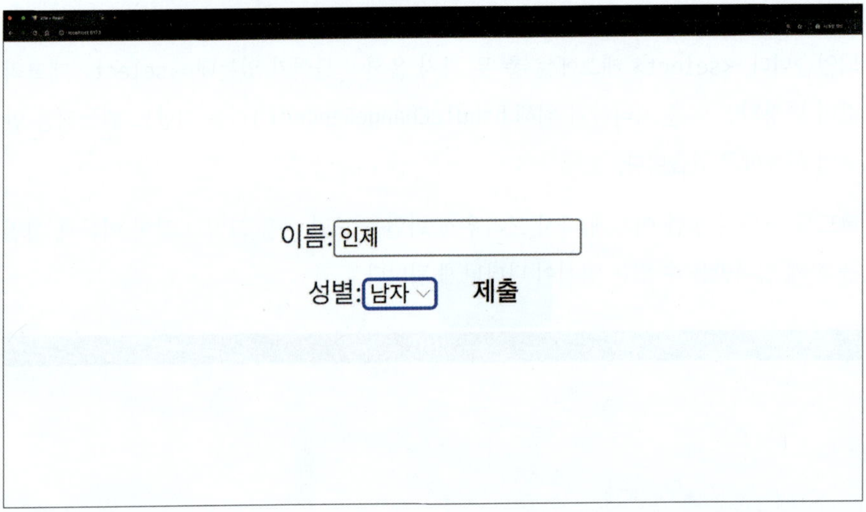

▶ 실습 화면 12

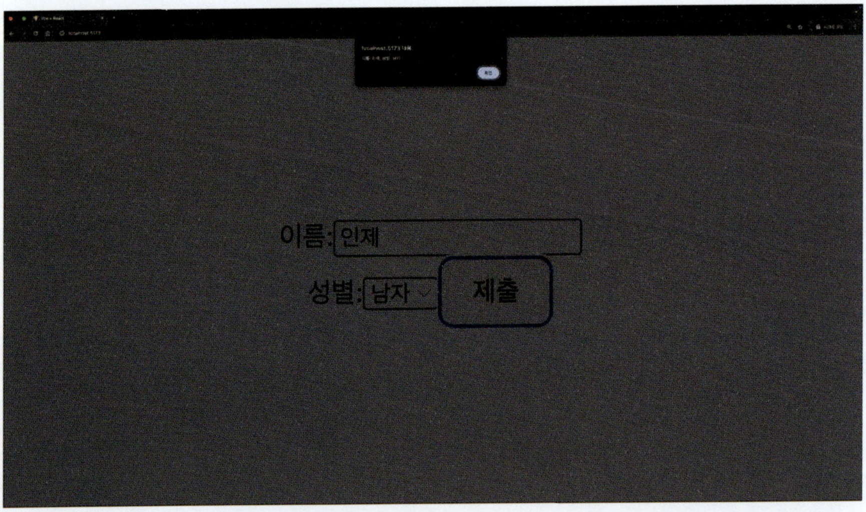

▶ 실습 화면 13

11.9 마치며

이 장에서는 리액트의 제어 컴포넌트와 이를 이용해서 사용자의 입력을 받는 방법에 대해 배웠습니다. 최근에 나오는 대부분의 웹 애플리케이션은 단독으로 작동하기보다 사용자의 입력을 통해 상호작용하는 기능이 있는 경우가 많습니다. 그렇기 때문에 사용자의 입력을 받는 방법에 대해서 잘 숙지하고 다음 장으로 넘어가도록 합시다.

요약

- **폼이란?**
  - 사용자로부터 입력을 받기 위해 사용하는 양식
- **제어 컴포넌트**
  - 사용자가 입력한 값에 접근하고 제어할 수 있게 해 주는 컴포넌트
  - 값이 리액트의 통제를 받는 입력 폼 엘리먼트
- **〈input type="text"〉 태그**
  - 한 줄로 텍스트를 입력받기 위한 HTML 태그
  - 리액트에서는 value라는 속성으로 입력된 값을 관리
- **〈textarea〉 태그**
  - 여러 줄에 걸쳐서 텍스트를 입력받기 위한 HTML 태그
  - 리액트에서는 value라는 속성으로 입력된 값을 관리
- **〈select〉 태그**
  - 드롭다운 목록을 보여 주기 위한 HTML 태그
  - 여러 가지 옵션 중에서 하나 또는 여러 개를 선택할 수 있는 기능을 제공
  - 리액트에서는 value라는 속성으로 선택된 옵션의 값을 관리
- **〈input type="file"〉 태그**
  - 디바이스의 저장 장치로부터 사용자가 하나 또는 여러 개의 파일을 선택할 수 있게 해 주는 HTML 태그
  - 서버로 파일을 업로드하거나 자바스크립트의 File API를 사용해서 파일을 다룰 때 사용
  - 읽기 전용이기 때문에 리액트에서는 비제어 컴포넌트가 됨

- **여러 개의 입력 다루기**
  - 컴포넌트에 여러 개의 state를 선언하여 각각의 입력에 대해 사용하면 됨
- **Input Null Value**
  - value prop은 넣되 자유롭게 입력할 수 있게 만들고 싶을 경우, 값에 undefined 또는 null을 넣으면 됨

Chapter

12

State 끌어올리기

Preview

이 장에서는 State 끌어올리기Lifting State Up라는 주제로 리액트의 컴포넌트 사이에서 state를 공유하는 방법에 대해 배워 보도록 하겠습니다. 리액트로 개발을 하다 보면 하나의 데이터를 여러 개의 컴포넌트에서 표현해야 하는 경우가 종종 생깁니다. 이러한 경우에 각 컴포넌트의 state에서 데이터를 각각 보관하는 것이 아니라 가장 가까운 공통된 부모 컴포넌트의 state를 공유해서 사용하는 것이 더 효율적입니다. 이제 그 개념과 구현 방법에 대해서 하나씩 배워봅시다.

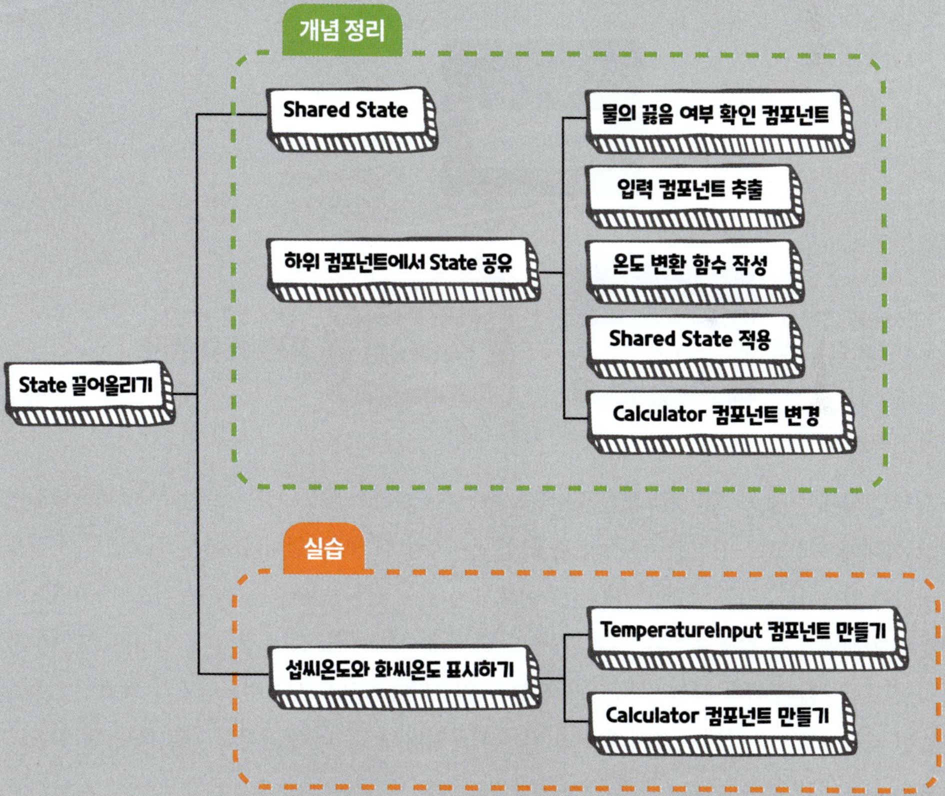

12.1 Shared State

shared state는 말 그대로 **공유된 state**를 의미합니다. 앞에서 잠깐 설명한 것처럼 자식 컴포넌트들이 가장 가까운 공통된 부모 컴포넌트의 state를 공유해서 사용하는 것이죠. shared state는 **어떤 컴포넌트의 state에 있는 데이터를 여러 개의 하위 컴포넌트에서 공통적으로 사용하는 경우**를 말합니다. 아래 그림을 통해 설명하겠습니다.

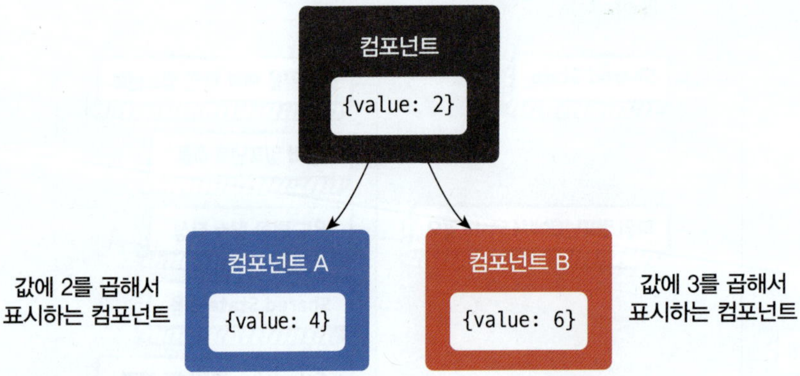

▶ Shared State

위의 그림에는 총 세 개의 컴포넌트가 있습니다. 가장 위에 있는 컴포넌트는 부모 컴포넌트이고 아래에 화살표로 연결된 두 개의 컴포넌트는 자식 컴포넌트입니다. 부모 컴포넌트는 값을 가지고 있습니다. 왼쪽 아래에 있는 컴포넌트 A는 값에 2를 곱해서 표시하는 컴포넌트이고, 오른쪽 아래에 있는 컴포넌트 B는 값에 3을 곱해서 표시하는 컴포넌트입니다. 이러한 경우에 자식 컴포넌트들이 각각 값을 갖고 있을 필요가 없습니다. 그냥 부모 컴포넌트의 state에 있는 값에 각각 2와 3을 곱해서 표시해 주면 되기 때문입니다. 좀 더 구체적인 예를 하나 더 살펴보겠습니다.

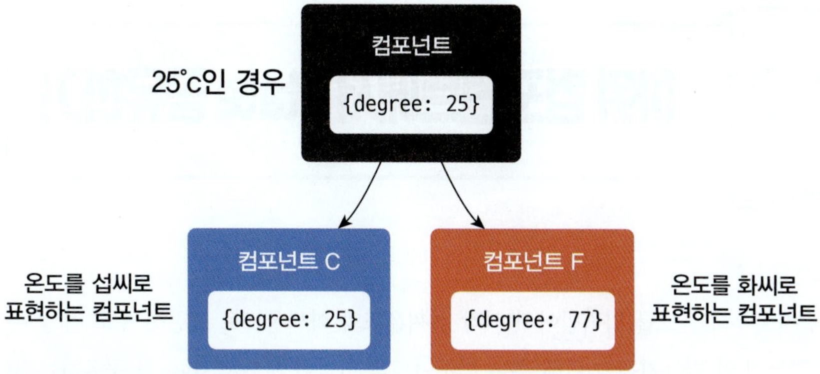

▶ Shared State Temperature

위 그림도 마찬가지로 총 세 개의 컴포넌트가 있습니다. 부모 컴포넌트는 degree라는 이름의 섭씨온도 값을 갖고 있으며 왼쪽 아래에 있는 컴포넌트 C는 온도를 섭씨로 표현하는 컴포넌트이고, 오른쪽 아래에 있는 컴포넌트 F는 온도를 화씨로 표현하는 컴포넌트입니다. 이 경우에도 자식 컴포넌트들이 각각 온도 값을 가지고 있을 필요 없이, 그냥 부모 컴포넌트의 state에 있는 섭씨온도 값을 변환해서 표시해 주면 됩니다.

지금까지 살펴 본 것처럼 하위 컴포넌트가 공통된 부모 컴포넌트의 state를 공유하여 사용하는 것을 shared state라고 합니다.

12.2 하위 컴포넌트에서 State 공유하기

지금부터 사용자로부터 온도를 입력받아서 각각 섭씨온도와 화씨온도로 표현해 주고 해당 온도에서 물이 끓는지 안 끓는지를 출력해 주는 컴포넌트를 만들어 보면서 state를 공유하는 방법에 대해 자세히 살펴 보도록 하겠습니다.

1 물의 끓음 여부를 알려주는 컴포넌트

먼저 섭씨온도 값을 props로 받아서 물이 끓는지 안 끓는지를 문자열로 출력해 주는 컴포넌트를 만들어 보도록 하겠습니다.

```
function BoilingVerdict(props) {
    if (props.celsius >= 100) {
        return <p>물이 끓습니다.</p>;
    }
    return <p>물이 끓지 않습니다.</p>;
}
```

위 코드는 BoilingVerdict라는 이름을 가진 굉장히 간단한 컴포넌트입니다. 섭씨온도 값을 props로 받아서 100℃ 이상이면 물이 끓는다는 문자열을 출력하고 그 외에는 물이 끓지 않는다는 문자열을 출력합니다. 이제 이 컴포넌트를 실제로 사용하는 부모 컴포넌트를 만들어 보겠습니다.

```
function Calculator(props) {
    const [temperature, setTemperature] = useState('');

    const handleChange = (event) => {
        setTemperature(event.target.value);
    }

    return (
        <fieldset>
            <legend>섭씨 온도를 입력하세요:</legend>
            <input
                value={temperature}
                onChange={handleChange} />
            <BoilingVerdict
                celsius={parseFloat(temperature)} />
        </fieldset>
    )
}
```

위의 코드에 나온 Calculator라는 컴포넌트는 state로 온도 값을 하나 갖고 있습니다. 또한 사용자로부터 입력을 받기 위해서 <input> 태그를 사용하여 앞에서 배운 제어 컴포넌트 형태로 구현되어 있습니다. 사용자가 온도 값을 변경할 때마다 handleChange() 함수가 호출되고, setTemperature() 함수를 통해 온도 값을 갖고 있는 temperature라는 이름의 state를 업데이트합니다. 그리고 state에 있는 온도 값은 앞에서 만든 BoilingVerdict 컴포넌트에 celsius라는 이름의 props로 전달됩니다.

2 입력 컴포넌트 추출하기

다음은 Calculator 컴포넌트 안에 온도를 입력하는 부분을 별도의 컴포넌트로 추출해 보겠습니다. 이렇게 하는 이유는 섭씨온도와 화씨온도를 각각 따로 입력받을 수 있도록 하여 재사용이 가능한 형태로 컴포넌트를 만들어 사용하는 것이 효율적이기 때문입니다.

```
const scaleNames = {
    c: '섭씨',
    f: '화씨'
};

function TemperatureInput(props) {
    const [temperature, setTemperature] = useState('');

    const handleChange = (event) => {
        setTemperature(event.target.value);
    }

    return (
        <fieldset>
            <legend>온도를 입력해 주세요(단위:{scaleNames[props.scale]}):</legend>
            <input value={temperature} onChange={handleChange} />
        </fieldset>
    )
}
```

위의 코드는 온도를 입력받기 위한 TemperatureInput 컴포넌트입니다. Calculator 컴포넌트에서 온도를 입력받는 부분을 추출하여 별도의 컴포넌트로 만든 것입니다. 추가적으로 props에 단위를 나타내는 scale을 추가하여 온도의 단위를 섭씨 또는 화씨로 입력 가능하도록 만들었습니다. 이렇게 추출한 컴포넌트를 사용하도록 Calculator 컴포넌트를 변경하면 아래 코드와 같이 됩니다.

```
function Calculator(props) {
    return (
        <div>
            <TemperatureInput scale="c" />
            <TemperatureInput scale="f" />
        </div>
    );
}
```

총 두 개의 입력을 받을 수 있도록 되어 있으며 하나는 섭씨온도를 입력받고 다른 하나는 화씨온도를 입력받습니다. 그런데 여기에서 한 가지 문제가 발생합니다. 사용자가 입력하는 온도 값이 TemperatureInput의 state에 저장되기 때문에 섭씨온도와 화씨온도 값을 따로 입력받으면 두 개의 값이 다를 수 있습니다. 이를 해결하기 위해서 값을 동기화시켜줘야 합니다.

3 온도 변환 함수 작성하기

먼저 섭씨온도와 화씨온도 값을 동기화시키기 위해서 각각 변환하는 함수를 작성해야 합니다. 아래 함수는 화씨온도를 섭씨온도로 변환하는 함수와 섭씨온도를 화씨온도로 변환하는 함수입니다.

```
function toCelsius(fahrenheit) {
    return (fahrenheit - 32) * 5 / 9;
}

function toFahrenheit(celsius) {
    return (celsius * 9 / 5) + 32;
}
```

이렇게 만든 함수를 호출하는 함수를 작성해 보겠습니다.

```
function tryConvert(temperature, convert) {
    const input = parseFloat(temperature);
    if (Number.isNaN(input)) {
        return '';
    }
    const output = convert(input);
    const rounded = Math.round(output * 1000) / 1000;
    return rounded.toString();
}
```

tryConvert() 함수는 온도 값과 변환하는 함수를 파라미터로 받아서 값을 변환시켜 리턴해 주는 함수입니다. 만약 숫자가 아닌 값을 입력하면 empty string을 리턴하도록 예외 처리를 했습니다. 이 함수를 실제로 사용하는 방법은 아래와 같습니다.

```
tryConvert('abc', toCelsius)          // empty string을 리턴
tryConvert('10.22', toFahrenheit)     // '50.396'을 리턴
```

4 Shared State 적용하기

다음은 하위 컴포넌트의 state를 공통된 부모 컴포넌트로 올려서 shared state를 적용해야 합니다. 여기서 state를 상위 컴포넌트로 올린다는 것을 **State 끌어올리기**Lifting State Up라고 표현합니다. 영단어 Lifting은 '들어 올리다'라는 뜻을 갖고 있는데 말 그대로 state를 위로 끌어 올린다는 의미입니다. 이를 위해 먼저 TemperatureInput 컴포넌트에서 온도 값을 가져오는 부분을 아래와 같이 수정해야 합니다.

```
return (
    ...
        // 변경 전: <input value={temperature} onChange={handleChange} />
        <input value={props.temperature} onChange={handleChange} />
    ...
)
```

이렇게 하면 온도 값을 컴포넌트의 state에서 가져오는 것이 아닌 props를 통해서 가져오게 됩니다. 또한 컴포넌트의 state를 사용하지 않게 되기 때문에 입력값이 변경되었을 때 상위 컴포넌트로 변경된 값을 전달해 주어야 합니다. 이를 위해서 handleChange() 함수를 다음과 같이 변경합니다.

```
const handleChange = (event) => {
    // 변경 전: setTemperature(event.target.value);
    props.onTemperatureChange(event.target.value);
}
```

이제 사용자가 온도 값을 변경할 때마다 props에 있는 onTemperatureChange() 함수를 통해 변경된 온도 값이 상위 컴포넌트로 전달됩니다. 최종적으로 완성된 TemperatureInput 컴포넌트의 모습은 아래와 같습니다. state는 제거되었고 오로지 상위 컴포넌트에서 전달받은 값만을 사용하고 있습니다.

```
function TemperatureInput(props) {
    const handleChange = (event) => {
        props.onTemperatureChange(event.target.value);
    }

    return (
        <fieldset>
            <legend>온도를 입력해 주세요(단위:{scaleNames[props.scale]}):</legend>
            <input value={props.temperature} onChange={handleChange} />
        </fieldset>
    )
}
```

5 Calculator 컴포넌트 변경하기

마지막으로 변경된 TemperatureInput 컴포넌트에 맞춰서 Calculator 컴포넌트를 변경해 주어야 합니다. 다음 코드는 변경된 Calculator 컴포넌트의 모습입니다.

```
function Calculator(props) {
    const [temperature, setTemperature] = useState('');
    const [scale, setScale] = useState('c');

    const handleCelsiusChange = (temperature) => {
        setTemperature(temperature);
        setScale('c');
    }

    const handleFahrenheitChange = (temperature) => {
        setTemperature(temperature);
        setScale('f');
    }

    const celsius = scale === 'f' ? tryConvert(temperature, toCelsius) : temperature;
    const fahrenheit = scale === 'c' ? tryConvert(temperature, toFahrenheit) : temperature;

    return (
        <div>
            <TemperatureInput
                scale="c"
                temperature={celsius}
                onTemperatureChange={handleCelsiusChange} />
            <TemperatureInput
                scale="f"
                temperature={fahrenheit}
                onTemperatureChange={handleFahrenheitChange} />
            <BoilingVerdict
                celsius={parseFloat(celsius)} />
        </div>
    );
}
```

우선 state로 temperature와 scale을 선언하여 온도 값과 단위를 각각 저장하도록 하였습니다. 이 온도와 단위를 이용하여 변환 함수를 통해 섭씨온도와 화씨온도를 구해서 사용합니다. TemperatureInput 컴포넌트를 사용하는 부분에서는 각 단위로 변환된 온도 값과 단위를 props로 넣어 주었고, 값이 변경되었을 때 업데이트하기 위한 함수를 onTemperatureChange에 넣어 주었습니다. 따라서 섭씨온도가 변경되면 단위가 'c'로 변경되고, 화씨온도가 변경되면 단위가 'f'로 변경됩니다. 이렇게 최종적으로 완성된 구조를 그림으로 나타내면 아래와 같습니다.

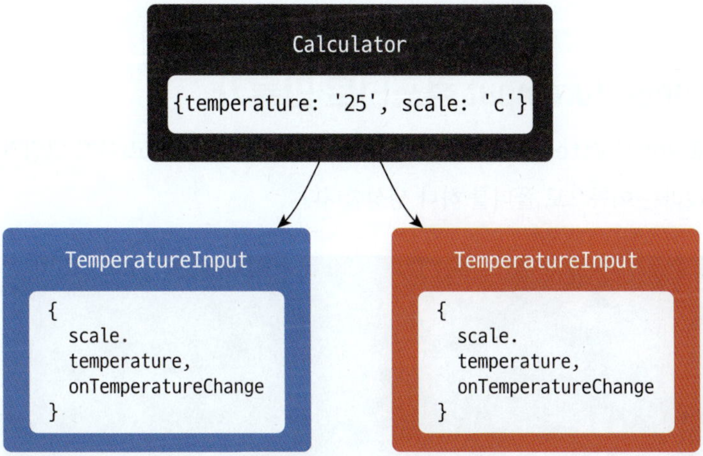

▶ Calculator

상위 컴포넌트인 Calculator에서 온도 값과 단위를 각각의 state로 가지고 있으며, 두 개의 하위 컴포넌트는 각각 섭씨와 화씨로 변환된 온도 값과 단위 그리고 온도를 업데이트하기 위한 함수를 props로 갖고 있습니다. 이처럼 각 컴포넌트가 state에 값을 갖고 있는 것이 아니라 공통된 상위 컴포넌트로 올려서 공유하는 방법을 사용하면 리액트에서 더욱 간결하고 효율적인 개발을 할 수 있습니다.

PRACTICE 12.3

실습

섭씨온도와 화씨온도 표시하기

이번 실습에서는 앞에서 나온 TemperatureInput 컴포넌트와 Calculator 컴포넌트를 직접 만들어 보겠습니다.

1 실습 TemperatureInput 컴포넌트 만들기

먼저 VS Code로 앞에서 Vite를 이용해 만든 프로젝트를 엽니다. 그리고 아래 그림과 같이 chapter_12라는 이름으로 폴더를 하나 생성합니다.

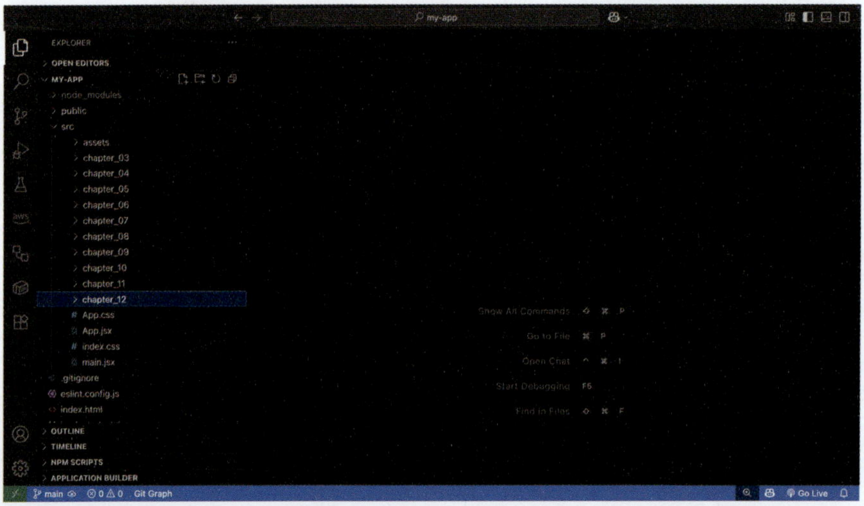

▶ 실습 화면 01

그다음 만든 폴더에 TemperatureInput.jsx라는 이름의 파일을 새로 만들고, 다음 코드처럼 TemperatureInput이라는 이름의 함수 컴포넌트를 만듭니다.

```
const scaleNames = {
    c: '섭씨',
    f: '화씨',
};

function TemperatureInput(props) {
    const handleChange = (event) => {
        props.onTemperatureChange(event.target.value);
    };

    return (
        <fieldset>
            <legend>
                온도를 입력해 주세요(단위:{scaleNames[props.scale]}):
            </legend>
             <input
                value={props.temperature}
                onChange={handleChange}
            />
        </fieldset>
    );
}

export default TemperatureInput;
```

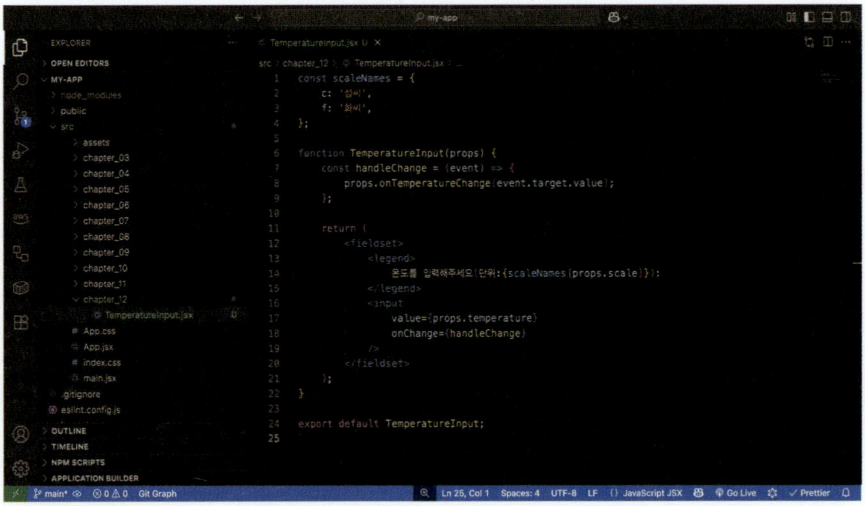

▶ 실습 화면 02

TemperatureInput 컴포넌트는 props로 scale과 temperature를 받아서 표시해 주며, 온도 값이 변경되었을 때에는 props의 onTemperatureChange() 함수를 호출하여 상위 컴포넌트로 변경된 값을 전달하게 됩니다.

2 실습 Calculator 컴포넌트 만들기

다음은 Calculator 컴포넌트를 만들어 보겠습니다. 동일한 폴더에 Calculator.jsx라는 이름의 파일을 새로 만들고 아래 코드처럼 Calculator라는 이름의 함수 컴포넌트를 만듭니다. 아래 코드에는 리액트 컴포넌트 이외에 온도 변환 함수도 함께 포함되어 있습니다.

```
import { useState } from 'react';
import TemperatureInput from "./TemperatureInput";

function BoilingVerdict(props) {
```

```
    if (props.celsius >= 100) {
        return <p>물이 끓습니다.</p>;
    }
    return <p>물이 끓지 않습니다.</p>;
}

function toCelsius(fahrenheit) {
    return ((fahrenheit - 32) * 5) / 9;
}

function toFahrenheit(celsius) {
    return (celsius * 9) / 5 + 32;
}

function tryConvert(temperature, convert) {
    const input = parseFloat(temperature);
    if (Number.isNaN(input)) {
        return '';
    }
    const output = convert(input);
    const rounded = Math.round(output * 1000) / 1000;
    return rounded.toString();
}

function Calculator(props) {
    const [temperature, setTemperature] = useState('');
    const [scale, setScale] = useState('c');

    const handleCelsiusChange = (temperature) => {
        setTemperature(temperature);
        setScale("c");
    };

    const handleFahrenheitChange = (temperature) => {
```

```
        setTemperature(temperature);
        setScale('f');
    };

    const celsius =
        scale === 'f' ? tryConvert(temperature, toCelsius) : temperature;
    const fahrenheit =
        scale === 'c' ? tryConvert(temperature, toFahrenheit) : temperature;

    return (
        <div>
            <TemperatureInput
                scale='c'
                temperature={celsius}
                onTemperatureChange={handleCelsiusChange}
            />
            <TemperatureInput
                scale='f'
                temperature={fahrenheit}
                onTemperatureChange={handleFahrenheitChange}
            />
            <BoilingVerdict celsius={parseFloat(celsius)} />
        </div>
    );
}

export default Calculator;
```

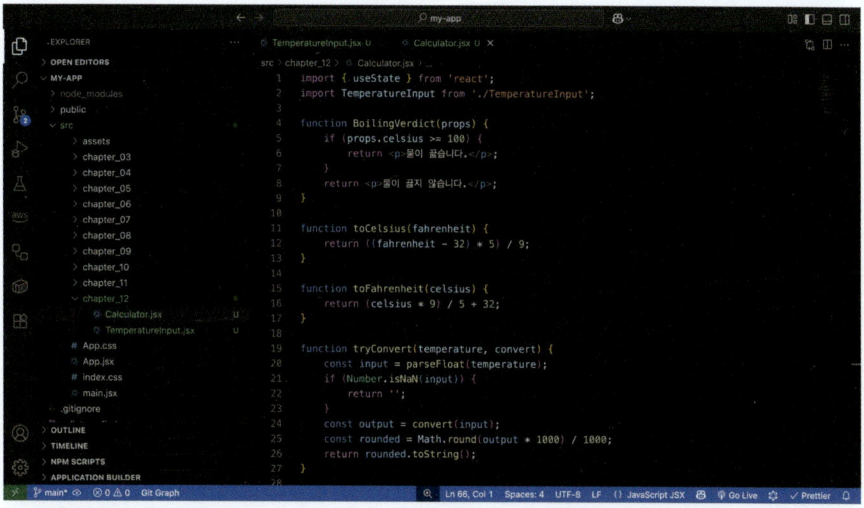

▶ 실습 화면 03

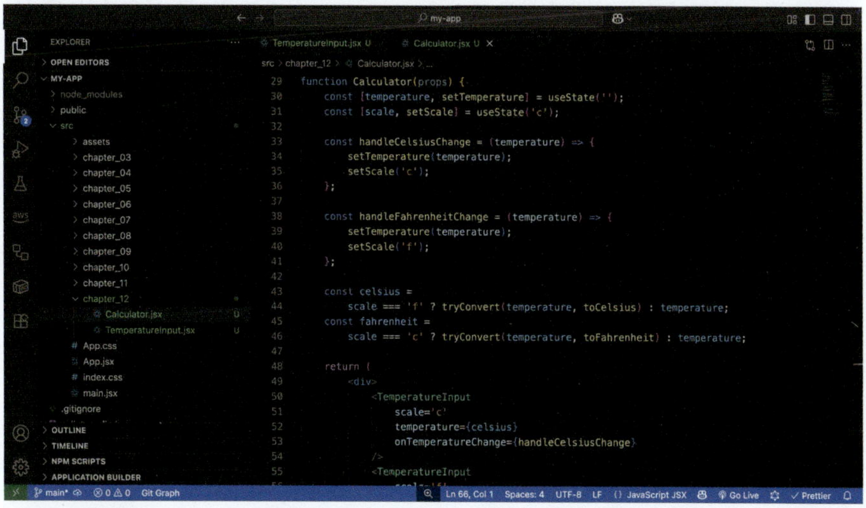

▶ 실습 화면 04

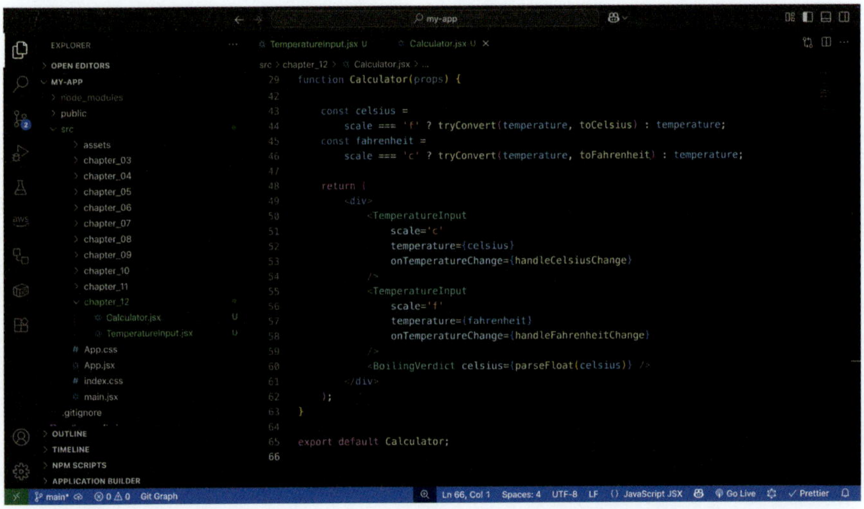

▶ 실습 화면 05

Calculator 컴포넌트는 앞에서 만든 TemperatureInput 컴포넌트를 사용하여 섭씨와 화씨 두 가지의 입력 양식을 제공합니다. 또한 모든 온도를 섭씨로 변환하여 Boiling Verdict 컴포넌트에 전달해 줌으로써 물이 끓는지 아닌지를 출력합니다.

이제 Calculator 컴포넌트를 실제 화면에 렌더링하기 위해서 main.jsx 파일을 수정해야 합니다. 다음 코드와 그림에 표시된 부분을 참고하여 새로 만든 Calculator 컴포넌트를 임포트해서 ReactDOM의 createRoot() 함수로 만든 root의 render() 함수에 넣어 주는 코드로 변경해 보세요.

```
import { StrictMode } from 'react';
import { createRoot } from 'react-dom/client';
import './index.css';
import App from './App.jsx';

import Library from './chapter_03/Library';
```

```
import Clock from './chapter_04/Clock';
import CommentList from './chapter_05/CommentList';
import NotificationList from './chapter_06/NotificationList';
import Accommodate from './chapter_07/Accommodate';
import ConfirmButton from './chapter_08/ConfirmButton';
import LandingPage from './chapter_09/LandingPage';
import AttendanceBook from './chapter_10/AttendanceBook';
import SignUp from './chapter_11/SignUp';
import Calculator from './chapter_12/Calculator';

const root = createRoot(document.getElementById('root'));
root.render(
    <StrictMode>
        <Calculator />
    </StrictMode>
);
```

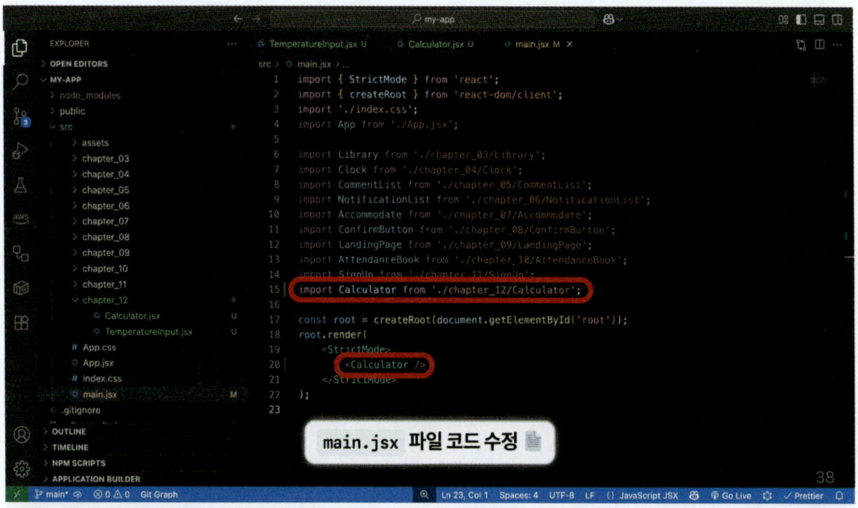

▶ 실습 화면 06

코드 작성이 끝났다면 리액트 애플리케이션을 실행해 보겠습니다. VS Code의 상단 메뉴에서 `Terminal > New Terminal`을 눌러 새로운 터미널을 하나 실행시킵니다. 이후에 다음 그림처럼 `npm run dev` 명령어를 실행합니다.

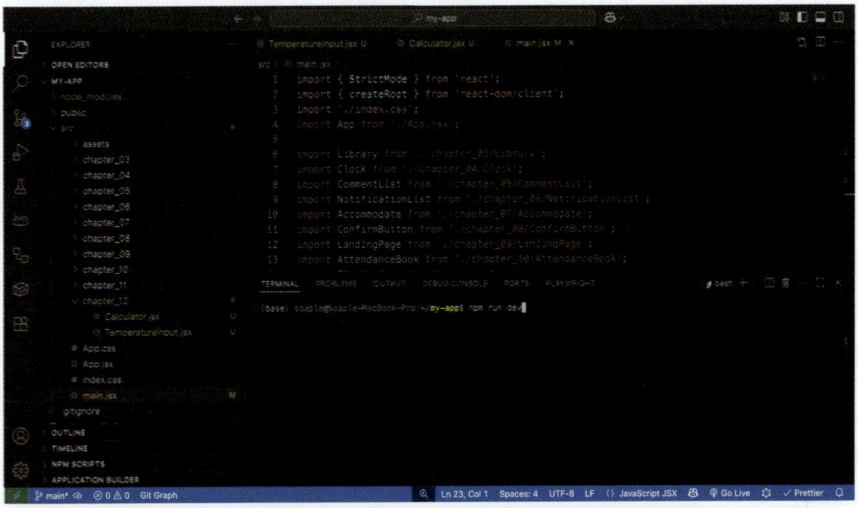

▶ 실습 화면 07

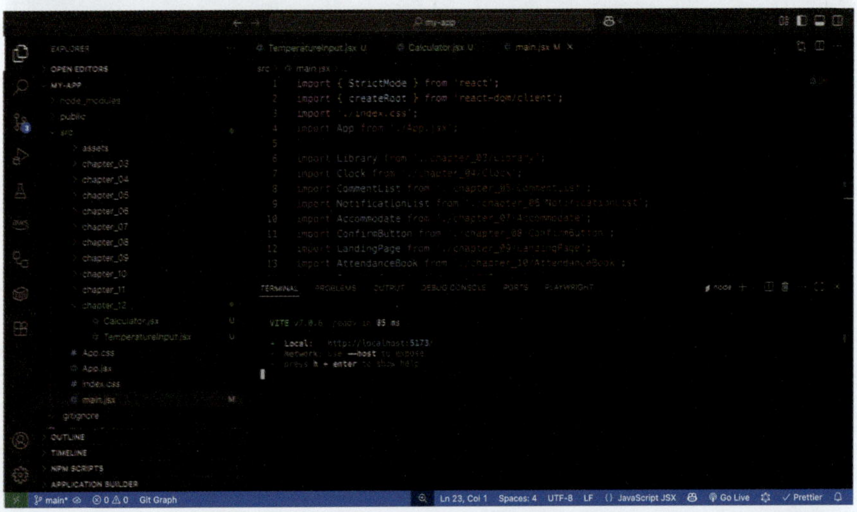

▶ 실습 화면 08

그러면 애플리케이션이 개발 모드로 실행되고 웹브라우저에서 `http://localhost:5173`에 접속합니다. 화면에는 아래 그림과 같이 섭씨온도와 화씨온도를 입력할 수 있는 양식과 물이 끓는지를 나타내는 문자열이 나오게 됩니다.

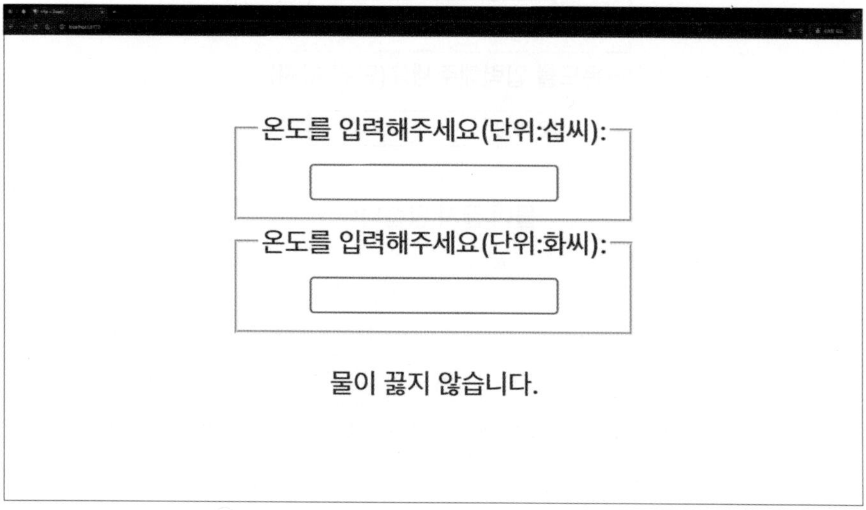

▶ 실습 화면 09

섭씨온도에 99를 입력해 보겠습니다. 그러고 나면 아래 화면처럼 입력한 섭씨온도에 따라서 화씨온도 값이 자동으로 변환되어 나오는 것을 볼 수 있습니다. 또한 물은 100℃에서 끓기 때문에 아직 물이 끓지 않는다고 나오는 것도 확인할 수 있습니다.

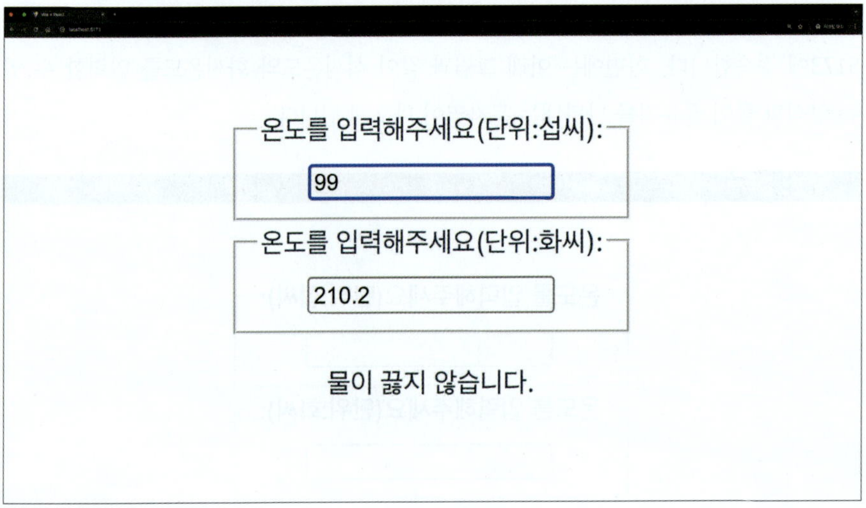

▶ 실습 화면 10

이번에는 섭씨온도에 110을 입력해 보겠습니다. 그러고 나면 화씨온도의 값은 230이 되고 화면의 문자열이 '물이 끓습니다.'로 바뀌는 것을 볼 수 있습니다.

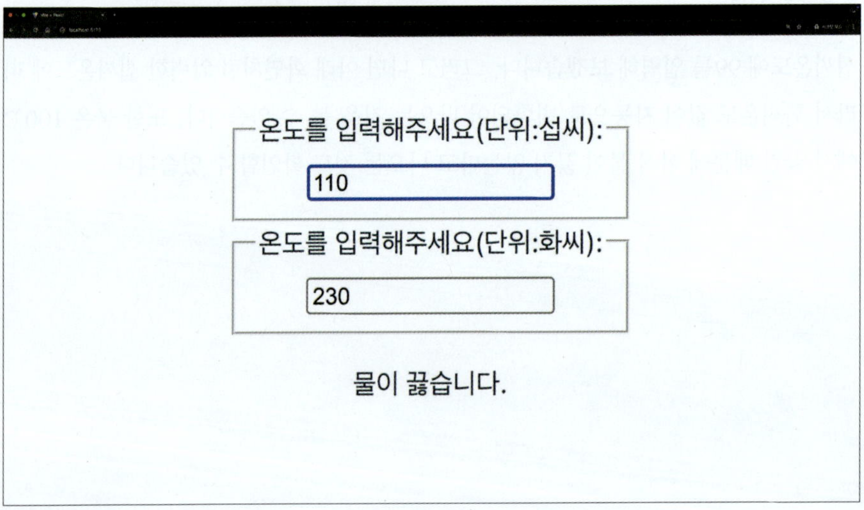

▶ 실습 화면 11

마지막으로 화씨온도에 250을 입력해 보겠습니다. 그러면 섭씨온도는 대략 121℃가 되고 물이 끓는 상태가 되는 것을 확인할 수 있습니다.

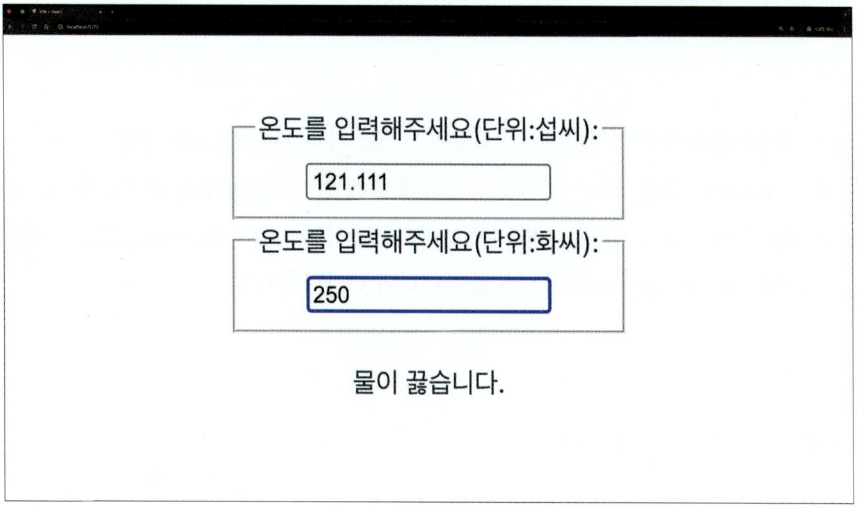

▶ 실습 화면 12

12.4 마치며

이 장에서는 리액트의 여러 하위 컴포넌트에서 공통적으로 사용하는 `state`를 상위 컴포넌트의 `state`로 올려서 코드를 효율적으로 작성하는 방법에 대해 알아보았습니다. 리액트에서는 컴포넌트를 최대한 잘게 쪼개고 재사용이 가능한 형태로 개발하는 것이 중요합니다. 그렇기 때문에 이 장에서 배운 `shared state`에 대해서 잘 기억하기 바랍니다.

요약

이 장에서 배운 내용은 아래와 같습니다.

- **Shared state**
  - 하위 컴포넌트가 공통된 부모 컴포넌트의 state를 공유하여 사용하는 것
- **state 끌어올리기**
  - 하위 컴포넌트의 state를 공통된 부모 컴포넌트로 끌어올려서 공유하는 방식

Chapter

13

합성 vs. 상속

Preview

이 장에서는 리액트 컴포넌트를 어떻게 구성해서 사용하는지 합성Composition과 상속Inheritance이라는 두 가지 방법에 대해 비교하면서 배워 보겠습니다.

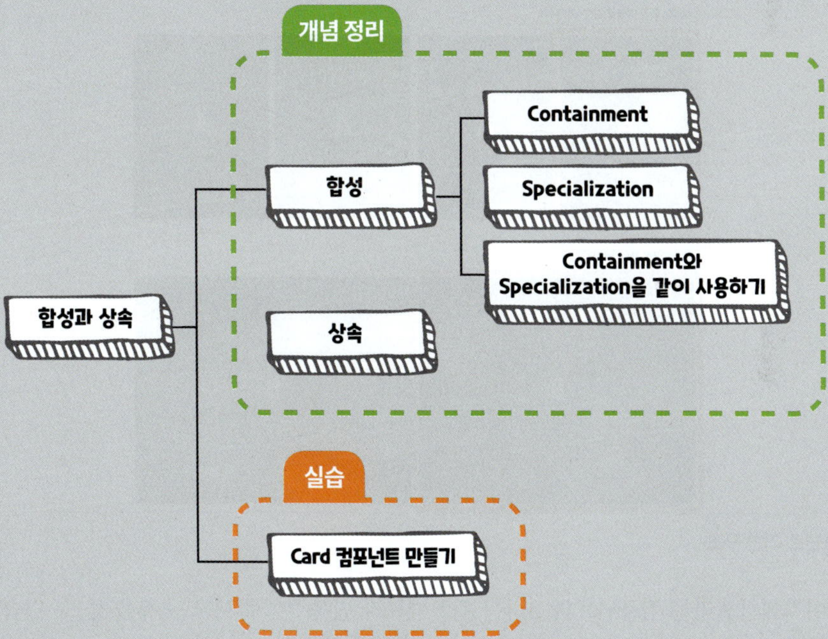

13.1 합성에 대해 알아보기

Composition이라는 영단어는 **구성**이라는 뜻을 갖고 있습니다. 리액트에서의 Composi tion은 합성을 의미하여 **여러 개의 컴포넌트를 합쳐서 새로운 컴포넌트를 만드는 것**을 말합니다. 앞에서 살펴봤던 에어비앤비 첫 화면을 다시 한번 보도록 하겠습니다.

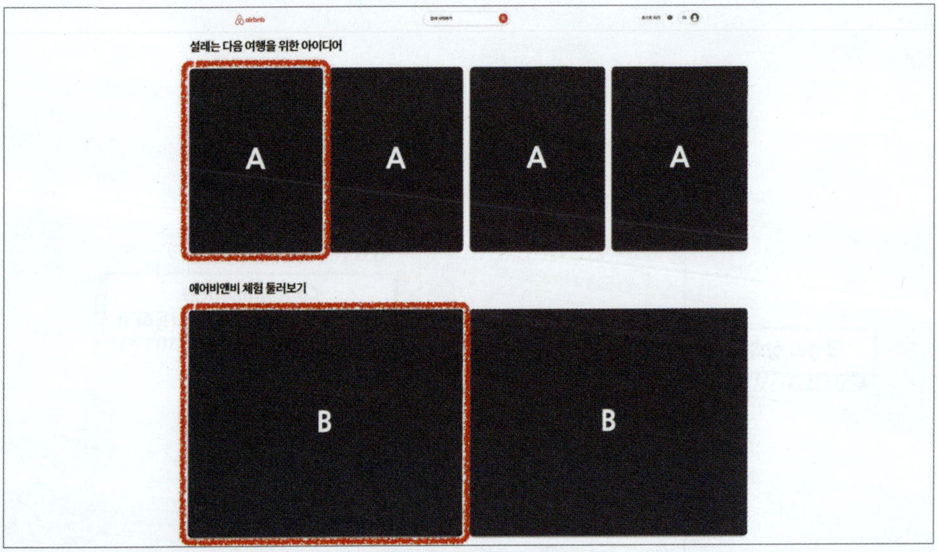

▶ 컴포넌트 기반 구조

이 페이지에서 A라는 컴포넌트와 B라는 컴포넌트가 반복적으로 나오는 것을 볼 수 있습니다. 또한 이 페이지 자체도 하나의 리액트 컴포넌트입니다. 결국 이 페이지는 컴포넌트 A와 컴포넌트 B를 합쳐서 페이지 컴포넌트를 만든 것이기 때문에 합성을 사용했다고 볼 수 있습니다.

리액트로 개발을 하다 보면 이처럼 여러 개의 컴포넌트를 합쳐서 새로운 컴포넌트를 만드는 일이 굉장히 많습니다. 그래서 합성은 리액트 전반에 걸쳐서 굉장히 많이 사용되는 방법이기 때문에 잘 알고 있는 것이 좋습니다. 합성이라고 해서 무작정 그냥 컴포넌트들을 붙이는 것이 아니라 여러 개의 컴포넌트를 어떻게 조합할 것인가에 대한 고민이 필요합니다. 조합 방법에 따라 합성의 사용 기법이 나뉘는데 대표적인 합성 사용 기법에 대해서 하나씩 배워 보도록 하겠습니다.

1 Containment

Containment라는 영단어는 방지, 견제라는 뜻을 갖고 있습니다. 하지만 여기에서는 Contain의 의미가 조금 더 강하다고 할 수 있습니다. 영단어 Contain은 안에 **담다, 포함하다**는 뜻을 가지고 있습니다. 따라서 Containment는 **하위 컴포넌트를 포함하는 형태의 합성 방법**이라고 이해하면 됩니다.

보통 사이드바Sidebar나 다이얼로그Dialog 같은 박스 형태의 컴포넌트는 자신의 하위 컴포넌트를 미리 알 수 없습니다. 예를 들어 동일한 사이드바 컴포넌트를 사용하는 두 개의 쇼핑몰이 있다고 가정해 보겠습니다. 하나의 쇼핑몰에는 의류와 관련된 메뉴가 8개 들어 있고 다른 쇼핑몰에는 식료품과 관련된 메뉴가 10개 존재합니다. 사이드바 컴포넌트 입장에서는 자신의 하위 컴포넌트로 어떤 것들이 올지 알 수 없겠죠? 해당 컴포넌트를 사용하는 개발자가 어떤 것을 넣느냐에 따라 하위 컴포넌트가 달라지기 때문입니다.

그렇기 때문에 이런 경우에는 Containment 방법을 사용하여 합성을 사용하게 됩니다. Containment를 사용하는 방법은 리액트 컴포넌트의 `props`에 기본적으로 들어 있는 `children` 속성을 사용하면 됩니다. 아래 예제 코드를 한번 보도록 합시다.

```
function FancyBorder(props) {
    return (
        <div className={'FancyBorder FancyBorder-' + props.color}>
            {props.children}
        </div>
    );
}
```

위 코드에는 `FancyBorder`라는 굉장히 간단한 컴포넌트가 나옵니다. `props.children`을 사용하면 해당 컴포넌트의 하위 컴포넌트가 모두 `children`으로 들어오게 됩니다. `children`이라는 prop은 개발자가 직접 넣어 주는 것이 아니라 리액트에서 기본적으로 제공해 주는 것입니다. 앞에서 리액트의 createElement() 함수에 대해서 배울 때 아래와 같은 형태로 호출했었습니다.

```
React.createElement(
    type,
    [props],
    [...children]
)
```

여기에서 세 번째에 들어가는 파라미터가 바로 children입니다. children이 배열로 되어 있는 이유는 여러 개의 하위 컴포넌트를 가질 수 있기 때문입니다. 결과적으로 FancyBorder 컴포넌트는 자신의 하위 컴포넌트를 모두 **포함**Containment하여 예쁜 테두리Border로 감싸주는 컴포넌트가 됩니다. 실제로 FancyBorder 컴포넌트를 사용하는 예제를 볼까요?

```
function WelcomeDialog(props) {
    return (
        <FancyBorder color="blue">
            <h1 className="Dialog-title">
                어서오세요
            </h1>
            <p className="Dialog-message">
                우리 사이트에 방문하신 것을 환영합니다!
            </p>
        </FancyBorder>
    );
}
```

위 코드에서는 WelcomeDialog라는 컴포넌트가 나오고 여기에서 FancyBorder 컴포넌트를 사용하고 있습니다. FancyBorder 컴포넌트로 감싸진 부분 안에는 <h1>과 <p> 이렇게 두 개의 태그가 들어가 있습니다. 이 두 개의 태그는 모두 FancyBorder 컴포넌트에 children이라는 이름의 props로 전달됩니다. 결과적으로 파란색의 테두리로 모두 감싸지는 결과가 나오겠죠.

리액트에서는 props.children를 통해 하위 컴포넌트를 하나로 모아서 제공해 줍니다. 그렇다면 여러 개의 children 집합이 필요한 경우는 어떻게 해야 할까요? 이런 경우에는 별도로 props를 정의해서 각각 원하는 컴포넌트를 넣어 주면 됩니다. 아래 예제 코드를 봅시다.

```
function SplitPane(props) {
    return (
        <div className="SplitPane">
            <div className="SplitPane-left">
                {props.left}
            </div>
            <div className="SplitPane-right">
                {props.right}
            </div>
        </div>
    );
}

function App(props) {
    return (
        <SplitPane
            left={
                <Contacts />
            }
            right={
                <Chat />
            }
        />
    );
}
```

먼저 위의 코드에는 화면을 왼쪽과 오른쪽으로 분할해서 보여 주는 SplitPane이라는 컴포넌트가 있습니다. 그리고 아래쪽에 나와있는 App 컴포넌트에서는 이 SplitPane 컴포넌트를 사용하고 있는데 여기에서 `left`, `right`라는 두 개의 `props`를 정의하여 그 안에 각각 다른 컴포넌트를 넣어 주고 있습니다. `SplitPane`에서는 이 `left`, `right`를 `props`로 받게 되고 각각 화면의 왼쪽과 오른쪽에 분리해서 렌더링하게 됩니다. 이처럼 여러 개의 `children` 집합이 필요한 경우에는 별도의 `props`를 정의해서 사용하면 됩니다.

지금까지 살펴 본 것처럼 `props.children`이나 직접 정의한 `props`를 이용하여 하위 컴포넌트를 포함하는 형태로 합성하는 방법을 Containment라고 합니다.

2 Specialization

다음으로 배워볼 합성 방법은 Specialization입니다. 영단어 Specialization은 **전문화, 특수화**라는 뜻을 갖고 있습니다. Specialization이라는 것의 의미가 어렵게 느껴질 수도 있는데 아래 한 가지 예를 보며 이해해 봅시다.

웰컴다이얼로그WelcomeDialog는 다이얼로그Dialog의 특별한 케이스이다.

다이얼로그라는 것은 굉장히 범용적인 의미를 갖고 있습니다. 모든 종류의 다이얼로그를 다 포함하는 개념이라고 볼 수 있죠. 반면에 웰컴다이얼로그는 누군가를 반기기 위한 다이얼로그라고 볼 수 있습니다. 범용적인 의미가 아니라 좀 더 구체화된 것이죠. 이처럼 **범용적인 개념을 구별이 되게 구체화하는 것**을 Specialization이라고 합니다.

객체지향에 대해서 배운 독자는 알고 있겠지만 기존의 객체지향 언어에서는 상속을 사용하여 Specialization을 구현합니다. 하지만 리액트에서는 합성을 사용하여 Specialization을 구현하게 됩니다. 예제 코드를 직접 보면서 자세히 설명하겠습니다.

```
function Dialog(props) {
    return (
        <FancyBorder color="blue">
            <h1 className="Dialog-title">
                {props.title}
            </h1>
            <p className="Dialog-message">
                {props.message}
            </p>
```

```
            </FancyBorder>
        );
}

function WelcomeDialog(props) {
    return (
        <Dialog
            title="어서 오세요"
            message="우리 사이트에 방문하신 것을 환영합니다!"
        />
    );
}
```

위 코드에는 먼저 `Dialog`라는 범용적인 의미를 가진 컴포넌트가 나옵니다. 그리고 이 `Dialog` 컴포넌트를 사용하는 `WelcomeDialog` 컴포넌트가 나옵니다. `Dialog` 컴포넌트는 `title`과 `message`라는 두 가지 `props`를 갖고 있는데 각각 다이얼로그에 나오는 제목과 메시지를 의미합니다. 그래서 제목과 메시지를 어떻게 사용하느냐에 따라서 경고 다이얼로그가 될 수도 있고, 인사말 다이얼로그가 될 수도 있습니다. `WelcomeDialog` 컴포넌트에는 제목을 '어서 오세요'라고 짓고 사이트에 접속한 사용자에게 인사말을 하는 다이얼로그를 만들었습니다.

지금까지 살펴 본 것처럼 Specialization은 **범용적으로 쓸 수 있는 컴포넌트를 만들어 놓고 이를 특수화 시켜서 컴포넌트를 사용하는 합성 방식**입니다.

3 Containment와 Specialization을 함께 사용하기

자 그렇다면 Containment와 Specialization을 함께 사용하려면 어떻게 해야 할까요? 일단 떠오르는 아이디어로는 Containment를 위해서 `props.children`를 사용하고 Specialization을 위해 직접 정의한 `props`를 사용하면 될 것 같습니다. 예제 코드를 보면서 자세히 알아보도록 하겠습니다.

```
function Dialog(props) {
    return (
        <FancyBorder color="blue">
            <h1 className="Dialog-title">
                {props.title}
            </h1>
            <p className="Dialog-message">
                {props.message}
            </p>
            {props.children}
        </FancyBorder>
    );
}

function SignUpDialog(props) {
    const [nickname, setNickname] = useState('');

    const handleChange = (event) => {
        setNickname(event.target.value);
    }

    const handleSignUp = () => {
        alert(`어서 오세요, ${nickname}님!`);
    }

    return (
        <Dialog
            title="화성 탐사 프로그램"
            message="닉네임을 입력해 주세요.">
            <input
                value={nickname}
                onChange={handleChange} />
            <button onClick={handleSignUp}>
                가입하기
            </button>
        </Dialog>
    );
}
```

앞의 코드에 나오는 Dialog 컴포넌트는 이전에 나왔던 코드와 거의 비슷한데 Containment를 위해 끝부분에 `props.children`를 추가했습니다. 이를 통해 하위 컴포넌트가 다이얼로그 하단에 렌더링됩니다. 실제로 `Dialog` 컴포넌트를 사용하는 `SignUpDialog` 컴포넌트를 살펴보면 `Specialization`을 위한 `props`인 `title`, `message`에 값을 넣어 주고 있으며 사용자로부터 닉네임을 입력받고 가입하도록 유도하기 위해 `<input>`과 `<button>` 태그가 들어 있습니다. 이 두 개의 태그는 모두 `props.children`으로 전달되어 다이얼로그에 표시됩니다. 이러한 형태로 Containment와 Specialization을 동시에 사용할 수 있습니다.

지금까지 리액트의 컴포넌트 합성을 위한 두 가지 방법인 Containment와 Specialization에 대해서 배워 보았습니다. 각 방법을 따로 사용하거나 또는 동시에 함께 사용하면 다양하고 복잡한 컴포넌트를 효율적으로 개발할 수 있습니다.

13.2 상속에 대해 알아보기

합성과 대비되는 개념으로 상속Inheritance이 있습니다. 영단어 Inheritance는 상속이라는 뜻을 갖고 있습니다. 일상생활에서 상속이라는 말은 부모님이 죽고나서 자식에게 자산을 물려줄 때 사용하는 개념입니다. 다만 컴퓨터 프로그래밍에서의 상속은 객체지향 프로그래밍에서 나온 개념입니다. 부모 클래스를 상속받아서 새로운 자식 클래스를 만든다는 개념으로 자식 클래스는 부모 클래스가 가진 변수나 함수 등의 속성을 모두 갖게 됩니다.

리액트에서는 다른 컴포넌트로부터 상속받아서 새로운 컴포넌트를 만드는 것을 고려해 볼 수 있습니다. 리액트를 개발한 메타는 수천 개의 리액트 컴포넌트를 사용한 경험을 바탕으로 추천할 만한 상속 기반의 컴포넌트 생성 방법을 찾아보려 했으나 그러지 못했다고 합니다. 결국 리액트에서는 상속이라는 방법을 사용하는 것보다는 앞에서 배운 합성을 사용해서 개발하는 것이 더 좋은 방법입니다. 따라서 결론은 다음과 같습니다.

복잡한 컴포넌트를 쪼개 여러 개의 컴포넌트로 만들고, 만든 컴포넌트들을 조합하여 새로운 컴포넌트를 만들자!

PRACTICE 13.3

실습

Card 컴포넌트 만들기

이번 실습에서는 위에서 배운 두 가지 합성 방법을 사용해서 Card 컴포넌트를 만들어 보겠습니다. 먼저 앞에서 VS Code로 Vite를 이용해 만든 프로젝트를 엽니다. 그러고 나서 아래와 같이 chapter_13이라는 이름으로 폴더를 하나 생성합니다.

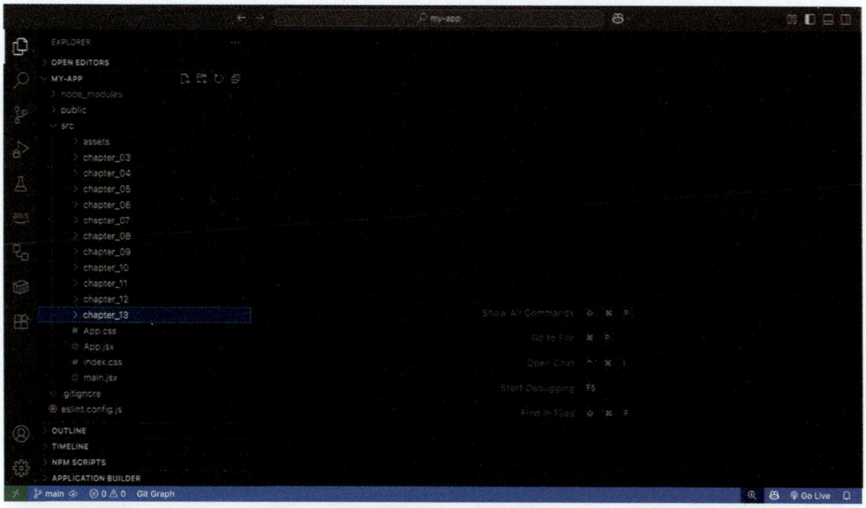

▶ 실습 화면 01

그다음 만든 폴더에 Card.jsx라는 이름의 파일을 새로 만들고 아래 코드처럼 Card라는 이름의 함수 컴포넌트를 만듭니다.

```
function Card(props) {
    const { title, backgroundColor, children } = props;

    return (
```

```
        <div
            style={{
                margin: 8,
                padding: 8,
                borderRadius: 8,
                boxShadow: '0px 0px 4px grey',
                backgroundColor: backgroundColor || 'white',
            }}>
            {title && <h1>{title}</h1>}
            {children}
        </div>
    );
}

export default Card;
```

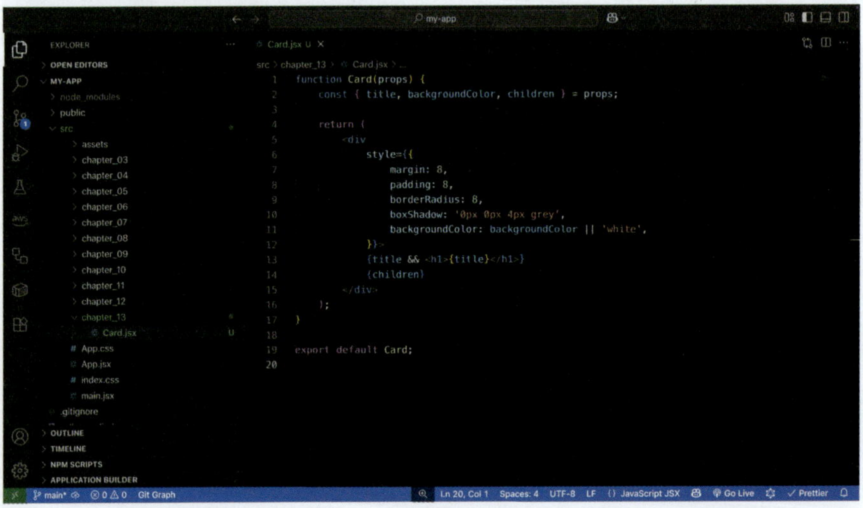

▶ 실습 화면 02

`Card` 컴포넌트는 하위 컴포넌트를 감싸서 카드 형태로 보여 주는 컴포넌트입니다. 앞에서 배운 Containment와 Specialization, 이 두 가지 합성 방법을 모두 사용하여 구현했습니다. 여기에서 `children`을 사용한 부분이 Containment이고 `title`과 `background`를 사용한 부분이 Specialization이라고 할 수 있습니다.

`Card` 컴포넌트는 범용적으로 재사용이 가능한 컴포넌트인데 이것을 사용하여 `Profile Card` 컴포넌트를 만들어 보겠습니다. `Card` 컴포넌트와 동일한 폴더에 `ProfileCard.jsx`라는 이름의 파일을 새로 만들고, 아래 코드처럼 `ProfileCard`라는 이름의 함수 컴포넌트를 만듭니다.

```
import Card from './Card';

function ProfileCard(props) {
    return (
        <Card
            title='Inje Lee'
            backgroundColor='#4ea04e'>
            <p>안녕하세요, 소플입니다.</p>
            <p>저는 리액트를 사용해서 개발하고 있습니다.</p>
        </Card>
    );
}

export default ProfileCard;
```

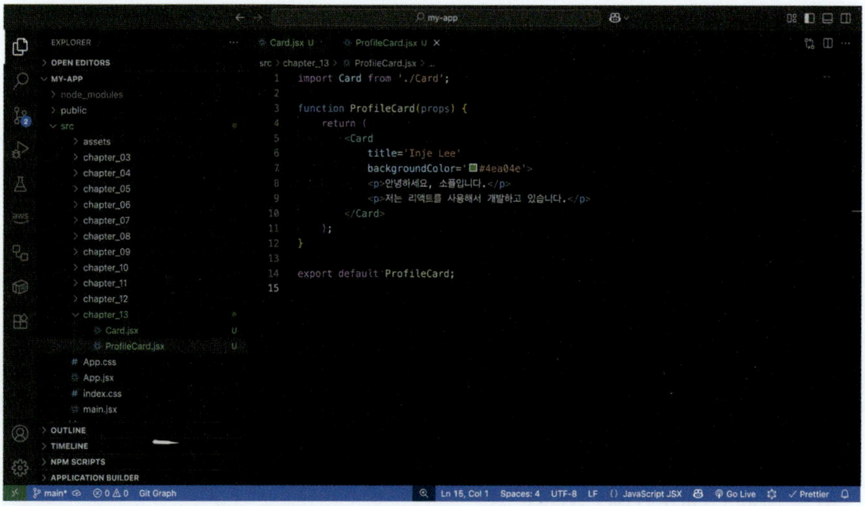

▶ 실습 화면 03

ProfileCard 컴포넌트는 Card 컴포넌트를 사용하여 title에 이름을 넣고 backgroundColor를 녹색으로 설정하였습니다. children으로는 간단한 소개 글을 넣어봤습니다. 이렇게 하면 Card 컴포넌트가 사용자의 프로필을 나타내는 ProfileCard 컴포넌트가 됩니다.

만든 ProfileCard 컴포넌트를 실제로 화면에 렌더링하기 위해 main.jsx 파일을 수정해야 합니다. 다음 코드와 그림에 표시된 부분을 참고하여 새로 만든 ProfileCard 컴포넌트를 임포트해서 ReactDOM의 createRoot() 함수로 만든 root의 render() 함수에 넣어 주는 코드로 변경해 보세요.

```
import { StrictMode } from 'react';
import { createRoot } from 'react-dom/client';
import './index.css';
import App from './App.jsx';

import Library from './chapter_03/Library';
```

```
import Clock from './chapter_04/Clock';
import CommentList from './chapter_05/CommentList';
import NotificationList from './chapter_06/NotificationList';
import Accommodate from './chapter_07/Accommodate';
import ConfirmButton from './chapter_08/ConfirmButton';
import LandingPage from './chapter_09/LandingPage';
import AttendanceBook from './chapter_10/AttendanceBook';
import SignUp from './chapter_11/SignUp';
import Calculator from './chapter_12/Calculator';
import ProfileCard from './chapter_13/ProfileCard';

const root = createRoot(document.getElementById('root'));
root.render(
    <StrictMode>
        <ProfileCard />
    </StrictMode>
);
```

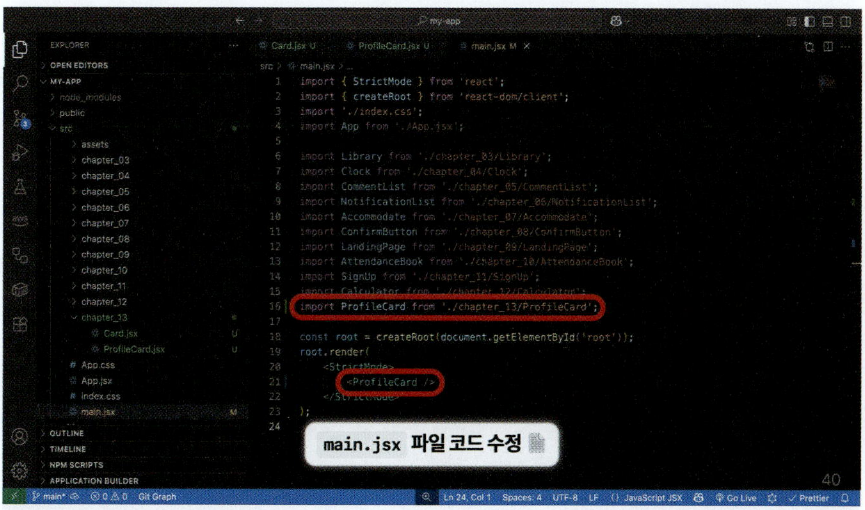

▶ 실습 화면 04

코드 작성이 끝났으면 리액트 애플리케이션을 실행해 보도록 하겠습니다. VS Code의 상단 메뉴에서 `Terminal > New Terminal`을 눌러 새로운 터미널을 하나 실행시킵니다. 이후 아래 그림처럼 `npm run dev` 명령어를 실행합니다.

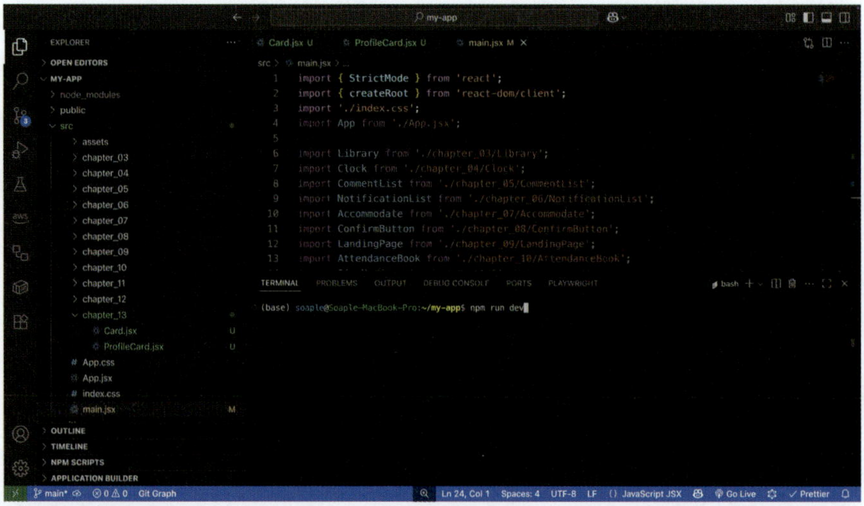

▶ 실습 화면 05

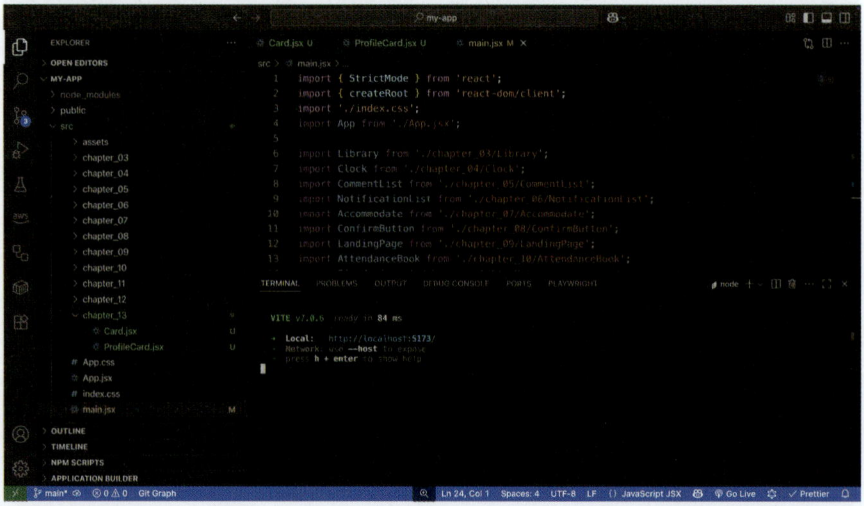

▶ 실습 화면 06

그러면 애플리케이션이 개발 모드로 실행되고 웹브라우저에서 `http://localhost:5173`에 접속합니다. 화면에는 카드 형태의 요소가 하나 나오는데 그 카드에는 이름과 소개 글이 쓰여 있는 것을 볼 수 있습니다. 간단한 형태의 프로필 카드가 되는 것이죠.

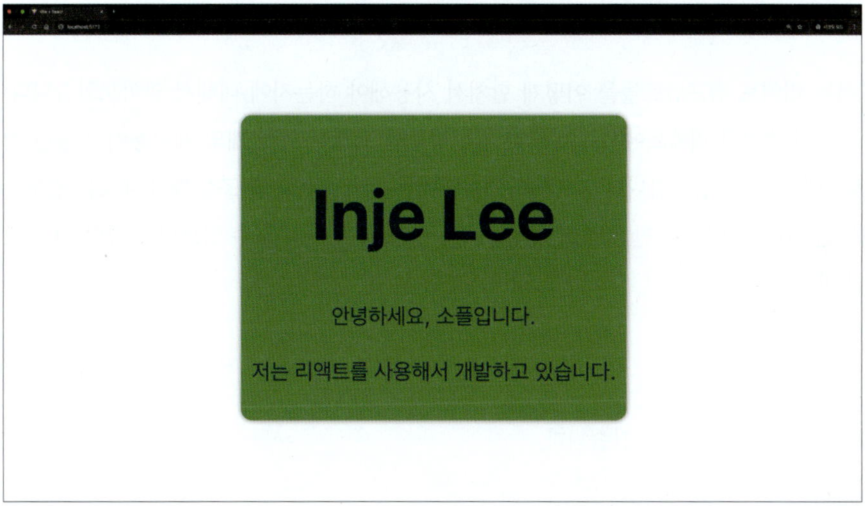

▶ 실습 화면 07

13.4 마치며

이 장에서는 리액트 컴포넌트들을 어떻게 합쳐서 사용해야 하는지에 대해서 알아보았습니다. 앞에서 강조한 것처럼 리액트에서는 복잡한 컴포넌트를 쪼개서 여러 개의 재사용이 가능한 컴포넌트로 만드는 것이 중요합니다. 그리고 그렇게 만든 컴포넌트를 잘 조합하여 새로운 컴포넌트를 만들면 됩니다. 이 부분만 잘해도 엄청난 생산성 향상을 이뤄낼 수 있으니 개발할 때 항상 기억하기 바랍니다.

요약

이 장에서 배운 내용은 아래와 같습니다.

- **합성이란?**
  - 여러 개의 컴포넌트를 합쳐서 새로운 컴포넌트를 만드는 것
  - 다양하고 복잡한 컴포넌트를 효율적으로 개발할 수 있음
- **합성 기법**
  - Containment
    - 하위 컴포넌트를 포함하는 형태의 합성 방법
    - 리액트 컴포넌트의 props에 기본적으로 들어 있는 children 속성을 사용
    - 여러 개의 children 집합이 필요한 경우 별도로 props를 각각 정의해서 사용
  - Specialization
    - 범용적인 개념을 구별되게 구체화하는 것
    - 범용적으로 쓸 수 있는 컴포넌트를 만들어 놓고 이를 구체화시켜서 컴포넌트를 사용하는 합성 방법
  - Containment와 Specialization을 함께 사용하기
    - props.children을 통해 하위 컴포넌트를 포함시키기(Containment)
    - 별도의 props를 선언하여 구체화시키기(Specialization)

- **상속**
  - 다른 컴포넌트로부터 상속받아서 새로운 컴포넌트를 만드는 것
  - 상속을 사용하여 컴포넌트를 만드는 것을 추천할 만한 사용 사례를 찾지 못함
  - 리액트에서는 상속이라는 방법을 사용하는 것보다는 합성을 사용하는 것이 더 좋음

Chapter

14

컨텍스트

Preview

이 장에서는 리액트의 컨텍스트Context에 대해서 배워 보도록 하겠습니다. 컨텍스트는 리액트 컴포넌트 사이에서 props를 통해 데이터를 전달하는 방식 대신 컴포넌트 트리component tree를 통해 곧바로 컴포넌트에 전달하는 새로운 방식을 제공합니다. 그래서 컨텍스트를 사용하면 데이터를 한 곳에서 효과적으로 관리할 수 있고 컴포넌트에 데이터를 쉽게 전달하여 사용할 수 있습니다.

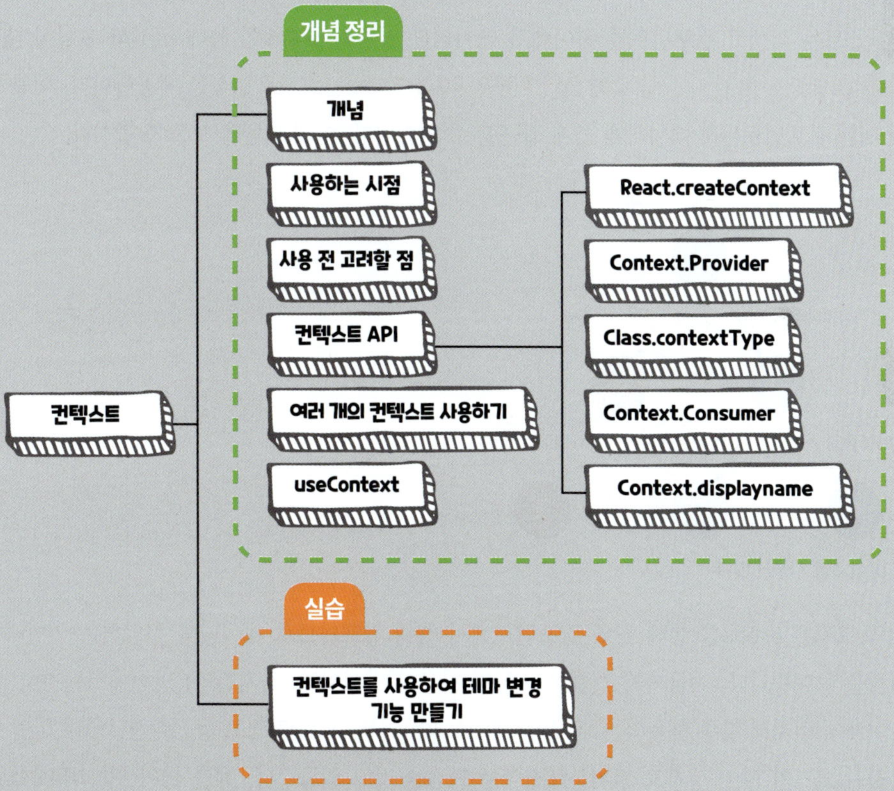

14.1 컨텍스트란 무엇인가?

기존의 일반적인 리액트 애플리케이션에서는 데이터가 컴포넌트의 props를 통해 부모에서 자식으로 단방향 전달이 되었습니다. 하지만 여러 컴포넌트에 걸쳐 굉장히 자주 사용되는 데이터의 경우, 기존 방식을 사용하면 코드도 너무 복잡해지고 사용하기에 불편함이 많습니다. 따라서 이런 과정에서 나오게 된 것이 바로 컨텍스트입니다.

컨텍스트는 리액트 컴포넌트들 사이에서 데이터를 기존의 props를 통해 전달하는 방식 대신 **컴포넌트 트리**component tree**를 통해 곧바로 컴포넌트에 전달하는 새로운 방식**을 제공합니다. 이를 통해 어떤 컴포넌트든지 데이터에 쉽게 접근할 수 있습니다. 아래 그림을 보도록 합시다.

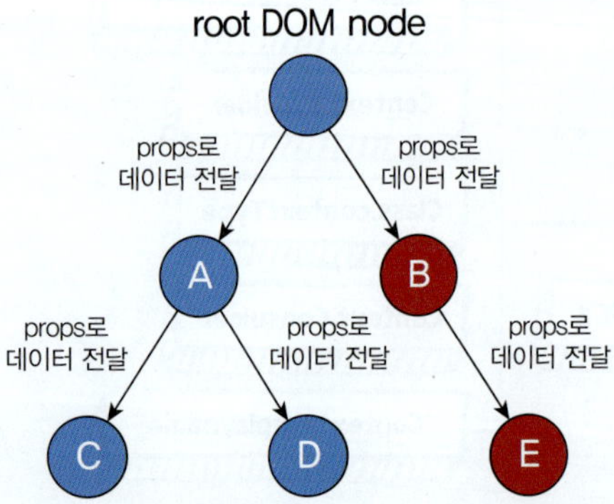

▶ props를 사용한 방식

위의 그림은 props를 통해 상위 컴포넌트에서 하위 컴포넌트로 데이터를 전달하는 일반적인 방식을 보여줍니다. 지금까지 실습하는 동안 사용한 방식이죠. 하지만 이 방식에서는 여러 컴포넌트에 걸쳐서 자주 사용되는 데이터(예: 로그인 여부, 프로필 정보 등)를 전달하려 하면 반복적인 코드가 많이 생기고 지저분해진다는 단점을 갖고 있습니다. 예를 들어 위 그림에서 루트 노드에 있는 데이터를 C 컴포넌트로 전달하려면 최소 2번 props로 전달해야 합니다. 만약 데이터를 전달하려는 컴포넌트가 10단계 밑에 있다면 10번이나 props를 타고 하위 컴포넌트로 내려가야 합니다. 그래서 이러한 불편한 점을 개선하기 위해 생겨난 것이 바로 컨텍스트입니다. 아래 그림에서는 컨텍스트를 사용하여 앞과 동일한 기능을 구현하는 방식을 보여 주고 있습니다.

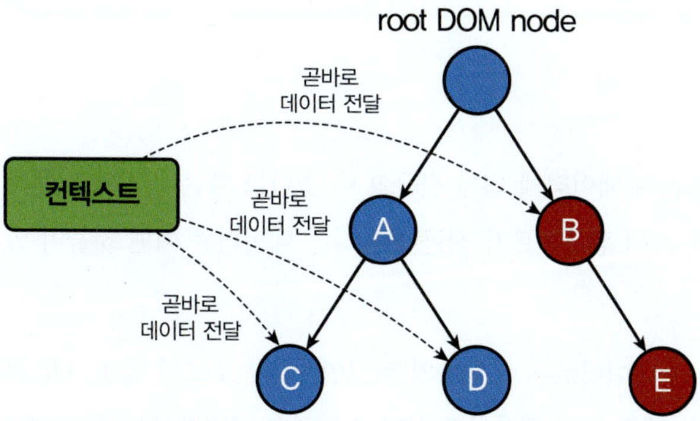

▶ 컨텍스트를 사용한 방식

컨텍스트를 사용하면 일일이 `props`로 전달할 필요 없이 위 그림처럼 데이터를 필요로 하는 컴포넌트에 곧바로 데이터를 전달할 수 있습니다. 따라서 코드도 매우 깔끔해지고 데이터를 한 곳에서 관리하기 때문에 디버깅을 하기에도 굉장히 유리합니다.

14.2 언제 컨텍스트를 사용해야 할까?

컨텍스트를 사용하면 어떤 컴포넌트든지 데이터에 쉽게 접근할 수 있다고 했는데 언제 컨텍스트를 사용하면 좋을까요? 먼저 여러 개의 컴포넌트가 접근해야 하는 데이터는 어떤 것들이 있는지 알아보겠습니다.

여러 컴포넌트에서 자주 필요로 하는 데이터로는 사용자의 로그인 여부, 로그인 정보, UI 테마, 현재 선택된 언어 등이 있습니다. 예를 들어 웹사이트 상단에 위치한 내비게이션 바Navigation Bar에 사용자의 로그인 여부에 따라서 로그인 버튼과 로그아웃 버튼을 선택적으로 보여 주고 싶은 경우, 현재 로그인 상태 데이터에 접근할 필요가 있겠죠? 마찬가지로 UI 테마, 현재 선택된 언어 같은 데이터도 곳곳에 있는 컴포넌트에서 접근이 자주 일어날 가능성이 높은 데이터입니다.

이러한 데이터들을 기존 방식대로 컴포넌트의 props를 통해 넘겨주게 되면 자식 컴포넌트의 자식 컴포넌트까지 계속해서 내려갈 수밖에 없게 됩니다. 아래 예제는 현재 선택된 테마를 기존 방식대로 컴포넌트의 props로 전달하는 예제 코드입니다.

```
function App(props) {
    return <Toolbar theme="dark" />;
}

function Toolbar(props) {
    // 이 Toolbar 컴포넌트는 ThemedButton에 theme를 넘겨주기 위해서 'theme' prop을 가져야만 합니다.
    // 현재 테마를 알아야 하는 모든 버튼에 대해서 props로 전달하는 것은 굉장히 비효율적입니다.
    return (
        <div>
```

```
            <ThemedButton theme={props.theme} />
        </div>
    );
}

function ThemedButton(props) {
    return <Button theme={props.theme} />;
}
```

위의 코드에는 총 3개의 컴포넌트가 나옵니다. 먼저 가장 상위 컴포넌트인 App 컴포넌트에서는 Toolbar 컴포넌트를 사용하고 있습니다. 이때 theme라는 이름의 prop으로 현재 테마인 dark를 넘깁니다. Toolbar 컴포넌트에서는 ThemedButton 컴포넌트를 사용하는데 ThemedButton 컴포넌트에서 현재 테마를 필요로 합니다. 그래서 prop으로 받은 theme를 하위 컴포넌트인 ThemedButton 컴포넌트에 전달합니다. 최종적으로 ThemedButton 컴포넌트에서는 props.theme로 데이터에 접근하여 버튼에 어두운 테마를 입히게 됩니다.

위에서 살펴 본 것처럼 props를 통해서 데이터를 전달하는 기존 방식은 실제 데이터를 필요로 하는 컴포넌트까지의 깊이가 깊어질수록 복잡해집니다. 반복적인 코드를 계속해서 작성해 주어야 하기 때문에 비효율적이고 직관적이지도 않습니다. 컨텍스트를 사용하면 이러한 방식을 깔끔하게 개선할 수 있습니다. 아래 코드는 컨텍스트를 사용하여 위와 동일한 기능을 구현한 것입니다.

```
// 컨텍스트는 데이터를 매번 컴포넌트를 통해 전달할 필요 없이 컴포넌트 트리로 곧바로 전달하게 해줍니다.
// 여기에서는 현재 테마를 위한 컨텍스트를 생성하며, 기본값은 'light'입니다.
const ThemeContext = React.createContext('light');

// Provider를 사용하여 하위 컴포넌트들에게 현재 테마 데이터를 전달합니다.
// 모든 하위 컴포넌트들은 컴포넌트 트리 하단에 얼마나 깊이 있는지에 관계없이 데이터를 읽을 수 있습니다.
// 여기에서는 현재 테마값으로 'dark'를 전달하고 있습니다.
function App(props) {
```

```
    return (
        <ThemeContext.Provider value="dark">
            <Toolbar />
        </ThemeContext.Provider>
    );
}

// 이제 중간에 위치한 컴포넌트는 테마 데이터를 하위 컴포넌트로 전달할 필요가 없습니다.
function Toolbar(props) {
    return (
        <div>
            <ThemedButton />
        </div>
    );
}

function ThemedButton(props) {
    // 리액트는 가장 가까운 상위 테마 Provider를 찾아서 해당되는 값을 사용합니다.
    // 만약 해당되는 Provider가 없을 경우 기본값(여기에서는 'light')을 사용합니다.
    // 여기에서는 상위 Provider가 있기 때문에 현재 테마의 값은 'dark'가 됩니다.
    return (
        <ThemeContext.Consumer>
            {value => <Button theme={value} />}
        </ThemeContext.Consumer>
    );
}
```

위 코드에서는 먼저 React.createContext() 함수를 사용해서 ThemeContext라는 이름의 컨텍스트를 하나 생성했습니다. 컨텍스트를 사용할 컴포넌트의 상위 컴포넌트에서 Provider로 감싸주어야 하는데 여기에서는 최상위 컴포넌트인 App 컴포넌트를 ThemeContext.Provider로 감싸주었습니다. 이렇게 하면 **Provider의 모든 하위 컴포넌트가 얼마나 깊이 위치해 있는지 관계없이 컨텍스트의 데이터를 읽을 수 있습니다.** 컨텍스트를 사용한 코드를 보면 전체적으로 간결하고 깔끔하며 직관적으로 바뀐 것을 확인할 수 있습니다. 이처럼 여러 컴포넌트에서 계속 접근이 일어날 수 있는 데이터들이 있는 경우에 컨텍스트를 사용하는 것이 좋습니다.

14.3 컨텍스트를 사용하기 전에 고려할 점

컨텍스트는 다른 레벨의 많은 컴포넌트가 특정 데이터를 필요로 하는 경우에 주로 사용합니다. 하지만 무조건 컨텍스트를 사용하는 것이 좋은 것은 아닙니다. 왜냐하면 컴포넌트와 컨텍스트가 연동되면 재사용성이 떨어지기 때문입니다. 그래서 다른 레벨의 많은 컴포넌트가 데이터를 필요로 하는 경우가 아니라면 기존에 사용하던 방식대로 props를 통해 데이터를 전달하는 컴포넌트 합성 방법이 더 적합합니다. 아래 예제 코드를 봅시다.

```
// Page컴포넌트는 PageLayout컴포넌트를 렌더링
<Page user={user} avatarSize={avatarSize} />

// PageLayout컴포넌트는 NavigationBar컴포넌트를 렌더링
<PageLayout user={user} avatarSize={avatarSize} />

// NavigationBar컴포넌트는 Link컴포넌트를 렌더링
<NavigationBar user={user} avatarSize={avatarSize} />

// Link컴포넌트는 Avatar컴포넌트를 렌더링
<Link href={user.permalink}>
    <Avatar user={user} size={avatarSize} />
</Link>
```

위의 코드에는 사용자 정보와 아바타 사이즈를 몇 단계에 걸쳐서 하위 컴포넌트인 Link와 Avatar로 전달하는 Page 컴포넌트가 있습니다. 여기에서 가장 하위 레벨에 위치한 Avatar 컴포넌트가 user와 avatarSize를 필요로 하기 때문에, 이를 위해 여러 단계에 걸쳐서 props를 통해 user와 avatarSize를 전달해 주고 있습니다. 하지만 이 과정은 굉장히 불필요하게 느껴집니다. 또한 Avatar 컴포넌트에 추가적인 데이터가 필요해지면 해당 데이터도 추가로 여러

단계에 걸쳐서 넘겨주어야 하기 때문에 굉장히 번거롭습니다.

여기에서 컨텍스트를 사용하지 않고 이러한 문제를 해결할 수 있는 한 가지 방법은 Avatar 컴포넌트를 변수에 저장하여 직접 넘겨주는 것입니다. 9장에서 배운 엘리먼트 변수 형태로 말이죠. 그렇게 하면 중간 단계에 있는 컴포넌트들은 user와 avatarSize에 대해 전혀 몰라도 됩니다. 아래 코드를 한번 봅시다.

```
function Page(props) {
    const user = props.user;

    const userLink = (
        <Link href={user.permalink}>
            <Avatar user={user} size={props.avatarSize} />
        </Link>
    );

    // Page 컴포넌트는 PageLayout 컴포넌트를 렌더링
    // 이때 props로 userLink를 함께 전달함.
    return <PageLayout userLink={userLink} />;
}

// PageLayout 컴포넌트는 NavigationBar 컴포넌트를 렌더링
<PageLayout userLink={...} />

// NavigationBar 컴포넌트는 props로 전달받은 userLink element를 리턴
<NavigationBar userLink={...} />
```

위 코드에서는 user와 avatarSize가 props로 들어간 Avatar 컴포넌트를 userLink라는 변수에 저장한 뒤에 해당 변수를 하위 컴포넌트로 넘기고 있습니다. 이렇게 하면 가장 상위 레벨에 있는 Page 컴포넌트만 Avatar 컴포넌트에서 필요로 하는 user와 avatarSize에 대해 알고 있으면 됩니다.

이런 방식은 중간 레벨의 컴포넌트를 통해 전달해야 하는 props를 없애고, 코드를 더욱 간결하게 만들어 줍니다. 또한 최상위에 있는 컴포넌트에 좀 더 많은 권한을 부여해 줍니다. 다만 모

든 상황에 이 방식이 좋은 것은 아닙니다. 데이터가 많아질수록 상위 컴포넌트에 몰리기 때문에 상위 컴포넌트는 점점 더 복잡해지고, 하위 컴포넌트는 너무 유연해지게 됩니다. 앞에서 사용한 방법을 좀 더 응용해서 하위 컴포넌트를 여러 개의 변수로 나눠서 전달할 수도 있습니다. 아래 코드를 봅시다.

```
function Page(props) {
    const user = props.user;

    const topBar = (
        <NavigationBar>
            <Link href={user.permalink}>
                <Avatar user={user} size={props.avatarSize} />
            </Link>
        </NavigationBar>
    );
    const content = <Feed user={user} />;

    return (
        <PageLayout
            topBar={topBar}
            content={content}
        />
    );
}
```

이 방식은 하위 컴포넌트의 의존성을 상위 컴포넌트와 분리할 필요가 있는 대부분의 경우에 적합한 방법입니다. 또한 렌더링 전에 하위 컴포넌트가 상위 컴포넌트와 통신해야 하는 경우 `render props`를 사용하여 처리할 수도 있습니다.

하지만 어떤 경우에는 하나의 데이터에 다양한 레벨에 있는 중첩된 컴포넌트들의 접근이 필요할 수 있습니다. 이러한 경우에는 위 방식은 사용할 수 없고 컨텍스트를 사용해야 합니다. 컨텍스트는 해당 데이터와 데이터의 변경사항을 모두 하위 컴포넌트들에게 broadcast(널리 알려주는 것)해 주기 때문입니다. 컨텍스트를 사용하기에 적합한 데이터의 대표적인 예로 현재 지역 정보[locale], UI 테마 그리고 캐싱된 데이터 등이 있습니다.

14.4 컨텍스트 API

1 React.createContext()

이제 리액트에서 제공하는 컨텍스트 API를 통해 컨텍스트를 어떻게 사용하는지에 대해서 알아보도록 하겠습니다. 컨텍스트를 사용하기 위해서 가장 먼저 해야 할 일은 컨텍스트를 생성하는 것입니다. 컨텍스트를 생성하기 위해서 React.createContext() 함수를 사용합니다. 아래 예제 코드에 나온 것처럼 함수의 파라미터로 기본값을 넣어 주면 됩니다. 그러고 나면 컨텍스트 객체가 만들어집니다.

```
const MyContext = React.createContext(기본값);
```

리액트에서 렌더링이 일어날 때 컨텍스트 객체를 구독하는 하위 컴포넌트가 나오면 현재 컨텍스트의 값을 가장 가까이에 있는 상위 레벨의 Provider로부터 받아오게 됩니다. 그런데 **만약 상위 레벨에 매칭되는 Provider가 없다면, 이 경우에만 기본값이 사용됩니다.** 그렇기 때문에 기본값은 Provider 없이 컴포넌트를 테스트할 때 유용합니다. 참고로 **기본값으로 undefined를 넣으면 기본값이 사용되지 않습니다.**

2 Context.Provider

React.createContext() 함수를 사용해서 컨텍스트를 만들었다면 이제 하위 컴포넌트들이 해당 컨텍스트의 데이터를 받을 수 있도록 설정해 줘야 합니다. 이를 위해서 사용하는 것이 바로 Provider입니다. 영단어 Provider는 제공자라는 뜻을 갖고 있습니다. 여기에서는 데이터를 제공해 주는 컴포넌트라고 이해하면 됩니다. 모든 컨텍스트 객체는 Provider라는 리액트 컴포넌트를 갖고 있습니다. **Context.Provider 컴포넌트로 하위 컴포넌트들을 감싸주면 모든 하위 컴포넌트들이 해당 컨텍스트의 데이터에 접근할 수 있게 됩니다.** Provider는 다음 코드처럼 사용하면 됩니다.

```
<MyContext.Provider value={/* some value */}>
```

Provider 컴포넌트에는 value라는 prop이 있으며, 이것은 Provider 컴포넌트 하위에 있는 컴포넌트들에게 전달됩니다. 그리고 하위 컴포넌트들이 이 값을 사용하게 되는데 하위 컴포넌트가 데이터를 소비한다는 의미를 가지고 있어 **consumer 컴포넌트**라고 부릅니다. consumer 컴포넌트는 컨텍스트 값의 변화를 지켜보다가 만약 값이 변경되면 재렌더링됩니다. 참고로 하나의 Provider 컴포넌트는 여러 개의 consumer 컴포넌트와 연결될 수 있으며 여러 개의 Provider 컴포넌트는 중첩되어 사용될 수 있습니다.

Provider 컴포넌트로 감싸진 모든 consumer 컴포넌트는 Provider의 value prop이 바뀔 때마다 재렌더링됩니다. 값이 변경되었을 때 상위 컴포넌트가 업데이트 대상이 아니더라도 하위에 있는 컴포넌트가 컨텍스트를 사용한다면 하위 컴포넌트에서는 업데이트가 일어납니다. 이때 값의 변화를 판단하는 기준은 자바스크립트 객체의 Object.is라는 함수와 같은 방식으로 판단합니다. Object.is에 대한 자세한 내용이 궁금하다면 아래 링크를 참고하기 바랍니다.

https://developer.mozilla.org/en-US/docs/Web/JavaScript/Reference/Global_Objects/Object/is#description

NOTE. Provider value에서 주의해야 할 사항

컨텍스트는 재렌더링 여부를 결정할 때 레퍼런스 정보를 사용하기 때문에 Provider의 부모 컴포넌트가 재렌더링되었을 경우, 의도치 않게 consumer 컴포넌트의 재렌더링이 일어날 수 있습니다. 예를 들어 아래 코드는 Provider 컴포넌트가 재렌더링될 때마다 모든 하위 consumer 컴포넌트의 재렌더링이 발생합니다. 왜냐하면 value prop을 위한 새로운 객체가 매번 새롭게 생성되기 때문입니다.

```
function App(props) {
    return (
        <MyContext.Provider value={{ something: 'something' }}>
            <Toolbar />
```

```
        </MyContext.Provider>
    );
}
```

이를 방지하기 위해서는 value를 직접 넣는 것이 아니라 컴포넌트의 state로 옮기고 해당 state의 값을 넣어 주어야 합니다. 아래 코드는 수정한 이후의 모습입니다.

```
function App(props) {
    const [value, setValue] = useState({ something: 'something' });

    return (
        <MyContext.Provider value={value}>
            <Toolbar />
        </MyContext.Provider>
    );
}
```

3 Class.contextType

Class.contextType은 Provider 하위에 있는 클래스 컴포넌트에서 컨텍스트의 데이터에 접근하기 위해 사용하는 것입니다. 클래스 컴포넌트는 현재 거의 사용하지 않기 때문에 이런 방법이 있다는 정도로만 참고하기 바랍니다.

아래 코드에 나와 있는 것처럼 MyClass.contextType = MyContext;라고 해 주면 MyClass라는 클래스 컴포넌트는 MyContext의 데이터에 접근할 수 있게 됩니다.

```
class MyClass extends React.Component {
    componentDidMount() {
        let value = this.context;
        /* MyContext의 값을 이용하여 원하는 작업을 수행 가능 */
    }
    componentDidUpdate() {
        let value = this.context;
        /* ... */
    }
```

```
    componentWillUnmount() {
        let value = this.context;
        /* ... */
    }
    render() {
        let value = this.context;
        /* MyContext의 값에 따라서 컴포넌트들을 렌더링 */
    }
}
MyClass.contextType = MyContext;
```

클래스 컴포넌트에 있는 contextType 속성에는 React.createContext() 함수를 통해 생성된 컨텍스트 객체가 대입될 수 있습니다. 이 속성을 사용하게 되면 this.context를 통해 상위에 있는 Provider 중에서 가장 가까운 것의 값을 가져올 수 있습니다. 또한 위의 예제 코드에 나와 있는 것처럼 render() 함수를 포함한 모든 생명주기 함수 어디에서든지 this.context를 사용할 수 있습니다.

참고로 이 API를 사용하면 단 하나의 컨텍스트만을 구독할 수 있습니다. 여러 개의 컨텍스트를 동시에 사용하는 방법에 대해서는 뒤에서 다루도록 하겠습니다.

4 Context.Consumer

consumer 컴포넌트는 앞에서 설명한 것처럼 **컨텍스트의 데이터를 구독하는 컴포넌트**입니다. 클래스 컴포넌트에서는 위에 나온 Class.contextType을 사용하면 되고 함수 컴포넌트에서는 Context.Consumer를 사용하여 컨텍스트를 구독할 수 있습니다. 아래는 예제 코드입니다.

```
<MyContext.Consumer>
    {value => /* 컨텍스트의 값에 따라서 컴포넌트들을 렌더링 */}
</MyContext.Consumer>
```

컴포넌트의 자식으로 함수가 올 수 있는데 이것을 **function as a child**라고 부릅니다. Context.Consumer로 감싸주면 자식으로 들어간 함수가 현재 컨텍스트의 value를 받아서 리액트 노드로 리턴하게 됩니다. 이때 함수로 전달되는 value는 Provider의 value prop과 동일합니다. 만약 상위 컴포넌트에 Provider가 없다면 이 value 파라미터는 createContext()를 호출할 때 넣는 기본값과 동일한 역할을 합니다.

> **NOTE function as a child**
>
> function as a child는 컴포넌트의 자식[child]으로 함수를 사용하는 방법입니다. 리액트에서는 기본적으로 하위 컴포넌트들을 children이라는 prop으로 전달해 주는데 children으로 컴포넌트 대신 함수를 사용하여 아래와 같이 사용할 수 있습니다.
>
> ```
> // children이라는 prop을 직접 선언하는 방식
> <Profile children={name => 이름: {name} } />
>
> // Profile컴포넌트로 감싸서 children으로 만드는 방식
> <Profile>{name => 이름: {name} }</Profile>
> ```

5 Context.displayName

컨텍스트 객체는 displayName이라는 문자열 속성을 가집니다. 또한 크롬의 리액트 개발자 도구에서는 컨텍스트의 Provider나 Consumer를 표시할 때 이 displayName을 함께 표시해 줍니다. 예를 들어 아래와 같이 코드를 작성하면 MyDisplayName이 리액트 개발자 도구에 표시됩니다.

```
const MyContext = React.createContext(/* some value */);
MyContext.displayName = 'MyDisplayName';

// 개발자 도구에 "MyDisplayName.Provider"로 표시됨
<MyContext.Provider>

// 개발자 도구에 "MyDisplayName.Consumer"로 표시됨
<MyContext.Consumer>
```

14.5 여러 개의 컨텍스트 사용하기

클래스 컴포넌트에서 `Class.contextType`을 사용하면 한 번에 하나의 컨텍스트만 사용할 수 있다고 배웠습니다. 여러 개의 컨텍스트를 동시에 사용하려면 어떻게 해야 할까요? 바로 `Context.Provider`를 중첩해서 사용하는 방식으로 구현할 수 있습니다. 아래 예제 코드를 한 번 보도록 합시다.

```
// 테마를 위한 컨텍스트
const ThemeContext = React.createContext('light');

// 로그인 한 사용자를 위한 컨텍스트
const UserContext = React.createContext({
    name: 'Guest',
});

class App extends React.Component {
    render() {
        const { signedInUser, theme } = this.props;

        return (
            <ThemeContext.Provider value={theme}>
                <UserContext.Provider value={signedInUser}>
                    <Layout />
                </UserContext.Provider>
            </ThemeContext.Provider>
        );
    }
}

```

```
function Layout() {
    return (
        <div>
            <Sidebar />
            <Content />
        </div>
    );
}

// 컨텍스트 컴포넌트는 두 개의 컨텍스트로부터 값을 가져와서 렌더링함
function Content() {
    return (
        <ThemeContext.Consumer>
            {theme => (
                <UserContext.Consumer>
                    {user => (
                        <ProfilePage user={user} theme={theme} />
                    )}
                </UserContext.Consumer>
            )}
        </ThemeContext.Consumer>
    );
}
```

위 코드에서는 ThemeContext와 UserContext, 이렇게 총 두 개의 컨텍스트가 나옵니다. App 컴포넌트에서는 각 컨텍스트에 대해 두 개의 Provider를 사용하여 자식 컴포넌트인 Layout을 감싸주었습니다. 그리고 실제 컨텍스트의 데이터를 사용하는 Content 컴포넌트에서는 두 개의 Consumer 컴포넌트를 사용하여 데이터를 전달하고 있습니다.

이렇게 하면 여러 개의 컨텍스트를 동시에 사용할 수 있습니다. 하지만 두 개 또는 그 이상의 컨텍스트의 값이 자주 함께 사용될 경우 모든 값을 한 번에 제공해 주는 별도의 render prop 컴포넌트를 직접 만드는 것을 고려하는 게 좋습니다.

14.6 useContext()

지금까지 클래스 컴포넌트에서 컨텍스트를 사용하는 방법과 함수 컴포넌트에서 Provider와 Consumer를 사용해서 컨텍스트를 사용하는 방법에 대해 배웠습니다. 앞에서 말한 것처럼 클래스 컴포넌트는 이제 거의 사용하지 않기 때문에 함수 컴포넌트에서 컨텍스트를 사용하는 방법을 이해하고 있는 것이 더 중요합니다.

그런데 함수 컴포넌트에서는 컨텍스트를 사용하기 위해 컴포넌트를 매번 Consumer 컴포넌트로 감싸주는 것보다 더 좋은 방법이 있습니다. 바로 7장에서 배운 훅입니다. useContext() 훅은 함수 컴포넌트에서 컨텍스트를 쉽게 사용할 수 있게 해줍니다. useContext() 훅은 React.createContext() 함수 호출로 생성된 컨텍스트 객체를 인자로 받아서 현재 컨텍스트의 값을 리턴합니다. useContext() 훅은 아래와 같이 사용합니다.

```
function MyComponent(props) {
    const value = useContext(MyContext);

    return (
        ...
    )
}
```

useContext() 훅을 사용하면 다른 방식과 동일하게 컴포넌트 트리상에서 가장 가까운 상위 Provider로부터 컨텍스트의 값을 받아오게 됩니다. 만약 컨텍스트의 값이 변경되면 변경된 값과 함께 useContext() 훅을 사용하는 컴포넌트가 재렌더링됩니다. 그렇기 때문에 만약 useContext() 훅을 사용하는 컴포넌트의 렌더링이 꽤 무거운 작업일 경우에는 별도로 최적화 작업을 해줄 필요가 있습니다.

또한 useContext() 훅을 사용할 때에는 **파라미터로 컨텍스트 객체를 넣어줘야 한다는 것**을 꼭 기억하기 바랍니다. 아래 코드처럼 Consumer나 Provider를 넣으면 안 됩니다.

```
// 올바른 사용법
useContext(MyContext);

// 잘못된 사용법
useContext(MyContext.Consumer);
useContext(MyContext.Provider);
```

PRACTICE
14.7

실습

컨텍스트를 사용하여 테마 변경 기능 만들기

이번 실습에서는 컨텍스트를 사용하여 테마를 변경할 수 있는 기능을 만들어 보겠습니다. 먼저 VS Code로 앞에서 `Vite`를 이용해 만든 프로젝트를 엽니다. 그리고 아래와 같이 `chapter_14`라는 이름으로 폴더를 하나 생성합니다.

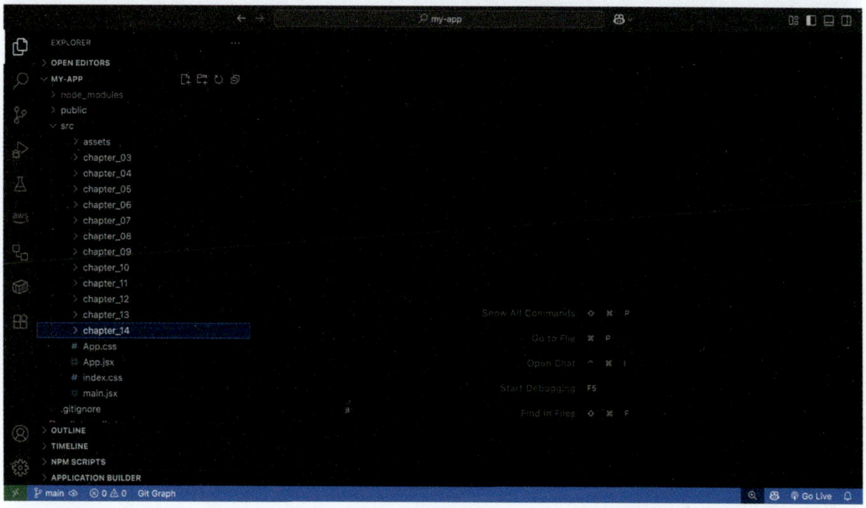

▶ 실습 화면 01

그리고 나서 만든 폴더에 `ThemeContext.jsx`라는 이름의 파일을 새로 만들고 아래 코드처럼 `ThemeContext`라는 이름의 컨텍스트를 만듭니다.

```
import React from 'react';

const ThemeContext = React.createContext();
ThemeContext.displayName = 'ThemeContext';

export default ThemeContext;
```

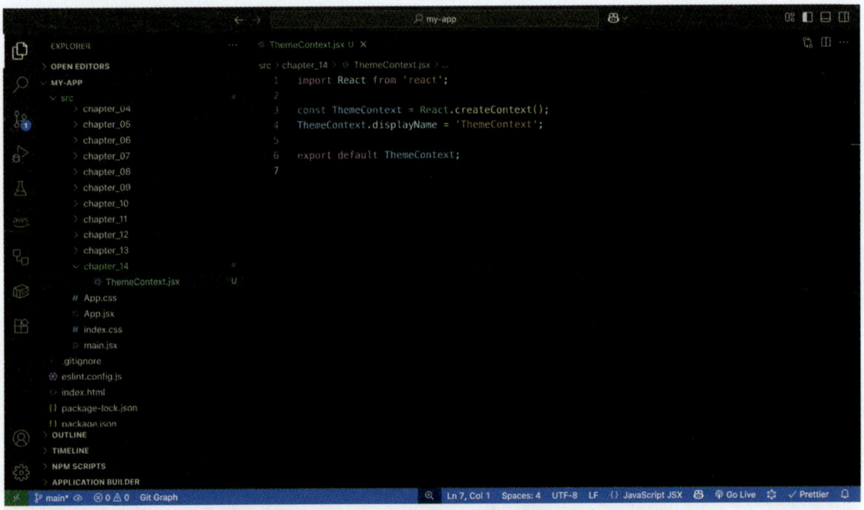

▶ 실습 화면 02

여기에서는 컨텍스트의 초깃값을 별도로 설정하지 않았고, 이후 Provider에서 값을 설정할 예정입니다. 그리고 개발자 도구를 통해 컨텍스트의 이름을 확인하기 위해서 ThemeContext의 displayName 값을 설정해 줬습니다.

그다음 동일한 폴더에 MainContent.jsx라는 이름의 파일을 새로 만들고 다음 코드처럼 MainContent라는 이름의 함수 컴포넌트를 만듭니다.

```
import { useContext } from 'react';
import ThemeContext from './ThemeContext';

function MainContent(props) {
    const { theme, toggleTheme } = useContext(ThemeContext);

    return (
        <div
            style={{
                width: '100vw',
                height: '100vh',
                padding: '1.5rem',
                backgroundColor: theme == 'light' ? 'white' : 'black',
                color: theme == 'light' ? 'black' : 'white',
            }}
        >
            <p>안녕하세요, 테마 변경이 가능한 웹사이트 입니다.</p>
            <button onClick={toggleTheme}>테마 변경</button>
        </div>
    );
}

export default MainContent;
```

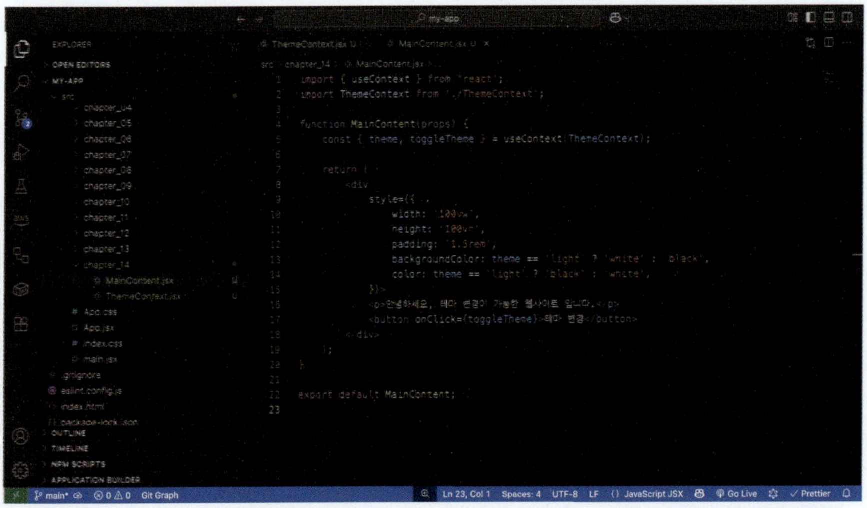

▶ 실습 화면 03

MainContent 컴포넌트는 ThemeContext로부터 현재 설정된 테마 값을 받아와 실제 화면의 콘텐츠를 렌더링하는 역할을 합니다. 또한 테마 변경 버튼을 누를 경우 ThemeContext로부터 받은 toggleTheme() 함수를 호출하여 ThemeContext의 값을 변경하는 역할도 합니다. 여기에서는 ThemeContext의 값을 가져오기 위해 ThemeContext.Consumer 컴포넌트를 사용하는 방법 대신에 useContext() 훅을 사용했습니다.

마지막으로 동일한 폴더에 DarkOrLight.jsx라는 이름의 파일을 새로 만들고 아래 코드처럼 DarkOrLight라는 이름의 함수 컴포넌트를 만듭니다.

```
import { useState, useCallback } from 'react';
import ThemeContext from './ThemeContext';
import MainContent from './MainContent';

function DarkOrLight(props) {
    const [theme, setTheme] = useState('light');

    const toggleTheme = useCallback(() => {
        if (theme == 'light') {
            setTheme('dark');
        } else if (theme == 'dark') {
            setTheme('light');
        }
    }, [theme]);

    return (
        <ThemeContext.Provider value={{ theme, toggleTheme }}>
            <MainContent />
        </ThemeContext.Provider>
    );
}

export default DarkOrLight;
```

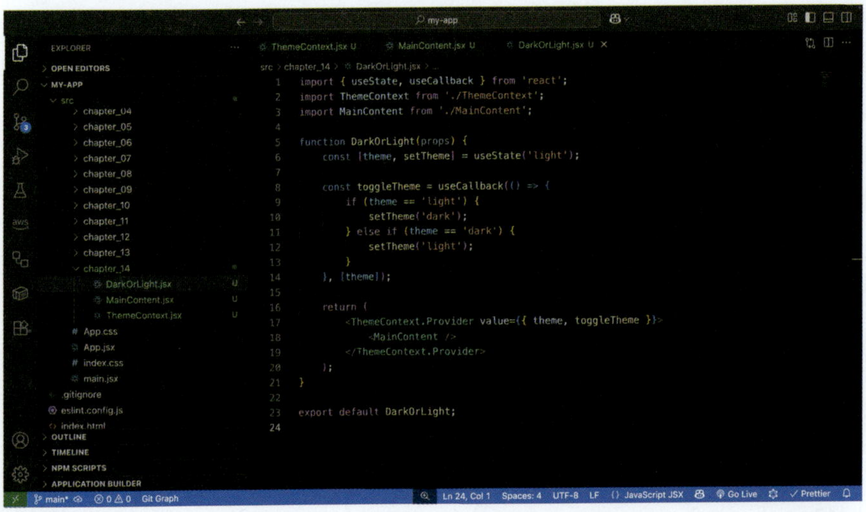

▶ 실습 화면 04

DarkOrLight 컴포넌트는 방금 전에 만든 MainContent 컴포넌트를 자식으로 갖고 있는데 이를 ThemeContext.Provider로 감싸서 ThemeContext의 값을 하위 컴포넌트들이 사용할 수 있도록 해줍니다. 만약 ThemeContext.Provider로 감싸주지 않으면 하위 컴포넌트들이 ThemeContext의 값을 가져올 수 없겠죠? 그리고 ThemeContext의 값으로 들어가는 theme와 toggleTheme() 함수는 자체적으로 관리하고 있습니다.

이제 만든 DarkOrLight 컴포넌트를 실제 화면에 렌더링하기 위해 main.jsx 파일을 수정해야 합니다. 다음 코드와 그림에 표시된 부분을 참고하여 새로 만든 DarkOrLight 컴포넌트를 임포트해서 ReactDOM의 createRoot() 함수로 만든 root의 render() 함수에 넣어 주는 코드로 변경해 보세요.

```
import { StrictMode } from 'react';
import { createRoot } from 'react-dom/client';
import './index.css';
import App from './App.jsx';

import Library from './chapter_03/Library';
import Clock from './chapter_04/Clock';
import CommentList from './chapter_05/CommentList';
import NotificationList from './chapter_06/NotificationList';
import Accommodate from './chapter_07/Accommodate';
import ConfirmButton from './chapter_08/ConfirmButton';
import LandingPage from './chapter_09/LandingPage';
import AttendanceBook from './chapter_10/AttendanceBook';
import SignUp from './chapter_11/SignUp';
import Calculator from './chapter_12/Calculator';
import ProfileCard from './chapter_13/ProfileCard';
import DarkOrLight from './chapter_14/DarkOrLight';

const root = createRoot(document.getElementById('root'));
root.render(
    <StrictMode>
        <DarkOrLight />
    </StrictMode>
);
```

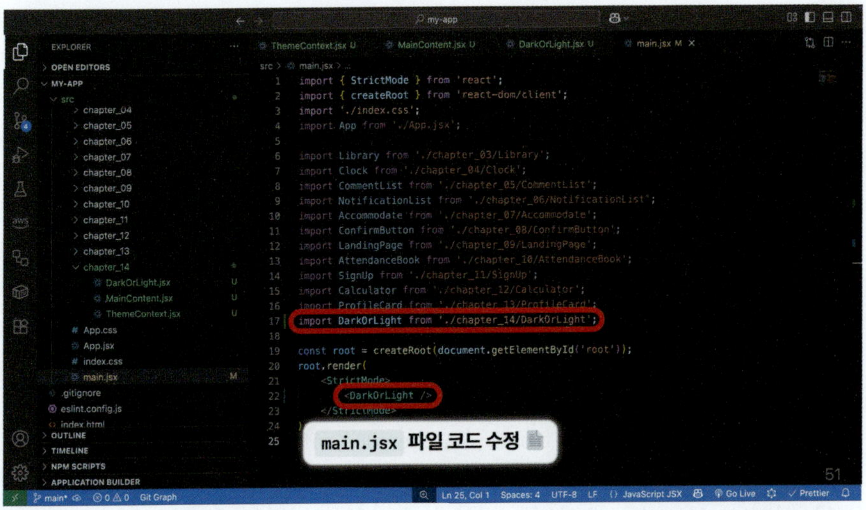

▶ 실습 화면 05

코드 작성이 끝났으면 리액트 애플리케이션을 실행해 보도록 하겠습니다. VS Code의 상단 메뉴에서 `Terminal > New Terminal`을 눌러 새로운 터미널을 하나 실행시킵니다. 이후 아래 그림처럼 `npm run dev` 명령어를 실행합니다.

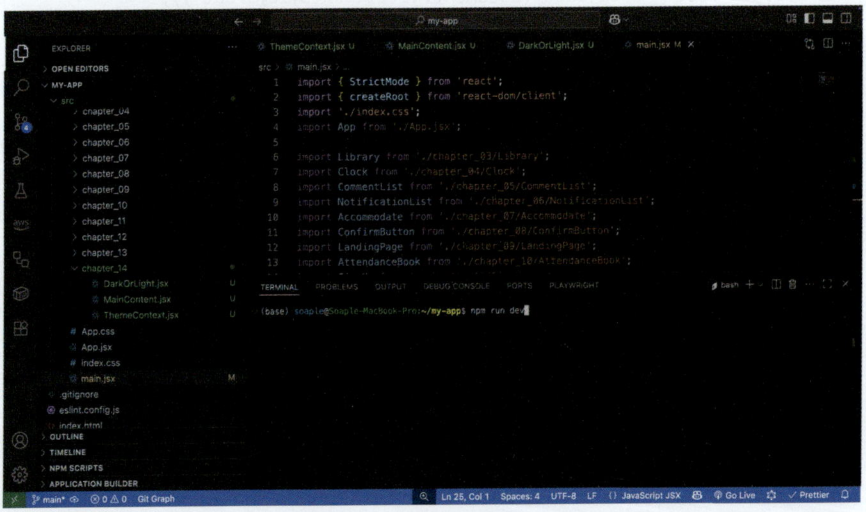

▶ 실습 화면 06

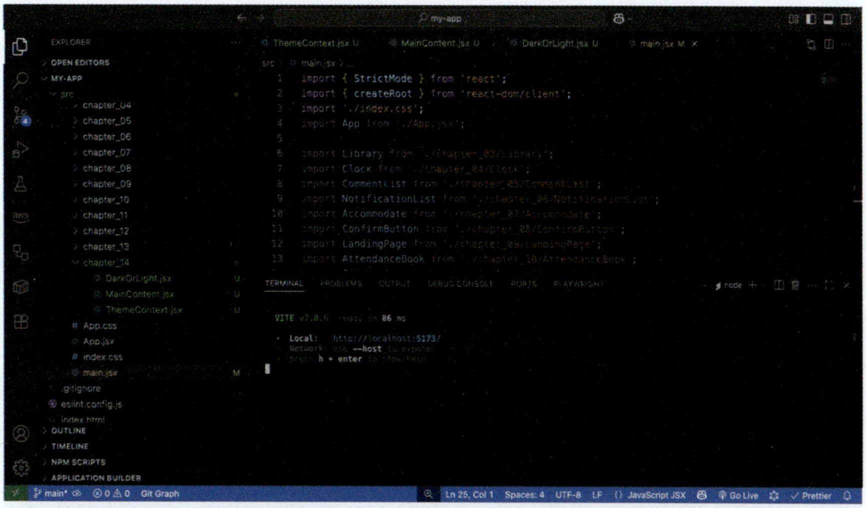

▶ 실습 화면 07

그러면 애플리케이션이 개발 모드로 실행되고 웹브라우저에서 `http://localhost:5173`에 접속합니다. 처음 화면은 흰색 배경에 검은 글씨인 `light` 테마로 나타나는 것을 확인할 수 있습니다.

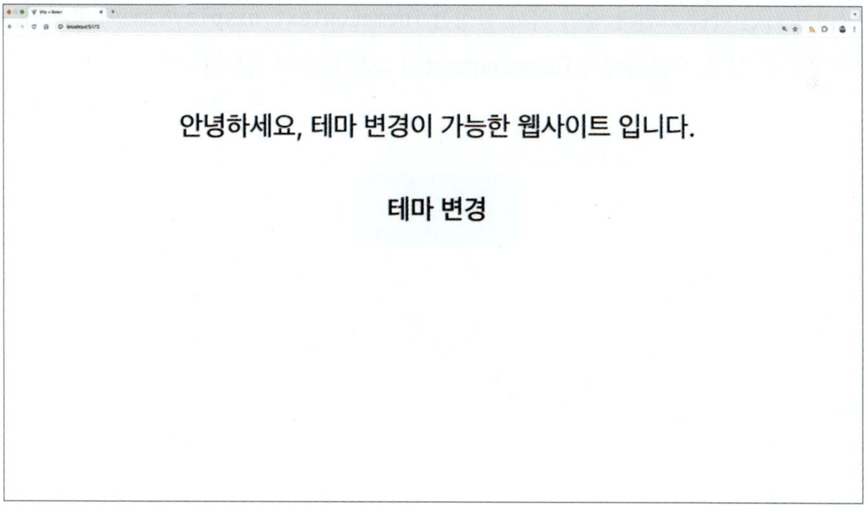

▶ 실습 화면 08

여기에서 테마 변경 버튼을 누르면 아래 그림과 같이 검은색 배경에 흰색 글씨를 가진 dark 테마로 바뀌는 것을 볼 수 있습니다.

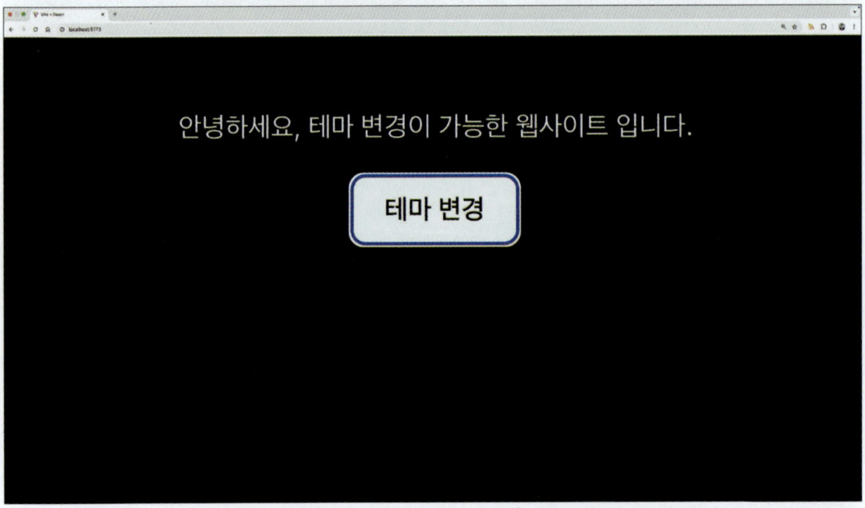

▶ 실습 화면 09

조금 더 자세히 살펴보기 위해 크롬 개발자 도구를 열어 컴포넌트 탭을 클릭해 봅시다. 그러고 나면 다음 그림과 같이 아까 설정한 `ThemeContext.displayName`이 표시되는 것을 볼 수 있고, 오른쪽에서 `ThemeContext`의 값도 확인이 가능합니다.

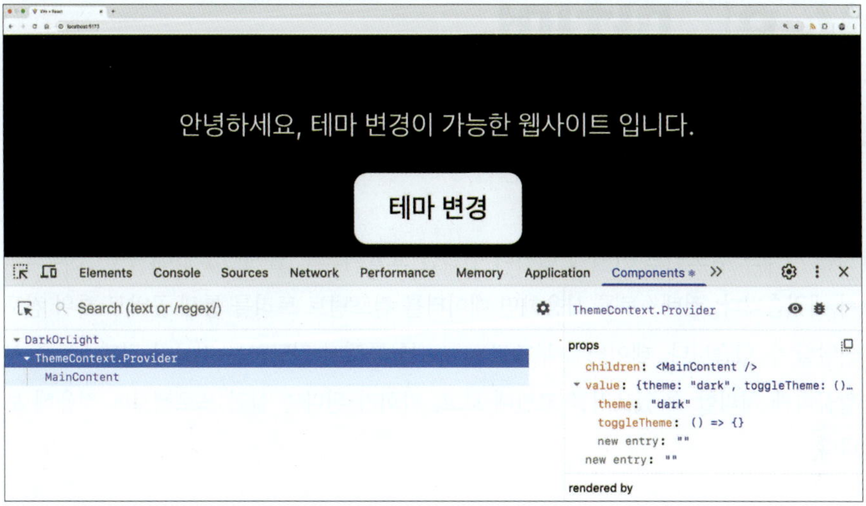

▶ 실습 화면 10

하위 컴포넌트인 `MainContent` 컴포넌트를 눌러보면 마찬가지로 오른쪽에서 컨텍스트의 값을 확인할 수 있습니다.

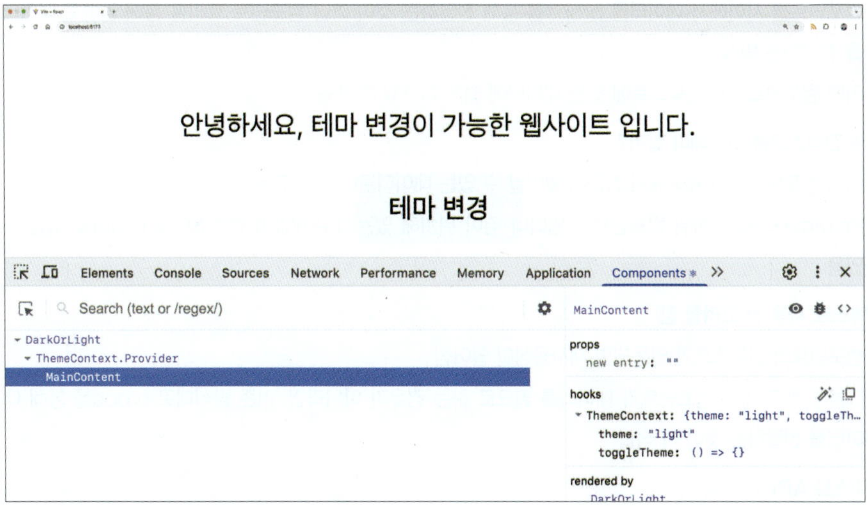

▶ 실습 화면 11

14.8 마치며

이 장에서는 리액트 컴포넌트 사이에 데이터 전달을 효율적으로 할 수 있게 해 주는 컨텍스트에 대해서 배웠습니다. 컨텍스트를 사용하면 데이터를 컴포넌트 트리를 통해 곧바로 하위 컴포넌트에 전달할 수 있습니다. 데이터를 무조건 `props`를 통해서 전달하는 것보다 컨텍스트를 사용하여 깔끔하게 처리할 수 있을지를 고민해 보고, 기회가 된다면 실전 프로젝트에 적용해 보기 바랍니다.

요약

이 장에서 배운 내용은 아래와 같습니다.

- **컨텍스트란?**
  - 컴포넌트들 사이에서 데이터를 props를 통해 전달하는 것이 아닌 컴포넌트 트리를 통해 곧바로 데이터를 전달하는 방식
  - 어떤 컴포넌트든지 컨텍스트에 있는 데이터에 쉽게 접근할 수 있음
- **언제 컨텍스트를 사용해야 할까?**
  - 여러 컴포넌트에서 계속해서 접근이 일어날 수 있는 데이터들이 있는 경우
  - Provider의 모든 하위 컴포넌트가 얼마나 깊이 위치해 있는지 관계없이 컨텍스트의 데이터를 읽을 수 있음
- **컨텍스트 사용 전 고려할 점**
  - 컴포넌트와 컨텍스트가 연동되면 재사용성이 떨어짐
  - 다른 레벨의 많은 컴포넌트가 데이터를 필요로 하는 경우가 아니라면, 기존 방식대로 props를 통해 데이터를 전달하는 것이 더 적합
- **컨텍스트 API**
  - React.createContext()
    - 컨텍스트를 생성하기 위한 함수
    - 컨텍스트 객체를 리턴함
    - 기본값으로 undefined를 넣으면 기본값이 사용되지 않음

- Context.Provider
  - 모든 컨텍스트 객체는 Provider라는 컴포넌트를 갖고 있음
  - Provider 컴포넌트로 하위 컴포넌트들을 감싸주면 모든 하위 컴포넌트들이 해당 컨텍스트의 데이터에 접근할 수 있게 됨
  - Provider에는 value라는 prop이 있으며, 이것이 데이터로써 하위에 있는 컴포넌트들에게 전달됨
  - 여러 개의 Provider 컴포넌트를 중첩시켜 사용할 수 있음
- Class.contextType
  - Provider 하위에 있는 클래스 컴포넌트에서 컨텍스트의 데이터에 접근하기 위해 사용
  - 단 하나의 컨텍스트만을 구독할 수 있음
- Context.Consumer
  - 컨텍스트의 데이터를 구독하는 컴포넌트
  - 데이터를 소비한다는 뜻에서 consumer 컴포넌트라고도 부름
  - consumer 컴포넌트는 컨텍스트 값의 변화를 지켜보다가 값이 변경되면 재렌더링됨
  - 하나의 Provider컴포넌트는 여러 개의 consumer 컴포넌트와 연결될 수 있음
  - 상위 레벨에 매칭되는 Provider가 없을 경우 기본값이 사용됨
- Context.displayName
  - 크롬의 리액트 개발자 도구에서 표시되는 컨텍스트 객체의 이름

• **여러 개의 컨텍스트 사용하기**

- Provider 컴포넌트와 Consumer 컴포넌트를 여러 개 중첩해서 사용하면 됨

• **useContext()**

- 함수 컴포넌트에서 컨텍스트를 쉽게 사용할 수 있게 해 주는 훅
- React.createContext() 함수 호출로 생성된 컨텍스트 객체를 인자로 받아서 현재 컨텍스트의 값을 리턴
- 컨텍스트의 값이 변경되면 변경된 값과 함께 useContext() 훅을 사용하는 컴포넌트가 재렌더링됨

Chapter

15

스타일링

Preview

이 장에서는 웹사이트를 더욱 아름답게 만들기 위해 스타일링Styling하는 방법에 대해서 알아보도록 하겠습니다. 스타일링은 웹사이트의 전체 레이아웃 구성을 포함하여 버튼의 색깔, 테두리, 폰트의 크기, 색상 등을 모두 포함하는 개념이라고 보면 됩니다. 리액트 컴포넌트를 어떻게 하면 내가 원하는 모양으로 만들고 원하는 곳에 배치할 수 있을지를 하나씩 배워 보도록 하겠습니다.

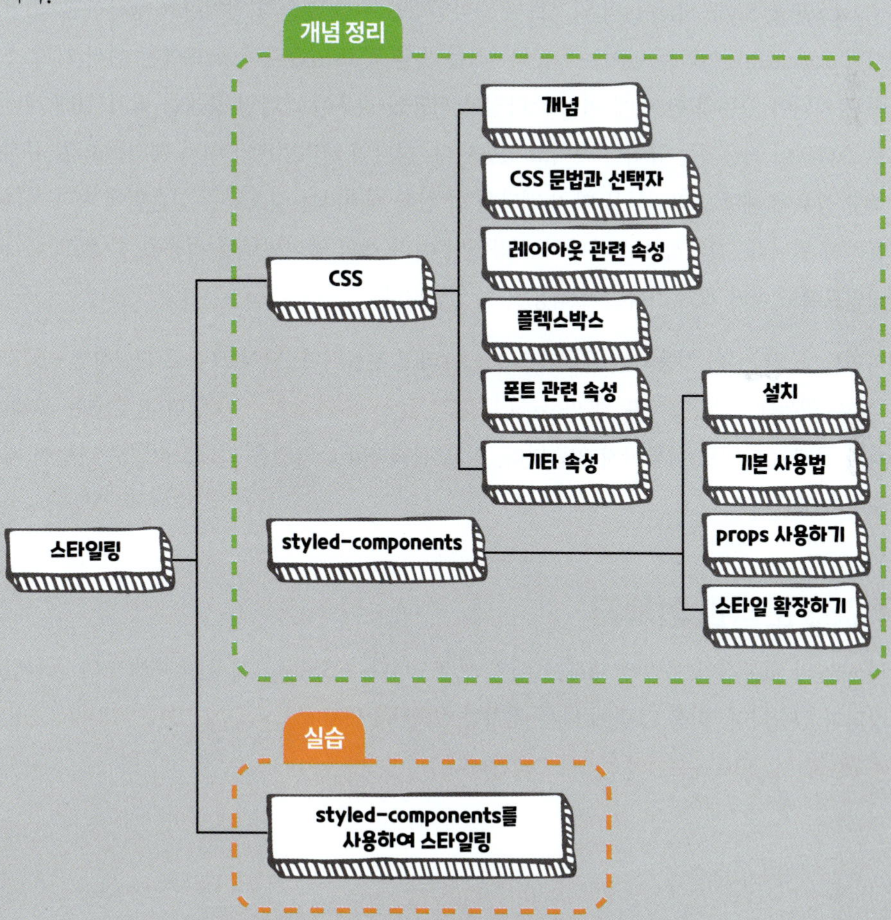

15.1 CSS

1 CSS란?

웹 개발을 할 때 스타일링을 하기 위해 가장 대표적으로 사용되는 것이 바로 CSS입니다. CSS는 Cascading Style Sheets의 약자로써 스타일링을 위한 일종의 언어라고 생각하면 됩니다. 여기서 Cascading이라는 단어는 **계단식**이라는 뜻을 갖고 있습니다. CSS에는 여러 가지 스타일이 정의되어 있는데 한 번에 여러 스타일이 적용될 경우에 스타일 충돌을 막기 위해 계단식으로 스타일이 적용되는 규칙을 가지고 있습니다. 하나의 엘리먼트가 여러 개의 스타일 규칙을 만족할 경우에 해당 스타일들을 마치 계단을 한 칸씩 내려가는 것처럼 우선순위에 따라 하나씩 적용하게 됩니다. 결과적으로 하나의 스타일이 여러 개의 엘리먼트에 적용될 수 있고 하나의 엘리먼트에도 여러 개의 스타일이 적용될 수 있습니다.

엘리먼트에 스타일이 적용되는 규칙을 **selector**라고 부릅니다. 단어 그대로 해석하면 **선택자**라고 할 수 있는데 **스타일을 어떤 엘리먼트에 적용할지를 선택하게 해 주는 것**입니다. CSS는 크게 선택자와 실제 스타일로 이루어져 있습니다. 이제 선택자와 스타일을 카테고리별로 나누어 배워 보도록 하겠습니다.

2 CSS 문법과 선택자

먼저 CSS의 기본적인 문법에 대해서 배워 보겠습니다. CSS는 크게 선택자selector와 스타일로 구성되어 있습니다. 다음 그림에 나온 것처럼 **선택자를 먼저 쓰고 이후에 적용할 스타일을 중괄호 안에 세미콜론(;)으로 구분하여 하나씩 기술**합니다.

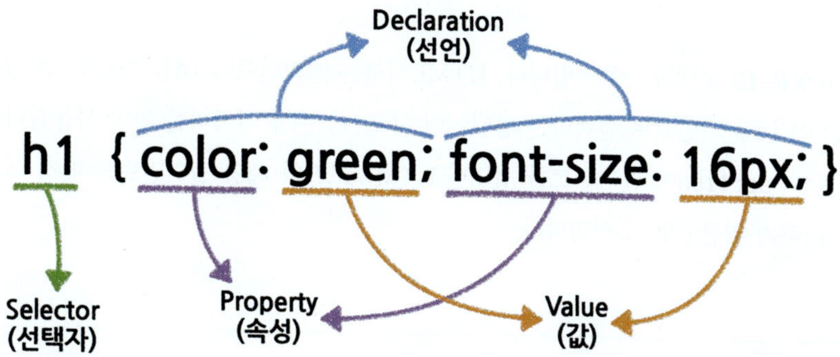

▶ CSS 문법

선택자에는 해당 스타일이 적용될 HTML 엘리먼트를 넣게 됩니다. 위 그림처럼 HTML 태그를 직접 넣거나 다른 조건들을 조합하여 선택자를 작성할 수 있습니다. 선택자에 대한 자세한 내용은 바로 뒤에서 다루도록 하겠습니다. 선택자 다음에는 중괄호 안에 적용할 스타일을 선언하게 됩니다. 각 스타일은 CSS 속성property과 값으로 이뤄진 키-값 쌍Key-Value pair이며 CSS 속성의 이름과 값을 콜론(:)으로 구분합니다. 그리고 중괄호로 묶여있는 하나의 스타일 블록에는 스타일이 여러 개 들어갈 수 있는데 여기에서 각 스타일은 세미콜론(;)으로 구분합니다.

그렇다면 선택자는 어떻게 작성해야 할까요? 지금부터 선택자 사용법에 대해서 자세히 알아보도록 하겠습니다.

엘리먼트 선택자

첫 번째 유형은 단순하게 특정 HTML 태그를 선택하기 위한 엘리먼트 선택자element selector입니다. 이 경우에는 선택자에 HTML 태그의 이름을 써주면 됩니다. 아래 코드는 <h1> 태그의 글자 색깔을 녹색으로 바꾸기 위한 CSS 속성을 보여 주고 있습니다.

```
h1 {
    color: green;
}
```

ID 선택자

두 번째 선택자 유형은 ID 선택자[id selector]입니다. HTML에서는 엘리먼트에 id를 정의할 수 있는데 ID 선택자는 이 id를 기반으로 선택하는 형태이며 샤프(#) 뒤에 아이디를 넣어 사용합니다. 다음 코드는 id가 section인 엘리먼트를 정의한 HTML 코드와 해당 엘리먼트의 배경 색깔을 검은색으로 바꾸기 위한 CSS 속성입니다.

```
<div id="section">
    ...
</div>

#section {
    background-color: black;
}
```

클래스 선택자

세 번째 선택자 유형은 클래스 선택자[class selector]입니다. id는 고유하다는 성질을 갖고 있기 때문에 하나의 엘리먼트에 사용해야 하지만 클래스는 여러 개의 엘리먼트를 분류[classification]하기 위해서 사용합니다. 클래스 선택자는 점(.) 뒤에 클래스명을 넣어서 사용합니다. 아래 코드는 클래스가 medium인 엘리먼트들을 정의한 HTML 코드와 해당 엘리먼트의 글자 크기를 20px로 바꾸기 위한 CSS 속성을 보여 주고 있습니다.

여기에서 두 번째에 나오는 스타일의 선택자는 p.medium이라고 되어 있습니다. 이것은 엘리먼트 선택자와 클래스 선택자를 함께 사용한 것인데 해당 HTML 태그에 클래스가 있는 경우에만 스타일이 적용됩니다. 이렇게 사용하고 싶을 경우 HTML 태그명 뒤에 점을 찍고 클래스 이름을 넣어 주면 됩니다. 예를 들어 <h1> 태그에 클래스가 medium인 경우에만 스타일을 적용하고 싶다면 선택자는 h1.medium이 됩니다.

```
<span class="medium">
    ...
```

```
</span>

<p class="medium">
    ...
</p>

.medium {
    font-size: 20px;
}

p.medium {
    font-size: 20px;
}
```

전체 선택자

네 번째 선택자 유형은 전체 선택자[universal selector]입니다. universal이라는 단어는 **전 세계적인, 보편적인**이라는 뜻을 갖고 있습니다. 전체 선택자는 의미 그대로 특정 엘리먼트에만 선택적으로 적용하는 것이 아니라 전체 엘리먼트에 적용하기 위한 선택자이며 한국에서는 흔히 별표라고 부르는 Asterisk(*)를 사용합니다. 아래 코드는 모든 엘리먼트의 글자 크기를 `20px`로 하고 글자 색깔을 파란색으로 바꾸기 위한 CSS 속성을 나타내고 있습니다.

```
* {
    font-size: 20px;
    color: blue;
}
```

그룹 선택자

다섯 번째 선택자 유형은 그룹 선택자[grouping selector]입니다. grouping은 그룹으로 묶는다는 뜻을 갖고 있습니다. 그룹 선택자는 말 그대로 여러 가지 선택자를 그룹으로 묶어 하나의 스타일을 적용하기 위해 사용하는 선택자입니다. 아래와 같이 똑같은 스타일들이 각기 다른 선택자로 나눠져 있다고 해 봅시다. 이렇게 반복되는 것을 여러 곳에 나눠서 쓰게 되면 유지 보수도 힘들고 굉장히 비효율적이겠죠?

```
h1 {
    color: black;
    text-align: center;
}

h2 {
    color: black;
    text-align: center;
}

p {
    color: black;
    text-align: center;
}
```

그래서 그룹 선택자를 사용하여 아래와 같이 바꿔주면 굉장히 간결해지고 유지 보수도 쉬워지게 됩니다. 이처럼 같은 스타일을 여러 조건의 선택자에 적용하고 싶을 때에는 각 선택자를 콤마(,)로 구분하여 그룹 선택자를 적용하면 됩니다.

```
h1, h2, p {
    color: black;
    text-align: center;
}
```

엘리먼트의 상태와 관련된 선택자

여섯 번째 선택자 유형은 엘리먼트의 상태와 관련된 선택자입니다. 여기에서 상태라는 것은 마우스 커서가 엘리먼트 위에 올라오거나 엘리먼트가 활성화되어 있는 경우 등을 의미합니다. 상태와 관련된 대표적인 선택자로는 :hover, :active, :focus, :checked, :first-child, :last-child 등이 있습니다.

- :hover는 마우스 커서가 엘리먼트 위에 올라왔을 때를 의미합니다.
- :active는 주로 <a> 태그(link)에 사용되는데 엘리먼트가 클릭됐을 때를 의미합니다.
- :focus는 주로 <input> 태그에서 사용되는데 말 그대로 엘리먼트가 초점[focus]을 갖고 있을 경우를 의미합니다.
- :checked는 radio button이나 checkbox 같은 유형의 <input> 태그가 체크되어 있는 경우를 의미합니다.
- :first-child, :last-child는 상위 엘리먼트를 기준으로 각각 첫 번째 child, 마지막 child일 경우를 의미합니다.

아래는 상태와 관련된 선택자들을 사용하는 예제입니다.

```
button:hover {
    font-weight: bold;
}

a:active {
    color: red;
}

input:focus {
    color: #000000;
}

option:checked {
    background: #00ff00;
}

p:first-child {
    background: #ff0000;
}
```

```
p:last-child {
    background: #0000ff;
}
```

지금까지 여러 종류의 CSS 선택자에 대해서 배웠습니다. 이것 이외에도 더 복잡한 선택자들이 많이 있지만 이 책은 CSS를 위한 것이 아니기 때문에 그 이상은 다루지 않겠습니다. 더 자세한 내용이 궁금한 독자는 아래 링크에서 다양한 CSS 선택자를 살펴볼 수 있습니다.

- https://www.w3schools.com/css/css_selectors.asp
- https://www.w3schools.com/cssref/css_selectors.asp

3 레이아웃과 관련된 속성

지금부터 CSS 속성 중에서 가장 많이 사용되는 것들을 카테고리별로 묶어서 하나씩 배워 보도록 하겠습니다. 먼저 첫 번째로 레이아웃Layout과 관련된 속성입니다. 일반적으로 레이아웃은 정해진 공간에 가구나 물건 등을 배치하는 일을 말합니다. 웹사이트에서도 레이아웃이 비슷한 맥락으로 사용되는데 **화면에 엘리먼트들을 어떻게 배치할 것인지**를 의미합니다. 그래서 레이아웃과 관련된 CSS 속성들은 화면상의 배치와 관련이 있다고 생각하면 됩니다.

display 속성

레이아웃과 관련해서 가장 중요한 속성은 `display`입니다. `display` 속성은 엘리먼트를 어떻게 표시할지에 관한 속성입니다. 모든 엘리먼트는 그 종류에 따라서 기본적으로 정해진 `display` 속성값을 갖고 있습니다. 대부분의 엘리먼트는 블록block 또는 인라인inline 값을 가집니다. `display` 속성의 값으로는 굉장히 많은 종류가 있는데 대표적으로 아래 코드에 나온 값들이 가장 많이 사용됩니다.

```
div {
    display: none | block | inline | flex;
}
```

- display: none;은 엘리먼트를 화면에서 숨기기 위해 사용합니다. 엘리먼트가 삭제되는 것이 아니라 존재하긴 하지만 화면에 보이지 않는 것이기 때문에 자바스크립트 코드를 넣을 때 주로 사용됩니다. 그래서 <script> 태그의 display 속성 기본값은 display: none;이 됩니다.
- display: block;은 블록 단위로 엘리먼트를 배치하는 것인데 블록 단위라는 것은 엘리먼트가 새로운 줄에서 시작하여 위치한 곳 전체의 width를 차지한다는 것을 의미합니다. 대표적으로는 <p>, <div>, <h1> ~ <h6> 태그의 display 속성 기본값이 display: block;입니다.
- display: inline;은 말 그대로 엘리먼트를 라인 안에 넣는 것입니다. 대표적으로는 <span> 태그의 display 속성 기본값이 display: inline;입니다. 이 속성을 사용하게 되면 모든 width, height과 관련된 속성들은 효과가 없어집니다.
- display: flex;는 엘리먼트를 블록 레벨의 플렉스 컨테이너flex container로 표시하는 것입니다. 컨테이너이기 때문에 내부에 다른 엘리먼트들을 포함한다고 생각하면 되는데 플렉스에 대해서는 뒤에서 자세히 나오기 때문에 나중에 다시 다루도록 하겠습니다.

visibility 속성

visibility는 우리말로 **눈에 잘 보이는 성질(가시성)**이라는 뜻을 갖고 있습니다. CSS에서는 엘리먼트를 화면에 보여 주거나 감추기 위해 사용하는 속성입니다. 대표적으로 visible과 hidden, 이 두 가지 값을 가장 많이 쓰며 다음 코드처럼 사용합니다.

```
div {
    visibility: visible | hidden;
}
```

- visibility: visible;은 엘리먼트를 visible하게 하는 즉, 화면에 보이게 하는 것입니다.
- visibility: hidden;은 화면에서 안 보이게 감추는 것입니다. 여기에서 주의할 점은 visibility: hidden;은 엘리먼트를 안 보이게만 하는 것이고 화면에서의 영역은 그대로 차지한다는 것입니다.

position 속성

position 속성은 엘리먼트를 어떻게 위치시킬 것positioning인지를 정의하기 위해서 사용합니다.

```
div {
    position: static | fixed | relative | absolute;
}
```

- static은 기본값으로 엘리먼트를 원래의 순서대로 위치시킵니다.
- fixed는 엘리먼트를 브라우저 window에 상대적으로 위치시킵니다.
- relative는 엘리먼트를 보통의 위치에 상대적으로 위치시킵니다. left: 16px; 같은 속성을 추가하면 엘리먼트의 왼쪽에 16픽셀의 여백이 추가됩니다.
- absolute는 엘리먼트를 절대 위치에 위치시키는데 이때 기준은 첫 번째 상위 엘리먼트가 됩니다.

엘리먼트의 가로, 세로 길이와 관련된 속성

대표적으로 width, height, min-width, min-height, max-width, max-height가 있으며 값으로 보통 실제 픽셀pixel 값을 넣거나 상대값인 퍼센트(%)를 사용합니다. 또한 px 단위가 아닌 em, rem 등의 단위도 사용할 수 있는데 이 부분에 대해서는 다루지 않겠습니다.

각 속성은 단어 의미 그대로 가로 길이width, 세로 길이height, 최소 가로 길이min-width, 최소 세로 길이min-height, 최대 가로 길이max-width, 최대 세로 길이max-height를 의미합니다. 또한 값으로 auto를 사용하면 브라우저에서 길이를 계산하며, 실제 값을 사용하면 해당 값만큼의 길이를 가지게 됩니다.

```
div {
    width: auto | value;
    height: auto | value;
    min-width: auto | value;
    min-height: auto | value;
    max-width: auto | value;
    max-height: auto | value;
}
```

CSS 값의 단위에 대해서 궁금한 독자는 아래 링크를 참고하기 바랍니다.

https://www.w3schools.com/cssref/css_units.asp

4 플렉스박스

이제 레이아웃에서 가장 많이 쓰이고 중요한 플렉스박스Flexbox에 대해서 알아보겠습니다. 플렉스박스는 기존 CSS의 레이아웃 사용의 불편한 부분을 개선하기 위해 등장했습니다. 플렉스박스가 나오기 전에는 위에서 배운 것처럼 `display: block;`이나 `display: inline;` 등의 속성을 활용해서 레이아웃을 구성했습니다. 하지만 이런 속성들은 다양한 레이아웃을 자유롭게 구성하는 데 불편한 부분이 있었고, 이러한 문제를 해결하기 위해서 플렉스박스가 나오게 되었습니다.

플렉스박스는 크게 컨테이너container와 아이템item으로 구성됩니다. 앞에서 `display: flex;`를 사용하면 엘리먼트가 플렉스 컨테이너가 된다고 설명했는데 이것이 바로 플렉스박스의 컨테이너flex container입니다. 그리고 플렉스 컨테이너는 내부에 여러 개의 엘리먼트를 포함할 수 있습니다. 이때 컨테이너에 포함되는 엘리먼트들이 바로 플렉스박스의 아이템flex item이 됩니다. 다음 그림은 플렉스 컨테이너와 아이템을 표현한 것입니다.

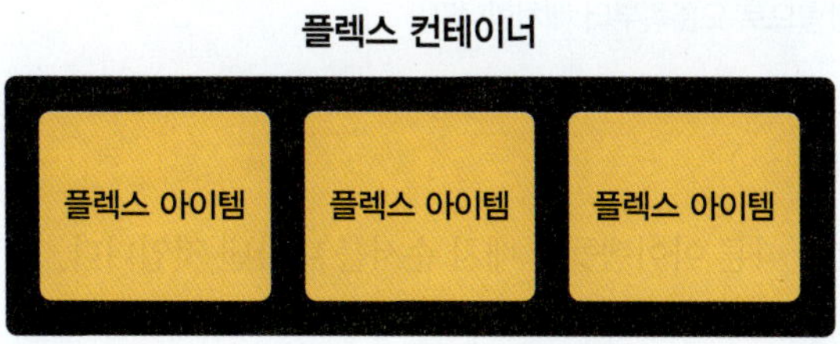

▶ 플렉스박스

컨테이너 안에 여러 개의 아이템이 존재할 경우 컨테이너에 들어 있는 플렉스와 관련된 CSS 속성은 이 아이템들을 어떤 방향과 어떤 순서로 배치할 것인지를 정의하게 됩니다. 아래는 가장 많이 사용되는 플렉스와 관련된 CSS 속성들을 나타낸 것입니다.

```
div {
    display: flex;
    flex-direction: row | column | row-reverse | column-reverse;
    align-items: stretch | flex-start | center | flex-end | baseline;
    justify-content: flex-start | center | flex-end | space-between | space-around;
}
```

먼저 엘리먼트를 플렉스 컨테이너로 사용하기 위해서 `display: flex;`를 써주어야 합니다. 그렇지 않으면 `display` 속성의 값이 플렉스가 아닌 엘리먼트의 기본값으로 지정되기 때문입니다. 그리고 이후에는 `flex-direction` 속성을 사용하여 아이템들이 어떤 방향으로 배치될 것인지를 지정합니다. 각각의 값이 의미하는 바는 아래와 같습니다.

> **flex-direction**
>
> - `row`: 기본값이며 아이템을 행row을 따라 가로 순서대로 왼쪽부터 배치합니다.
> - `column`: 아이템을 열column을 따라 세로 순서대로 위쪽부터 배치합니다.
> - `row-reverse`: 아이템을 행row의 역reverse방향으로 오른쪽부터 배치합니다.
> - `column-reverse`: 아이템을 열column의 역reverse방향으로 아래쪽부터 배치합니다.

다음 그림은 `flex-direction` 속성의 값에 따른 아이템들의 배치 순서를 나타낸 것입니다.

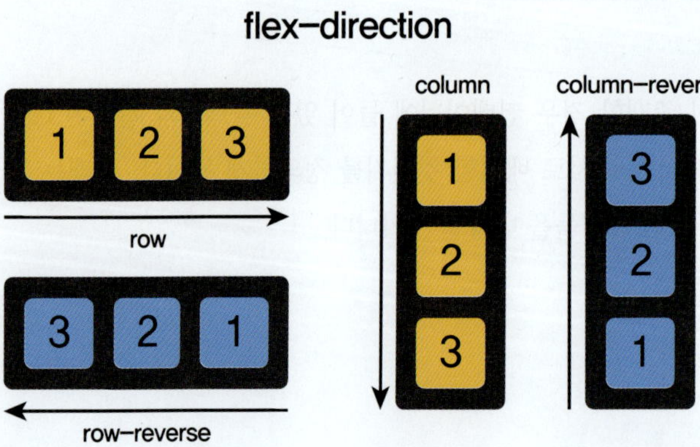

▶ flex-direction

`flex-direction`으로 지정된 방향으로 향하는 축[axis]을 `main axis`라고 부르고 `main axis`를 가로지르는 방향으로 향하는 축을 `cross axis`라고 부릅니다. 아래 그림은 `flex-direction`에 따른 `main axis`와 `cross axis`를 나타낸 것입니다.

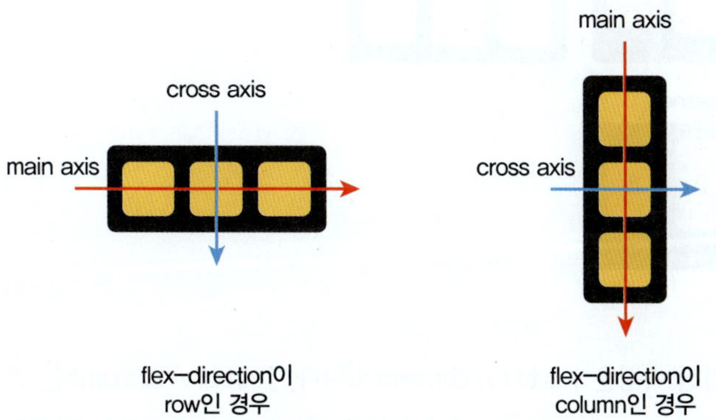

▶ flex axes

이 `main axis`와 `cross axis`의 방향에 따라서 아래에 나올 `align-items`와 `justify-content` 속성값의 의미가 달라지게 됩니다. `main axis`와 `cross axis`를 잘 기억하면서 각 속성에 대해서 배워봅시다.

다음 플렉스와 관련된 속성은 `align-items`입니다. `align-items`는 말 그대로 컨테이너 내에서 아이템을 어떻게 정렬[align]할 것인지를 결정합니다. 이때 정렬은 `cross axis`를 기준으로 하게 됩니다. 각각의 값이 의미하는 바는 다음과 같습니다.

`align-items`

- `stretch`: 기본값으로써 아이템을 늘려서[stretch] 컨테이너를 가득 채웁니다.
- `flex-start`: `cross axis`의 시작 지점으로 아이템을 정렬합니다.
- `center`: `cross axis`의 중앙으로 아이템을 정렬합니다.
- `flex-end`: `cross axis`의 끝 지점으로 아이템을 정렬합니다.
- `baseline`: 아이템을 `baseline` 기준으로 정렬합니다.

아래 그림은 `align-items` 속성의 값에 따른 아이템의 정렬 결과를 나타낸 것입니다.

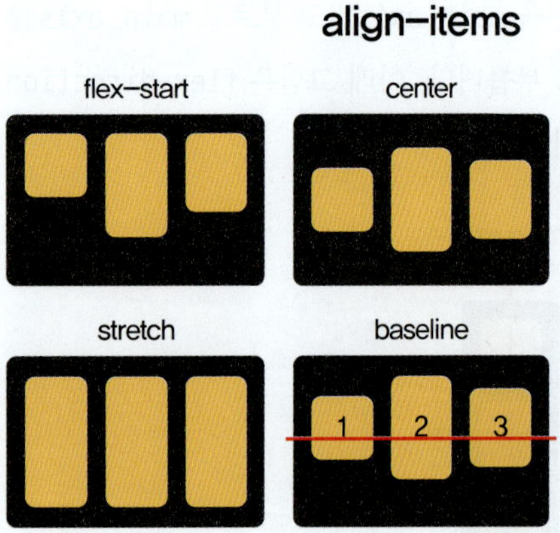

▶ align-items

마지막으로 배울 플렉스와 관련된 속성은 `justify-content`입니다. `justify-content`는 컨테이너 내에서 아이템들을 어떻게 나란히 맞출justify 것인지를 결정합니다. 이때 맞추는 기준은 `align-items`와 반대로 `main axis`를 기준으로 하게 됩니다. 각각의 값이 의미하는 바는 다음과 같습니다.

> `justify-content`
>
> - `flex-start`: `main axis`의 시작 지점으로 아이템을 맞춥니다.
> - `center`: `main axis`의 중앙으로 아이템을 맞춥니다.
> - `flex-end`: `main axis`의 끝 지점으로 아이템을 맞춥니다.
> - `space-between`: `main axis`를 기준으로 첫 아이템은 시작 지점에 맞추고 마지막 아이템은 끝 지점에 맞추며, 중간에 있는 아이템들 사이between의 간격space이 일정하게 되도록 맞춥니다.
> - `space-around`: `main axis`를 기준으로 각 아이템의 주변around 간격space을 동일하게 맞춥니다. 여기에서 주변의 의미는 아이템의 시작과 끝을 의미합니다.

아래 그림은 `justify-content` 속성의 값에 따른 아이템들의 정렬 결과를 나타낸 것입니다.

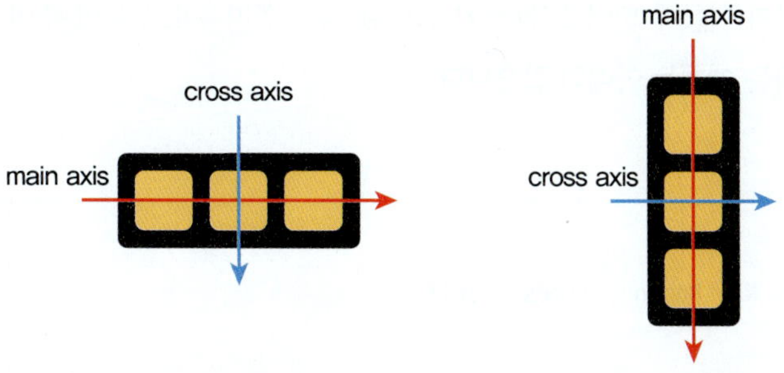

flex-direction이 row인 경우

flex-direction이 column인 경우

▶ justify-content

지금까지 플렉스박스와 관련된 CSS 속성들에 대해서 배워 보았습니다. 우리가 배운 것 이외에도 더 많은 속성들이 있지만 이 책에서는 다루지 않도록 하겠습니다. 플렉스박스의 자세한 내용이 궁금한 독자는 아래 링크를 참고하기 바랍니다.

🔗 https://www.w3schools.com/css/css3_flexbox.asp

5 폰트와 관련된 속성

지금부터는 CSS의 속성들 중에서 폰트[Font](글꼴)와 관련된 속성에 대해서 배워 보겠습니다. 아래는 폰트와 관련하여 가장 많이 사용되는 CSS 속성들을 나타낸 것입니다.

```
#title {
    font-family: "사용할 글꼴 이름", <일반적인 글꼴 분류>;
    font-size: value;
    font-weight: normal | bold;
    font-style: normal | italic | oblique;
}
```

가장 먼저 나오는 속성은 바로 `font-family`입니다. `font-family`는 어떤 글꼴을 사용할 것인지를 결정하는 속성입니다. `font-family` 속성의 값으로는 사용할 글꼴의 이름을 적어 주면 되는데 여기서 주의할 점은 글꼴의 이름에 띄어쓰기space가 들어갈 경우 큰따옴표로 묶어 주어야 한다는 것입니다. 실제 사용하는 예제는 아래와 같습니다.

```
#title1 {
    font-family: "Times New Roman", Times, serif;
}

#title2 {
    font-family: Arial, Verdana, sans-serif;
}

#title3 {
    font-family: "Courier New", Monaco, monospace;
}
```

그런데 사용할 글꼴의 이름이 하나가 아니라 콤마(,)로 구분하여 여러 개의 글꼴이 쓰여있는 것을 볼 수 있습니다. 이것은 `font-family` 속성의 fallback 시스템 때문입니다. fallback이라는 단어는 **대비책**이라는 뜻을 갖고 있습니다. 따라서 `font-family` 속성에서의 fallback 시스템은 **지정한 글꼴을 찾지 못했을 경우를 대비해서 사용할 글꼴을 순서대로 지정해 주는 것**입니다. 이것은 최대한 많은 브라우저와 운영체제에서 글자가 깨지지 않고 나올 수 있도록 하기 위함입니다.

fallback 시스템의 가장 마지막에 쓰여있는 것은 일반적인 글꼴 분류generic font family인데 모든 글꼴은 아래에 나와있는 일반적인 글꼴 분류 중 한 가지에 속합니다.

일반적인 글꼴 분류

- `serif`: 각 글자의 모서리에 작은 테두리를 갖고 있는 형태의 글꼴
- `sans-serif`: 모서리에 테두리가 없이 깔끔한 선을 가진 글꼴이며 컴퓨터 모니터에서는 `serif`보다 가독성이 좋음
- `monospace`: 모든 글자가 같은 가로 길이를 가지는 글꼴. 코딩을 할 때 주로 사용
- `cursive`: 사람이 쓴 손글씨 모양의 글꼴
- `fantasy`: 장식이 들어간 형태의 글꼴

이처럼 `font-family` 속성을 사용할 때 사용하고 싶은 글꼴의 이름을 콤마(,)로 구분하여 순서대로 적고 가장 마지막에 일반적인 글꼴 분류를 적어줍니다. 이렇게 하는 이유는 만약 사용하고자 하는 글꼴들이 모두 없을 경우 브라우저가 일반적인 글꼴 분류에서 가장 유사한 글꼴을 선택하도록 하기 위해서입니다. 만약 `#title1`에 지정된 `font-family` 속성에 Times New Roman 글꼴이 없다면 그다음으로 Times 글꼴을 찾고 그것마저 없다면 현재 시스템이 지원하는 serif 계열 글꼴 중에서 한 가지를 선택하여 글자를 표시하게 됩니다.

그다음 글꼴의 크기와 관련된 CSS 속성으로 `font-size`가 있습니다. `font-size`의 값으로는 px, em, rem, vw[viewport width] 등의 단위를 사용할 수 있습니다. px(픽셀)은 고정된 값이기 때문에 브라우저를 통해 크기를 바꿀 수 없지만 em이라는 단위는 사용자가 브라우저에서 글꼴의 크기를 변경할 수 있게 해줍니다. 브라우저의 기본 글꼴 크기 1em은 16px과 동일합니다. 따라서 아래와 같은 공식이 성립합니다.

```
16 * em = pixels
```

`font-size` 속성은 다음 예제와 같이 다양한 형태로 사용할 수 있습니다.

```css
#title1 {
    font-size: 16px;
}

#title2 {
    font-size: 1em;
}

#title3 {
    font-size: 10vw;    /* viewport 가로 길이의 10%를 의미 */
}
```

그다음 글꼴의 두께와 관련된 `font-weight` 속성이 있습니다. 값으로는 `normal`, `bold`를 사용하거나 100 ~ 900까지 100단위의 숫자로 된 값을 사용할 수 있습니다. 숫자가 클수록 글자의 두께가 두꺼워집니다. 아래는 실제로 `font-weight` 속성을 사용한 예제입니다.

```
#title1 {
    font-weight: bold;
}

#title2 {
    font-weight: 500;
}
```

마지막으로 font-style 속성이 있습니다. 이 속성은 이름 그대로 글꼴의 스타일을 지정하기 위한 속성입니다. font-style 속성의 값으로는 아래와 같은 종류가 있습니다.

font-style 속성값

- normal: 일반적인 글자의 형태를 의미
- italic: 글자가 기울어진 형태로 나타남
- oblique: 글자가 비스듬한 형태로 나타남

여기에서 italic과 oblique은 모양이 기울어진 형태로 비슷하게 보이지만 글자를 표현하는 방식에서 약간의 차이가 있습니다. italic은 글꼴을 만들 때 디자이너가 별도로 기울어진 형태의 글자들을 직접 디자인해서 만든 것이고 oblique은 그냥 글자를 기울인 것입니다. 그렇기 때문에 italic을 사용할 경우에는 해당 글꼴이 italic을 지원하는지를 확인한 뒤에 사용해야 합니다. 아래는 font-style 속성을 사용한 예제입니다.

```
#title1 {
    font-style: italic;
}

#title2 {
    font-style: oblique;
}
```

6 많이 사용하는 기타 속성

지금까지 다양한 CSS 속성들에 대해서 배워봤습니다. 위에 나오지는 않았지만 자주 사용되는 CSS 속성에 대해서 배워 보도록 하겠습니다. 먼저 엘리먼트의 배경색을 지정하기 위한 `background-color` 속성이 있습니다. 값으로 색상의 값이 들어가게 되는데 CSS에서 색상 값으로 사용할 수 있는 것과 예제 값들은 아래와 같습니다.

CSS의 색상 값

- 16진수 컬러 값: `#ff0000`
- 투명도를 가진 16진수 컬러 값: `#ff000055`
- RGB 컬러 값: `rgb(255, 0, 0)`
- RGBA 컬러 값: `rgba(255, 0, 0, 0.5)`
- HSL 컬러 값: `hsl(120, 100%, 25%)`
- HSLA 컬러 값: `hsla(120, 100%, 50%, 0.3)`
- 미리 정의된 색상의 이름: `red`
- `currentcolor` 키워드: 현재 지정된 색상 값을 사용

색상 값으로 사용할 수 있는 것의 종류가 굉장히 다양하지만 보통은 미리 정의된 색상의 이름을 사용하거나 16진수 컬러 값을 사용합니다. 엘리먼트의 배경색을 지정하기 위해서는 `background-color` 속성의 값으로 컬러 값을 넣어 주면 됩니다. 만약 배경색을 투명하게 만들고 싶을 경우에는 값에 `transparent` 키워드를 써주면 됩니다.

다음으로 자주 사용되는 CSS 속성으로 `border` 속성이 있습니다. `border` 속성은 말 그대로 테두리를 위한 속성입니다. `border` 속성은 `border-width`, `border-style`, `border-color` 등 세 가지 속성을 축약시켜서 한 번에 사용할 수 있게 만든 것입니다. 그래서 각 속성을 사용하여 테두리의 두께, 스타일, 색상을 지정할 수도 있고 `border` 속성을 사용해서 한 번에 지정할 수도 있습니다. `background-color` 속성과 `border` 속성의 사용법은 아래와 같습니다.

```
div {
    background-color: color | transparent;
    border: border-width border-style border-color;
}
```

실제로 사용한 예제는 아래와 같습니다. 엘리먼트의 배경색을 빨간색으로 지정하거나 1픽셀의 검은색 직선으로 엘리먼트의 테두리를 만들어 줄 수 있습니다.

```
#section1 {
    background-color: red;
}

#section2 {
    border: 1px solid black;
}
```

지금까지 살펴 본 속성 외에도 수많은 CSS 속성들이 있습니다. 더 자세한 내용이 궁금한 독자는 아래 웹사이트를 참고하기 바랍니다.

https://www.w3schools.com/csSref/default.asp

15.2 styled-components

styled-components는 CSS 문법을 그대로 사용하면서 결과물을 스타일링된[styled] 컴포넌트[component] 형태로 만들어 주는 오픈소스 라이브러리입니다. 컴포넌트 개념을 사용하기 때문에 리액트와 굉장히 궁합이 잘 맞으며 전 세계적으로 리액트 개발에 많이 사용되고 있습니다. 마지막 장에서 미니 프로젝트를 진행할 때 styled-components를 사용할 예정이기 때문에 간단하게 배워봅시다.

1 styled-components 설치하기

styled-components를 사용하기 위해서 프로젝트에 설치를 해 줘야 합니다. 아래 명령어를 통해서 최신 버전의 styled-components를 설치할 수 있습니다.

```
# npm을 사용하는 경우
npm install styled-components

# yarn을 사용하는 경우
yarn add styled-components
```

설치가 끝났다면 리액트 프로젝트에서 아래처럼 MainPage라는 이름의 간단한 컴포넌트를 하나 만들어 실제로 styled-components가 잘 돌아가는지 확인할 수 있습니다.

```
import styled from 'styled-components';

const Wrapper = styled.div`
    padding: 1em;
```

```
    background: grey;
`;

const Title = styled.h1`
    font-size: 1.5em;
    color: white;
    text-align: center;
`;

function MainPage(props) {
    return (
        <Wrapper>
            <Title>
                안녕, 리액트!
            </Title>
        </Wrapper>
    )
}

export default MainPage;
```

스타일이 잘 적용되었다면 회색 배경에 흰색 글씨로 '안녕, 리액트!'라는 문자열이 출력되는 것을 볼 수 있습니다.

2 styled-components 기본 사용법

styled-components는 태그드 템플릿 리터럴[tagged template literal]을 사용하여 구성 요소의 스타일을 지정합니다. 여기에서 템플릿 리터럴[template literal]이라는 것이 등장하는데 이것은 자바스크립트에서 제공하는 문법 중 하나입니다. 템플릿 리터럴에 대해 설명하기 전에 먼저 리터럴[literal]에 대해 알아야 합니다. 프로그래밍에서 리터럴은 **소스코드의 고정된 값**을 의미합니다. 흔히 상수[constant]와 헷갈려 하는 경우가 있는데 둘은 다른 개념입니다. 다음 그림을 봅시다.

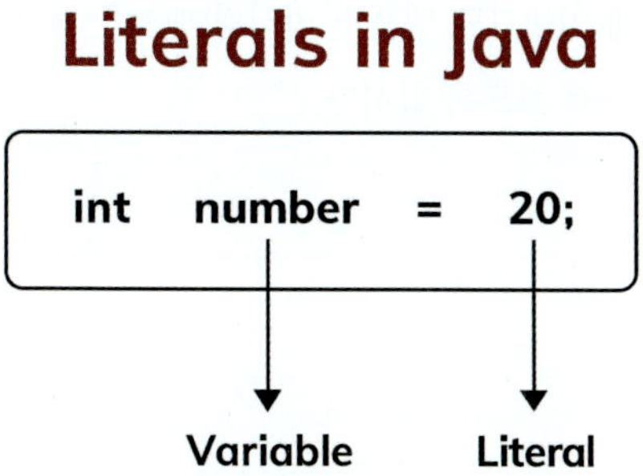

▶ 자바의 리터럴

위의 그림을 보면 대입 연산자(=)의 왼쪽에는 number라는 이름의 변수variable가 등장하고 오른쪽에는 정수 20이 등장합니다. 여기에서 오른쪽에 있는 정수 20이 바로 리터럴입니다. 소스코드 상에 있는 고정된 값을 의미하는 것이죠. 다른 예제 코드를 살펴봅시다.

```
// 정수 리터럴 (Integer literal)
const myNumber = 10;

// 문자열 리터럴 (String literal)
const myStr = 'Hello';

// 배열 리터럴 (Array literal)
const myArray = [];

// 객체 리터럴 (Object literal)
const myObject = {};
```

위 코드에는 여러 가지 종류의 리터럴이 나와 있습니다. 또한 변수를 선언할 때 var나 let을 사용하지 않고 상수를 의미하는 const를 사용했는데, 이렇게 선언하게 되면 해당 변수들이 모두 상수가 됩니다. 상수는 변하지 않는 수를 의미하는데 한 번 선언된 이후에는 값을 바꿀 수 없는 것이죠. 그리고 대입 연산자(=)의 오른쪽에 있는 값이 모두 리터럴이 됩니다.

그렇다면 템플릿 리터럴은 무엇일까요? 템플릿 리터럴은 말 그대로 리터럴을 템플릿 형태로 사용하는 자바스크립트의 문법인데, backticks(`)를 사용하여 문자열을 작성하고 그 안에 대체 가능한 expression을 넣는 방법입니다. 여기에서 이 expression을 **대체**라는 뜻을 가진

substitution이라고 부릅니다. 템플릿 리터럴은 또 크게 언태그드 템플릿 리터럴Untagged template literal과 태그드 템플릿 리터럴로 나뉩니다. 아래 예제 코드를 보도록 합시다.

```
// Untagged template literal
// 단순한 문자열
`string text`

// 여러 줄(Multi-line)에 걸친 문자열
`string text line 1
 string text line 2`

// 대체 가능한 expression이 들어 있는 문자열
`string text ${expression} string text`


// Tagged template literal
// myFunction의 파라미터로 expression으로 구분된 문자열 배열과 expression이
순서대로 들어간 형태로 호출됨
myFunction`string text ${expression} string text`;
```

위 코드에 나온 것처럼 언태그드 템플릿 리터럴은 보통 문자열을 여러 줄에 걸쳐서 작성하거나 포매팅formatting을 하기 위해서 사용합니다. 태그드 템플릿 리터럴은 앞에 나와있는 태그 함수tag function를 호출하여 결과를 리턴합니다. 여기에서 태그 함수의 파라미터는 expression으로 구분된 문자열 배열과 expression이 순서대로 들어가게 됩니다. 좀 더 쉬운 이해를 위해 아래 예제 코드를 봅시다.

```
const name = '인제';
const region = '서울';

function myTagFunction(strings, nameExp, regionExp) {
    let str0 = strings[0];  // "제 이름은  "
    let str1 = strings[1];  // "이고, 사는 곳은 "
    let str2 = strings[2];  // "입니다."
```

```

    // 여기에서도 template literal을 사용하여 리턴할 수 있음
    return `${str0}${nameExp}${str1}${regionExp}${str2}`;
}

const output = myTagFunction`제 이름은 ${name}이고, 사는 곳은 ${region}입니다.`;

// 출력 결과
// 제 이름은 인제이고, 사는 곳은 서울입니다.
console.log(output);
```

위 코드는 태그드 템플릿 리터럴을 사용한 예제입니다. 태그 함수에 파라미터가 어떻게 들어가는지 쉽게 파악되죠? 이처럼 태그드 템플릿 리터럴을 사용하면 문자열과 expression을 태그 함수의 파라미터로 넣어 호출한 결과를 받게 됩니다. 더 자세한 내용이 궁금하면 아래 링크를 참고하세요.

https://developer.mozilla.org/en-US/docs/Web/JavaScript/Reference/Template_literals

styled-components는 태그드 템플릿 리터럴을 사용하여 CSS 속성이 적용된 리액트 컴포넌트를 만들어 줍니다. styled-components를 사용하는 기본적인 방법은 아래와 같이 backticks (`)로 둘러싸인 문자열 부분에 CSS 속성을 넣고 태그 함수 위치에는 styled.<HTML 태그> 형태로 사용합니다. 이렇게 하면 해당 HTML 태그에 CSS 속성들이 적용된 형태의 리액트 컴포넌트가 만들어집니다.

```
import styled from 'styled-components';

const Wrapper = styled.div`
    padding: 1em;
    background: grey;
`;
```

3 styled-components의 Props 사용하기

styled-components에서는 조건이나 동적으로 변하는 값을 사용해서 스타일링할 수는 없을까요? 물론 가능합니다. 이것을 위해 제공하는 기능이 바로 props입니다. 리액트 컴포넌트의 props와 같은 개념으로 이해하면 되는데 예제 코드를 한번 볼까요?

```
import React from 'react';
import styled from 'styled-components';

const Button = styled.button`
    color: ${props => props.dark ? 'white' : "dark'};
    background: ${props => props.dark ? 'black' : 'white'};
    border: 1px solid black;
`;

function Sample(props) {
    return (
        <div>
            <Button>Normal</Button>
            <Button dark>Dark</Button>
        </div>
    )
}

export default Sample;
```

위의 코드에는 Button이라는 컴포넌트가 등장합니다. 이 컴포넌트는 styled-components를 사용해서 만들어진 것입니다. 그리고 styled-components를 사용하는 부분의 CSS 속성을 보면 내부에 props가 사용된 것을 볼 수 있습니다. 여기에서의 props는 해당 컴포넌트에 사용된 props를 의미합니다. 따라서 실제 Button 컴포넌트를 사용하는 부분의 코드를 보면 <Button dark>Dark</Button>처럼 props로 dark를 넣어 주는 것을 볼 수 있습니다. 그리고 이렇게 들어간 props는 그대로 styled-components로 전달됩니다. 이 기능을 사용하면 styled-components를 사용하여 다양한 스타일을 자유자재로 구현할 수 있습니다.

4 styled-components의 스타일 확장하기

앞에서 styled-components를 사용하면 리액트 컴포넌트가 생성된다고 설명했습니다. 그렇다면 이렇게 생성된 컴포넌트를 기반으로 추가적인 스타일을 적용하고 싶을 경우에는 어떻게 해야 할까요? styled-components에서는 이를 위한 스타일 확장 기능을 제공합니다. 아래 예제 코드를 봅시다.

```
import styled from 'styled-components';

// Button 컴포넌트
const Button = styled.button`
    color: grey;
    border: 2px solid palevioletred;
`;

// Button에 style이 추가된 RoundedButton 컴포넌트
const RoundedButton = styled(Button)`
    border-radius: 16px;
`;

function Sample(props) {
    return (
        <div>
            <Button>Normal</Button>
            <RoundedButton>Rounded</RoundedButton>
        </div>
    )
}

export default Sample;
```

위의 코드를 보면 Button 컴포넌트와 RoundedButton 컴포넌트가 나옵니다. 먼저 Button 컴포넌트는 HTML의 button 태그를 기반으로 만들어진 단순한 버튼입니다. 그리고 RoundedButton 컴포넌트를 만드는 부분을 자세히 보면 HTML 태그가 빠져있고 Button 컴포넌트가

괄호로 둘러싸인 채로 들어가 있는 것을 볼 수 있습니다. 이것이 바로 다른 컴포넌트의 스타일을 확장해서 사용하는 부분입니다. RoundedButton 컴포넌트는 Button 컴포넌트에서 모서리를 둥글게 만든 컴포넌트입니다.

더 다양한 형태로 스타일을 확장할 수 있지만 이 책에서는 기본적인 내용만을 다뤘습니다. 또한 이 책에서 다루지 않은 styled-components의 기능이 굉장히 많기 때문에 관심이 있는 독자는 아래 공식 문서를 통해 추가로 학습하기 바랍니다.

https://styled-components.com/docs

PRACTICE 15.3

실습

styled-components를 사용하여 스타일링해 보기

이번 실습에서는 CSS와 `styled-components`를 사용하여 직접 컴포넌트를 스타일링해 보도록 하겠습니다. 먼저 VS Code로 앞에서 `Vite`를 이용해 만든 프로젝트를 엽니다. 그리고 아래와 같이 `chapter_15`라는 이름으로 폴더를 하나 생성합니다.

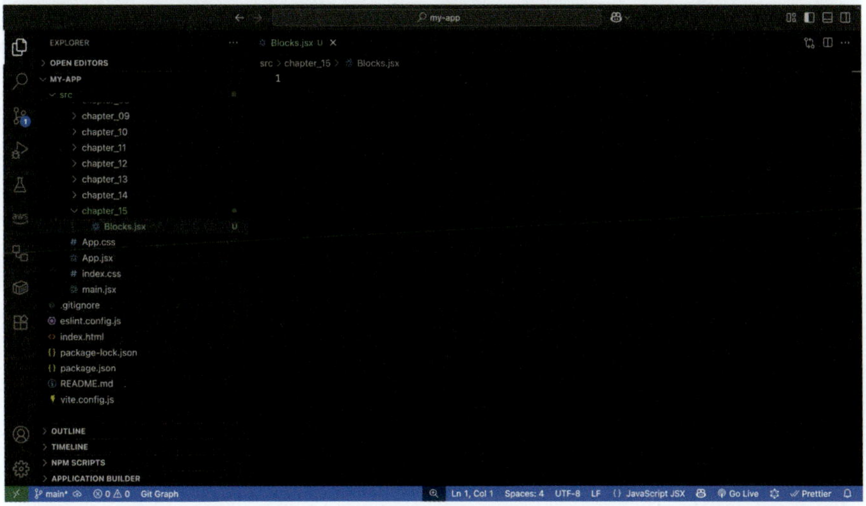

▶ 실습 화면 01

그다음 만든 폴더에 `Blocks.jsx`라는 이름의 파일을 새로 만듭니다. 코드를 작성하기 전에 먼저 `styled-components` 패키지를 설치하겠습니다. VS Code의 상단 메뉴에서 `Terminal > New Terminal`을 눌러 새로운 터미널을 하나 실행시킨 뒤 아래 명령어를 실행합니다.

```
npm install styled-components
```

`npm install` 명령어는 npm이라는 패키지 관리 서비스에 등록되어 있는 패키지를 설치할 수 있게 해 주는 명령어입니다. 이 책의 0장인 '준비하기'에서 Node.js를 설치할 때 함께 설치된 것입니다. 위 명령어를 실행하면 `styled-components` 패키지가 아래 그림과 같이 설치됩니다.

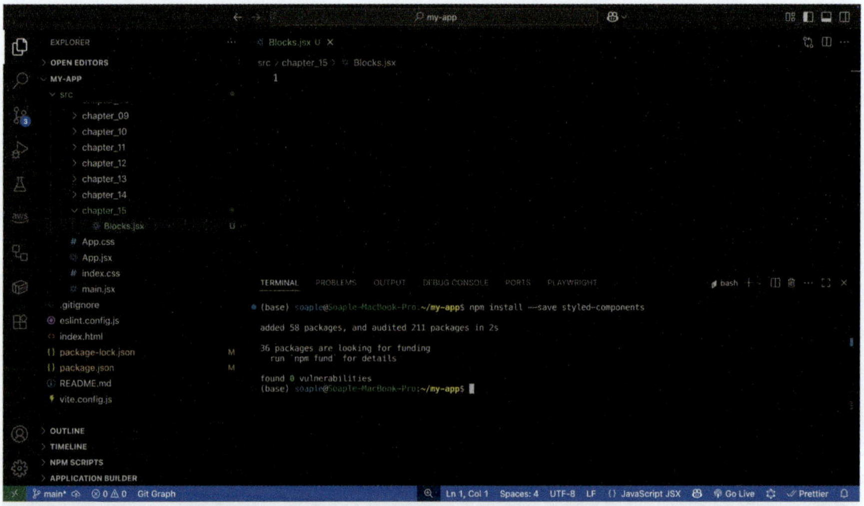

▶ 실습 화면 02

`styled-components` 패키지 설치가 끝났으면 아래 코드처럼 `Blocks`라는 이름의 함수 컴포넌트를 만듭니다. `Blocks` 컴포넌트는 실제로 `styled-components`를 사용하여 스타일링하는 컴포넌트입니다.

```
import styled from 'styled-components';

const Wrapper = styled.div`
    padding: 1rem;
    display: flex;
    flex-direction: row;
    align-items: flex-start;
```

```
    justify-content: flex-start;
    background-color: lightgrey;
`;

const Block = styled.div`
    padding: ${(props) => props.padding};
    border: 1px solid black;
    border-radius: 1rem;
    background-color: ${(props) => props.backgroundColor};
    color: white;
    font-size: 2rem;
    font-weight: bold;
    text-align: center;
`;

const blockItems = [
    {
        label: '1',
        padding: '1rem',
        backgroundColor: 'red',
    },
    {
        label: '2',
        padding: '3rem',
        backgroundColor: 'green',
    },
    {
        label: '3',
        padding: '2rem',
        backgroundColor: 'blue',
    },
];
function Blocks(props) {
```

```
    return (
        <Wrapper>
            {blockItems.map((blockItem) => {
                return (
                    <Block
                        padding={blockItem.padding}
                        backgroundColor={blockItem.backgroundColor}>
                        {blockItem.label}
                    </Block>
                );
            })}
        </Wrapper>
    );
}

export default Blocks;
```

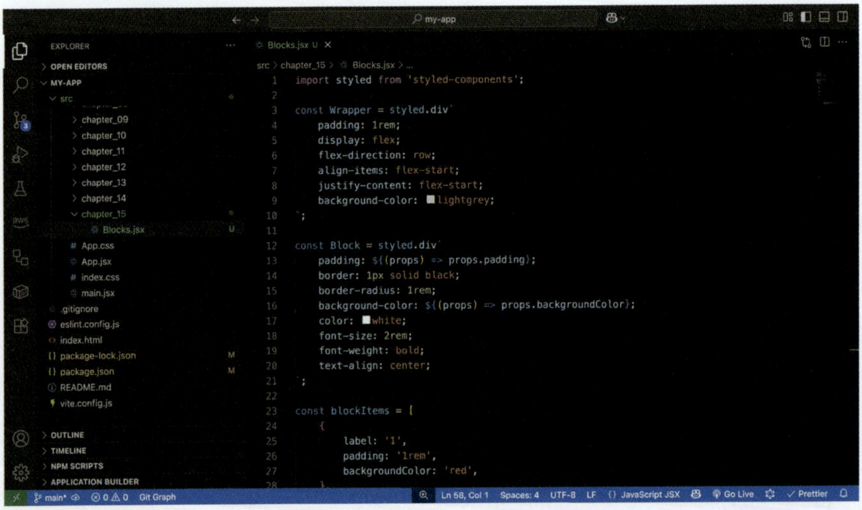

▶ 실습 화면 03

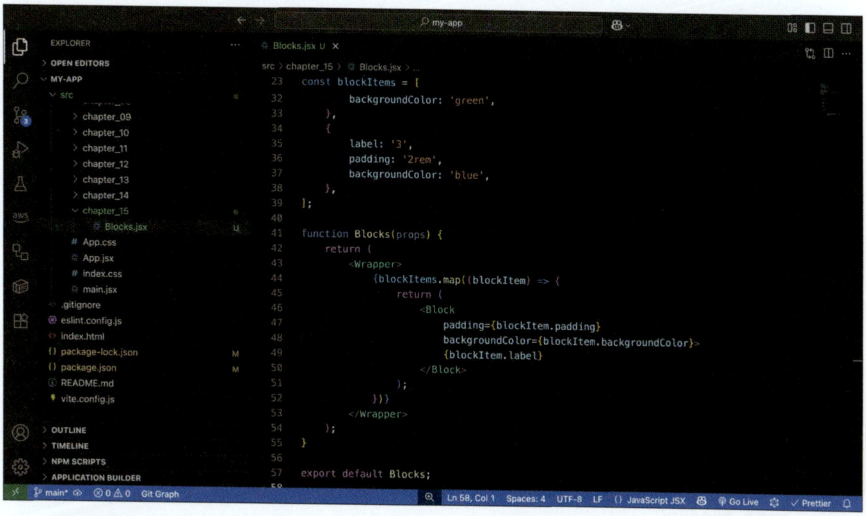

▶ 실습 화면 04

앞의 코드를 보면 앞에서 배운 CSS 속성들을 사용한 것을 볼 수 있습니다. styled-components를 사용하는 방법과 CSS를 어떻게 작성하는지, 코드의 전체적인 구조를 잘 기억하기 바랍니다.

이제 만든 Blocks 컴포넌트를 실제로 화면에 렌더링하기 위해서 main.jsx 파일을 수정해야 합니다. 다음 코드와 그림에 표시된 부분을 참고하여 새로 만든 Blocks 컴포넌트를 임포트해서 ReactDOM의 createRoot() 함수로 만든 root의 render() 함수에 넣어 주는 코드로 변경해 보세요.

```
import { StrictMode } from 'react';
import { createRoot } from 'react-dom/client';
import './index.css';
import App from './App.jsx';

import Library from './chapter_03/Library';
import Clock from './chapter_04/Clock';
```

```
import CommentList from './chapter_05/CommentList';
import NotificationList from './chapter_06/NotificationList';
import Accommodate from './chapter_07/Accommodate';
import ConfirmButton from './chapter_08/ConfirmButton';
import LandingPage from './chapter_09/LandingPage';
import AttendanceBook from './chapter_10/AttendanceBook';
import SignUp from './chapter_11/SignUp';
import Calculator from './chapter_12/Calculator';
import ProfileCard from './chapter_13/ProfileCard';
import DarkOrLight from './chapter_14/DarkOrLight';
import Blocks from './chapter_15/Blocks';

const root = createRoot(document.getElementById('root'));
root.render(
    <StrictMode>
        <Blocks />
    </StrictMode>
);
```

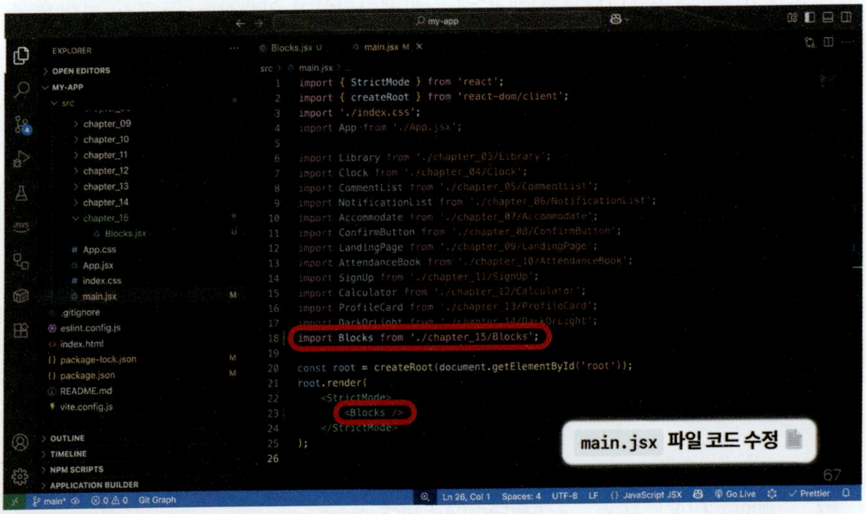

▶ 실습 화면 05

코드 작성이 끝났으면 실제로 리액트 애플리케이션을 실행해 보겠습니다. VS Code의 상단 메뉴에서 `Terminal > New Terminal`을 눌러 새로운 터미널을 하나 실행시킵니다. 이후에 다음 그림처럼 `npm run dev` 명령어를 실행합니다.

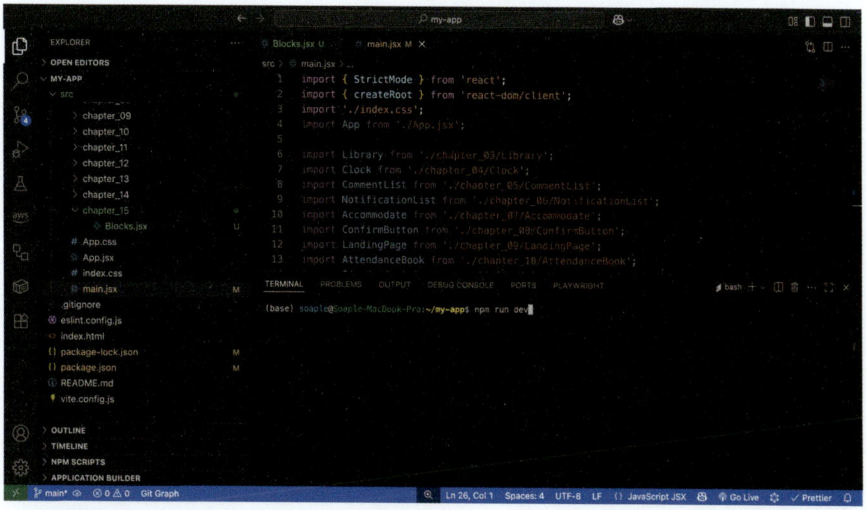

▶ 실습 화면 06

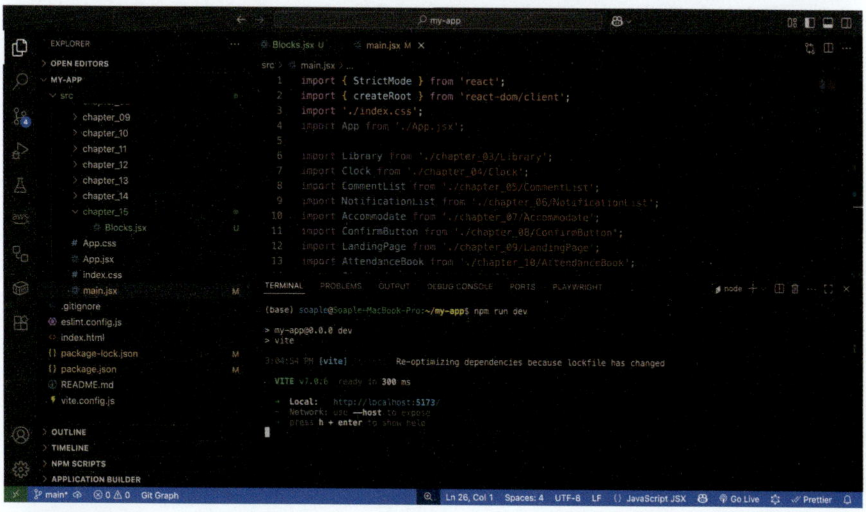

▶ 실습 화면 07

그러면 애플리케이션이 개발 모드로 실행되고 웹브라우저에서 `http://localhost:5173`에 접속합니다. 화면에는 아래 그림처럼 세 개의 박스가 가로로 나열되어 나타나는데 현재 `flex-direction`이 `row`로 되어 있기 때문입니다.

▶ 실습 화면 08

이제 CSS 속성을 동적으로 바꾸면서 화면의 변화를 바로보기 위해서 크롬의 개발자 도구를 열어 엘리먼트 탭을 누릅니다. 그리고 다음 그림과 같이 박스들을 포함하고 있는 DOM 엘리먼트를 찾아 선택하고 오른쪽 패널에서 CSS의 속성을 변경해 봅시다. 여기에서는 `align-items` 속성을 `baseline`으로 바꿨습니다.

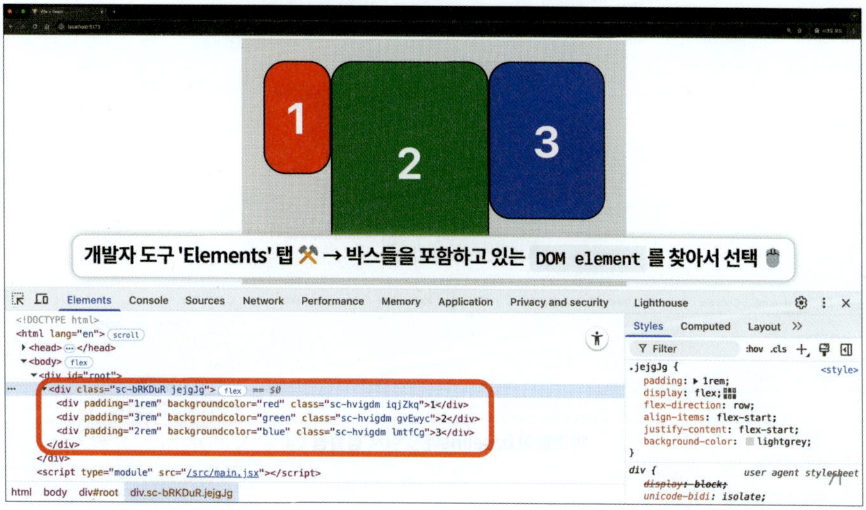

▶ 실습 화면 09

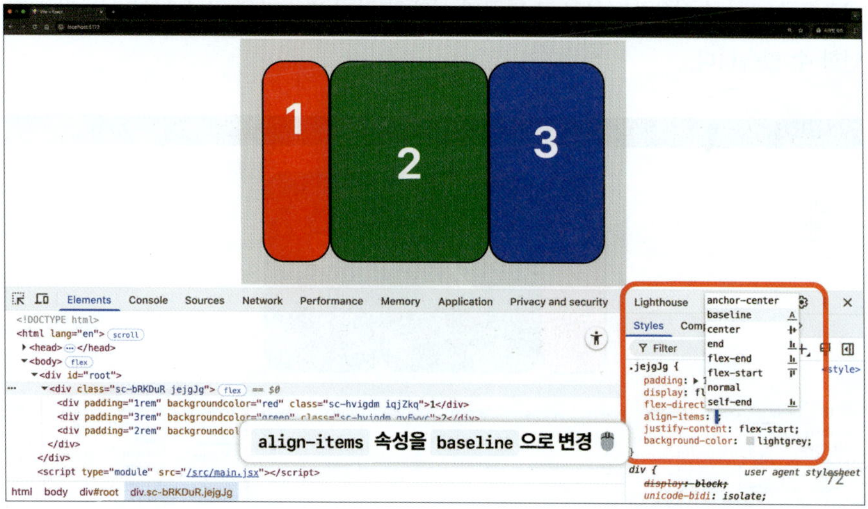

▶ 실습 화면 10

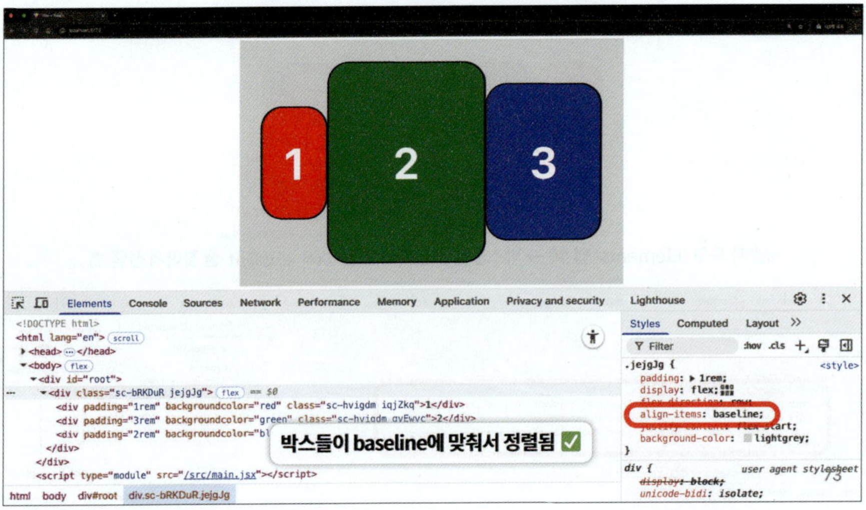

▶ 실습 화면 11

align-items 속성을 stretch로 바꾸면 아래와 같이 박스가 세로로 늘어나는 것을 확인할 수 있습니다.

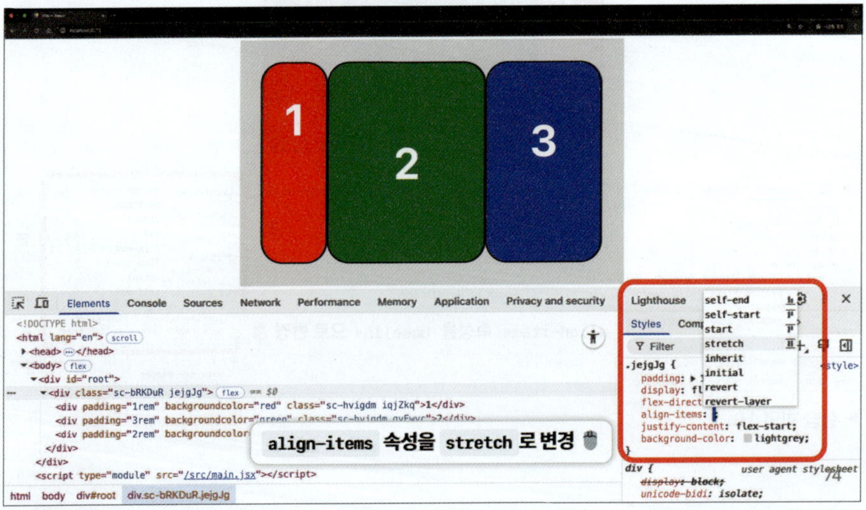

▶ 실습 화면 12

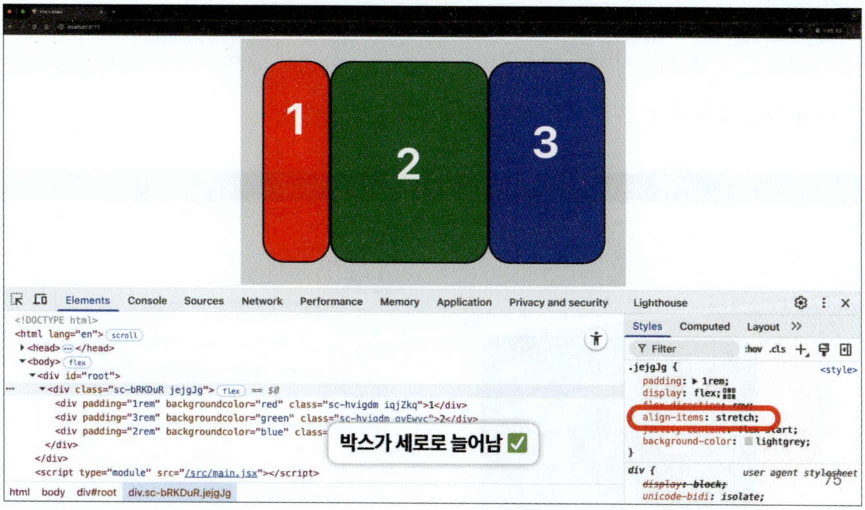

▶ 실습 화면 13

이번에는 박스들을 세로로 정렬해 봅시다. 그전에 개발자 도구를 편하게 보기 위해 아래 표시된 메뉴를 눌러 개발자 도구를 화면의 하단이 아닌 오른쪽으로 배치합니다.

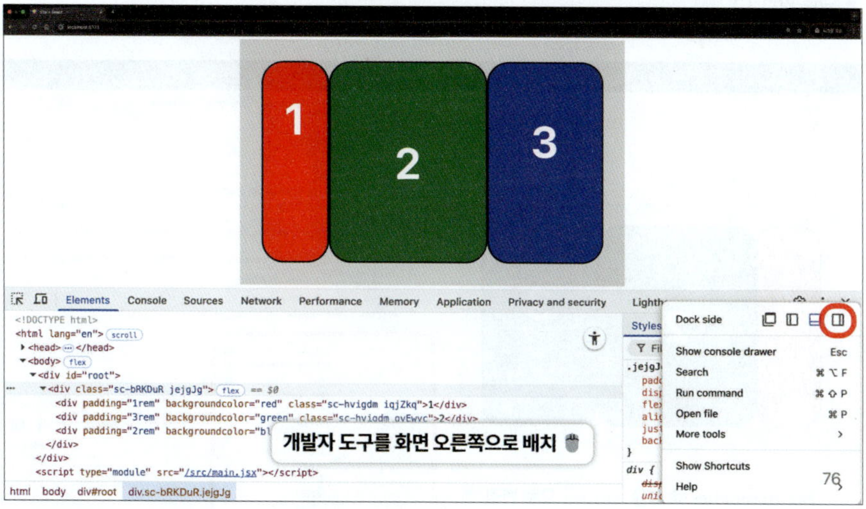

▶ 실습 화면 14

이후 flex-direction 속성을 column으로 변경해 봅니다. 그러고 나면 다음 그림과 같이 박스들이 세로로 정렬된 것을 볼 수 있습니다. 앞에서 배운 CSS의 속성들을 떠올리면서 직접 적용해 보고 어떻게 변하는지 살펴보기 바랍니다.

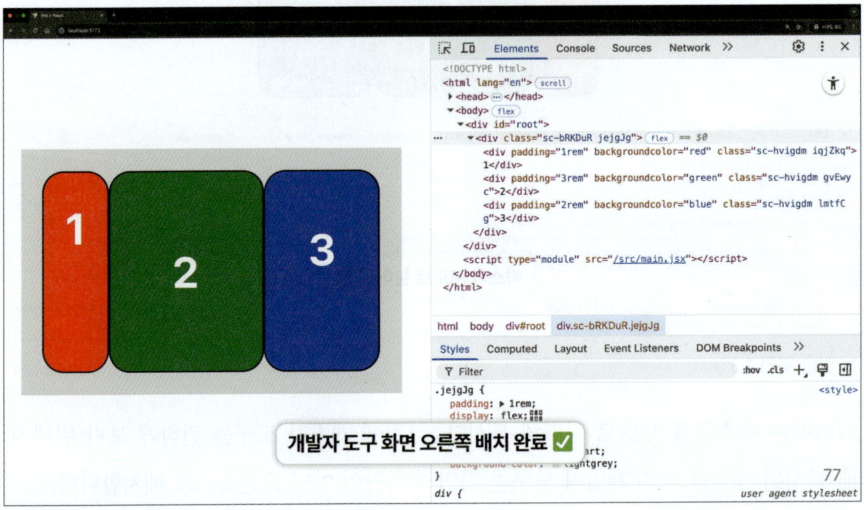

▶ 실습 화면 15

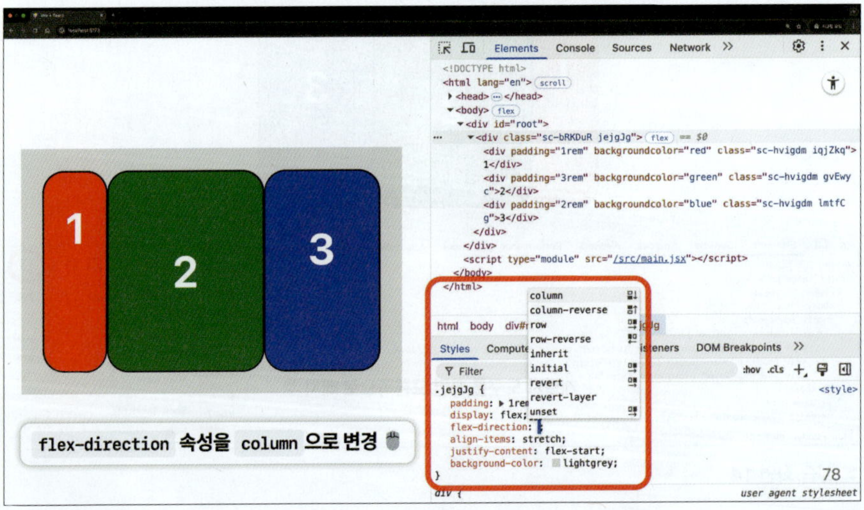

▶ 실습 화면 16

1
2
3
박스들이 세로로 정렬됨 ✅
Elements
Console
Sources
Network
<!DOCTYPE html>
<html lang="en">
<head> … </head>
<body>
<div id="root">
<div class="sc-bRKDuR jejgJg"> == $0
<div padding="1rem" backgroundcolor="red" class="sc-hvigdm iqjZkq">1</div>
<div padding="3rem" backgroundcolor="green" class="sc-hvigdm gvEwyc">2</div>
<div padding="2rem" backgroundcolor="blue" class="sc-hvigdm lmtfCg">3</div>
</div>
</div>
html body div#root div.sc-bRKDuR.jejgJg
Styles
Computed
Layout
Event Listeners
DOM Breakpoints
Filter
:hov .cls
.jejgJg {
padding: 1rem;
display: flex;
flex-direction: column;
align-items: stretch;
justify-content: flex-start;
background-color: lightgrey;
}
<style>
div {
user agent stylesheet

▶ 실습 화면 17

15.4 마치며

이 장에서는 가장 많이 사용하는 CSS의 속성들과 styled-components에 대해서 배우고 직접 실습까지 해봤습니다. 웹 애플리케이션을 개발하기 위해서 CSS는 필수적으로 알고 있어야 하기 때문에 속성을 잊어버릴 때마다 찾아가면서 반복적으로 학습하기 바랍니다.

요약

이 장에서 배운 내용은 아래와 같습니다.

- **CSS**
  - CSS란?
    - Cascading Style Sheets의 약자로 스타일링을 위한 언어
    - 하나의 스타일이 여러 개의 엘리먼트에 적용될 수 있고, 하나의 엘리먼트에도 여러 개의 스타일이 적용될 수 있음
  - 선택자(selector)
    - 스타일을 어떤 엘리먼트에 적용할지 선택하게 해 주는 것
    - 엘리먼트 선택자
      - HTML 태그의 이름으로 엘리먼트를 선택
    - ID 선택자
      - 엘리먼트의 id속성으로 엘리먼트를 선택
      - 샤프(#) 뒤에 아이디를 넣어 사용
    - 클래스 선택자
      - 엘리먼트의 클래스 속성으로 엘리먼트를 선택
      - 점(.) 뒤에 클래스명을 넣어서 사용
    - 전체 선택자
      - 전체 엘리먼트에 적용하기 위한 선택자
      - 한국에서는 흔히 별표라고 부르는 Asterisk(*)를 사용
    - 그룹 선택자

      - 여러 가지 선택자를 그룹으로 묶어 하나의 스타일을 적용하기 위해 사용하는 선택자
      - 각 선택자를 콤마(,)로 구분하여 적용
    - 엘리먼트의 상태와 관련된 선택자
      - 엘리먼트의 다양한 상태에 따라 스타일을 적용하기 위한 선택자
      - :hover, :active, :focus, :checked, :first-child, :last-child
- CSS 문법과 선택자
  - 선택자와 스타일로 구성됨
  - 선택자를 먼저 쓰고 이후에 적용할 스타일을 중괄호 안에 세미콜론(;)으로 구분하여 하나씩 기술
  - 각 스타일은 CSS 속성과 값으로 이뤄진 키-값 쌍이며, CSS 속성의 이름과 값을 콜론(:)으로 구분
- 레이아웃과 관련된 속성
  - 레이아웃은 화면에 엘리먼트들을 어떻게 배치할 것인지를 의미
  - display: 엘리먼트를 어떻게 표시할지 그 방법에 관한 속성
  - visibility: 엘리먼트를 화면에 보여 주거나 감추기 위한 속성
  - position: 엘리먼트를 어떻게 위치시킬 것인지 정의하기 위한 속성
  - width/height: 가로/세로 길이를 정의하기 위한 속성
  - min-width/min-height: 최소 가로/세로 길이를 정의하기 위한 속성
  - max-width/max-height: 최대 가로/세로 길이를 정의하기 위한 속성
- 플렉스박스
  - 기존 CSS의 레이아웃 사용의 불편한 부분을 개선하기 위해 등장
  - 플렉스 컨테이너와 플렉스 아이템으로 구성되며 컨테이너는 여러 개의 아이템을 포함
  - 컨테이너의 플렉스와 관련된 CSS 속성은 아이템들을 어떤 방향과 어떤 순서로 배치할 것인지를 정의
  - flex-direction: 아이템들이 어떤 방향으로 배치될 것인지를 지정하기 위한 속성
    - main axis: flex-direction으로 지정된 방향으로 향하는 축
    - cross axis: main axis를 가로지르는 방향으로 향하는 축
  - aling-items
    - 컨테이너 내에서 아이템을 어떻게 정렬할 것인지를 결정하기 위한 속성
    - cross axis를 기준으로 함
  - justify-content
    - 컨테이너 내에서 아이템들을 어떻게 나란히 맞출 것인지를 결정하기 위한 속성
    - main axis를 기준으로 함
- 폰트와 관련된 속성
  - font-family
    - 어떤 글꼴을 사용할 것인지를 결정하는 속성
    - 지정한 글꼴을 찾지 못했을 경우를 대비해서 사용할 글꼴을 순서대로 지정해 줘야 함

- font-size: 글꼴의 크기와 관련된 속성
- font-weight: 글꼴의 두께와 관련된 속성
- font-style: 글꼴의 스타일을 지정하기 위한 속성

– 많이 사용하는 기타 속성

- background-color: 엘리먼트의 배경색을 지정하기 위한 속성
- border: 엘리먼트에 테두리를 넣기 위한 속성

• **styled-components**

– CSS 문법을 그대로 사용하면서 결과물을 스타일링된 컴포넌트 형태로 만들어 주는 오픈소스 라이브러리

– 컴포넌트 개념을 사용하기 때문에 리액트와 궁합이 잘 맞음

– 태그드 템플릿 리터럴을 사용하여 구성 요소의 스타일을 지정

Chapter

16

미니 프로젝트_ 미니 블로그 만들기

Preview

이 장에서는 지금까지 배운 내용을 기반으로 미니 블로그를 직접 만들어 보도록 하겠습니다. 새로운 프로그래밍 언어나 라이브러리에 대해서 공부할 때 가장 좋은 학습 방법은 그 기술을 사용하여 직접 무언가를 만들어 보는 것입니다. 이론으로만 학습하게 되면 나중에 실제로 개발을 해야 할 상황이 닥쳤을 때 어디서부터 어떻게 시작해야 할지 모르는 막막한 상황이 생길 수 있습니다. 그렇기 때문에 이 책의 마지막 장에서는 프로젝트 생성부터 각종 컴포넌트를 모두 직접 코드로 작성해 가며 개발해 봅시다. 하나하나씩 천천히 이해하면서 따라오기 바랍니다.

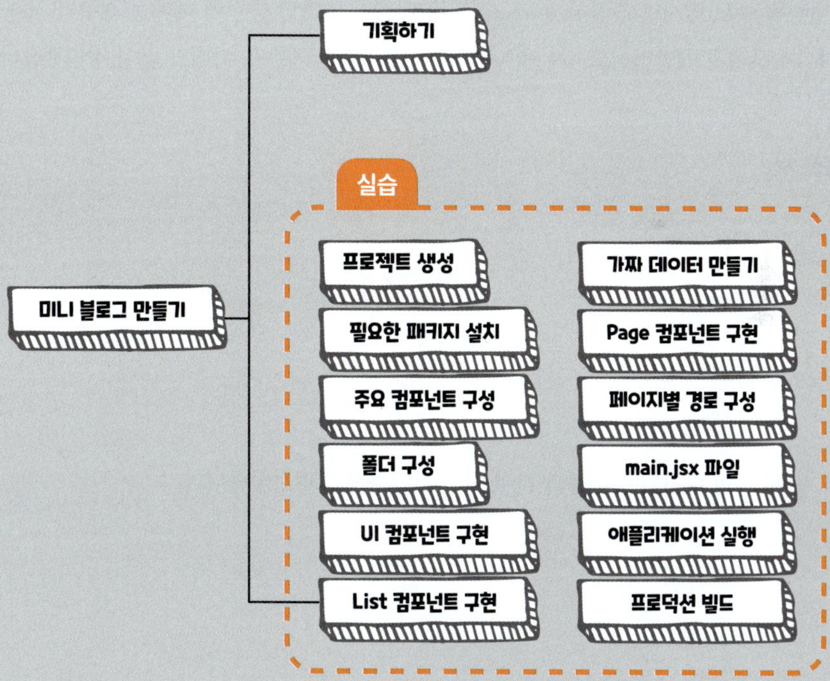

16.1 미니 블로그 기획하기

이번에 함께 만들어 볼 웹 애플리케이션은 바로 미니 블로그입니다. 여기에서 서버는 만들 수 없기 때문에 실제 블로그처럼 작동하지는 않지만 블로그에 필요한 화면을 리액트 컴포넌트로 구현해 보고 각 컴포넌트를 연결하여 겉모습은 그럴듯한 블로그를 만들어 보겠습니다.

개발을 시작하기 전에 정해야 할 것들이 있습니다. 항상 어떤 제품을 개발하기 전에는 기획과 필요한 기능, 전체 디자인에 대해서 간단하게나마 정리를 해야 합니다. 기능이나 디자인이 중간에 변경될 수도 있지만 간단하게라도 정리된 내용이 없다면 중간에 헤매는 경우가 자주 발생합니다. 이 장에서 개발하려고 하는 미니 블로그에 필요한 기능을 아래와 같이 정리했습니다.

필요한 기능

- 글 목록 보기 기능(리스트 형태)
- 글 보기 기능
- 댓글 보기 기능
- 글 작성 기능
- 댓글 작성 기능

그리고 전체 화면 디자인은 다음과 같이 아주 간단하게 그려보았습니다.

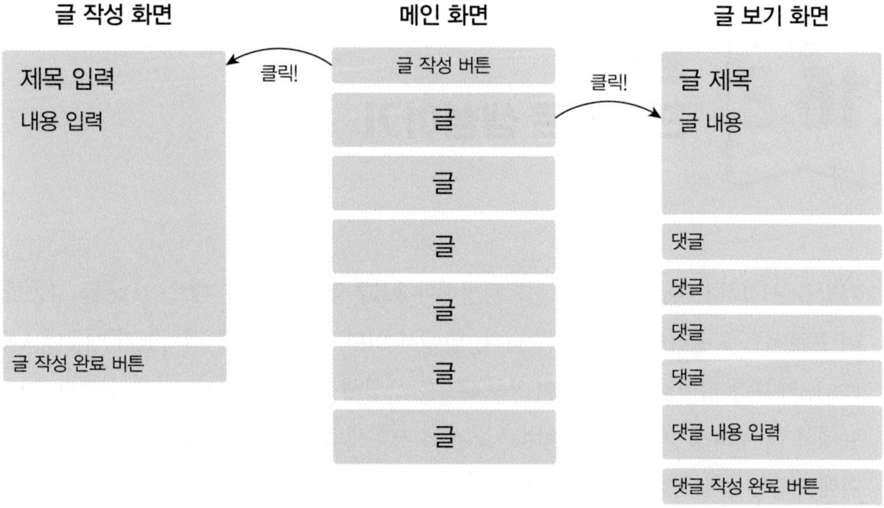

▶ 미니 블로그 UI

이렇게 그림을 그려놓고 보니 대략 어떤 식으로 개발해야 할지 감이 좀 잡히는 것 같죠? 메인 화면은 글 목록을 보여 주고 글 작성 버튼을 누르면 글을 작성할 수 있는 화면으로 이동하여 글을 작성할 수 있도록 해 주며, 메인 화면에서 글을 클릭하면 전체 글의 내용과 댓글을 볼 수 있는 형태입니다. 글 보기 화면 하단에는 댓글을 작성할 수 있는 기능이 들어가 있습니다. 굉장히 간단한 UI(User Interface)이지만 미니 프로젝트인 미니 블로그 구현 과정을 익히면 앞으로 큰 규모의 리액트 앱을 만드는 데에도 분명 도움이 될 것입니다. 자, 지금부터 개발을 진행해 봅시다.

NOTE 실습 코드

이번 실습의 모든 소스코드는 아래 깃허브(GitHub) 링크에서 확인할 수 있습니다. 소스코드를 먼저 보지 말고 실습을 진행하세요. 그러다 도저히 원인을 모르겠거나 기타 이유 등으로 진행에 어려움을 겪을 때 소스코드를 참고하기 바랍니다.

https://github.com/soaple/mini-blog

PRACTICE 16.2

실습

프로젝트 생성하기

개발을 시작하기 위해 프로젝트를 생성해야겠죠? 앞에서 배운 대로 `Vite`를 사용하여 프로젝트를 생성하도록 하겠습니다. 앞에서 이미 VS Code를 설치했기 때문에 VS Code의 내장 터미널을 이용하여 프로젝트를 생성해 봅시다. VS Code를 실행하고 메뉴에서 `Terminal > New Terminal`을 선택하여 새로운 터미널을 엽니다. 터미널에서 아래 명령어를 실행하여 `mini-blog`라는 이름의 리액트 애플리케이션을 생성합니다.

```
npm create vite@latest mini-blog -- --template react
```

프로젝트 생성이 끝나면 아래와 같은 화면이 나오게 됩니다.

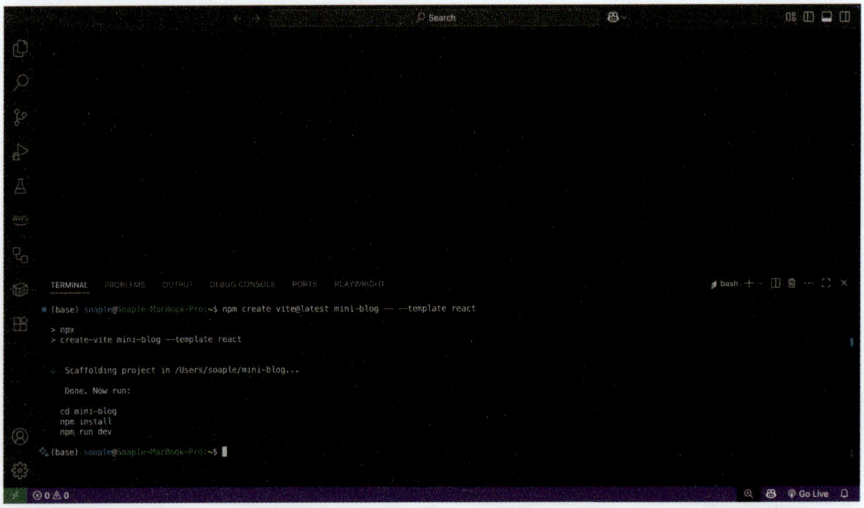

▶ 실습 화면 01

다음은 아래 명령어들을 순서대로 사용해서 생성된 프로젝트 디렉터리에 들어가 리액트 앱을 구동시킵니다.

```
cd mini-blog
npm install
npm start
```

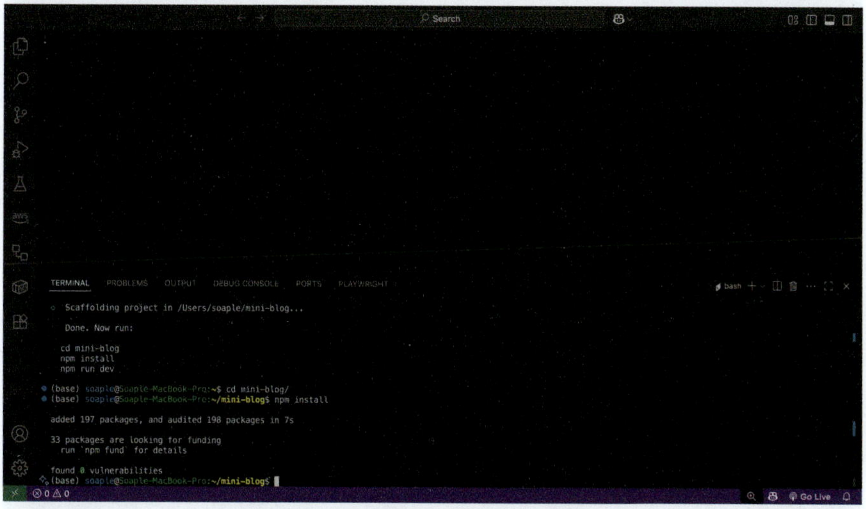

▶ 실습 화면 02

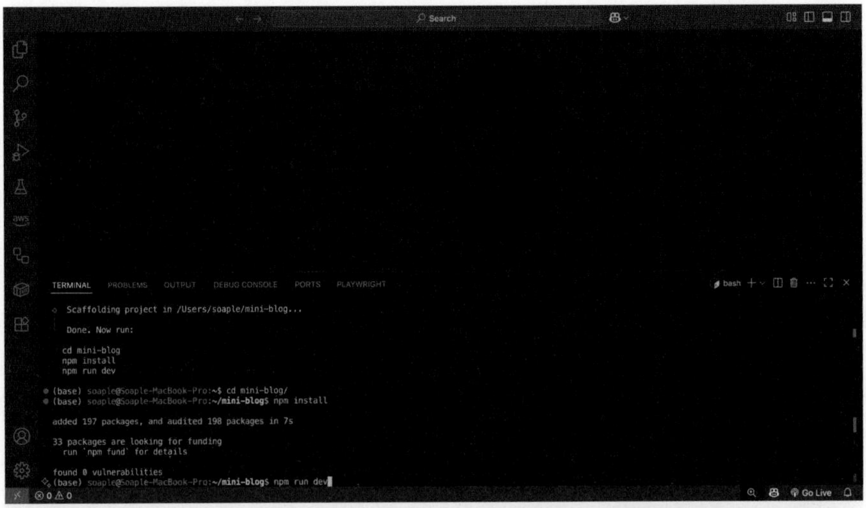

▶ 실습 화면 03

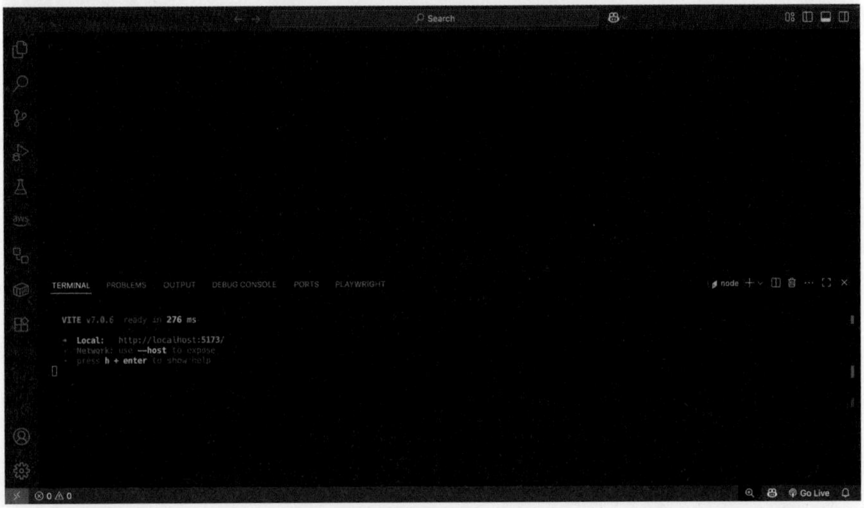

▶ 실습 화면 04

리액트 앱이 구동된 이후 크롬과 같은 웹브라우저에서 `http://localhost:5173`으로 접속하면 다음 그림과 같이 Vite가 생성한 리액트 애플리케이션을 확인할 수 있습니다.

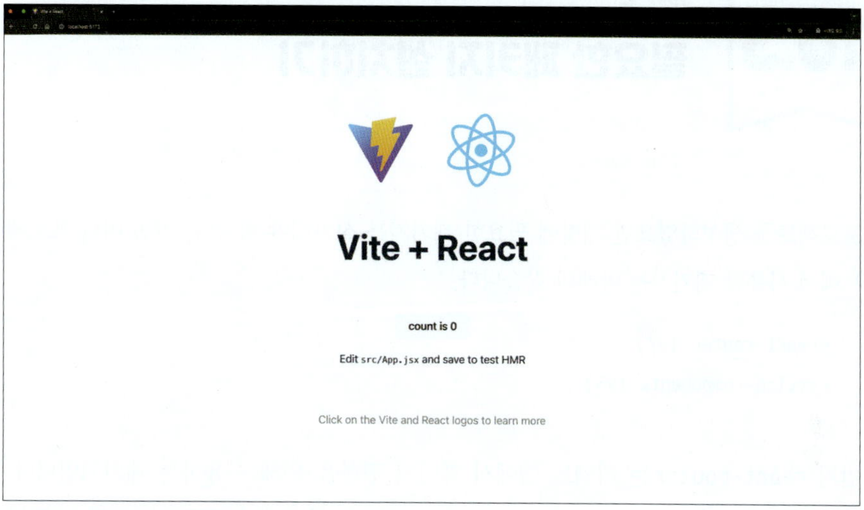

▶ Vite로 생성한 리액트 애플리케이션 실행 화면

여기까지 프로젝트 생성이 모두 완료되었습니다. 이제 직접 컴포넌트를 만들어 붙여 나가면서 미니 블로그를 만들어 보도록 합시다.

PRACTICE 16.3

실습

필요한 패키지 설치하기

프로젝트를 생성하였으면 개발에 필요한 패키지를 설치해야 합니다. 이번 미니 프로젝트에서 사용할 패키지는 아래와 같습니다.

- react-router (v7)
- styled-components (v6)

먼저 react-router는 리액트 앱에서 페이지 전환을 위해 사용하는 패키지입니다. react-router는 거의 모든 리액트 앱에 필수적으로 들어가기 때문에 앞으로 배울 사용법에 대해서 잘 기억해 두기 바랍니다. 그리고 styled-components는 앞에서 배운 것처럼 스타일링을 위한 라이브러리입니다.

이 패키지들을 설치하기 위해 터미널에서 아래와 같은 명령어를 실행합니다. 여기에서 --save 옵션은 지금 설치하는 패키지들을 package.json 파일이 관리하는 의존성dependency 목록에 저장save하겠다는 의미인데 우리가 사용하는 버전에서는 생략해도 무방합니다.

```
npm install --save react-router styled-components
```

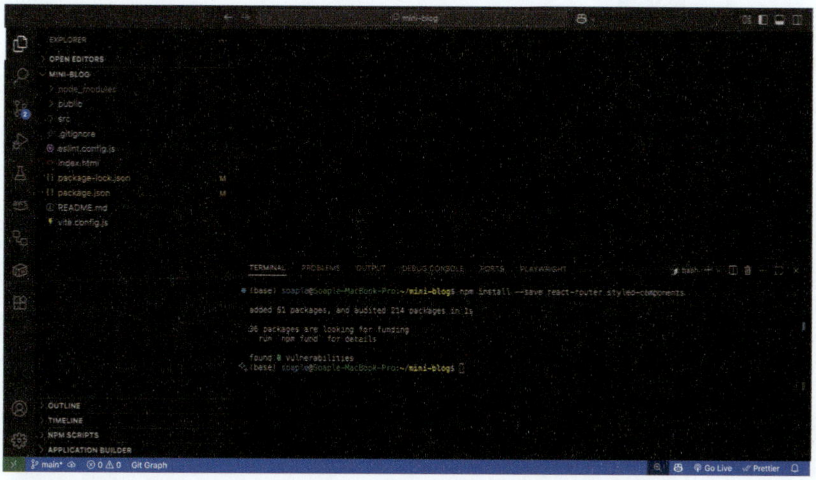

▶ 패키지 설치

위 명령어를 통해 패키지를 설치하고 설치가 완료된 이후에 `package.json` 파일을 열어 보면 다음 그림과 같이 방금 설치한 패키지들이 `dependencies`에 추가된 것을 볼 수 있습니다. 이렇게 의존성을 추가하면 나중에 다른 사람이 이 프로젝트를 실행하려고 할 때 어떤 패키지들이 필요한지 일일이 확인해서 설치할 필요 없이 그냥 `npm install` 명령어만 실행하면 됩니다.

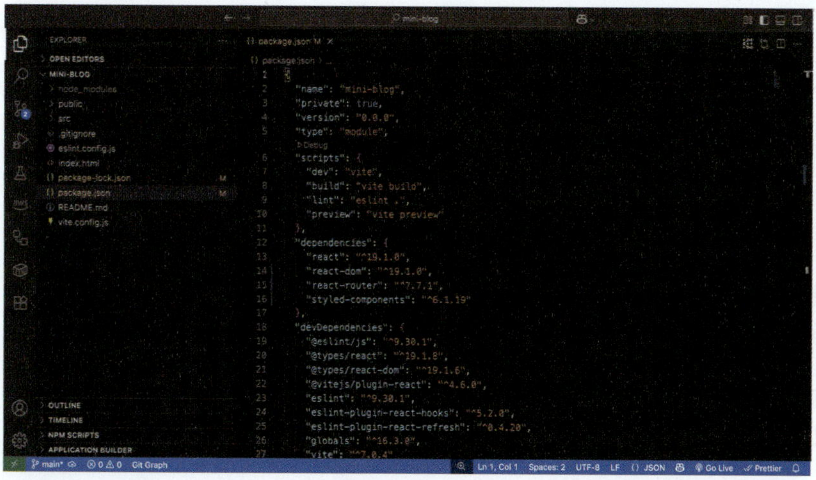

▶ 패키지 설치 완료

PRACTICE 16.4

실습

주요 컴포넌트 구성하기

지금부터 미니 블로그에 필요한 컴포넌트를 구성해 보도록 하겠습니다. 앞에서 미니 블로그에서 제공할 기능에 대해 아래와 같이 정의를 했었는데 각 기능을 떠올려 보며 어떤 컴포넌트들이 필요할지 생각해 봅시다. 컴포넌트는 재사용이 가능한 형태로 최대한 작게 쪼개서 개발하는 것이 중요합니다. 그래야 이 컴포넌트들을 재사용해서 다른 컴포넌트를 빠르게 개발할 수 있기 때문이죠.

필요한 기능

- 글 목록 보기 기능(리스트 형태)
- 글 보기 기능
- 댓글 보기 기능
- 글 작성 기능
- 댓글 작성 기능

필요한 컴포넌트들이 정해지면 각 컴포넌트의 이름을 지어야 합니다. 이를 위해 각 요소에 대해 영어 이름이 필요합니다. 왜냐하면 소스코드를 한글로 짤 수가 없기 때문입니다. 이 미니 블로그에서는 '글'을 `Post`라고 하고 '댓글'을 `Comment`라고 이름을 정해 봅시다.

자, 그럼 먼저 **글 목록 보기 기능**을 구현하기 위해서 어떤 컴포넌트가 필요할까요? 목록은 흔히 리스트[List]라고 부르는데 이 목록을 표시하기 위해서 목록을 나타내는 컴포넌트와 목록 안에 들어갈 항목을 나타내는 컴포넌트가 필요하겠군요. 이때 목록에 들어가는 항목을 보통 리스트 아이템[List item]이라고 부릅니다. 따라서 글 목록 보기 기능을 위해서 **`PostList` 컴포넌트와 `PostListItem` 컴포넌트**가 필요합니다.

그다음 **글 보기 기능** 구현을 위해서 어떤 컴포넌트가 필요할까요? 일단 글의 제목과 내용을 보여 주는 컴포넌트가 필요하겠죠? 이 컴포넌트는 그냥 글의 내용을 화면에 표시해 주기만 하면 되기 때문에 굉장히 간단한 컴포넌트가 될 것 같습니다. 그리고 글 보기 화면 하단에는 **댓글 보기 기능**과 **댓글 작성 기능**을 제공합니다. 댓글 보기 기능은 글과 동일하게 댓글들을 목록 형태로 보여 주어야 하기 때문에 댓글 목록 컴포넌트와 댓글 항목 컴포넌트가 필요합니다. 댓글 작성을 위해서는 사용자로부터 문자열을 입력을 받을 수 있는 컴포넌트가 필요할 것 같습니다. 결론적으로 글의 내용을 보여 주는 **Post 컴포넌트**와 댓글 목록을 보여 주기 위한 **CommentList 컴포넌트**, **CommentListItem 컴포넌트** 그리고 댓글 작성을 위한 **CommentWrite 컴포넌트**가 필요합니다.

마지막으로 **글 작성 기능**을 위해서 어떤 컴포넌트가 필요할까요? 댓글 작성 기능과 마찬가지로 글의 제목과 내용을 사용자로부터 입력받을 수 있는 **PostWrite 컴포넌트**가 필요합니다.

지금까지 미니 블로그에 필요한 컴포넌트를 미리 생각해 보고 구성을 마쳤습니다. 다음 단계에서는 실제로 이 컴포넌트들을 하나씩 구현해 봅시다.

PRACTICE 16.5

실습

폴더 구성하기

필요한 컴포넌트를 모두 구상했으면 이제 프로젝트 폴더를 구성해 보도록 하겠습니다. 폴더를 구성하는 이유는 각 컴포넌트들을 적당한 폴더에 모아서 관리함으로써 개발의 편의와 향후 유지 보수가 용이하도록 하기 위해서입니다. 앞에서 구성한 컴포넌트를 기반으로 폴더 구조를 아래와 같이 정리했습니다.

```
🗀src
└→ 🗀components
    └→ 🗀lists: 리스트와 관련된 컴포넌트들을 모아 놓은 폴더
    └→ 🗀pages: 페이지 컴포넌트들을 모아 놓은 폴더
    └→ 🗀ui: UI 컴포넌트들을 모아 놓은 폴더
```

폴더를 구성하는 방법에 정답은 없지만 다른 개발자와의 협업을 위해서 보편적으로 많이 사용하는 방식으로 구성하는 것이 좋습니다. 보통은 리액트 컴포넌트가 재사용이 가능할 경우 종류별로 모아 놓거나, 각 페이지에서만 사용하고 딱히 재사용될 일이 없는 경우에는 각 페이지별로 폴더를 만들고 그 안에 모아 놓습니다. 이번 미니 프로젝트는 규모가 작고 개발할 컴포넌트의 종류와 개수가 많지 않기 때문에 위와 같이 구성하였습니다. 다음 그림은 폴더 구성이 완료된 이후의 모습입니다.

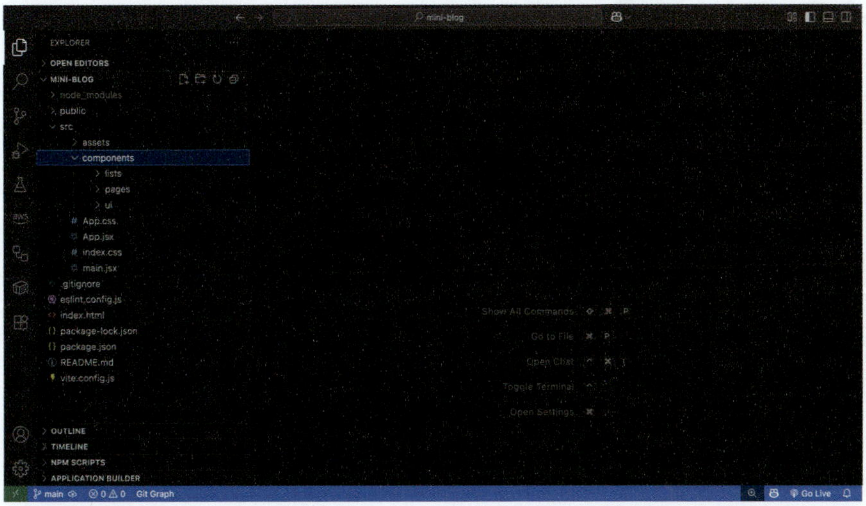
EXPLORER
OPEN EDITORS
MINI-BLOG
node_modules
public
src
assets
components
lists
pages
ui
App.css
App.jsx
index.css
main.jsx
.gitignore
eslint.config.js
index.html
package-lock.json
package.json
README.md
vite.config.js
OUTLINE
TIMELINE
NPM SCRIPTS
APPLICATION BUILDER
Show All Commands
Go to File
Open Chat
Toggle Terminal
Open Settings
main
Git Graph
Go Live

▶ 폴더 구성 완료

PRACTICE 16.6

실습

UI 컴포넌트 구현하기

지금부터 위에서 구성한 컴포넌트를 구현하기 전에 웹사이트에 필수적으로 필요한 UI 컴포넌트들을 구현해 보도록 하겠습니다. UI 컴포넌트는 버튼, 텍스트 입력 등 사용자가 직접 입력을 할 수 있게 해 주는 컴포넌트를 의미합니다.

프로젝트를 설계할 때에는 Top-down 방식으로 큰 그림을 먼저 그리고 이후에 작은 부분을 구체화시켜 나갔습니다. 하지만 프로젝트를 구현할 때에는 반대로 Bottom-up 방식으로 작은 부분부터 구현한 후에 작은 부분들을 모아 큰 부분을 완성하게 됩니다. 그래서 큰 컴포넌트를 개발하기 전에 먼저 작은 UI 컴포넌트부터 구현하는 것입니다.

우리가 만들 미니 블로그에 필요한 UI 컴포넌트에는 어떤 것들이 있을까요? 가장 먼저 **Button 컴포넌트**가 있습니다. 글이나 댓글 작성을 완료했을 때 버튼을 눌러서 작성한 내용을 저장하게 됩니다. 또 필수적으로 필요한 컴포넌트는 사용자로부터 문자열을 입력받을 수 있는 **TextInput 컴포넌트**입니다. 이 컴포넌트는 블로그에 글이나 댓글을 작성하기 위해서 사용하게 됩니다. 이제 **Button 컴포넌트**와 **TextInput 컴포넌트**를 하나씩 `src/components/ui` 폴더에 구현해 보겠습니다.

1 실습 Button 컴포넌트 구현하기

먼저 `Button` 컴포넌트를 구현해 봅시다. 버튼은 따로 만들 필요 없이 그냥 HTML에서 제공하는 `button` 태그를 사용해도 됩니다. 하지만 별도의 리액트 컴포넌트로 만드는 이유는 버튼의 스타일을 변경하고 버튼에 들어갈 텍스트도 `props`로 받아서 좀 더 쉽게 사용할 수 있게 하기 위해서입니다. 원한다면 부가적인 기능들을 추가할 수도 있습니다. 다음은 `Button` 컴포넌트의 코드입니다.

```
import styled from 'styled-components';

const StyledButton = styled.button`
    padding: 8px 16px;
    font-size: 16px;
    border-width: 1px;
    border-radius: 8px;
    cursor: pointer;
`;

function Button(props) {
    const { title, onClick } = props;

    return <StyledButton onClick={onClick}>{title || 'button'}</StyledButton>;
}

export default Button;
```

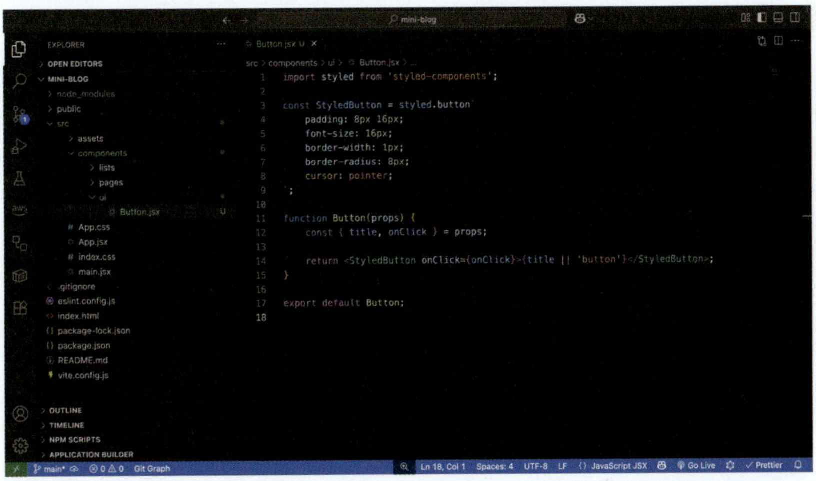

▶ 실습 화면 01

코드가 길지 않고 굉장히 간단하죠? 먼저 styled-components를 사용해서 button 태그에 스타일을 입힌 StyledButton이라는 컴포넌트를 만들었습니다. 또한 Button 컴포넌트에서 props로 받은 title이 버튼에 표시되도록 해 주었고, props로 받은 onClick은 StyledButton의 onClick에 넣어줌으로써 클릭 이벤트를 상위 컴포넌트에서 받을 수 있도록 했습니다.

2 실습 TextInput 컴포넌트 구현하기

다음은 TextInput 컴포넌트를 구현해 보겠습니다. TextInput 컴포넌트는 사용자로부터 텍스트를 입력받을 수 있게 해 주는 컴포넌트입니다. 보통 입력을 받을 때 input 태그를 사용하지만 여기에서는 여러 줄에 걸친 텍스트를 입력받아야 하기 때문에 textarea 태그를 사용합니다. TextInput 컴포넌트 코드를 한번 볼까요?

```
import styled from 'styled-components';

const StyledTextarea = styled.textarea`
    width: calc(100% - 32px);
    ${(props) =>
        props.height &&
        `
        height: ${props.height}px;
    `}
    padding: 16px;
    font-size: 16px;
    line-height: 20px;
`;

function TextInput(props) {
    const { height, value, onChange } = props;

```

```
        <StyledTextarea
            height={height}
            value={value}
            onChange={onChange}
        />
    );
}

export default TextInput;
```

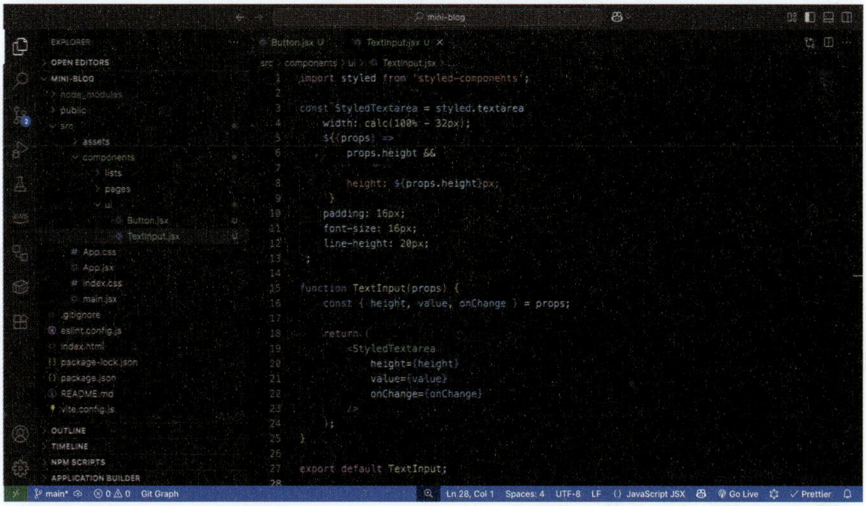

▶ 실습 화면 02

Button 컴포넌트와 동일하게 styled-components를 사용해서 textarea 태그에 스타일을 입힌 StyledTextarea 컴포넌트를 만들었습니다. 그리고 TextInput 컴포넌트의 props로는 높이 설정을 위한 height, 입력된 값을 표시하기 위한 value, 변경된 값을 상위 컴포넌트로 전달하기 위한 onChange가 있습니다. 실제로 이 컴포넌트를 사용하는 방법은 뒷부분에서 자세히 다루도록 하겠습니다.

PRACTICE 16.7

실습

List 컴포넌트 구현하기

지금부터 List 컴포넌트들을 하나씩 구현해 보겠습니다. List 컴포넌트들은 위에서 생성한 폴더 중 `src/components/lists`에 들어가게 됩니다.

1 실습 PostListItem 컴포넌트 구현하기

가장 먼저 구현할 List 컴포넌트는 바로 `PostListItem` 컴포넌트입니다. `PostList` 컴포넌트가 아닌 `PostListItem` 컴포넌트를 먼저 구현하는 이유는 `PostList` 컴포넌트에서 `PostListItem` 컴포넌트를 필요로 하기 때문입니다. 따라서 작은 컴포넌트를 먼저 구현하고 이후에 그것을 사용하는 큰 컴포넌트를 구현하는 것이죠. 아래 코드를 보도록 합시다.

```
import styled from 'styled-components';

const Wrapper = styled.div`
    width: calc(100% - 32px);
    padding: 16px;
    display: flex;
    flex-direction: column;
    align-items: flex-start;
    justify-content: center;
    border: 1px solid grey;
    border-radius: 8px;
    cursor: pointer;
    background: white;
```

```
    :hover {
        background: lightgrey;
    }
`;

const TitleText = styled.p`
    font-size: 20px;
    font-weight: 500;
`;

function PostListItem(props) {
    const { post, onClick } = props;

    return (
        <Wrapper onClick={onClick}>
            <TitleText>{post.title}</TitleText>
        </Wrapper>
    );
}

export default PostListItem;
```

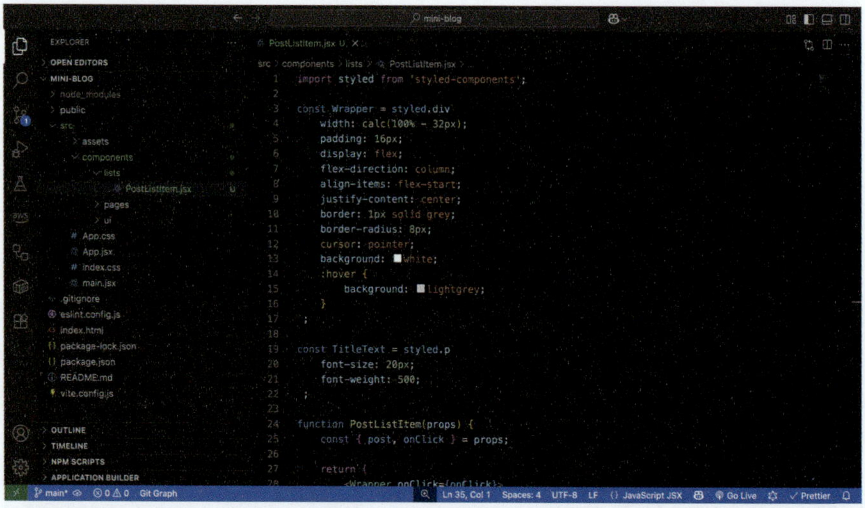

▶ 실습 화면 01

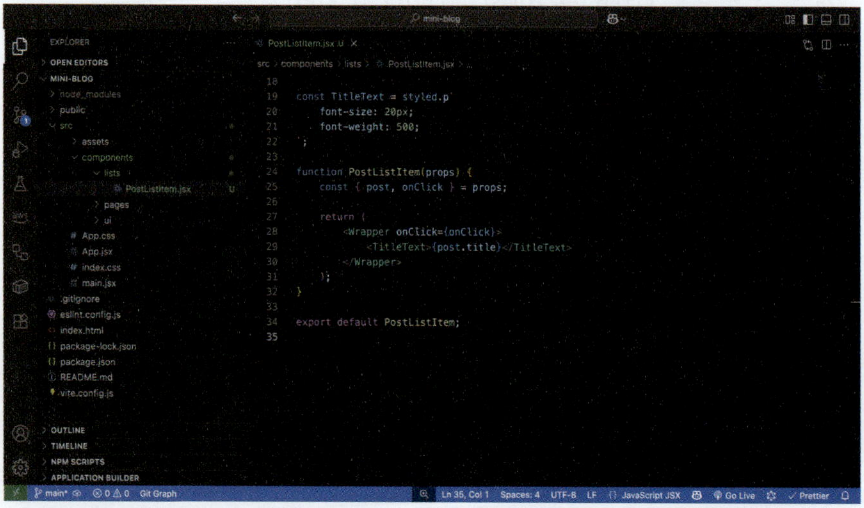

▶ 실습 화면 02

PostListItem 컴포넌트는 굉장히 단순합니다. 글의 제목만 표시해 주면 되기 때문입니다. 그래서 위와 같이 TitleText를 이용해서 props로 받은 post 객체에 들어 있는 title 문자열을 표시해 줍니다.

2 실습 PostList 컴포넌트 구현하기

앞에서 PostListItem 컴포넌트를 구현했기 때문에 이제 PostList 컴포넌트를 구현해 보겠습니다. PostList 컴포넌트도 코드 자체는 굉장히 단순합니다. 다만 map() 함수를 사용하여 글의 개수만큼 PostListItem 컴포넌트를 생성한다는 점이 다른 컴포넌트들과는 조금 다르겠네요. 다음 코드를 봅시다.

```
import styled from 'styled-components';
import PostListItem from './PostListItem';

const Wrapper = styled.div`
    display: flex;
    flex-direction: column;
    align-items: flex-start;
    justify-content: center;

    :not(:last-child) {
        margin-bottom: 16px;
    }
`;

function PostList(props) {
    const { posts, onClickItem } = props;

    return (
        <Wrapper>
            {posts.map((post, index) => {
                return (
                    <PostListItem
                        key={post.id}
                        post={post}
```

```
                        onClick={() => {
                            onClickItem(post);
                        }}
                    />
                );
            })}
        </Wrapper>
    );
}

export default PostList;
```

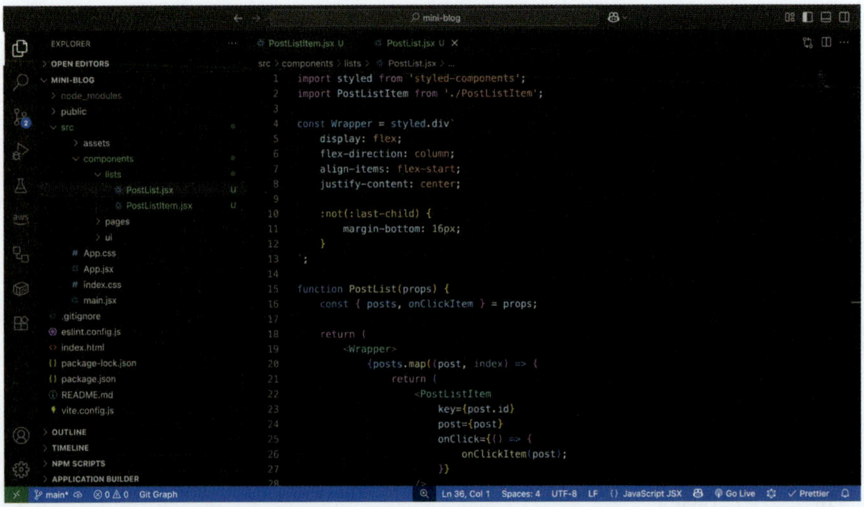

▶ 실습 화면 03

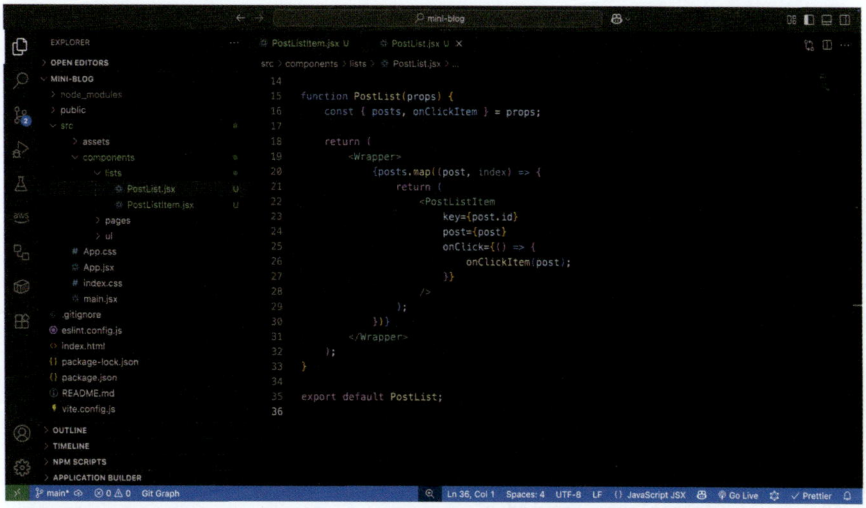

▶ 실습 화면 04

먼저 앞에서 만든 PostListItem 컴포넌트를 사용하기 위해 임포트해줍니다. PostList 컴포넌트의 props로 받은 posts라는 배열에는 post 객체들이 들어 있습니다. 이 posts 배열의 map() 함수를 이용하여 각 post 객체에 대해 PostListItem 컴포넌트를 만들어서 렌더링하게 됩니다.

3 실습 CommentListItem 컴포넌트 구현하기

CommentListItem 컴포넌트는 스타일이 약간 다르다는 점을 제외하고는 PostListItem 컴포넌트와 거의 동일합니다. 아래 코드를 봅시다.

```
import styled from 'styled-components';

const Wrapper = styled.div`
    width: calc(100% - 32px);
    padding: 8px 16px;
```

```
    display: flex;
    flex-direction: column;
    align-items: flex-start;
    justify-content: center;
    border: 1px solid grey;
    border-radius: 8px;
    cursor: pointer;
    background: white;
    :hover {
        background: lightgrey;
    }
`;

const ContentText = styled.p`
    font-size: 16px;
    white-space: pre-wrap;
`;

function CommentListItem(props) {
    const { comment } = props;

    return (
        <Wrapper>
            <ContentText>{comment.content}</ContentText>
        </Wrapper>
    );
}

export default CommentListItem;
```

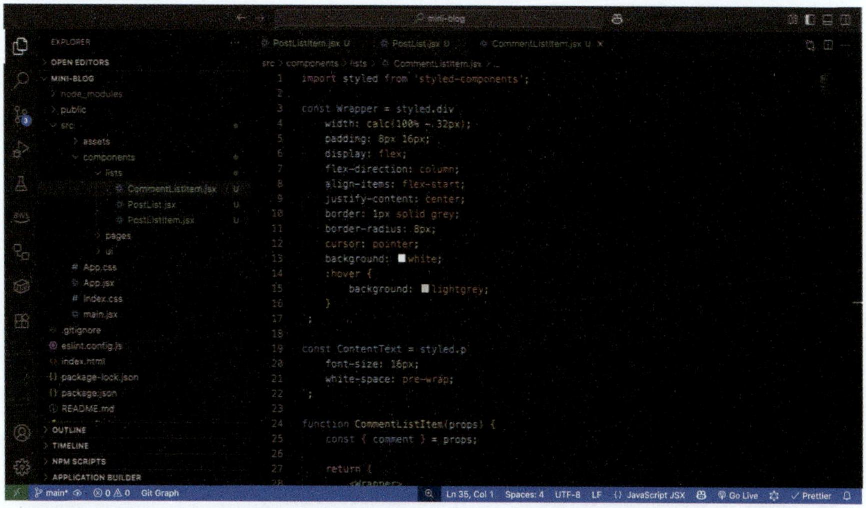

▶ 실습 화면 05

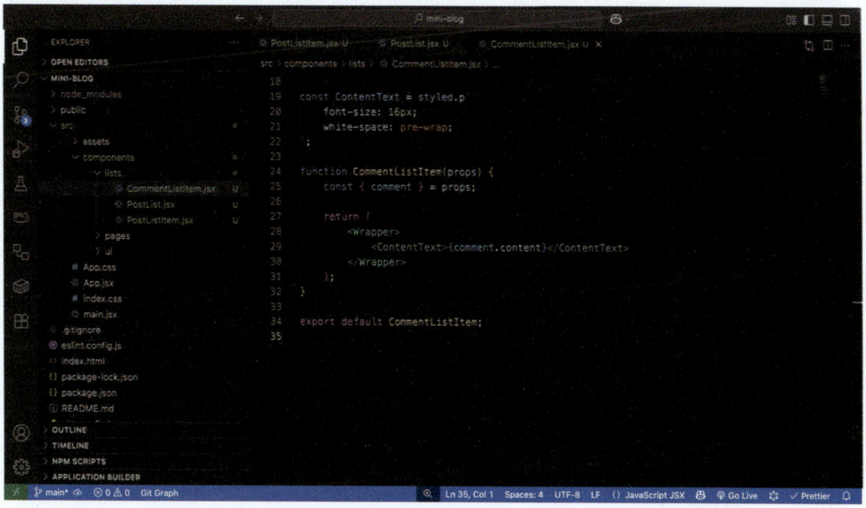

▶ 실습 화면 06

`CommentListItem` 컴포넌트는 `props`에서 `comment` 객체 하나만 사용합니다. `comment` 객체에는 사용자가 작성한 댓글 내용이 들어 있습니다. 이를 `styled-components`를 통해 만든 `ContentText`라는 컴포넌트를 이용해서 화면에 표시하게 됩니다. 글은 클릭

이 가능했지만 댓글은 별도로 클릭하는 기능이 없기 때문에 onClick 이벤트를 따로 처리해 주지 않아도 됩니다.

4 실습 CommentList 컴포넌트 구현하기

CommentList 컴포넌트도 위에서 만든 PostList 컴포넌트와 거의 동일합니다. 반복적으로 렌더링하는 아이템이 CommentListItem 컴포넌트라는 점을 제외하고는 말이죠. 아래 코드를 봅시다.

```
import styled from 'styled-components';
import CommentListItem from './CommentListItem';

const Wrapper = styled.div`
    display: flex;
    flex-direction: column;
    align-items: flex-start;
    justify-content: center;

    :not(:last-child) {
        margin-bottom: 16px;
    }
`;

function CommentList(props) {
    const { comments } = props;

    return (
        <Wrapper>
            {comments.map((comment, index) => {
                return (
                    <CommentListItem
```

```
                        key={comment.id}
                        comment={comment}
                    />
                );
            })}
        </Wrapper>
    );
}

export default CommentList;
```

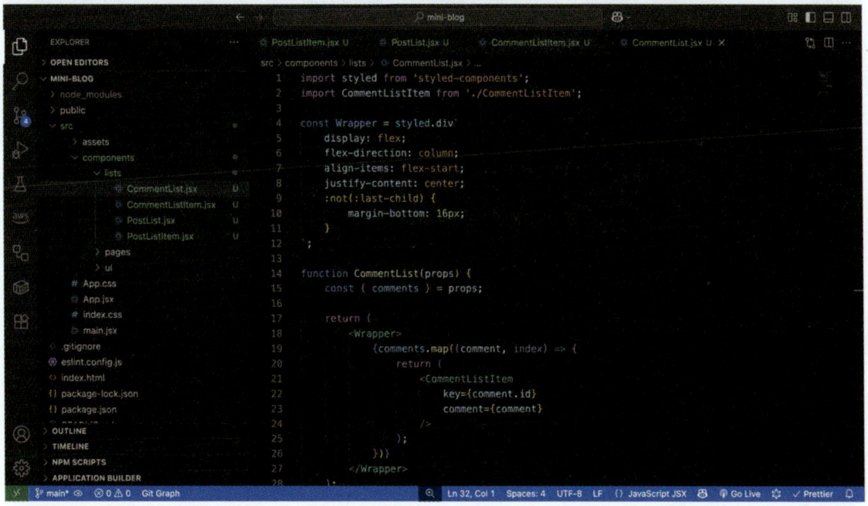

▶ 실습 화면 07

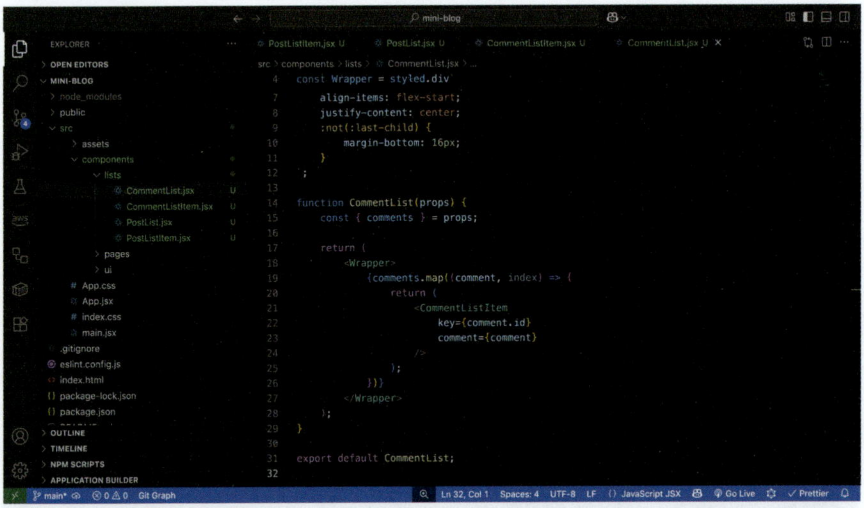

▶ 실습 화면 08

CommentList 컴포넌트의 props로는 comments라는 배열이 들어오게 됩니다. 이 배열에는 comment 객체들이 들어 있으며 이 배열의 map() 함수를 사용해서 각 댓글 객체를 CommentListItem 컴포넌트로 넘겨 화면에 댓글을 표시합니다.

PRACTICE

16.8

실습

가짜 데이터 만들기

지금까지 우리가 만들 미니 블로그에 필요한 UI 컴포넌트와 List 컴포넌트들을 모두 구현하였습니다. 다음은 블로그에 보여줄 가짜 데이터를 준비해야 합니다. 가짜 데이터를 사용하는 이유는 이 책에서 데이터베이스와 서버를 구축하는 부분까지 다룰 수 없기 때문입니다. 이 책은 리액트에만 초점을 맞추고 있기 때문에 백엔드Back-end에 해당하는 부분은 이렇게 가짜 데이터로 대체하도록 하겠습니다.

결론적으로 우리가 만들 미니 블로그는 실제로 글과 댓글을 작성할 수 있는 것은 아닙니다. 그렇게 하려면 별도의 데이터베이스도 구축해야 하고 서버 APIApplication Programming Interface도 개발해야 합니다. 또한 서버 API와 리액트 애플리케이션을 연동하는 작업도 해야 합니다. 처음 개발에 입문하는 독자에게는 굉장히 어렵게 느껴질 수 있는 내용이기 때문에 별도로 구현하지 않고 넘어가는 대신 가짜 데이터를 이용해서 데이터를 서버에서 받아왔다고 가정하고 프론트엔드Front-end 쪽 구현을 하겠습니다.

브라우저에서 아래 링크를 열면 미리 만들어둔 데이터가 나오는데 마우스 오른쪽 버튼을 눌러 '다른 이름으로 저장…'을 누르고 `data.json`이라는 이름으로 다음 그림과 같이 프로젝트 폴더 내의 src 폴더에 저장합니다. 가짜 데이터는 JSONJavaScript Object Notation 형태로 되어 있는데 현재 서버와의 통신에서 가장 많이 사용하는 데이터 유형입니다.

- https://raw.githubusercontent.com/soaple/mini-blog/master/src/data.json
- https://raw.githubusercontent.com/soaple/mini-blog-v19/main/src/data.json

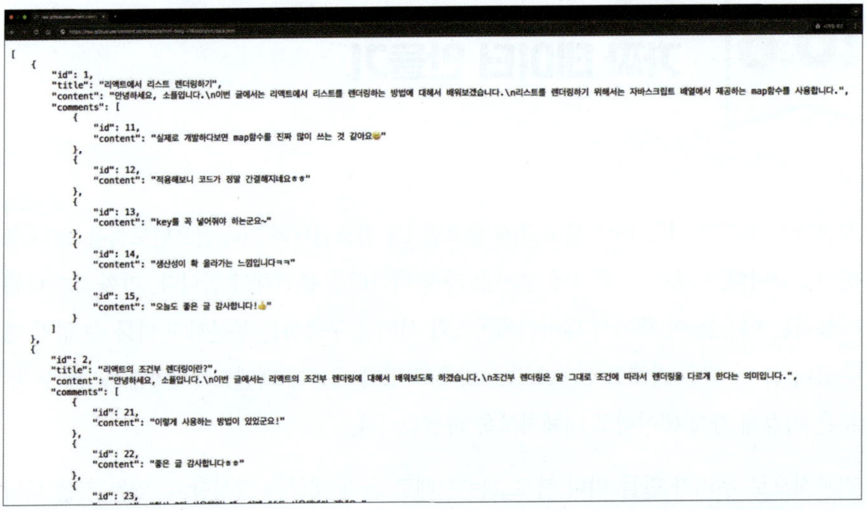

▶ 실습 화면 01

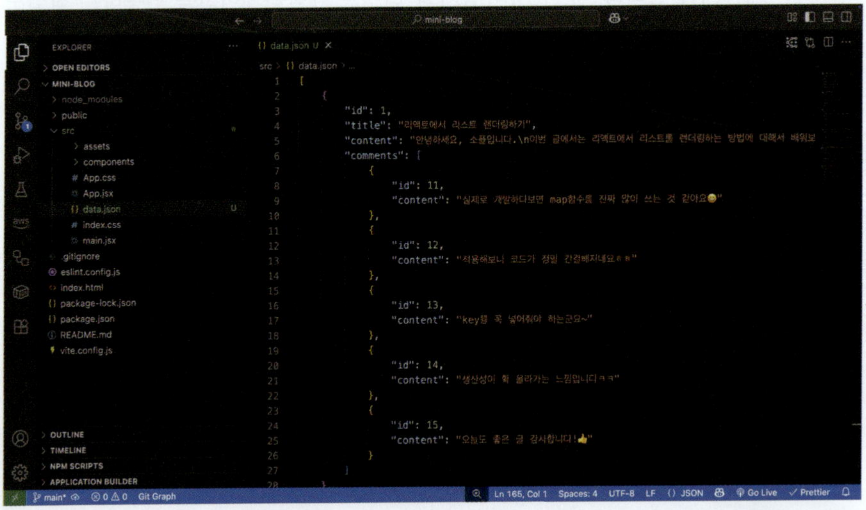

▶ 실습 화면 02

PRACTICE 16.9

실습

Page 컴포넌트 구현하기

이제 UI 컴포넌트, List 컴포넌트 그리고 데이터까지 모두 준비되었습니다. 최종적으로 이 컴포넌트들과 데이터를 모아서 Page 컴포넌트들을 `src/components/pages` 폴더에 구현해 보도록 하겠습니다.

1 실습 MainPage 컴포넌트 구현하기

`MainPage` 컴포넌트는 우리가 만들 미니 블로그에 사용자가 처음 접속했을 때 보게 될 페이지입니다. 페이지를 컴포넌트라고 부르는 게 약간 어색할 수도 있지만 리액트에서는 페이지 또한 하나의 컴포넌트이기 때문에 이렇게 부르도록 하겠습니다. `MainPage` 컴포넌트에서는 글을 작성할 수 있는 버튼과 글 목록을 보여 주어야 합니다. 아래 코드를 봅시다.

```
import { useNavigate } from 'react-router';
import styled from 'styled-components';
import PostList from '../lists/PostList';
import Button from '../ui/Button';
import data from '../../data.json';

const Wrapper = styled.div`
    padding: 16px;
    width: calc(100% - 32px);
    display: flex;
    flex-direction: column;
    align-items: center;
    justify-content: center;
```

```
`;

const Container = styled.div`
    width: 100%;
    max-width: 720px;

    :not(:last-child) {
        margin-bottom: 16px;
    }
`;

function MainPage(props) {
    const {} = props;

    const navigate = useNavigate();

    return (
        <Wrapper>
            <Container>
                <Button
                    title='글 작성하기'
                    onClick={() => {
                        navigate('/post-write');
                    }}
                />

                <PostList
                    posts={data}
                    onClickItem={(item) => {
                        navigate(`/post/${item.id}`);
                    }}
                />
            </Container>
        </Wrapper>
```

```
    );
}

export default MainPage;
```

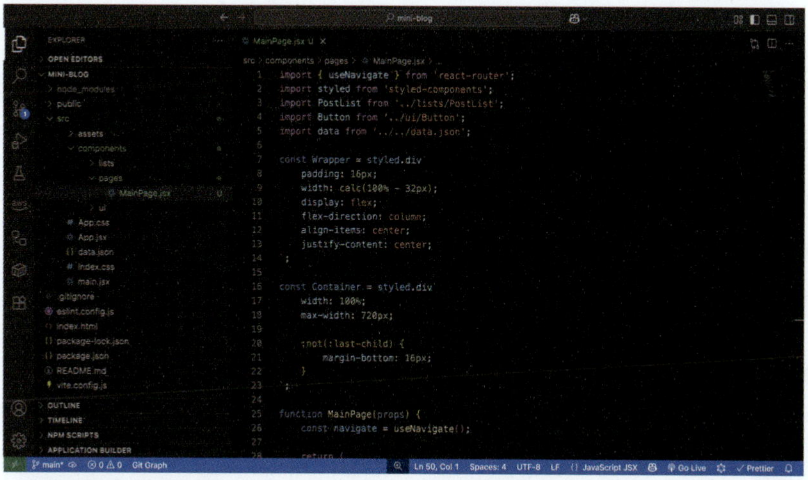

▶ 실습 화면 01

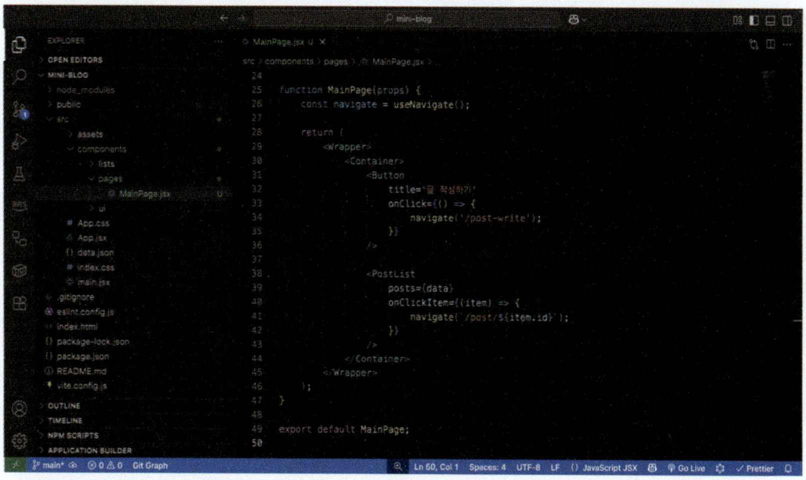

▶ 실습 화면 02

위의 코드를 보면 앞에서 만든 Button 컴포넌트를 이용해서 글 작성하기 페이지로 이동할 수 있게 구현하고 있으며, 앞에서 만들어둔 PostList 컴포넌트를 이용해서 글 목록을 표시하고 있습니다. 페이지 이동을 위해 react-router-dom의 useNavigate() 훅을 사용하였는데, 이 부분은 뒤에서 자세히 배우도록 하겠습니다. MainPage 컴포넌트의 코드는 그냥 만들어둔 컴포넌트들을 모아 놓은 수준으로 굉장히 단순한데 이것이 바로 컴포넌트 기반으로 개발하는 리액트의 장점이라고 할 수 있습니다.

2 실습 PostWritePage 컴포넌트 구현하기

이번에는 글 작성을 위한 페이지를 PostWritePage 컴포넌트로 구현해 보겠습니다. PostWritePage 컴포넌트도 MainPage 컴포넌트와 마찬가지로 이미 만들어둔 컴포넌트들을 조립해서 만들게 됩니다. 아래 코드를 봅시다.

```
import { useState } from 'react';
import { useNavigate } from 'react-router';
import styled from 'styled-components';
import TextInput from '../ui/TextInput';
import Button from '../ui/Button';

const Wrapper = styled.div`
    padding: 16px;
    width: calc(100% - 32px);
    display: flex;
    flex-direction: column;
    align-items: center;
    justify-content: center;
`;

const Container = styled.div`
    width: 100%;
```

```
    max-width: 720px;

    :not(:last-child) {
        margin-bottom: 16px;
    }
`;

function PostWritePage(props) {
    const navigate = useNavigate();

    const [title, setTitle] = useState('');
    const [content, setContent] = useState('');

    return (
        <Wrapper>
            <Container>
                <TextInput
                    height={20}
                    value={title}
                    onChange={(event) => {
                        setTitle(event.target.value);
                    }}
                />

                <TextInput
                    height={480}
                    value={content}
                    onChange={(event) => {
                        setContent(event.target.value);
                    }}
                />

                <Button
                    title='글 작성하기'
```

```
                    onClick={() => {
                        navigate('/');
                    }}
                />
            </Container>
        </Wrapper>
    );
}

export default PostWritePage;
```

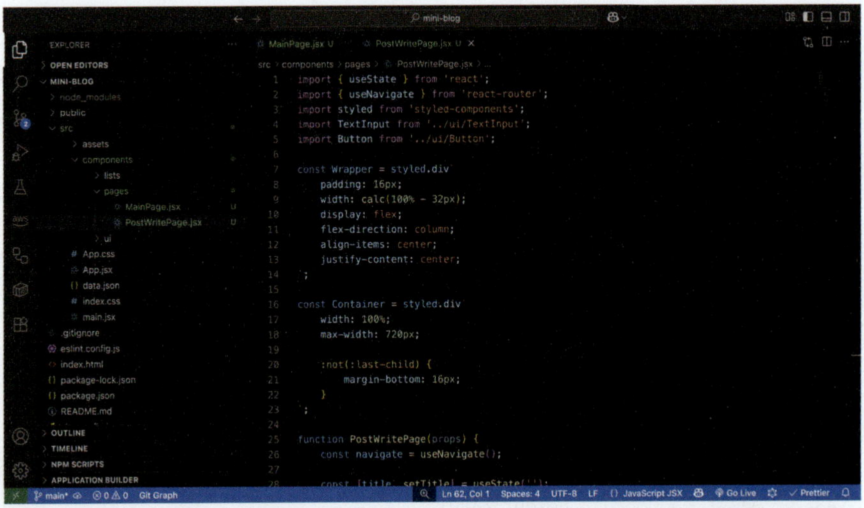

▶ 실습 화면 03

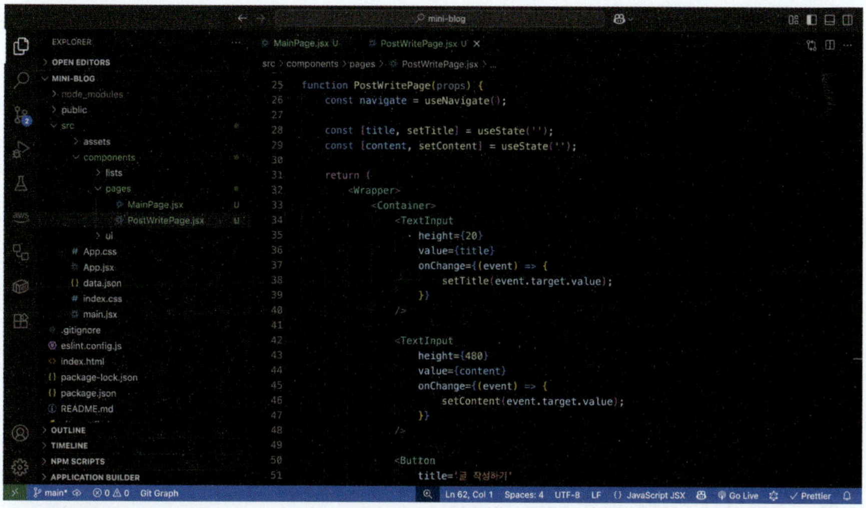

▶ 실습 화면 04

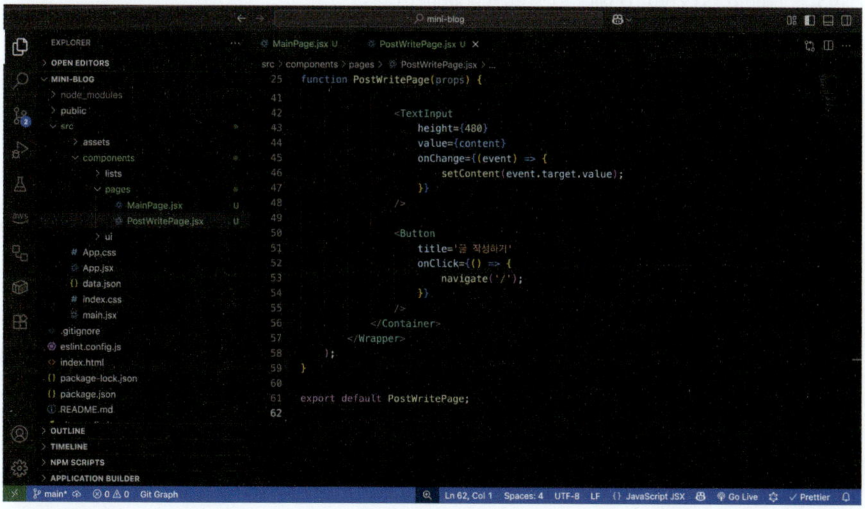

▶ 실습 화면 05

PostWritePage 컴포넌트는 두 개의 state를 갖고 있습니다. 하나는 글의 제목을 위한 state이고 다른 하나는 글의 내용을 위한 state입니다. 두 개의 state 모두 useState() 훅을 이용하여 선언한 것을 볼 수 있습니다. 그리고 실제 화면에 나타나는 부분은 TextInput 컴포넌트를 사용해서 글의 제목과 내용을 각각 입력받을 수 있도록 구성하였습니다. 마지막으로 화면 제일 하단에는 Button 컴포넌트를 사용해서 글 작성 버튼을 넣었습니다.

3 실습 PostViewPage 컴포넌트 구현하기

이제 마지막 페이지 컴포넌트인 PostViewPage 컴포넌트를 구현해 보도록 하겠습니다. PostViewPage 컴포넌트는 글을 볼 수 있게 해 주는 컴포넌트이기 때문에 글과 댓글을 보여 주어야 하며 댓글 작성 기능도 제공해야 합니다. 아래 코드를 봅시다.

```
import { useState } from 'react';
import { useNavigate, useParams } from 'react-router';
import styled from 'styled-components';
import CommentList from '../lists/CommentList';
import TextInput from '../ui/TextInput';
import Button from '../ui/Button';
import data from '../../data.json';

const Wrapper = styled.div`
    padding: 16px;
    width: calc(100% - 32px);
    display: flex;
    flex-direction: column;
    align-items: center;
    justify-content: center;
`;

const Container = styled.div`
    width: 100%;
    max-width: 720px;

```

```
    :not(:last-child) {
        margin-bottom: 16px;
    }
`;

const PostContainer = styled.div`
    padding: 8px 16px;
    border: 1px solid grey;
    border-radius: 8px;
`;

const TitleText = styled.p`
    font-size: 28px;
    font-weight: 500;
`;

const ContentText = styled.p`
    font-size: 20px;
    line-height: 32px;
    white-space: pre-wrap;
`;

const CommentLabel = styled.p`
    font-size: 16px;
    font-weight: 500;
`;

function PostViewPage(props) {
    const navigate = useNavigate();
    const { postId } = useParams();

    const post = data.find((item) => {
        return item.id == postId;

```

```
    });
    const [comment, setComment] = useState('');

    return (
        <Wrapper>
            <Container>
                <Button
                    title='뒤로 가기'
                    onClick={() => {
                        navigate('/');
                    }}
                />
                <PostContainer>
                    <TitleText>{post.title}</TitleText>
                    <ContentText>{post.content}</ContentText>
                </PostContainer>

                <CommentLabel>댓글</CommentLabel>
                <CommentList comments={post.comments} />

                <TextInput
                    height={40}
                    value={comment}
                    onChange={(event) => {
                        setComment(event.target.value);
                    }}
                />
                <Button
                    title='댓글 작성하기'
                    onClick={() => {
                        navigate('/');
                    }}
                />
            </Container>
```

```
        </Wrapper>
    );
}

export default PostViewPage;
```

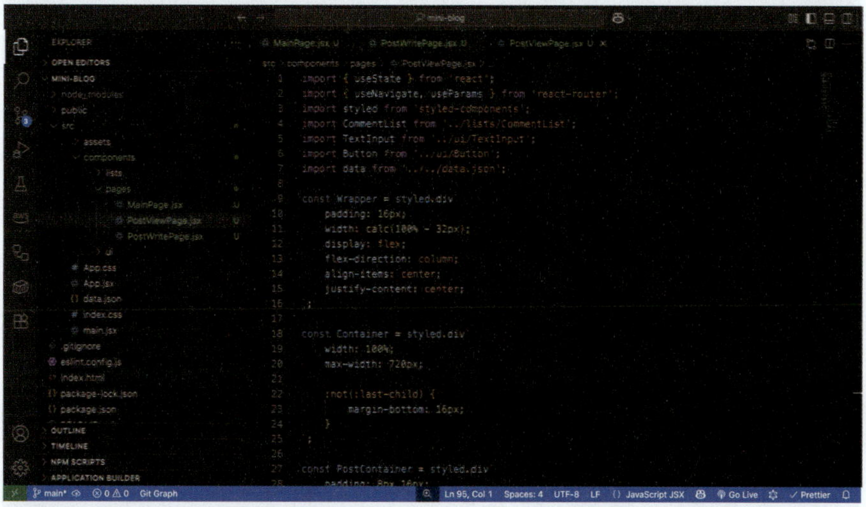

▶ 실습 화면 06

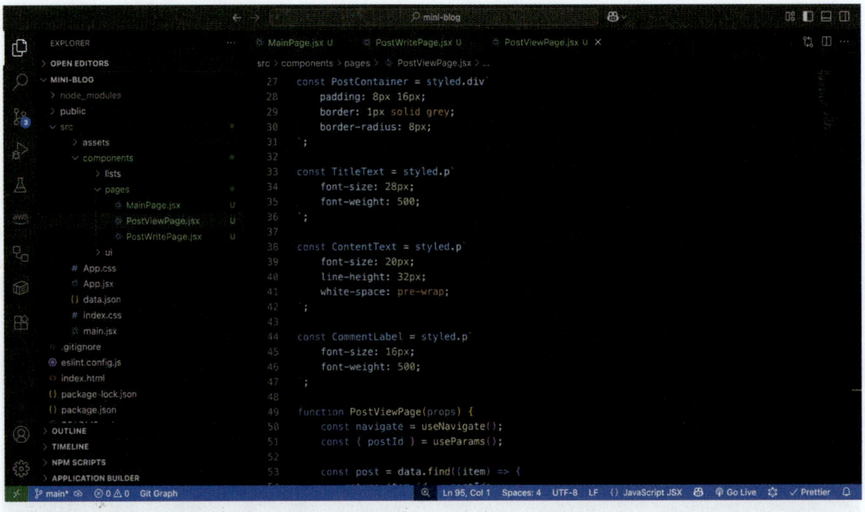

▶ 실습 화면 07

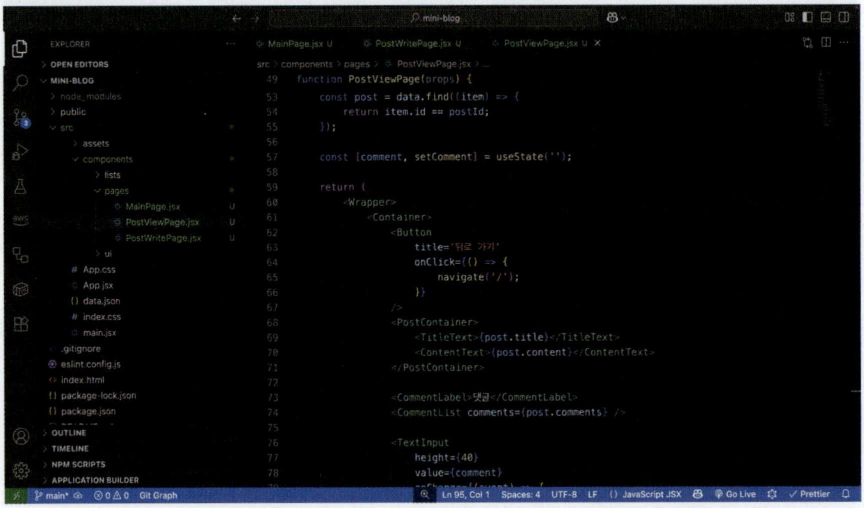

▶ 실습 화면 08

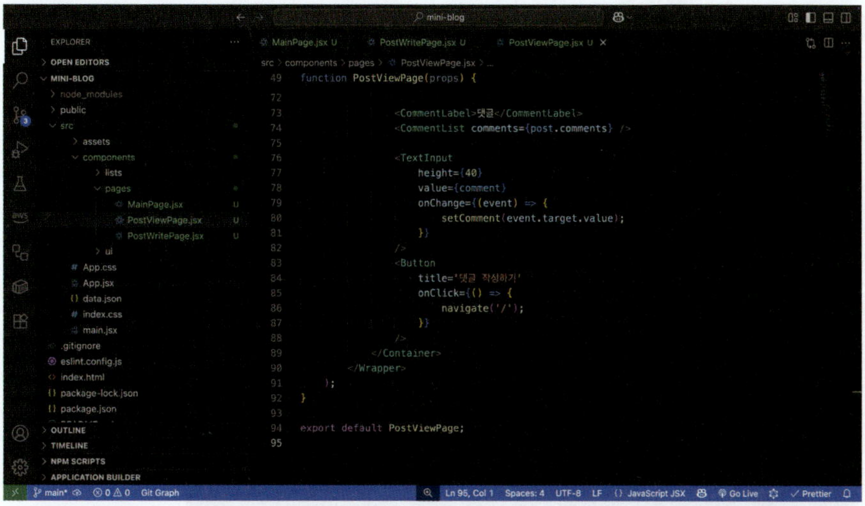

▶ 실습 화면 09

PostViewPage 컴포넌트에서는 먼저 URL 파라미터로 전달받은 글의 아이디를 이용하여 전체 데이터에서 해당되는 글을 찾습니다. 그리고 찾은 글의 제목, 내용, 댓글을 화면에 렌더링하게 되고 그 아래에는 TextInput 컴포넌트와 Button 컴포넌트를 이용해 댓글을 작성할 수 있도록 UI를 제공합니다. 이렇게 해서 이번 미니 블로그 프로젝트에 필요한 세 개의 페이지를 모두 구현했습니다.

PRACTICE 16.10

실습

각 페이지별 경로 구성하기

지금까지 미니 블로그에 필요한 모든 페이지 컴포넌트를 구현했습니다. 이제 페이지 컴포넌트들을 실제 웹브라우저에서 보이도록 각 경로Route에 맞게 매핑해 주는 작업이 필요합니다. 어떤 사이트를 탐색할 때 주소 입력란을 보면 사이트의 각 페이지를 이동함에 따라서 경로가 바뀌는 것을 볼 수 있습니다. 아래 그림을 보도록 합시다.

▶ 페이스북 페이지 이동 경로

위 그림은 페이스북 웹사이트를 탐색할 때 접속한 페이지에 따라서 주소 입력란의 경로가 바뀌는 것을 보여 주고 있습니다. 여기에서 메인 도메인은 `https://facebook.com`이 되고 그 뒤에 따라붙는 `/games`, `/places`가 바로 `path`가 됩니다. 리액트에서는 `react-router`라는 패키지를 이용해서 각 경로에 따라 다른 컴포넌트를 보여 주도록 만듭니다. 각 페이지별 경로를 구성하기 전에 먼저 `react-router`에 대해서 간단하게 알아보도록 하겠습니다.

1 react-router

`react-router`라는 리액트를 위한 라우팅Routing 라이브러리입니다. Route라는 영단어는 노선, 경로라는 뜻을 갖고 있습니다. 그래서 웹사이트에서 **라우팅**이라고 하면 **사용자가 원하는 경로로 보내는 과정**이라고 이해하면 됩니다. `react-router`은 이러한 라우팅

을 쉽게 구현할 수 있도록 리액트 컴포넌트 형태로 제공해 주는 라이브러리입니다. 여기에서는 간단하게 사용법을 배운 다음 실습으로 넘어가겠습니다. **참고로 이 책에서는 현재 최신 버전인 버전 7을 사용하였습니다.**

react-router를 이용해 라우팅을 구성하기 위해서 사용하는 기본적인 컴포넌트는 BrowserRouter, Routes, Route 이렇게 세 가지입니다. 먼저 BrowserRouter 컴포넌트는 웹브라우저에서 react-router를 사용하여 라우팅을 할 수 있도록 해 주는 컴포넌트입니다. 웹브라우저에는 history라는 기능이 내장되어 있는데 여기에는 사용자가 탐색한 페이지들의 방문 기록이 저장됩니다. 그래서 웹브라우저의 '뒤로 가기' 버튼을 누르면 이 history를 이용해서 이전 페이지가 어디인지 찾고 해당 페이지로 이동하게 되는 것입니다. BrowserRouter 컴포넌트는 이 history를 이용해서 경로를 탐색할 수 있게 해 주는 컴포넌트라고 이해하면 됩니다.

그리고 Routes와 Route 컴포넌트는 실제로 라우팅 경로를 구성할 수 있게 해 주는 컴포넌트입니다. Routes 컴포넌트는 뒤에 알파벳 s가 붙어서 복수를 나타내는 것처럼 여러 개의 Route 컴포넌트를 children으로 가집니다. Route 컴포넌트는 Routes 컴포넌트의 하위 컴포넌트로써 path와 element라는 props를 갖고 있습니다. 여기에서 path는 경로를 의미하고 element는 경로가 일치할 경우 렌더링을 할 리액트 엘리먼트를 의미합니다. 사용자가 주소창에 새로운 경로를 입력하거나 웹사이트 내에서 경로 이동이 일어나게 되면 Routes 컴포넌트는 하위 chlidren으로 갖고 있는 Route 컴포넌트 중에서 현재 경로와 가장 일치하는 경로를 찾아 해당되는 엘리먼트를 반환하게 됩니다. 그러고 나면 사용자에게 보이는 화면이 바뀌게 되는 것이죠.

다음 코드는 react-router를 이용해서 기본적인 라우팅을 구성하는 예제 코드입니다. 만약 경로 값이 없이 그냥 사이트 메인으로 접속하게 되면 index라는 prop을 가진 Route로 라우팅 됩니다. 여기에서는 MainPage 컴포넌트가 렌더링되어 보이게 됩니다. 또한 /places로 접속하면 PlacePage 컴포넌트가, /games로 접속하면 GamePage 컴포넌트가 렌더링되어 화면에 나오게 됩니다.

```
<BrowserRouter>
    <Routes>
        <Route index element={<MainPage />} />
        <Route path="places" element={<PlacePage />} />
        <Route path="games" element={<GamePage />} />
    </Routes>
</BrowserRouter>
```

지금까지 라우팅 구성에 대해서 배웠는데, 그렇다면 페이지 간 이동은 어떻게 해야 할까요? react-router에서는 페이지 이동을 위해서 useNavigate()라는 훅을 제공합니다. 위에서 작성한 페이지 컴포넌트들을 보면 이미 useNavigate() 훅을 사용하여 페이지 이동을 구현하였습니다. 아래 코드와 같이 말이죠.

```
function SampleNavigate(props) {
    const navigate = useNavigate();

    const moveToMain = () => {
        navigate("/");
    }

    return (
        ...
    );
}
```

지금까지 간단하게 react-router에 대해서 배워 보았습니다. react-router은 더 많은 기능을 제공하지만 우리는 굉장히 기초적인 부분에 대해서만 배웠습니다. 자세한 내용이 궁금한 독자는 아래 링크를 참고하기 바랍니다.

https://reactrouter.com/

2 실습 App.jsx 파일 수정하기

위에서 배운 내용을 토대로 미니 블로그에 실제로 라우팅을 구성해 보도록 하겠습니다. 라우팅은 App.jsx 파일에 포함되어 있는 App 컴포넌트에 구현하게 되는데 App 컴포넌트가 가장 처음으로 렌더링되는 컴포넌트이기 때문입니다. 이 부분은 뒤에 나오는 main.jsx 파일에 대한 설명에서 더 다루도록 하겠습니다. 라우팅 기능이 구현된 아래 App 컴포넌트 코드를 보도록 합시다.

```
import { BrowserRouter, Routes, Route } from 'react-router';
import styled from 'styled-components';
// Pages
import MainPage from './components/pages/MainPage';
import PostWritePage from './components/pages/PostWritePage';
import PostViewPage from './components/pages/PostViewPage';

const MainTitleText = styled.p`
    font-size: 24px;
    font-weight: bold;
    text-align: center;
`;

function App(props) {
    return (
        <BrowserRouter>
            <MainTitleText>소플의 미니 블로그</MainTitleText>
            <Routes>
                <Route
                    index
                    element={<MainPage />}
                />
                <Route
                    path='post-write'
```

```
                    element={<PostWritePage />}
                />
                <Route
                    path='post/:postId'
                    element={<PostViewPage />}
                />
            </Routes>
        </BrowserRouter>
    );
}

export default App;
```

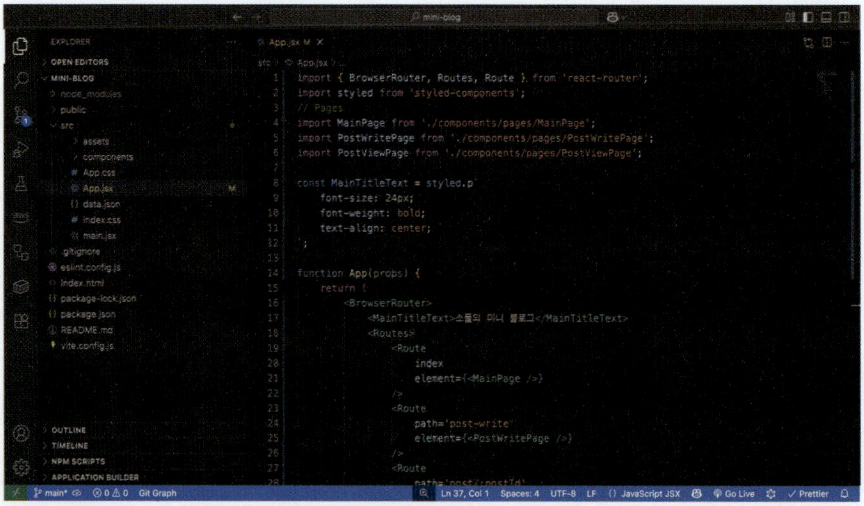

▶ 실습 화면 01

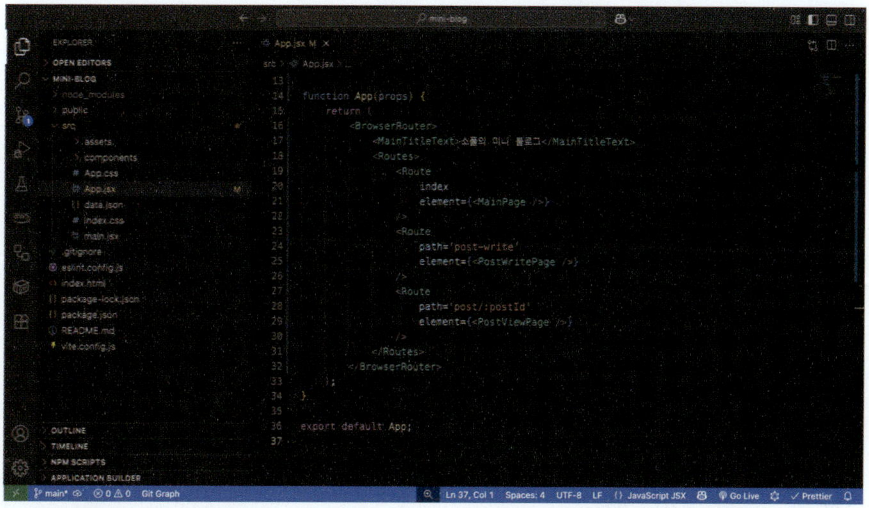

▶ 실습 화면 02

위 코드에서는 react-router을 이용해 총 세 가지의 경로path에 대해서 라우팅을 제공하고 있습니다. index 경로인 /로 접속하면 MainPage 컴포넌트를 보여 주고, /post-write로 접속하면 PostWritePage 컴포넌트를 보여 주며 마지막으로 /post/:postId로 접속하면 PostViewPage 컴포넌트를 보여줍니다. 여기에서 마지막 경로에 있는 :postId는 동적으로 변하는 파라미터를 위한 값입니다. 경로에 이렇게 콜론(:)을 사용하고 아이디를 입력하면 실제 컴포넌트에서 useParams() 훅을 사용해 아이디로 해당 값을 가져올 수 있습니다. 실제 사용하는 예제는 위에서 작성한 PostViewPage 컴포넌트 코드를 참고하기 바랍니다.

App 컴포넌트의 코드는 실제로 굉장히 단순합니다. 라우팅 이외에는 특별히 해 주는 역할이 없습니다. 여기에서 웹사이트의 제일 상단에 제목이 항상 나오게 하기 위해 MainTitleText 컴포넌트를 하나 추가하여 제목을 넣었습니다. 여러분도 각자의 미니 블로그 제목을 넣기 바랍니다.

3 실습 index.css 파일 수정하기

main.jsx 파일에서 App 컴포넌트를 렌더링할 때 index.css 파일을 함께 불러오게 됩니다. 이 파일은 애플리케이션 전체에 적용되는 CSS 파일로 Vite를 사용해 애플리케이션을 생성할 때 함께 만들어집니다. 애플리케이션 레이아웃을 깔끔하게 보이게 하도록 <body> 태그의 기본 스타일을 아래와 같이 주석 처리하거나 삭제하기 바랍니다.

```
body {
    margin: 0;
    /* display: flex;
    place-items: center;
    min-width: 320px;
    min-height: 100vh; */
}
```

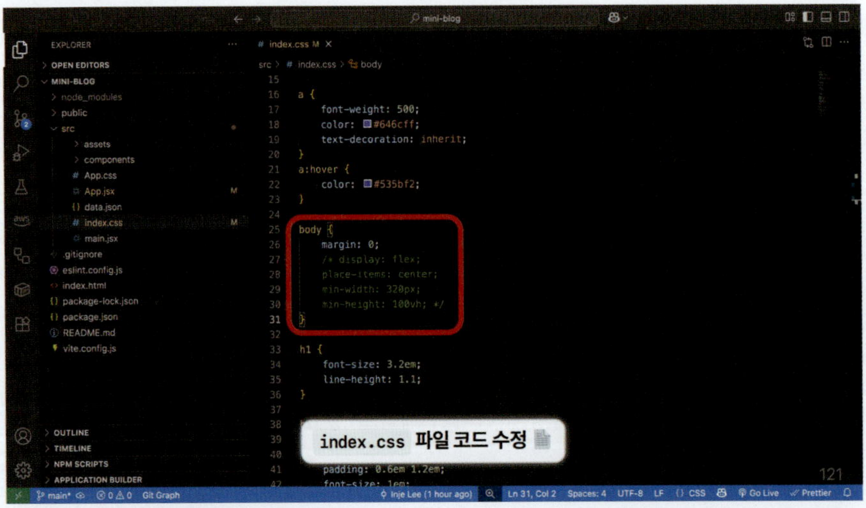

▶ index.css 파일 수정

PRACTICE 16.11

실습

main.jsx 파일 설명

Vite로 만든 리액트 애플리케이션은 기본적으로 main.jsx 파일을 렌더링하게 되어 있습니다. 그래서 이 부분에 처음으로 렌더링할 컴포넌트를 지정해 줄 수 있는데 Vite로 생성한 프로젝트에는 App 컴포넌트가 기본적으로 들어가 있습니다. 따라서 App 컴포넌트에 라우팅 경로들을 구성한 것입니다. 물론 원한다면 여기에 App 컴포넌트가 아닌 다른 컴포넌트를 임포트해서 넣어도 됩니다. 우리가 이전 장까지 실습할 때 했던 것처럼 말이죠.

여기에서는 처음으로 웹사이트에 접속하면 App 컴포넌트가 렌더링될 텐데, App 컴포넌트는 BrowserRouter 컴포넌트로 둘러싸여 있기 때문에 현재 경로를 탐색해서 해당되는 페이지 컴포넌트가 렌더링됩니다.

```
import { StrictMode } from 'react';
import { createRoot } from 'react-dom/client';
import './index.css';
import App from './App.jsx'';
import reportWebVitals from './reportWebVitals';

createRoot(document.getElementById('root')).render(
    <StrictMode>
        <App />
    </StrictMode>
);
```

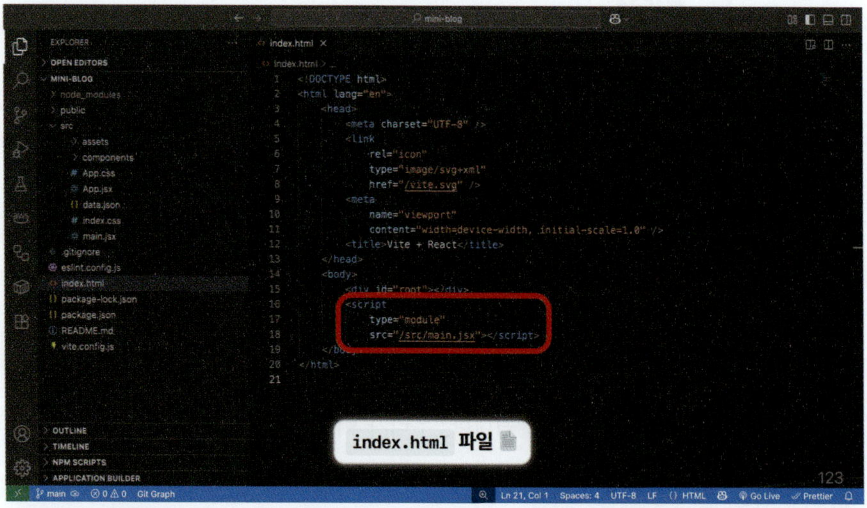

▶ index.html 파일

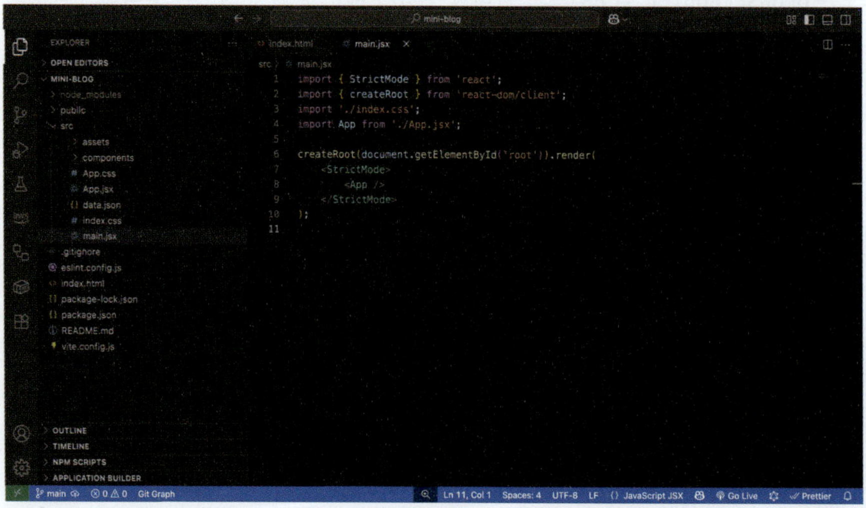

▶ main.jsx 파일

PRACTICE
16.12

실습

애플리케이션 실행하기

지금까지 미니 블로그에 필요한 기능을 모두 구현했습니다. 이제 실제로 애플리케이션을 실행해 보도록 하겠습니다. 터미널에서 아래와 같이 명령어를 실행하면 됩니다.

```
npm run dev
```

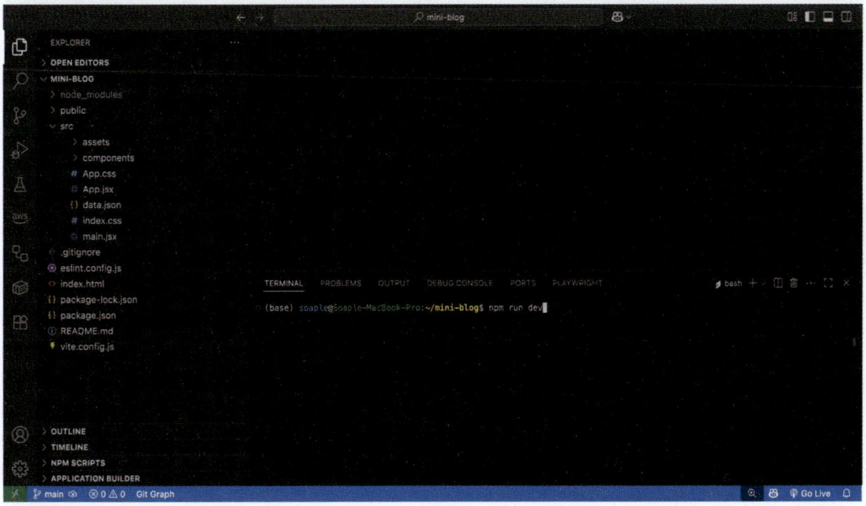

▶ 실습 화면 01

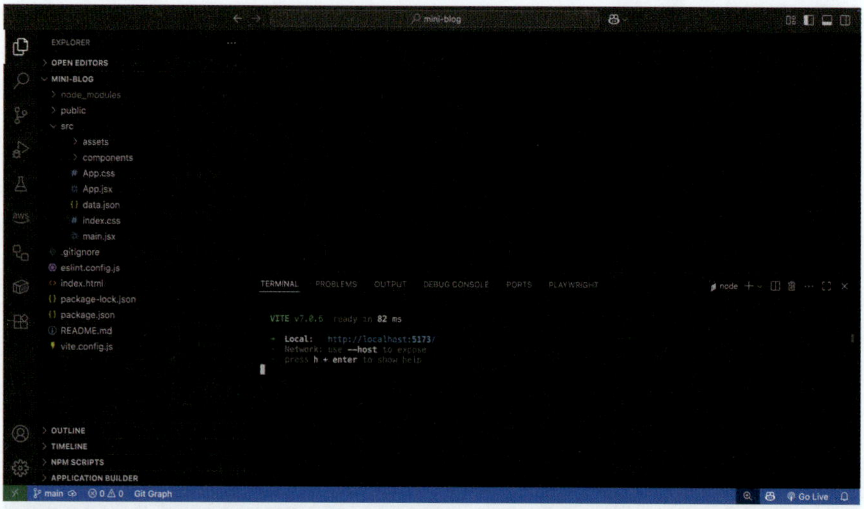

▶ 실습 화면 02

그러면 애플리케이션이 개발 모드로 실행되고 웹브라우저에서 http://localhost:5173에 접속합니다. 가장 먼저 보이는 페이지는 메인 페이지입니다.

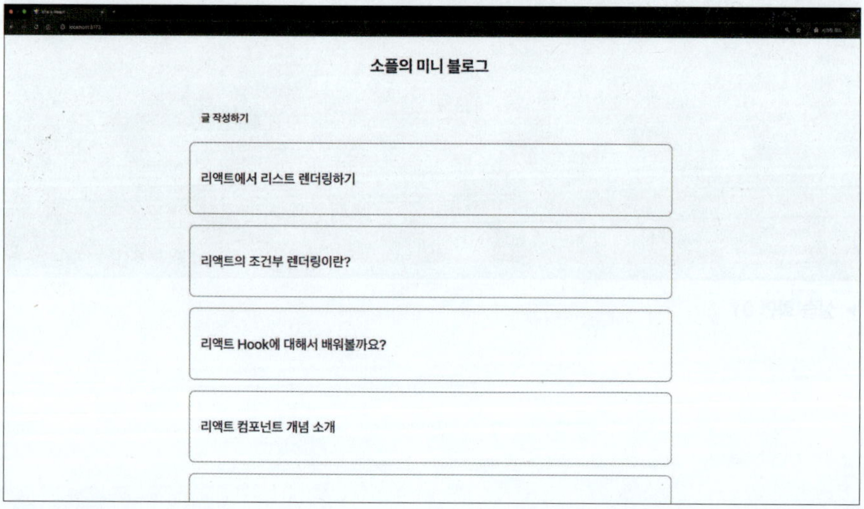

▶ 애플리케이션 실행 01

메인 페이지에서 글을 하나 클릭하면 아래와 같이 글과 댓글을 볼 수 있는 글 보기 페이지로 이동하게 됩니다.

▶ 애플리케이션 실행 02

이 페이지에서는 다음과 같이 댓글을 작성할 수도 있습니다. 여기에서 '뒤로 가기' 버튼을 누르면 다시 메인 페이지로 이동합니다.

▶ 애플리케이션 실행 03

이번에는 메인 페이지에서 '글 작성하기' 버튼을 눌러 글 작성 페이지로 이동해 보겠습니다.

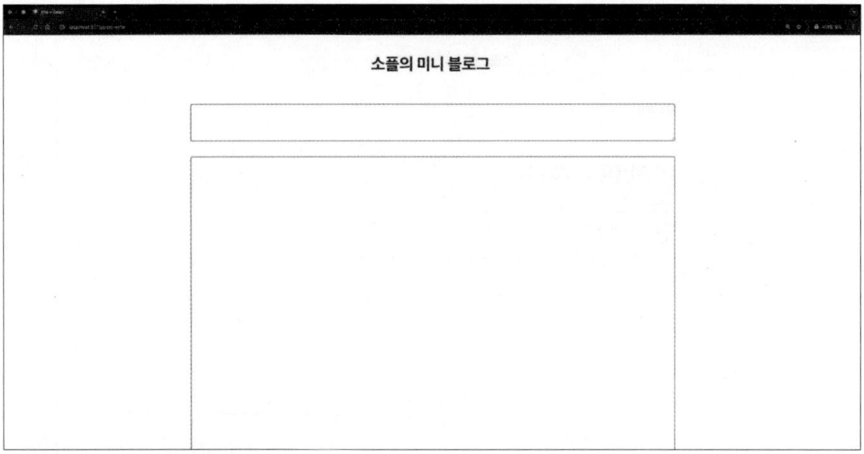

▶ 애플리케이션 실행 04

글 작성 페이지에서는 글의 제목과 내용을 각각 작성할 수 있습니다. 글 작성이 끝나면 '글 작성하기' 버튼을 눌러서 완료합니다. 우리가 만든 웹 애플리케이션은 데이터베이스와 API가 연동되어 있지 않기 때문에 실제로 글이 작성되지는 않습니다.

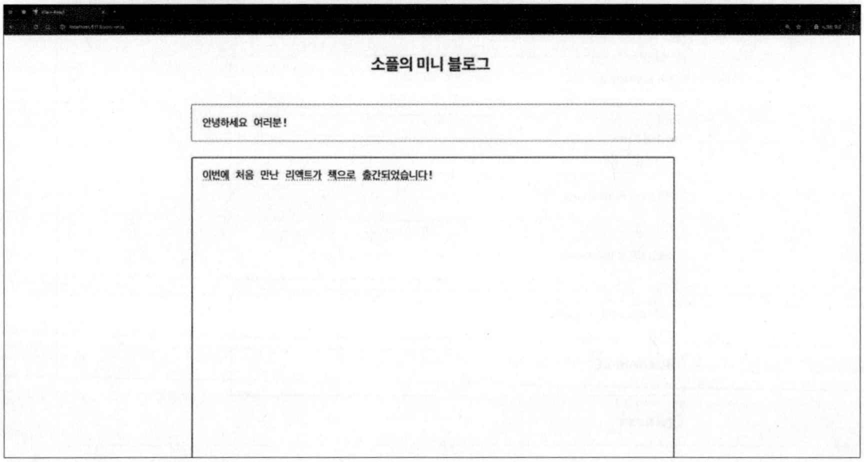

▶ 애플리케이션 실행 05

PRACTICE 16.13

실습

프로덕션 빌드하기

웹 애플리케이션 개발의 최종 단계는 빌드build와 배포deploy입니다. 이 책에서는 배포까지는 다루지 않고 빌드하는 과정만 배워 보도록 하겠습니다. 빌드는 우리가 작성한 코드와 애플리케이션이 사용하는 이미지, CSS 파일 등의 파일을 모두 모아서 패키징하는 과정입니다. 빌드 과정에는 코드가 식별이 불가능하도록 난독화Obfuscation되기도 하고 필요 없는 공백이나 줄 바꿈 문자들을 제거하여 축소Minification시키는 과정도 포함됩니다. 이렇게 최종적으로 만들어진 파일들은 `dist` 폴더에 모이게 됩니다.

먼저 빌드를 하기 위해서 터미널을 열어 아래 명령어를 실행합니다.

```
npm run build
```

그러고 나면 아래 그림과 같이 빌드가 진행되고 완료된 이후에는 `dist` 폴더가 생성되는 것을 볼 수 있습니다. 아래 그림처럼 `dist` 폴더 내에는 `index.html` 파일, 이미지 그리고 `assets` 폴더 안에는 CSS 파일과 자바스크립트 번들bundle 파일이 각각 들어가게 됩니다.

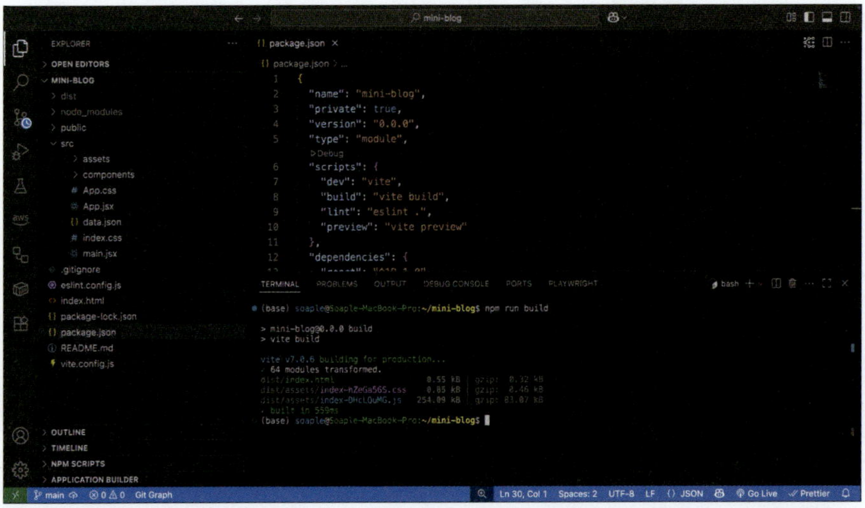

▶ 애플리케이션 빌드 01

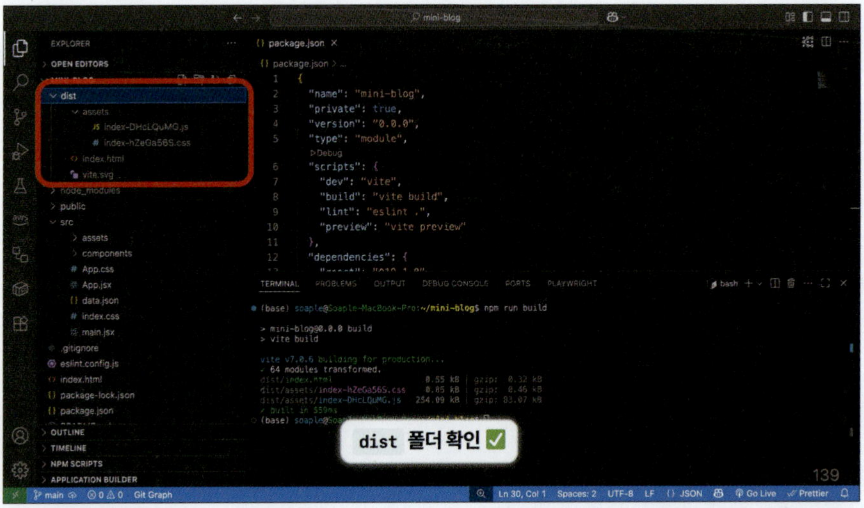

▶ 애플리케이션 빌드 02

이제 생성된 빌드 파일들을 이용해서 웹 애플리케이션을 실행해 보겠습니다. 아래 명령어를 실행하여 `dist` 폴더를 기반으로 웹 애플리케이션을 서빙serving합니다.

```
serve -s dist
```

여기에서 serve라는 명령어를 사용하는데 만약 명령어가 없다고 나오면 아래 명령어를 통해 설치한 뒤에 다시 명령어를 실행합니다.

```
npm install -g serve
```

serve는 이름 그대로 정적인static 파일들을 서빙해 주는 역할을 하는 프로그램입니다. serve가 정상적으로 실행되면 아래 그림과 같이 초록색 상자가 나옵니다.

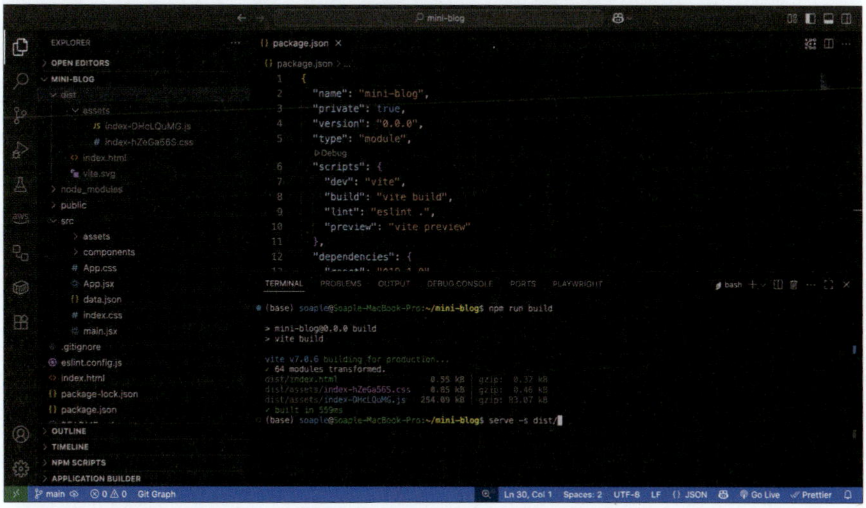

▶ 애플리케이션 빌드 03

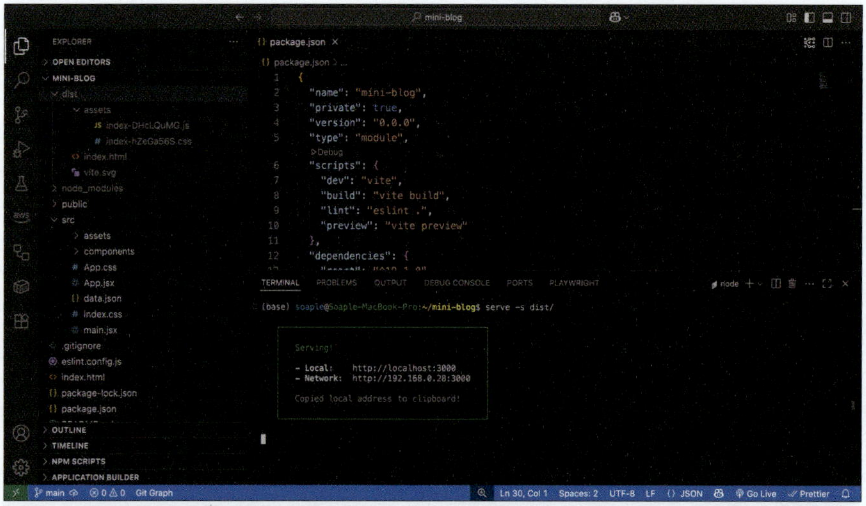

▶ 애플리케이션 빌드 04

상자 안에 적혀있는 주소로 접속하게 되면 아래 그림처럼 우리가 만든 미니 블로그가 나오는 것을 볼 수 있습니다.

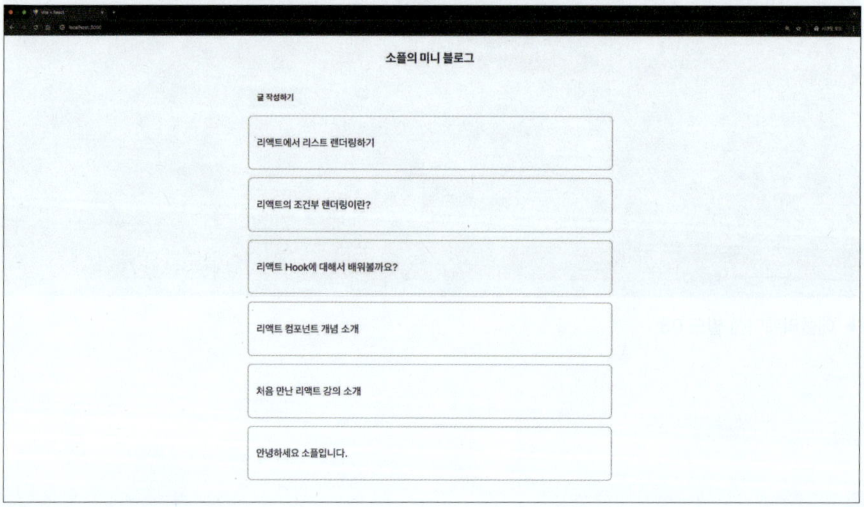

▶ 애플리케이션 빌드 05

여기에서 배포는 다루지 않지만 배포는 **빌드를 통해서 생성된 정적인 파일들을 배포하려는 서버에 올리는 과정**이라고 이해하면 됩니다. 이렇게 서버에 올려두고 serve같은 명령어를 사용하여 서빙할 수 있게 해두면 인터넷이 되는 어디에서든지 해당 서버 주소로 접속하여 미니 블로그를 볼 수 있게 되는 것입니다.

16.14 마치며

이 책에서 배운 내용을 모두 종합하여 간단하지만 탄탄한 구조를 가진 미니 블로그를 함께 만들어 보고 빌드까지 해봤습니다. 아주 어려운 내용은 없지만 리액트를 처음 접한 독자는 다소 어렵게 느껴졌을 수도 있습니다. 지금까지 학습하며 막히는 부분이 있다면 다시 찾아보고 여러 번 반복적으로 코드를 작성해 보면서 완벽하게 익히기 바랍니다.

요약

이 장에서 실습한 내용은 아래와 같습니다.

- **기획 및 준비**
  - 미니 블로그 기획
  - 프로젝트 생성
  - 필요한 패키지 설치
  - 주요 컴포넌트 구성
  - 폴더 구성
- **컴포넌트 구현**
  - UI 컴포넌트 구현
  - List 컴포넌트 구현
  - Page 컴포넌트 구현
- **라우팅 구성**
  - 각 페이지별 경로 구성
  - index.js 파일 살펴보기
- **실행 및 빌드**
  - 애플리케이션 실행
  - Production 빌드

Appendix

A

리액트 18 소개

- A.1 자동 배칭
- A.2 트랜지션
- A.3 서스펜스
- A.4 클라이언트와 서버 렌더링 API 업데이트
- A.5 새로운 Strict 모드 작동 방식
- A.6 새로 추가된 훅들

Preview

부록 A에서는 리액트 18에서 새롭게 추가된 기능과 변경된 부분에 대해서 소개합니다.

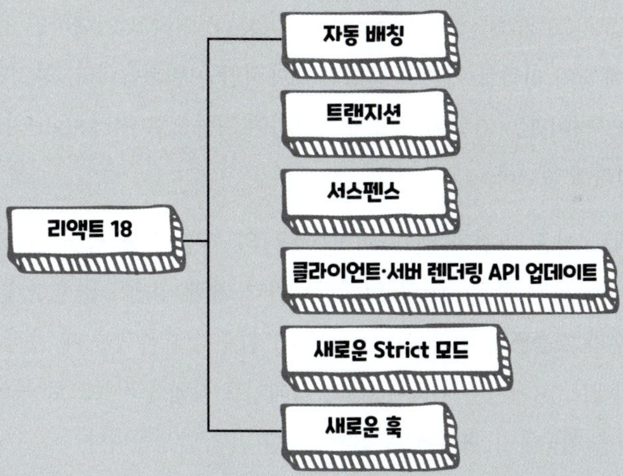

A.1 자동 배칭

리액트 컴포넌트는 state(상태)가 업데이트될 때마다 재렌더링됩니다. 이러한 이유로 함수 컴포넌트에서 각각의 state가 업데이트될 때도 재렌더링이 발생합니다. `useState()` 훅을 사용해서 선언한 각 state의 set 함수를 거의 동시에 호출하더라도 호출된 횟수만큼 재렌더링이 발생하는 것이죠. 이와 같은 문제를 해결하기 위해서는 여러 state의 업데이트가 동시에 발생할 때 여러 작업을 묶어서 한 번에 처리해야 합니다. 이 작업을 배칭[Batching]이라고 합니다.

배칭은 컴퓨터 공학에서 여러 작업을 한 번에 처리한다는 의미를 갖습니다. 리액트에서의 배칭은 **여러 state의 업데이트 작업을 한 번에 묶어서 처리하는 것**이라고 이해하면 됩니다. 기존 리액트에서는 이러한 배칭이 리액트 이벤트 핸들러 내에서만 이뤄졌습니다. 하지만 리액트 18에서 **자동 배칭**[Automatic Batching]이라는 기능이 새롭게 등장하여 자동으로 여러 state의 업데이트 작업을 묶어서 한 번에 처리해 줍니다.

다음 코드는 리액트 기존 버전과 현재 버전(v18)의 배칭 작동 방식 간 차이를 나타낸 것입니다. 기존 버전에서는 각 state의 업데이트마다 재렌더링이 발생하게 됩니다. 그래서 `setCount()` 함수가 호출됐을 때와 `setIsFull()` 함수가 호출됐을 때 각각 재렌더링이 발생합니다. 하지만 리액트 18에서는 이러한 state 업데이트 작업을 자동으로 묶어서 한 번에 처리해 주는 자동 배칭을 제공하기 때문에 재렌더링이 한 번만 발생합니다.

```
// 기존 버전
setTimeout(() => {
      setCount((count) => count + 1);
      setIsFull((isFull) => !isFull);
      // 각 state의 업데이트마다 재렌더링이 발생
}, 1000)

// 현재 버전(v18)
setTimeout(() => {
      setCount((count) => count + 1);
      setIsFull((isFull) => !isFull);
      // 재렌더링이 마지막에 한 번만 발생 (Automatic Batching)
}, 1000);
```

리액트 18 환경에서 자동 배칭을 사용하기 위해 추가로 해야할 작업은 없습니다. 리액트 내부에서 불필요한 재렌더링을 최소화하기 위해 구현된 기능이므로 그냥 기존과 동일하게 코드를 작성하면 됩니다.

A.2 트랜지션

트랜지션Transitions은 리액트에서 긴급한 업데이트와 긴급하지 않은 업데이트를 구분해서 처리하기 위해 등장한 새로운 개념입니다. 그렇다면 긴급한 업데이트와 긴급하지 않은 업데이트를 어떻게 구분할 수 있을까요? 다음은 긴급한 업데이트와 긴급하지 않은 업데이트의 예시를 나타낸 것입니다.

- 긴급한 업데이트
  - 사용자와 직접적인 인터랙션이 일어나는 경우
  - 예) 글자 입력, 버튼 클릭 등
- 긴급하지 않은 업데이트
  - 사용자와 직접적인 인터랙션이 일어나지 않는 경우
  - 예) 서버에서 결과를 받아와 보여 주는 경우

이런 식으로 업데이트 형태를 나눈 이유는 사용자에게 더 빠르고 더 나은 사용자 경험을 제공하기 위해서입니다. 어떤 웹사이트의 입력 칸에 키보드로 글자를 넣을 때 몇초가 지나고 나서야 입력된다면 사용자는 웹사이트에 오류가 있다고 생각할 수 있습니다. 이처럼 사용자와 즉각 인터랙션이 발생하는 기능은 빠르게 처리해야 하므로 긴급한 업데이트로 지정할 수 있습니다. 이처럼 리액트 18은 긴급한 업데이트를 먼저 처리하여 사용자 불편을 최대한 줄일 수 있게 해 줍니다.

다음 코드는 리액트에서 제공하는 `startTransition()` 함수를 사용하여 사용자로부터 한 번의 입력이 발생했을 때 업데이트가 얼마나 긴급한지에 따라 나눠서 처리하는 코드를 나타낸 것입니다.

```
import { startTransition } from 'react';

// 긴급 업데이트: 입력한 글자를 화면에 보여줘야 함
setInputValue(input);

// 함수 내에 있는 모든 업데이트는 Transition 업데이트가 됨
startTransition(() => {
    // Transition 업데이트: 검색 결과를 보여줘야 함
    setSearchQuery(input);
});
```

사용자의 입력을 화면에 보여 주는 것은 긴급하게 처리되어야 할 업데이트이기 때문에 기존과 동일하게 상태 업데이트 방식으로 처리합니다. 이후에 사용자의 입력에 따라 결과를 보여 주는 것은 긴급하게 처리하지 않아도 되기 때문에 startTransition() 함수를 사용하여 트랜지션 업데이트로 처리합니다. 트랜지션 업데이트는 긴급하지 않은 업데이트로 처리되기 때문에 더 긴급한 업데이트가 발생하면 중단될 수 있습니다.

A.3 서스펜스

리액트로 웹사이트를 개발할 때 웹사이트의 규모가 커지면 컴포넌트의 사이즈도 커지게 됩니다. 이런 커다란 사이즈의 컴포넌트를 웹브라우저에서 한 번에 로딩하려고 하면 시간이 오래 걸리는 문제가 발생하곤 했습니다. 이를 해결 하기 위해 개발자는 컴포넌트 코드를 여러 조각으로 분리하는 코드 스플리팅Code Splitting이라는 방법을 사용하게 되었습니다. 이렇게 분리된 코드 조각에 지연 로딩Lazy Loading 또는 동적 로딩Dynamic Loading이라고 부르는 기법을 적용하면 웹사이트의 반응 속도를 높일 수 있습니다.

서스펜스Suspense는 2018년, 리액트 버전 16.6이 릴리즈될 때 처음 등장한 컴포넌트입니다. suspense라는 영어 단어는 '긴장감'이라는 뜻을 가지고 있습니다. 하지만 서스펜스의 역할을 생각할 때 suspense의 원래 의미를 떠올리지 말고 '유예하다', '중단하다'라는 뜻을 가진 동사 suspend의 의미를 적용하면 서스펜스의 기능을 좀 더 쉽게 이해할 수 있습니다.

리액트에서 서스펜스 컴포넌트가 하는 역할은 하위 컴포넌트(`children`)가 준비되기 전까지 렌더링을 중단하는 것입니다. 그리고 하위 컴포넌트가 준비된 이후에 렌더링을 진행함으로써 사용자 경험을 향상 시켜줍니다.

다음 코드는 서스펜스를 사용한 예시 코드입니다. 이렇게 코드를 작성하면 `OtherComponent`가 준비되기 전까지 `fallback` 속성에 들어가 있는 `LoadingSpinner`라는 컴포넌트를 화면에 보여 주고, `OtherComponent`가 준비되면 그때 `OtherComponent`를 화면에 보여 주게 됩니다.

```
import { lazy, Suspense } from 'react';
import LoadingSpinner from './LoadingSpinner';
const OtherComponent = lazy(() => import('./OtherComponent'));

function MyComponent(props) {
    return (
        <Suspense fallback={<LoadingSpinner />}>
            <OtherComponent />
        </Suspense>
    );
}

export default MyComponent;
```

기존에는 클라이언트에서 서스펜스가 코드 스플리팅과 함께 제한적으로 사용되었지만, 리액트 18부터 서버 렌더링과 데이터 페칭Data Fetching(제한적으로)에서도 사용할 수 있게 되었습니다. 앞으로 서스펜스가 계속해서 발전할 것으로 예상되는 만큼 관심을 갖고 지켜보면 좋을 것 같습니다.

A.4 클라이언트와 서버 렌더링 API 업데이트

1 리액트 DOM 클라이언트

기존 클라이언트 렌더링 방식은 다음과 같이 ReactDOM.render() 함수를 사용하는 것이었습니다.

```
import React from 'react';
import ReactDOM from 'react-dom';
import App from './App';

ReactDOM.render(
    <React.StrictMode>
        <App />
    </React.StrictMode>,
    document.getElementById('root')
);
```

하지만 리액트 18부터 react-dom/client라는 패키지가 새롭게 추가되면서 createRoot 함수를 사용한 렌더링 방식이 도입되었습니다.

```
import React from 'react';
import ReactDOM from 'react-dom/client';
import App from './App';

const root = ReactDOM.createRoot(document.getElementById('root'));
root.render(
    <React.StrictMode>
        <App />
    </React.StrictMode>
);
```

하위 버전과의 호환성을 위해 기존 방식도 여전히 지원되지만, 새로운 API를 사용하지 않으면 리액트 18에서 제공하는 기능을 사용할 수 없습니다. 따라서 앞으로 클라이언트에서 렌더링을 진행하려면 `createRoot()`를 사용하길 바랍니다.

2 리액트 DOM 서버

리액트에서 서버 사이드 렌더링Server Side Rendering, SSR이라고 부르는 방법을 사용하기 위해서 기존에는 `renderToString()`이라는 함수를 사용했습니다. 리액트 18에서는 react-dom/server 패키지에서 제공하는 아래 두 가지 함수를 사용해서, 앞서 설명한 서스펜스와 함께 사용할 수 있도록 업데이트되었습니다.

- `renderToPipeableStream`
  - Node.js 환경에서 스트리밍을 위한 함수
- `renderToReadableStream`
  - 엣지 런타임 환경(예: Deno, Cloudflare workers)을 위한 함수

입문자 입장에서는 이해하기 어려운 개념처럼 보일 수 있습니다. 일단 리액트에 익숙해지기 전까지는 서버 사이드 렌더링은 고민하지 말고 일반적인 클라이언트 사이드 렌더링 방식으로 개발할 것을 권장합니다. 어느 정도 리액트에 익숙해졌을 때 서버 사이드 렌더링에 대해 측면도 생각해 보고 개발해 보길 바랍니다.

A.5 새로운 Strict 모드 작동 방식

리액트의 Strict 모드는 개발 모드에서 잠재적인 버그를 찾을 수 있게 해 주는 모드입니다. 리액트 18에서는 Strict 모드의 동작이 변경되었는데, 개발 모드에서 Strict 모드를 사용하게 되면 **컴포넌트를 언마운트**unmount**한 후에 다시 한번 마운트**mount하게 됩니다.

```
const root = ReactDOM.createRoot(document.getElementById('root'));
root.render(
    <React.StrictMode>
        <App />
    </React.StrictMode>
);
```

따라서 컴포넌트 생명주기 함수가 예상과 다르게 여러 번 호출 될 수 있습니다. 예를 들어 클래스 컴포넌트의 경우 `componentDidMount()`가 한 번 호출 된 다음 `componentWillUnmount()`가 호출되고, 이후 다시 `componentDidMount()`가 호출됩니다. 이러한 점을 잘 인지하고 컴포넌트가 여러 번 마운트되어도 문제가 생기지 않도록 개발하는 것이 중요합니다.

A.6 새로 추가된 훅들

리액트 18에서는 새로운 훅이 많이 추가되었습니다. 지금부터 새로 추가된 훅에 대해 하나씩 살펴보도록 하겠습니다.

1 useId()

`useId()`는 서버와 클라이언트에서 고유한 ID 값을 생성하기 위한 훅입니다. 다만 리스트를 렌더링할 때 `map()` 함수 내에서 반환하는 엘리먼트의 키로 사용하는 용도는 아니라는 점을 기억하기를 바랍니다.

2 useTransition()

`useTransition()`은 앞서 트랜지션에서 다뤘던 긴급하지 않은 업데이트를 위한 훅입니다. 기본적으로 일반적인 상태 업데이트는 긴급한 업데이트로 처리되며, `useTransition()`이나 `startTransition()` 함수를 사용하여 긴급하지 않은 업데이트를 모아서 처리할 수 있습니다.

3 useDeferredValue()

`useDeferredValue()`는 긴급하지 않은 업데이트의 재렌더링을 연기할 수 있게 해 주는 훅입니다. 예를 들어, 짧은 시간에 한 가지 상태의 업데이트가 여러 번 발생하게 되면 최종 상태 값만을 업데이트하면 됩니다. 보통 이러한 작업을 값이 튀는 것을 막는다고 해서 디바운싱Debouncing이라고도 부르는데 `useDeferredValue()`가 하는 역할도 비슷하다고 보면 됩니다. 참고로 이러한 지연된 렌더링은 중단할 수 있으며 사용자의 입력을 차단하지 않습니다.

4 useSyncExternalStore()

useSyncExternalStore()는 외부 저장소를 구독할 수 있게 해 주는 훅입니다. 외부 저장소를 리액트 컴포넌트의 state와 연동해서 사용하고 싶을 때 사용하게 됩니다. useSyncExternalStore()은 애플리케이션 코드가 아닌 라이브러리에서 사용하기 위한 것이므로 입문자가 사용할 일은 거의 없을 것입니다.

5 useInsertionEffect()

useInsertionEffect() 훅은 CSS-in-JS 라이브러리를 위한 훅이며, 렌더링 과정에서 스타일 삽입의 성능 문제를 해결할 수 있게 해 줍니다. 다만 useInsertionEffect()도 useSyncExternalStore()와 마찬가지로, 애플리케이션 코드가 아닌 CSS-in-JS 라이브러리에서 사용하기 위한 것이기 때문에 일반적인 리액트 개발자가 사용할 일은 거의 없습니다.

Appendix

B

리액트 19 소개

Preview

부록 B에서는 리액트 19에서 새롭게 추가된 기능과 변경된 부분에 대해서 소개합니다.

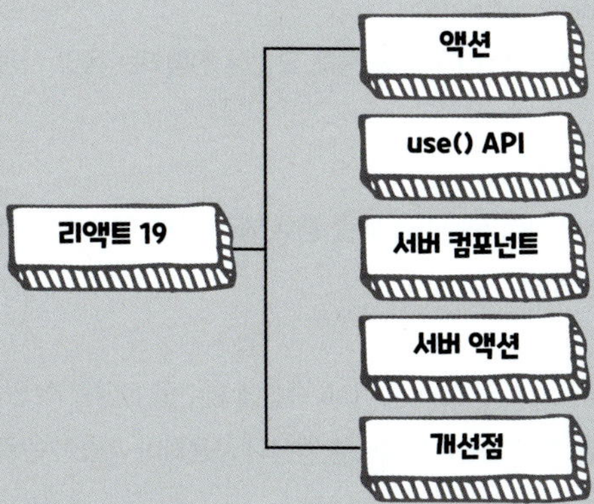

B.1 리액트 19의 새로운 기능

리액트 19에는 두 가지 주요 기능이 새롭게 추가되었습니다.

1 액션

액션Actions은 **비동기 전환**async transitions**을 사용하는 함수**를 의미하며 데이터를 제출submit하는 과정을 다음과 같이 관리합니다.

- 대기 상태(Pending state)
  - 액션은 요청이 시작될 때 대기 상태Pending state를 제공하며 최종 상태 업데이트가 완료되면 자동으로 초기화됩니다.
- 낙관적 업데이트(Optimistic updates)
  - 액션은 새로운 `useOptimistic()` 훅을 통해 요청이 진행되는 동안 사용자에게 즉각적인 피드백을 제공할 수 있습니다.
- 오류 처리(Error handling)
  - 액션은 오류 처리를 지원하여 요청이 실패할 경우 에러 경계Error Boundary를 표시하고 낙관적 업데이트는 원래 값으로 자동 복원됩니다.
- 폼(Forms)
  - `<form>` 요소는 이제 `action` 및 `formAction` 속성에 함수를 전달할 수 있습니다.
  - `action` 속성에 함수를 전달하면 기본적으로 액션이 사용하며 제출이 완료되면 폼이 자동으로 초기화됩니다.

그리고 액션을 지원하기 위해 다음과 같은 기능이 추가되었습니다.

- 리액트에 추가된 기능
  - `useOptimistic()`: 낙관적 업데이트를 처리하기 위한 훅
  - `useActionState()`: 일반적인 액션(비동기 요청)을 편리하게 다루기 위한 훅

- 리액트 DOM에 추가된 기능
  - <form> 액션: 폼 제출 과정을 자동으로 관리
  - useFormStatus(): 폼에서 사용되는 일반적인 액션 상태를 편리하게 다루기 위한 훅

다음 코드는 <form> 액션과 useActionState() 훅을 사용하여 폼 제출을 처리하는 예시입니다.

```
function ChangeName({ name, setName }) {
    const [error, submitAction, isPending] = useActionState(
        async (previousState, formData) => {
            const error = await updateName(formData.get("name"));
            if (error) {
                return error;
            }
            redirect("/path");
            return null;
        },
        null,
    );

    return (
        <form action={submitAction}>
            <input type="text" name="name" />
            <button type="submit" disabled={isPending}>Update</button>
            {error && <p>{error}</p>}
        </form>
    );
}
```

이처럼 액션을 활용하면 비동기 요청을 간결한 코드로 깔끔하게 처리할 수 있습니다.

2 use() API

use()는 렌더링 과정에서 값을 읽을 수 있게 해주는 새로운 API입니다. 예를 들어 다음 예시

와 같이 use()와 Promise를 함께 사용해서 Promise가 완료[resolve]될 때까지 서스펜스를 활용해 fallbacK을 표시할 수 있습니다.

```
import { use } from 'react';

function Comments({ commentsPromise }) {
    // `use`는 promise resolve될 때까지 중단시킴
    const comments = use(commentsPromise);
    return comments.map((comment) => {
        return <p key={comment.id}>{comment}</p>
    });
}

function Page({ commentsPromise }) {
    // `use`가 Comments를 중단시키면, 아래 Suspense boundary가 표시됨
    return (
        <Suspense fallback={<div>Loading...</div>}>
            <Comments commentsPromise={commentsPromise} />
        </Suspense>
    );
}
```

NOTE use를 사용할 때 주의할 점

use 훅은 렌더링 과정에서 생성된 Promises는 지원하지 않습니다.

또한 use()를 사용하면 컨텍스트의 값을 조건부로 읽어올 수도 있습니다. 다음은 use()를 사용해 컨텍스트의 값을 읽어오는 예시입니다.

```
import { use } from 'react';
import ThemeContext from './ThemeContext'

function Heading({ children }) {
    // 'children'이 null일 경우 early return
    if (children == null) {
        return null;
    }

    // 조건부로 호출될 수 있음
    const theme = use(ThemeContext);
    return (
        <h1 style={{ color: theme.color }}>
            {children}
        </h1>
    );
}
```

use()는 그 이름 때문에 일반적인 훅과 동일한 방식으로 동작한다고 생각할 수 있습니다. 렌더링 과정에서 호출된다는 점은 같지만 일반적인 훅와 달리 **use()는 조건부로 호출할 수 있습니다.**

use()에 대해 더 알고 싶다면 공식 문서를 참고하기 바랍니다.

https://react.dev/reference/react/use

B.2 리액트 서버 컴포넌트

리액트 19에서 주목할 만한 기능 중 하나가 바로 리액트 서버 컴포넌트React Server Components일 것입니다. 그동안 실험적인 기능으로 사용되어 왔던 서버 컴포넌트가 정식으로 릴리스되었기 때문이죠. 지금부터는 리액트 서버 컴포넌트에 대해 간단하게 살펴보겠습니다.

1 서버 컴포넌트

서버 컴포넌트Server Components는 말 그대로 **서버 환경에서 실행되는 컴포넌트**를 의미합니다. 여기서 말하는 서버란 정확히 무엇일까요? 서버 컴포넌트는 클라이언트 애플리케이션이나 SSRServer-Side Rendering과는 다른 별도의 환경에서 실행됩니다. 이 별도의 환경이 바로 서버 컴포넌트가 말하는 서버입니다. 서버 컴포넌트는 애플리케이션을 빌드할 때 CIContinuous Integration (지속적 통합) 서버에서 한 번 실행되거나, 웹 서버를 통해 클라이언트 요청마다 실행될 수 있습니다.

서버 컴포넌트에 대해 더 알고 싶다면 공식 문서를 참고하기 바랍니다.

https://react.dev/reference/rsc/server-components

2 서버 액션

서버 액션Server Actions/Server Functions은 **클라이언트 컴포넌트가 서버에서 실행되는 비동기 함수를 호출할 수 있게 해주는 기능**입니다. **`"use server"` 지시어를 사용하여 서버 액션을 정의**할 수 있습니다.

서버 액션이 정의되면 프레임워크는 해당 서버 함수에 대한 참조를 자동으로 생성하고 이를 클라이언트 컴포넌트에 전달합니다. 이후 클라이언트에서 해당 함수가 호출되면 리액트는 서버에 요청을 보내 해당 서버 함수를 실행하고 결과를 반환합니다.

서버 액션은 서버 컴포넌트에서 생성해 클라이언트 컴포넌트에 `props`로 전달하거나 클라이언트 컴포넌트에서 직접 임포트하여 사용할 수 있습니다.

> **NOTE** 서버 컴포넌트의 지시어
>
> 서버 컴포넌트에서 `"use server"` 지시어를 사용하면 해당 컴포넌트가 서버 컴포넌트로 된다고 오해할 수 있지만 리액트에는 서버 컴포넌트를 지정하기 위한 지시어는 따로 존재하지 않습니다. `"use server"` 지시어는 서버 액션을 정의할 때 사용합니다.

또한 서버 액션이라는 이름 때문에 앞서 설명한 Actions와 혼동할 수 있습니다. 하지만 서버 함수Server Functions가 단순히 서버에서 실행된다고 해서 모두 서버 액션이 되는 것은 아닙니다. 어떤 서버 함수가 서버 액션으로 작동하려면 `action` prop에 전달되거나 `action` 내부에서 호출되어야 합니다. 즉, 모든 서버 함수가 서버 액션인 것은 아닙니다. 현재 리액트 공식 문서에서도 이러한 혼동을 방지하기 위해 이 기능을 서버 함수라는 이름으로 설명하고 있습니다.

서버 액션에 대해 더 알고 싶다면 공식 문서를 참고하기 바랍니다.

https://react.dev/reference/rsc/server-functions

B.3 리액트 19에서 개선된 점

리액트 19에서 개선된 주요 기능에 대해 살펴보겠습니다.

1 ref가 props로 제공

리액트 19에서는 **함수 컴포넌트에 ref가 props로 제공**됩니다. 즉, 함수 컴포넌트에서 ref를 전달하기 위해 더 이상 forwardRef()를 사용할 필요가 없다는 뜻입니다. 참고로 forwardRef()는 향후 사용 중단[deprecate]될 예정이라고 합니다. 다음 코드는 props를 통해 ref에 접근하는 예시입니다.

```
function MyInput({ ref, placeholder }) {
    return (
        <input
            ref={ref}
            placeholder={placeholder}
        />
    );
}

// 'ref' 사용 예시
<MyInput ref={ref} />;
```

> **NOTE 클래스 컴포넌트에서의 ref**
>
> 클래스 컴포넌트는 React.Component의 인스턴스이기 때문에 함수 컴포넌트와 달리 ref가 props로 전달되지 않습니다.

2 <Context>를 Provider로 사용 가능

리액트 19에서는 `<Context>` 자체를 Provider로 사용할 수 있습니다. 즉, 기존처럼 `<Context.Provider>`를 사용하지 않아도 된다는 것이죠. 참고로 `<Context.Provider>`는 사용 중단되고 제거될 예정이라고 합니다. 다음 코드는 `<Context>`를 Provider로 사용하는 예시입니다.

```
const ThemeContext = createContext('');

function App({ children }) {
    return (
        <ThemeContext value='dark'>
            {children}
        </ThemeContext>
    );
}
```

3 그 밖의 개선 사항

앞서 소개한 내용 외에도 리액트 19에서는 다음과 같은 기능이 추가되거나 개선되었습니다.

- Hydration 오류에 대한 메시지 표시 개선
  - react-dom에서 hydration 중 발생하는 오류에 대해 더욱 명확한 에러 메시지를 제공합니다.
- refs를 위한 cleanup 함수 지원
  - ref 콜백에서 함수를 반환하여 컴포넌트 언마운트 시 cleanup이 가능하도록 개선되었습니다.
- `useDeferredValue()` 훅에 초깃값 설정 지원
  - 초기값을 설정할 수 있어 상태를 더 유연하게 관리할 수 있습니다.
- 문서 메타데이터Document Metadata 지원
  - 컴포넌트에서 `<title>`, `<meta>` 등 메타데이터 태그를 기본적으로 렌더링할 수 있도록 지원합니다.
- 스타일시트 지원 개선
  - 다양한 방식의 스타일시트 로딩을 더 잘 처리하도록 개선되었습니다.
- 비동기 스크립트async scripts 지원 개선
  - 스크립트에 의존하는 컴포넌트를 컴포넌트 트리의 어느 위치에서든 렌더링할 수 있도록 개선되었습니다.
- 리소스 사전 로딩preloading resources 지원 개선
  - 필요한 리소스를 미리 로딩하여 성능을 향상할 수 있도록 개선되었습니다.

- 서드파트 스크립트third-party scripts 및 확장 기능extensions을 위한 호환성 개선
  - 외부 스크립트나 확장 기능이 함께 동작할 때도 리액트 렌더링이 안정적으로 유지되도록 개선되었습니다.
- 더 나은 에러 리포팅
  - 더 많은 디버깅 정보를 제공하여 문제 해결이 쉬워졌습니다.
- 커스텀 엘리먼트 지원 개선
  - 커스텀 엘리먼트를 완전하게 지원하도록 업데이트 되었습니다.

리액트 19의 새로운 기능과 개선 사항을 하나하나 자세히 다루기에는 다소 어렵게 느껴질 수 있어 이 책에서는 자세히 설명하지 않았습니다. 구체적인 내용이 궁금하다면 아래 링크에서 확인하기 바랍니다.

https://www.frontoverflow.com/magazine/17

찾아보기

찾아보기

찾아보기